国家社科基金
后期资助项目
GUOJIA SHEKE JIJIN HOUQI ZIZHU XIANGMU

中国情境下的工作压力应对与工作乐趣研究

唐 杰 著

中国财经出版传媒集团

经济科学出版社
Economic Science Press

北京

图书在版编目（CIP）数据

中国情境下的工作压力应对与工作乐趣研究/唐杰
著. -- 北京：经济科学出版社，2024. 10
国家社科基金后期资助项目
ISBN 978 - 7 - 5218 - 5721 - 4

Ⅰ. ①中… Ⅱ.①唐… Ⅲ.①工作负荷（心理学）- 关
系 - 社会工作 - 研究 - 中国 Ⅳ.①D669②B849

中国国家版本馆 CIP 数据核字（2024）第 060584 号

责任编辑：孙丽丽 纪小小
责任校对：蒋子明
责任印制：范 艳

中国情境下的工作压力应对与工作乐趣研究
唐 杰 著
经济科学出版社出版、发行 新华书店经销
社址：北京市海淀区阜成路甲 28 号 邮编：100142
总编部电话：010 - 88191217 发行部电话：010 - 88191522
网址：www. esp. com. cn
电子邮箱：esp@ esp. com. cn
天猫网店：经济科学出版社旗舰店
网址：http://jjkxcbs. tmall. com
北京季蜂印刷有限公司印装
710 × 1000 16 开 23.5 印张 410000 字
2024 年 10 月第 1 版 2024 年 10 月第 1 次印刷
ISBN 978 - 7 - 5218 - 5721 - 4 定价：95.00 元
（图书出现印装问题，本社负责调换。电话：010 - 88191545）
（版权所有 侵权必究 打击盗版 举报热线：010 - 88191661
QQ：2242791300 营销中心电话：010 - 88191537
电子邮箱：dbts@ esp. com. cn）

国家社科基金后期资助项目
出版说明

后期资助项目是国家社科基金设立的一类重要项目，旨在鼓励广大社科研究者潜心治学，支持基础研究多出优秀成果。它是经过严格评审，从接近完成的科研成果中遴选立项的。为扩大后期资助项目的影响，更好地推动学术发展，促进成果转化，全国哲学社会科学工作办公室按照"统一设计、统一标识、统一版式、形成系列"的总体要求，组织出版国家社科基金后期资助项目成果。

全国哲学社会科学工作办公室

前　　言

2019 年春季，在有关"996"工作制的热门讨论中，收入与付出、家庭与工作、奋斗与健康是人们讨论的主要关注点。这场讨论始于互联网行业员工长时间工作下的集体发泄，进而引来了许多企业家的互动，以及《人民日报》《光明日报》等主流媒体的评论。在这场涉及面很广的讨论中，有的人认为"996"代表了拼搏奋斗的精神，正是企业文化塑造了自愿拼搏的员工；有的人认为"996"是想要抓住机会成功的人所必需的付出，没有付出就没有对梦想的追逐。在关于法律、奋斗等话题的观点共鸣或针锋相对的讨论中，很容易让人忽视"996"现象背后一个长期存在却难以解决的，始于个体却关乎企业和社会的问题：工作压力。应该说，从不同利益的角度、不同价值观的角度看，这些观点都有其可取之处。但是，其中有两个重要的逻辑关系被绝大部分的讨论者忽视了——高强度、高压力、长时间的工作对员工身心的负面影响是不可避免的，在这种情况下员工会采用何种应对方式？他们是否会如管理者所希望的那样更多地投入工作？另一个问题是，即便员工愿意全力投入工作，"996"工作制下的员工工作绩效，尤其是高科技企业所更加关注的创新绩效能够随着工作时间的增加而成比例增加吗？如果这两个问题的逻辑关系不是确定的，那么"996"工作制又怎么能够与组织的成功和个人的梦想建立起联系？本书的研究内容就是试图为上述两个现实问题提供一些参考：（1）员工在高压力的工作环境中会采取哪些应对策略？这些策略会受到哪些因素的影响？（2）如果企业为适应环境不得不要求员工面对高压力、长时间的工作，那么企业可以如何缓解员工压力，甚至激励创新？

介绍了书的撰写背景和主题之后，笔者想说明一下"中国情境"的问题。正是"中国情境"激发了笔者个人的学术研究热情和开展本书横跨 14 年的一系列研究。因此，在真正介绍本书的内容之前，想先聊聊自己亲身经历的，具有浓厚"中国情境"特色的两件事。这两件事分别是本书研究的起点和重要的转折点。

第一件事，是笔者参与的一个企业重组项目，启发笔者开启了国内较早的关于工作环境下员工压力应对的研究。第二件事，是10年前笔者组织的一次企业调研，帮助笔者找到了企业干预和调节员工工作压力新的切入点。这件事是本书研究内容从纯理论到理论与应用研究并行的转折点，同时也开启了国内最早关于工作乐趣的实证研究。

第一件事发生在笔者攻读硕士学位的第二年。当时，就读于厦门大学管理学院企业管理专业的我，经过一个学年对于西方经典管理理论的走马观花，迫不及待地希望能够如许多管理学著作中所描述的那样——将管理理论与管理实践相结合。机缘巧合之下，我加入到一家企业的重大战略重组项目中。这家企业当时的名称是"ZY集团"，是一家业务涉及物流、保险、贸易多个领域，旗下有30多家子公司的大型中外合资集团。公司刚刚经历了Z福建分公司与Y集团的合并，集团规模庞大，旗下子公司之间存在大量的业务重叠和内部竞争。因此，集团总部聘请了国际知名的H咨询公司来帮助推进业务重组，试图将所有子公司重组为七大业务板块。为配合咨询公司的项目推进，集团总部组建了由集团总经理牵头，战略部部长具体负责，5个主要业务子公司副总定期参与，3位项目助理辅助执行的项目团队。作为其中一名项目助理，我在项目团队真正运作的前后6个月时间里，参与了整个项目的推进。

从一开始，重组项目就有明确的目标，但具体如何开展，集体总部从上到下都缺少相关的经验。所以，开始的1~2个月，作为专业领域的项目助理，笔者收集了大量关于战略管理、组织变革和集体重组的理论书籍与案例资料，并与项目组成员进行了大量有关理论和实践的头脑风暴。项目组对集团面临的环境、项目的可行性进行了二手资料的调研和分析，配合咨询公司的外部团队在集团内部开展了广泛的一手调研。根据经典的变革三部曲——"解冻—变革—再冻结"的程序逐步推进项目。项目组筹划组织了集团内部的多场项目宣讲会，配合咨询公司代表对各个子公司和集团管理层开展了关于战略管理和变革必要性的说明，为变革的开展进行理论和思想准备。

在这段时间里，每当项目组集结，所有成员都是从早上8点到晚上8点的长时间工作，甚至在咨询公司参与的几次调研过程中，多次留宿公司。国内大型合资企业与世界知名咨询公司共同推进10亿元规模级别的战略重组，这对于刚刚迈入管理学研究领域的我来说，当然是激动不已的，这种强度的工作对于习惯于校园生活的我来说，虽然还不太适应，但也乐在其中。

除此之外，第一次长时间、深度参与、目的明确的兼职工作也让我对高强度、高压力的项目制工作有了切身体验，与这些经验丰富的管理者们的多次交流与合作，也让我对现实的变革管理工作有了更全面的了解。比如，项目负责人对项目推进的计划性和执行力令人印象深刻，世界级咨询师对项目存在问题的洞察力让人十分佩服。而那些实践经验丰富的子公司副总在参与项目讨论会时所展示的态度也令人玩味。随着项目的持续推进，笔者渐渐发现这种规模的组织变革远比教科书和案例中所呈现的内容要复杂得多。比如，项目负责人经常告知因为具体业务的变化需要调整变革方案，其中也包括了一些无法说明的理由。子公司副总每每在会议过程中沉默不语，但向各自公司负责人报告变革方案时却长时间停不下来，话语之间更多的都是各种应对方案而不是如何提出改进建议。团队私下的交流气氛远比正式讨论来得热烈，谈起前沿数码产品和地方美食，老中青三代人似乎没有什么交流障碍。团队中年轻的内部研究助理经常向我抱怨来国企是为了稳定，却遇上这样一个大变革，对未来充满迷茫。其中一次，我个人开展了一次有关变革管理理论的分享之后，资历最深的一位分公司副总语重心长地告诉我，"理论很好，但管人才是最关键的，人心是最难管的"……虽是种种，但项目的最终命运却仍然是我万万想不到的。

　　3个月准备期后，变革真正开始实施，标志性的事件是一场令人印象深刻的重组誓师动员大会。几乎所有集团高层和各个子公司主要高管全部参与了那次大会。会上，H咨询公司的数位咨询顾问轮番对项目的实施进行了详细的说明，然后集团和各个子公司的主要高管纷纷发表意见和表明支持变革的态度，新任命的业务集团高管发表热情洋溢和充满希望的演讲。大会热闹的场面令我单纯地认为变革能够得到顺利的推进。但大会之后的一两个月中，我发现了一些蹊跷之处，本来参与项目组的几个子公司副总很少再来集团总部参与项目组的工作，项目组的执行组长多次修改原定的工作安排，我作为兼职助理在最后的1个多月的时间里几乎没事可做。在项目组组建的大约6个月后，执行组长告诉我，近两个月里，集团各个子公司出现了大面积的高管流失，并带走了许多大客户，原定的重组目标已经不可能实现了。集团将再次拆分并剥离多个业务板块，总经理也将在集团拆分完成后辞职。虽然我对项目推进不顺已经有了预感，但没有想到是如此惨烈的结果。事后，我回顾整个重组变革的过程，外部咨询顾问和内部团队不仅在宏观微观环境分析基础上制定了符合战略管理理论的变革方案，而且在领导示范（总经理牵头）、员工参与（多个子公司都有主要负责人项目组）、信息透明（多次对变革的必要性和目的进行了宣讲，还进行了理论培训）方面遵循了前沿的变革管理理念，但结果仍然事与愿违。这次真实的企业变革实践经历，使笔者首次真正考虑西方情境研究获得的主流管理理论在我国的适用性，以及传统自上而下的变革管理在实施过程中所忽视的员工面临变革这种典型压力环境下的各种应对。

在之后的几年时间里，笔者致力于员工应对变革的研究，而主要的切入点正是中国情境下员工面对不确定、快速变化的变革压力和变革情境下的认知和行为有何特殊性，如何干预和激励员工在变革中的行为。在《应用心理学》期刊上发表了国内首篇以"工作环境下压力应对"为主题的研究综述；在《华东经济管理》发表了国内首篇以"员工应对组织变革"为主题的综述和实证研究，并将有关员工应对策略影响因素的多篇实证研究成果发表于国际 SSCI 期刊。这些内容构成了本书第一、第二、第三篇中有关压力应对方面的基础理论研究。近几年来，每年都有数篇关于员工应对工作压力的相关研究发表于管理学的核心期刊，也印证了该主题研究具有持续的理论和现实价值。

第二件事，发生在我走上独立管理学研究之路的初期。当时我所带领的研究团队正着手于员工压力应对研究的调研，在一家民营企业发现了具有浓厚中国特色的激励制度和压力调节手段。那是一家在闽台两岸经营了 3 家中型酒店的旅游投资公司。公司员工 80% 以上都是一线服务人员。公司的董事长接受了我们的访谈邀请。在访谈过程中，他告诉我们，旗下酒店的薪资略低于行业平均水平，而且不发年终奖，但公司每年将 50% 的利润投入员工的各类活动中。在员工高度流动的行业中，该酒店每年的员工流动率仅为行业平均水平的 1/3。在这些令人难以置信的数据吸引下，研究团队与酒店的董事长和人力资源部负责人进行了多次深度访谈。过程中，我们揭开了神奇数据背后的秘密——公司通过一系列看似不起眼的员工活动，塑造了耳熟能详却不平凡的"家文化"。用他们董事长的话说，"在家一样的环境中工作，和家人一起工作"就是员工最大的工作动力，也能够最好地缓解工作压力。其实，无论是"家文化"，还是他们开展的各类员工活动，比如集体出游、中秋月饼、员工培训、员工相册，听起来都很普通，但企业的管理层秉承"做好每一件简单的事情就不简单，做好每一件平凡的事情就不平凡"的理念，将"家文化"和"关爱家人"贯彻到每一项普通的员工活动中——将月饼发给远在故乡的员工亲人，将培训与集体出游结合，将员工的荣誉照片贴满酒店，给一线服务人员授权……这些活动的执行细节却很不普通。酒店充满中国特色的员工激励实践和实打实的效果给研究团队留下了深刻的印象，也启发笔者在过去 10 年间开启了以"工作乐趣"（Workplace Fun）为主题的一系列研究的大门。

在这次调研之后，笔者的研究关注点逐步从压力应对的基础研究，转向了企业日常对员工个人的压力管理和创新激励。当时国内外也陆续出现一些关于国际互联网巨头"超豪华"员工工作环境的新闻报道。这些互联网企业通过营造轻松和充满乐趣的工作环境，缓解员工工作压力的同时试图激发他们的创造力。这些活动被统称为"工作乐趣"。伴随着新闻报道和国外相关研究的开展，国内的一些互联网企业开始效仿这种做法。但乐趣的感知是很主观的，由于东西方文化的差异，中国员工对于工作乐趣的认识应该有别于西方国家。基于这样的出发点，之后的几年时间，在福建省社科规划项目、福建教育厅科研人才项目的支持下，笔者带领的研究团队开始了基于中国情境的工作乐趣系列研究。我们先后调研了 30 多家各类型的企业，发起了 4 轮大样本的工作乐趣问卷调查。调研对象既包括银行、医院、文化影视和互联网企业的知识型员工，也包括大型制造企业和服务业，初步了解了当前中国各类企业的工作乐趣活动开展情况和实际效果，构建了中国特色的工作乐趣测量工具和研究体系，也在国际 SSCI 期刊发表了相关的研究成果。这些研究内容也正好与工作压力的基础研究相衔接，回答了在当代中国高压力、长时间、高创新需求的工作环境下，如何调节员工工作压力和激励创新的问题。

工作乐趣本质上是管理学中核心问题——工作激励在新时代的一种策略。但同时，工作乐趣中许多具体手段也是以往压力调节研究中所常见的，比如职场幽默、灵活服饰、庆祝会等。因此，工作乐趣研究主题的出现和形成，恰恰反映了当代员工的激励问题需要将工作压力的调节作为重要的目标和组成部分。因此，本书的第一部分理论篇首先对工作压力和工作激励相关的经典和前沿理论进行了简要梳理，解释本书第二、第三、第四篇研究所遵循的理论视角。第二部分工具篇则针对员工应对工作压力及当前不少企业热衷于开展的工作乐趣活动开展本土化的实地调查以及关键性测量工具的修订和开发，为后续实证研究提供测量工具和实证研究的关键性问题。第三部分实证篇则围绕理论分析和实地调研过程中产生的问题进行假设和检验。第四部分实践篇围绕实地调查过程中遇到的典型案例，结合理论、工具和实证篇获得的研究结论进行分析，将理论研究的结果应用于工作环境下员工压力应对策略的干预，以帮助员工和企业调节工作压力，并实现在压力中的有效激励。理论、工具、实证和实践四个部分之间既是笔者研究逐步开展的过程，也存在紧密的逻辑联系。

具体来说，理论篇是全书研究内容的起点，对工作压力及工作激励的相关理论概念和经典理论发展演变进行了系统性回顾、分析和展望，也形成了几个方面的理论成果。（1）对 2010～2020 年国内外权威期刊上关于工作压力的研究文献进行了内容分析，对比国内外研究的异同，挖掘前后 10 年的研究变化以及当前研究的热点问题。（2）将自我决定理论应用于员工压力和应对的交互过程，构建了自我决定的工作压力应对过程模型。（3）对工作乐趣的研究文献进行了内容分析和研究评述，综合多种压力调节及激励理论的原理，构建工作乐趣需求—情绪整合模型。

工具篇是为规范研究与实证研究之间建立桥梁的部分。其中包括了两个方面的联结，一是联结西方管理理论与中国管理实践，发现中国情境下现实的管理问题，从而使后续的理论研究能够有的放矢；二是联结现有研究测量工具与未来研究需求，开发适合我国本土文化的理论研究工具。该部分主要得到四个方面的研究成果：（1）修订并测试了适合中国情境的员工压力应对策略测量量表。根据新建的员工压力应对结构、以往工作压力应对的测量语句以及中国情境的特殊性，修订了包括 33 条语句的中国员工压力应对策略的预测试量表，并在 3 家大型企业收集了 186 份有效调查问卷，通过语句修订、探索性和验证性因子分析，获得了包括直面应对、计划应对、行为脱离和空想应对四种类型 17 条测量语句的正式量表。（2）了解中国企业开展工作乐趣活动调节员工工作压力的情况，并建构工作乐趣的理论结构。基于扎根理论研究的方法，研究团队开展了三个阶段的实地调研，访谈了多个行业 11 家企业的人力资源管理者。研究归纳了当前大陆和台湾地区企业开展工作乐趣活动的形式、目的、效果和未来发展等方面的情况。结合国外工作乐趣现有的理论分类方式、我国企业开展情况以及未来研究的需要，研究从工作相关性和活动组织程度两个维度将工作乐趣分为四种理论结构。（3）全新开发并测试了适合中国情境的员工工作乐趣测量量表。根据新建的工作乐趣理论结构、小部分以往国外研究的测量语句以及大部分根据中国企业调研修订的内容，全新开发包括 23 条语句的中国员工工作乐趣测量量表，并收集了 128 份有效调查问卷，通过语句修订、探索性和验证性因子分析，获得了包括福利型、辅助型、放松型和社交型四个种类 19 条测量语句的正式量表。

实证篇是体现本书主要理论研究成果的部分，集中报告了笔者所带领的研究团队在 2013～2022 年开展的 6 次实证研究的结果及其所反映的科学问题。实证篇的研究遵循了层层深入的逻辑：从工作乐趣基本效用检验开始，到一般情境下影响机制探究，再到压力情境下的乐趣效用机制探究，最后落脚于本书主题工作乐趣对于员工应对工作压力的影响研究。具体来说，第8章是工作乐趣的一般效用检验。基于拓展—建构理论，研究团队在16家大陆和台湾企业收集了463份员工和管理者配对样本数据来检验中国情境下工作乐趣活动对员工行为、满意度及绩效的影响。实证研究的结果与实地调研中遇到的传统观点大相径庭，因此进一步探究两者之间的矛盾及缘由。

第9章是进一步探索工作乐趣活动发挥效用的内在机制。研究团队在14家大陆和台湾企业收集了223份员工和管理者配对样本数据。在进一步进行效用检验的基础上，研究结合拓展—建构理论和情感事件理论的观点，构建并检验了包括工作乐趣、员工乐趣体验、个人—组织价值观匹配、组织公民行为和员工绩效在内的过程机制模型。该章的最后，根据工作乐趣效用机制的实证检验结果，研究从文化塑造、员工导向等方面提出了有效开展工作乐趣活动的具体建议。

第10章探讨工作乐趣对员工创新的影响及作用机制。研究团队开展了两项关联研究。第一项研究在我国一家国有企业收集了116份主管—员工配对样本数据，基于情感事件理论和情绪动机模型，检验了工作乐趣影响员工创新的两种路径机制。第二项研究是通过多种渠道收集了295份高科技企业知识员工的调查数据，基于自我决定理论，检验了工作乐趣通过工作动机影响创新绩效的机制。研究结论为企业开展工作乐趣活动提供了有力的理论支持和实践启示。该章的最后，研究从激发积极情绪和内在动机的视角提出了开展工作乐趣活动激发员工创新的具体建议。

第11章是在工作压力环境下考虑积极情绪对于员工创新的影响机制。研究团队收集了两个时间点的169份有效数据，结合情感事件理论、情绪动机模型和压力与应对的认知交易理论的观点，检验了工作压力源通过积极情绪影响创新行为的双路径机制。研究结果出乎意料，但也非常符合中国情境的特征。该章的最后，结合前述章节的研究结果，为我国企业提供了在压力环境下激励员工创新的务实建议。

实证篇的最后一章更进一步探讨了工作压力环境下工作乐趣影响员工压力应对的机理。研究团队在信息与科技服务业从业人员中收集了两个时间点的196份有效数据，检验工作压力源、员工认知评价、工作动机及压力应对策略的链式关系，并考虑工作乐趣体验在其中的作用。最后围绕行业压力、压力调节与激励等问题展开了理论和实践两个方面的探讨。

全书最后的部分是实践篇，该部分的内容是根据研究团队在实地调研过程中获得的一手调查资料整理而成，既能够反映当前管理实践的中国特色，为理论研究提供现实的切入点，也为理论篇和实证篇得到的研究结论提供了现实的分析素材。三个实践案例的素材选择同时考虑了代表性、多样性和启发性。案例的撰写得到了福建师范大学 MBA 案例库建设项目的资助，并用于 MBA 课程教学使用。案例一的研究对象是传统服务行业的一家企业，他们面向一线劳动密集型的员工，围绕文化塑造打造了具有系统性的工作乐趣。案例结合组织文化塑造和工作乐趣的理论机理，分析了企业激励和留住员工的成功之处。案例二的研究对象是一个高工作压力的组织，结合工作乐趣的类型学研究结果，案例分析了他们的实践对在特殊的高压力环境下工作的知识型员工开展压力调节和干预活动的启示。案例三的研究对象是国内一家知名互联网企业。结合管理游戏化的理论和创新激励实证研究的结果，案例分析了这家企业游戏化实践的成功经验和存在的问题。案例篇的最后一章，结合实践调查、理论研究和案例分析的结论，从五个方面归纳了中国企业开展工作乐趣活动的策略建议。

本书的起源是中国情境的特色问题，但很难说研究的都是中国独有的特色问题。因为无论是工作压力应对还是工作乐趣，在中国的研究相比国外都还处于起步阶段。所以本书的理论篇首先对工作压力应对和工作乐趣的国内外研究进行了定量与定性相结合的文献比较分析，明确了当前中国情境下相关研究的特色与不足。后续的理论研究中，本书所做的相当部分工作还是检验在西方文化背景下已有的结论在中国情境下是否成立。当然，在这一过程中，就要涉及许多中国独有的问题，比如概念的测量工具。在西方文化背景下习以为常的一些压力应对策略（比如药物滥用、纵情哭泣、互助会等）和工作乐趣（比如品酒会、卡通秀等）在中国情境下基本上是不适用的。因此，在全新开发的员工压力应对和工作乐趣测量量表的基础上，才有了后续基于中国情境的一系列实证研究。除此之外，本书的多项实证研究特别关注了我国特殊的一些员工群体的状况，比如国有企业的员工工作乐趣和创新问题。国有企业的传统福利以往被社会大众所"津津乐道"，那么在升级版的工作乐趣方面表现如何呢？再比如，在"996"盛行的高科技行业中，员工面对"良性"的工作压力是否会有预期的良好表现呢？这些中国特色问题的研究得到了一些意料之外、但在情理之中的结果。

工作压力是一个充满话题性的研究领域。工业时代以来，由于它与每一个人切身相关，这个问题的关注度逐步提升。到了数字时代，它已经经常性地成为点燃社交网络的热门话题。但可惜的是，人们对它的关注大部分停留在感同身受和口若悬河。近几年来，国内也有一些关于工作压力的研究著作出版，比如，刘玉新教授的《工作压力与生活：个体应对与组织管理》、舒晓兵教授的《工作压力的理论取向及中国情景下的适用性研究》、鞠蕾博士的《组织变革与员工工作压力》。笔者对这些著作进行了研读，深受启发也加深了对于相关理论的理解。总体上来说，国内现有的相关专著还是以基础理论研究为主，关注点一是在流行的心理学模型基础上加入工作环境中的要素来重新检验工作压力的产生过程；二是对西方情境下的工作压力理论在中国的适用性进行研究。目前能够真正体现中国工作环境要素的理论和研究都还很有限，而且十分缺少能够将现实问题与理论研究相结合的研究著作。从 2008 年攻读博士学位至今的 15 年来，笔者持续地开展有关工作环境中的员工压力应对以及相应的组织管理、创新激励问题研究，是国内组织管理和组织行为领域较早开展相关问题研究的学者之一，希望通过本书的出版能够更好地推动工作压力应对与压力环境下员工激励的研究。

目　　录

理论篇

工具篇

实证篇

实践篇

理论篇

本书的研究内容围绕两个主题展开，一是员工应对工作压力的策略，二是管理者如何利用工作乐趣活动调节员工压力管理并实现对他们的激励。因此，本书的开篇也将从这两个领域的理论回顾展开，并结合中国情境的具体问题进行评述和思考。理论篇将首先对工作压力、员工工作压力应对及工作乐趣的相关理论概念和经典理论的发展演变进行回顾，其次采用定量与定性相结合的方式梳理和分析当前理论研究的不足和热点，最后根据中国情境和未来研究的需要对经典理论和前沿理论进行整合与再创新，构建"自我决定的工作压力应对过程模型"和"工作乐趣需求—情绪整合模型"。

第 1 章　工作压力与员工的压力应对

工作压力已经成为一些处于高速变化环境中的组织需要特别关注的问题，因为日常工作中较高的工作压力会直接导致员工的生产率降低、事故率升高、缺勤、离职以及出现各类反生产行为（Fernet and Austin，2014；舒晓兵，2005），而长期较高的工作压力被证明还会导致心理疾病、心脏疾病、癌症、自杀等多方面的严重结果（Tetrick and Quick，2011；刘玉新，2011）。除此之外，工作压力还有一些不那么明显的负面作用，比如导致职业倦怠、心理紧张、诱发工作冲突、愤世嫉俗和工作不满等潜在的问题。美国职业压力协会（American Institute of Stress）的调查报告显示，工作压力导致美国企业每年在员工药物治疗、离职以及旷工上损失 3000 多亿美元。[①] 华信惠悦咨询公司（2007）在加拿大的调查显示，工作压力是员工离职的首要原因，参与调查的公司中有 52% 因为工作压力需要费尽心思地留住优秀员工。在个人层面上，大量的研究关注于如何创造好的工作环境以调节压力，所建立的压力和应对的理论模型也对如何减小压力源（stressor）的影响进行了阐述，但绝大多数的研究都只将压力调节的努力建立在个体层面上（Ganster and Rosen，2013；Offermann and Hellmann，1996）。近年来，逆全球化、人工智能、产业结构调整引发的失业问题导致工作压力以及随之而来的危害愈演愈烈，这使得进一步了解员工压力应对的需求更加迫切，管理者需要利用多层面的手段来帮助员工调节工作压力以提高组织的绩效。在此背景下，心理学研究者对于个体在不同工作压力情境下的不同应对方式选择及其结果的讨论越来越多。

以上关于工作压力的调查数据和研究结果表明工作压力已经成为组织管理和组织行为的研究者与管理者需要投入更多关注的问题，必须将调节工作压力作为管理组织和工作环境的基础性问题来进行研究和开展实践（Sonnentag and Fritz，2017；Zhou et al.，2017）。本章将首先对工作压力与

[①]　American Institute of Stress. *Stress in the Workplace* ［R］. 2007.

压力应对的相关概念进行回顾，梳理在组织行为领域员工工作压力应对的经典理论与研究，为后续章节的调查、实证研究和案例应用提供理论基础。

1.1　压力及工作压力

压力一词源自物理学领域，1932 年被引入心理学领域（Cannon，1932），其后在心理学、医学、人类学、社会学和管理学领域得到广泛关注。压力的概念随着研究的深入和领域的扩大也不断演变，形成了具有一定差异的研究视角。其中具有代表性和影响力的主要有三种。第一种是刺激论，认为压力是一种外部环境作用于个体的刺激。持这种观点的研究者注重研究压力的来源（Kanner et al.，1981）。第二种是反应论，认为压力是个体对外部需求、威胁和挑战的反应。持这种观点的学者关注的是个体特征的差异（比如人格特质、认知方式）对外部刺激反应的差异，以及这种反应所造成的不同的后果，包括心理、生理和行为等方面（Selye，1956）。第三种是交互论，压力是外部刺激和个体反应的交互过程。持这种观点的学者关注的是个体特征与环境需求如何发展交互作用以及这种交互作用所引起的心理、生理和行为的变化（Lazarus and Folkman，1984；Kahn and Byosiere，1992）。

工作压力的研究更多是从交互论的视角来展开，探讨工作环境中的事件如何引发员工认知、心理的一系列反应，从而造成对工作行为、绩效和心理健康状况的影响（Fernet and Austin，2014）。工作压力的研究中，各类触发压力感知的环境因素就是压力源，比如组织变革或工作特征。需要注意的是工作压力的研究通常只关注那些引发心理状况变化的压力源，而较少考虑引发生理变化（比如血压升高、心跳加快、耳鸣等）的压力源，因为这些生理反应往往是非常短时间内的刺激结果，通常不会对个体与组织的关系和利益联系产生直接的影响，而那些造成的心理影响，比如认知评价、心理需求满足等因素都会对员工的组织行为产生长期和短期的影响。这些影响中，员工的短期反应被统称为应激（Strains et al.，2011），比如短期的心理状况变化和情绪发泄应对，也包括可能的正面影响，比如创意和建言。长期的反应涵盖的内容则包括对于组织环境的态度、行为的改变、计划性的应对策略和心理健康情况等。

在现有工作压力的研究文献中，除了上述压力、压力源和压力反应的基本概念之外，还有几个重要的相关概念，包括本书重点研究的压力应对、应对资源和应对结果。

1.2 压力应对

压力应对的理解在学术界经历了较长的发展阶段，本书将其中具有影响力的定义总结在表1-1中。这些定义遵循的基本逻辑是：应对是人和环境相互影响的一部分，在一个人认为环境会带给他压力的时候，应对就会发生（Lazarus and Folkman，1984）。

表1-1 应对的基本定义

作者（年份）	定义	视角
Aldwin 和 Revenson（1987）	应对包含了认知和行为上的策略，这些策略用来管理压力情境（问题关注的应对）和随之而来的消极情绪（情绪关注的应对）	应对的对象
Carver 等（1989）	压力由三个过程组成：第一步是感知到对自我的威胁；第二步是在脑海里形成应对威胁的可能反应；而应对则是执行这个反应的过程（第三步）	应对的过程
Coyne 等（1981）	应对就是在认知或者行为上做出的努力，去管理耗尽或者超出一个人资源的外在、内在的要求，和影响一个人的冲突	应对的对象和情境
Dewe（1987）	主动或被动地对一个威胁的环境产生反应，目的是移除威胁或减少不舒服的感觉	应对的情境
Dewe 和 Alvin（1999）	应对是一个由初级评价激活的过程，应对策略从个体对事件的重要性及意义的理解开始	应对的过程
Edwards（1992）	防止或降低压力对于各种个人心理状况的负面作用	应对的对象
Folkman 和 Lazarus（1980）	为了控制、忍受或者减弱外部或内部的要求以及它们之间的冲突而进行的认知或者行为上的努力	应对的对象和情境
Fugate 等（2008）	应对是一个个体与环境交互作用的过程，这个过程开始于个人对人-环境邂逅的评价，然后个体根据评价决定如何最好地处理压力事件，最后应对会影响许多个体和组织的产出，例如工作绩效、雇佣关系、幸福感等	应对的过程
Latack（1986）	压力和应对可以被视为一个包括以下四个主要环节的动态过程：（1）环境的压力源（例如需求、约束、机会）；（2）个人对充满不确定性但可能产生重要后果的压力源的认知评价；（3）心理和行为所反映的压力水平（例如焦虑、心跳加速、工作绩效）；（4）应对行为或应对策略。因此，应对可以定义为对不确定但可能非常重要后果的情境的反应	应对的对象和过程

作者（年份）	定义	视角
Folkman 等（1986）	应对是持续并不断变化的认知上和行为上的努力，以管理来自内部和外部的令人疲劳或超出个人资源的需求	应对的对象和情境
Pearlin 和 Schooler（1978）	应对是指任何处理外部生活压力的反应，目的是阻止、逃避或者控制情绪上的压力	应对的对象和类型

资料来源：笔者根据相关研究整理。

其中，早期的定义强调的是应对的对象，即应对是针对什么而发生的，是"压力的情境"（以问题为导向的应对）或者随之而来的消极情绪（以情绪为导向的应对）（Aldwin and Revenson，1987）。某些定义只关注一个对象，比如阻止、逃避或者控制情绪（Pearlin and Schooler，1978），也有的研究认为应对可以定义为防止或减低压力对于各种个人心理状况的负面作用（Edwards，1992）。另一些研究者进一步定义了"压力"的具体情境，比如科恩等（Coyne et al.，1981）提出，应对是指通过认知和行为上的努力来管理超出或耗尽个人资源的环境和内在的要求或冲突。拉塔克（Latack，1986）从个体对环境的认知评价出发，将应对定义为"对充满不确定因素和重要后果的环境的反应"，包括了 4 个主要环节的动态过程。

最早将应对理论应用于组织领域研究的福克曼等（Folkman et al.）在 1986 年提出了一个具有综合性并被广泛应用的定义：应对是持续并不断变化的认知上和行为上的努力，以管理来自内部和外部的令人疲惫或超出个人资源的需求（Folkman et al.，1986）。从这一定义出发，研究者可以根据实证研究的不同要求对应对的外延进行扩展。例如，考虑到应对对象的多样化，既可以是内部的（如情绪反应），也可以是外部的（如工作情境）。还可以从不确定性或结果的重要性等因素来判定什么样的需求才是超出个人资源或使人疲惫的。因此该界定被后来的研究者广泛接受（Amiot et al.，2006；Gowan et al.，1999；Latack et al.，1995；Scheck and Kinicki，2000）。

拉撒路和福克曼（Lazarus and Folkman，1984）提出的压力和应对的认知交易理论认为，个体的应对反应是在综合对情境的评价（初级评价）和对个人资源的评价（次级评价）基础上做出的。后来的学者在这一理论的基础上提出了各自对应对过程的理解。卡佛等（Carver et al.，1989）在研究中指出压力应对由三个过程组成：第一步是感知到对自我的威胁；第二步是在脑海里形成应对威胁的可能反应；第三步是执行这个反应。德威和阿尔文（Dewe and Alvin，1999）则认为应对是一个由个体对事件的重要性及意义的理解而开始的过程。富盖特等（Fugate et al.，2008）的研究则基于这样的前提：应对是一个个体与环境交互作用的过程，这个过程开始于个人对人—环境邂逅的评价，然后个体根据评价决定如何最好地处理压力事件，最后应对会影响许多个体和组织的产出，例如工作绩效、雇佣关系、幸福感等。应该说这些应对外延的扩展对实证研究具有重要意义，为研究设计界定了应对具体的前因变量和结果变量，从而将个体应对的完整过程用理论模型展示出来。

在应对内涵的拓展过程中，由于众多学者研究的侧重点不同，一些应对的相关构念出现了模糊和混淆应用。因此在福克曼等（Folkman et al.，1986）的概念基础上，要把这些容易混淆的构念区分开来，才能保证研究具有可比较性和可借鉴性。

在绝大部分的实证研究中，应对策略（coping strategy）被作为应对的测量变量（Fugate et al.，2008；Latack et al.，1995；Scheck and Kinicki，2000；Welbourne et al.，2007），既包括具体的行为（例如制定执行计划）也包括认知的改变（例如关注事件好的一面），也有的学者在研究中将其称为应对反应（coping response），而极少数学者将应对策略与应对行为（coping behavior）等同起来。拉塔克和哈夫洛维奇（Latack and Havlovic，1992）将应对策略分为行为和认知两类，丹尼尔斯和哈里斯（Daniels and Harris，2005）认为应对策略包含不同类型的应对功能（coping function），而应对行为是指个体采取了一些具体行动来实施应对策略，例如个体可以寻求社会支持来实现情绪调整、解决或逃离困境等不同的应对功能。

另一个需要区分的概念是应对风格（coping style），属于个体相对稳定的特质（Latack and Havlovic，1992），较难受到组织干预和训练的影响。因此，在组织行为学的研究中，很少将应对概念化为相对稳定的人格特质，充其量是在招聘或安排较高压力环境的岗位时应用。

最后，一些学者指出，在探讨和测量应对策略时不应该包含对应对效果（coping effectiveness）的描述（Stahl and Caligiuri，2005）。比如，"我觉得我处理压力的方式提高了我的工作效率"，这种描述应对效果的语句不应该被纳入对应对策略本身的测量。这是因为，一方面对于组织环境下的压力应对而言，什么样的应对是有效的在学术界还存在分歧（Latack and Havlovic，1992）。因此研究不应该包含过多的主观成分，测量应对策略的方式不应与判断其有效与否混淆在一起。另一方面应对策略的效果并不仅仅是内生的，还与众多情境因素高度相关，例如回避压力的应对策略对于组织变革的情景可能是无效的，但对于一些家庭—工作冲突所引发的压力却非常有效。

1.3 工作压力应对的结构

斯金纳等（Skinner et al.，2003）的综述研究回顾了以往心理学中压力应对的维度结构，他们认为虽然研究者对于应对是一个多维度概念有统一的认识，但各类研究中存在超过100种的应对结构，说明对于应对内部维度的理解和划分远未达到一致，使得实证研究的结论难以相互比较，理论的发展也因此受阻。其中，积极/消极或者问题/情绪的单维度两分结构因其实用性和一般适用性（比如工作、创伤、暴力等各类压力）而被广泛应用。但对于这种划分方式的批评之声不绝于耳，特别是不能很好地反映压力应对的心理特性（Stone et al.，1991）。数十年来，无论是从经典两分结构出发的维度拓展（比如加入寻求支持/回避等第三维），还是针对特殊情境下的结构探索研究（比如应对人际关系压力的政治行为、应对创伤性压力的幽默策略等）都还在持续。根据压力与应对的交易理论（Lazarus and Folkman，1984），个体的应对策略是压力源和情境特征的主观评价交互作用的结果，所以应对策略的类型也应该取决于特定压力源和情境（Bankins，2015）。因此，工作压力应对策略的结构划分至关重要。有鉴于此，本书将既往研究中的应对策略结构分为四种类型：经典两分应对策略结构及拓展、一般性新应对策略结构、特定情境多类型组合结构、特定情境新单一类型结构（见表1-2）。并重点介绍新近开发的结构及适用情境。

表1-2　　　　　　　　　　　应对的结构

依据	应对结构	代表性研究
经典两分应对策略结构及拓展	问题导向、情绪导向	Anderson（1977）；De Ridder，（1997）；Lazarus 和 Folkman（1984）；Fugate 等（2002）；Herman 和 Tetrick（2009）；Kinicki 等（2000）；Scheck 和 Kinicki（2000）；Stahl 和 Caligiuri（2005）；Vzairi 等（2020）；Eatough 和 Chang（2018）；徐世勇（2010）；Erdem 等（2017）；吴国强等（2017）等
	积极应对、消极应对	Liu 和 Perrewé（2005）；叶红和曹立人（2010）；贾绪计和林崇德（2013）；王叶飞和谢光荣（2016）；王钢和张大均（2017）等

依据	应对结构	代表性研究
经典两分应对策略结构及拓展	积极问题导向应对、积极情绪导向应对、回避应对	Hertel 等（2015）
	问题导向应对、寻求社会支持、回避应对	Peng 等（2012）；曹经纬和耿文秀（2011）
	问题关注、自我控制和发泄	Brown 等（2005）
	控制导向、逃避导向、症状管理和信息搜寻	Aldwin 和 Revenson（1987）
	解决问题、寻求支持、回避、放松和正向认知重构	Skinner 等（2003）；Welbourne 等（2007）
一般性新应对策略结构	适应性应对、非适应性应对	Sadeh 和 Karniol（2012）；Bankins（2015）
	投入应对、脱离应对	Smith 等（2013）；Pavlova 和 Silbereisen（2014）；KoRner 等（2015）
	改变情景、逃避、适应、减少症状和重新评估	Brough 等（2018）
	建设性应对、破坏性应对	Bobocel（2013）
	预防性应对、促进性应对	Byron 等（2018）；Niessen 等（2018）；Zhang 等（2019）；宋锟泰等（2019）
	成熟型应对、不成熟型应对、混合应对	李祚山等（2013）；杨秋苑等（2014）；侯艳飞和张小远（2017）
特定情境多类型组合结构	计划、直面、逃避、空想	唐杰等（2012b）
	自我提升、反欺负、问题解决、回避应对	蒋奖等（2012）
	容忍模糊、拖延应对	Kern 和 Zapf（2020）
	家庭/工作极力表现、家庭/工作履责、家庭/工作委托、家庭/工作选择性	Somech 和 Drach－Zahavy（2012）
特定情境新单一类型结构	社会化策略	Boswell 等（2009）
	自助式认知应对	Hofer 等（2018）
	幽默应对	Sliter 等（2014）
	政治行为	Treadway 等（2005）
	亲和行为	Yang 等（2020）
	工作重塑	刘淑桢等（2019）

资料来源：笔者根据相关研究整理。

1.3.1 工作压力典型二分应对策略结构及其拓展

根据压力和应对的认知交易理论，将应对结构按照应对的对象划分为关注问题（problem-focused）的应对和关注情绪（emotion-focused）的应对，是目前工作压力应对研究中被广泛认可和应用的应对维度。前者是指以影响压力源为目标的行为和认知上的努力，后者则是以减弱压力源对情绪的负面影响为目标。虽然这一应对结构被后来的理论和实证研究广泛接受（Anderson，1977；De Ridder，1997；Fugate，et al.，2002；Herman and Tetrick，2009；Kinicki et al.，2000；Scheck and Kinicki，2000；Stahl and Caligiuri，2005），但其本身存在两个维度不能互斥的严重问题（Latack，1986）。比如前瞻性地思考问题（proactive thinking），既可以是一个以影响情境为目标的努力，也可以被认为是调节情绪的有效方式。

另一种划分的方式是按照应对的方式划分，包括行动（action），指行为上致力于影响压力源或情境；认知重构（cognitive reappraisal），指尝试对情境进行重新认识；症状管理（symptom management），指关注压力所产生的表面症状和心理状况（Latack，1984）。但基于这种应对结构的探索对于工作相关压力下的研究缺乏实际意义。究其原因，员工不论是采用行动、认知重构还是症状管理的应对对组织都可能是有利的，因而这样的研究对实践而言意义很小。

针对以上两种应对结构的缺陷，拉塔克（Latack，1986）对两种结构进行对比整合，提出了工作环境下的员工应对策略结构，仍然按照应对的方式分为三类：控制导向的应对（control-oriented coping），包括采取前瞻性的、积极负责的行为和认知重构；逃避导向的应对（escape-oriented coping），包括行为和认知上的回避或逃避，以及症状管理。拉塔克（Latack，1986）的结构定义具有深远的影响，时至今日众多工作环境下的应对研究都接受了这一结构（Amiot et al.，2006；Armstrong – Stassen，1994；Fugate et al.，2008；Terry and Jimmieson，2003）。

目前，针对我国文化和工作情境的应对策略结构的开创性研究仍然很少，大部分中文研究仍然采用从行为方式（积极应对/消极应对）或功能导向（情绪导向应对/问题导向应对）进行的典型二分法。究其原因，一方面是可靠的中文测量工具有限，大部分研究都采用解亚宁（1998）开发的"简易应对策略量表"；另一方面是中文研究较少聚焦具体压力源，也就不需要采用针对性的应对策略划分。由于经典单维度二分应对结构对心理特征的描绘不足，一些研究会基于更加完整的压力应对策略结构和测量工具（比如 the COPE①）提炼适应不同工作压力情境的改良型结构。比如赫特尔等（Hertel et al.，2015）为探索年龄对工作压力应对的影响，采用了积极问题导向应对、积极情绪导向应对和回避应对的结构。彭等（Peng et al.，2012）采用了问题导向应对、寻求社会支持和回避应对的结构来探讨急性和潜在创伤性压力的应对。在中文研究中，曹经纬和耿文秀（2011）以在华企业外籍高管压力应对策略为主题的研究也采用了类似的问题导向、逃避应对和求助应对的结构。

1.3.2 一般性工作压力应对的新结构

后续的研究者借鉴了上述学者的观点并承继了对结构维度的探讨，开始出现整合上述两种分类的趋势。拉塔克和哈夫洛维奇（Latack and Havlovic，1992）在其综述研究中提出了一个 2×2 的应对策略评价矩阵：首先以问题关注/情绪关注和认知/行为作为第一层次的划分标准将应对策略分为四个象限；在问题关注的认知和情绪关注的认知象限又将控制和逃避作为二级划分标准，将每个象限分成两类应对策略，在两个行为象限则同时采用社会的/单独的和控制/逃避作为二级标准，将每个象限划分成四类应对策略。整个模型将应对分成 12 种类型。

也有学者将新的理论引入压力应对研究领域，开发了全新的应对结构。一些检验应对策略前因的研究遵循人—环境匹配的理论视角，也因此采用了相应的全新的应对结构，比如萨德和卡尔尼奥尔（Sadeh and Karniol，2012）在对个人经历、自我意识和失业对应对策略的影响研究中，就采用了适应性应对与非适应性应对两分结构。② 班克斯（Bankins，2015）探讨违约事件对应对策略的动态影响时也采用了相同的结构。聚焦应对策略结果的一些研究从行为调节的视角入手，采用投入/脱离的应对结构。史密斯等（Smith et al.，2013）基于这一结构考察了新员工应对策略对组织认同和离职倾向的影响。科纳等（Korner et al.，2015）也采用了类似的结构探讨应对职业不确定性对失业、收入变化和工作机会的影响。张等（Zhang et al.，2019）结合调节焦点理论与经典应对结构，提出关注问题的促进性应对、关注情绪的促进性应对、关注问题的预防性应对和关注情

---

① 由卡佛等（Carver et al.，1989）开发的 14 个因子的一般性压力应对测量量表，是目前最广泛使用的压力应对测量工具。

② 由罗杰等（Roger et al.，1993）开发的应对结构，其中适应性应对包括问题解决和超然应对两个因子，非适应性应对包括回避应对和情绪应对两个因子，适用于一般压力环境。

绪的预防性应对。这实际上也是一种基于长期和未来导向的应对策略，关注的不仅是当前压力源的应对，而且考虑潜在压力源的预防。布拉夫等（Brough et al.，2018）采用了爱德华兹和巴利奥尼（Edwards and Baglioni，2000）基于控制论视角开发的5因子应对策略结构，将应对视为控制个体身心不良状况的一种反应机制。这种结构比经典的二分结构能够更好地反映应对的心理和行为特征。中文研究中，多项研究采用了由肖计划和许秀峰（1996）开发的"应付方式问卷"（CSQ），由多个应对策略因子组合得到成熟型（解决问题、求助）、不成熟型（退避、自责）、混合型（合理化）三维结构。这一结构根据中国文化环境所开发，兼顾了易用性和心理表征，但并不是针对工作压力环境所开发，具体结构和测量语句还需有针对性地优化和检验。

1.3.3 特定情境下应对策略结构的应用

由于经典二维应对结构对心理特征的描述不足，以此为基础的研究往往在特定情境中缺少实际意义。比如，针对工作—家庭冲突压力的应对，许多研究发现笼统的问题导向应对没有明显作用（Clark et al.，2014）。因此，近年来特定情境下的研究多采用针对性开发的多维度或单维度结构，而不是一般性、全面性的多维结构。比如索契和德拉赫—扎哈维（Somech and Drach – Zahavy，2012）从个体管理工作/家庭两个角度开发了8因子结构的量表。克恩和察普夫（Kern and Zapf，2020）从认知和行为角度采用模糊容忍和拖延作为员工应对组织变革的策略结构。中文文献中，蒋奖等（2012）采用了主动/被动、建设/破坏两维度划分的应对管理欺凌的4因子结构（自我提升、反欺凌、问题解决和回避）。国内外都有一些研究采用认知（比如自助式认知、工作重塑）或行为（比如社会化策略、政治行为、亲和行为、工作重塑）单一应对策略来检验其对心理和工作相关结果的影响。

由于现实中应对的多维度属性，任何单一维度的二分应对结构都被认为不具有足够的涵盖性，来作为一般性的结构区分（Skinner et al.，2003）。综合来看，近年来工作压力应对策略的结构探索呈现出两个方面的趋势，一方面是从新理论视角出发，开发一般性工作应对策略结构。另一方面是针对特定压力源和情境，开发特定的应对策略结构。但国内外新开发的应对策略结构都有待进一步验证普适性。比如张等（Zhang et al.，2019）利用编码的方式提出预防性应对和促进性应对，验证性量表有待开发。王等（Wang et al.，2017）提出了新员工社会化应对策略，但针对其他研究对象和压力情境，测量工具的普遍性和效果还不得而知。一些中文研究对经典二维结构的拓展和针对特殊情境提炼的新结构，缺乏必要的说明和相关假设检验，导致采用新结构的意义不明确，也就很难在后续的研究中被再次检验和应用，在未来的研究中需要加以改进。

1.3.4 工作压力应对策略的新理论架构

关于压力应对的结构维度，通过文献研究可以得到两个基本的结论：第一，研究者对于应对是一个多维度并且多层式的概念已经达成共识；第二，在工作相关压力应对的实证研究文献中，侧重员工应对与组织相关变量的研究，为了便于探讨研究的实际意义，倾向于采用二维结构（解决问题/调节情绪或控制/逃避）来定义应对。

本书在借鉴大部分员工工作压力应对所采用的二维结构基础上，通过行为和认知的划分，进一步丰富应对策略的心理特征，构建了新的概念结构。具体结构的命名和内涵如表1-3所示。

表1-3 本书工作压力应对策略的概念结构

应对导向			
积极应对			消极应对
应对方式	行为	直面应对：通过积极地以直接解决问题为目标的努力来改变环境（Folkman et al.，1986）	行为脱离：努力使自己摆脱或离开压力的环境（Folkman et al.，1986）
	认知	计划应对：思考如何处理问题并设想下一步的行动方案（Carver et al.，1989）	空想应对：在思想上逃避压力或寄希望于压力事件尽快结束（Folkman et al.，1986）

(1) 关注的是应对而不是应对风格或应对的效果；
(2) 针对员工应对工作压力所作的分类

资料来源：笔者根据相关研究绘制。

在结构的命名上，本书认为采用积极应对（proactive coping）和消极应对（passive coping）（Aspinwall and Taylor，1997；Liu and Perrewé，2005）的命名方式比控制导向和逃避导向（Latack，1986）更合适。主要有三个方面的原因：第一，积极和消极应对的命名方式简单易懂，有利于研究结果的推广和管理应用。第二，以往研究对控制导向应对和逃避导向应对的界定与积极应对和消极应对在内涵上差别很小。① 第三，拉塔克（Latack，1986）最初对员工工作压力应对分类时除了控制导向应对和逃避导向应对之外，还包括第三个维度——症状管理。后来的研究者为了便于研究讨论，往往将第三维忽略或将"症状管理"所包含的内容拆分入另外两个维度进行探讨。这就导致控制导向和逃避导向应对的内涵实际上被拓展了，更为符合积极应对或消极应对的内涵。比如恰当地管理自己的情绪可以算作积极地应对压力，但却很难被控制导向的概念所囊括。

1.4 工作压力应对的经典理论与模型

国内学者徐世勇（2010）将工作压力研究的视角归纳为四类：传统压力理论、个体—环境匹配理论、工作需求—控制模型和交易理论。刘玉新（2013）的研究则将工作压力应对的研究分为防御论、特质论、情境论和过程论四类。从理论发展的角度看，早期的研究认为压力是一种外部环境作用于个体的刺激，研究重点是分析外界压力来源的差异以及个体如何自发地、无意识地应对（即防御论）。同一时期，另一派观点认为压力是个体对外部需求、威胁和挑战的反应，因此注重分析个体特征（比如人格）对外部刺激反应的差异（即特质论）。拉撒路（Lazarus，1984）最早提出从认知评价和刺激反应两个过程来理解压力的来源，也真正开启了压力应对的研究。在压力与应对的认知交易理论（Lazarus and Folkman，1984）提出之后，大多数的研究开始融合认知评价和刺激反应过程，在综合考虑个体特征与环境需求是如何交互作用于个体心理、生理和行为的基础上，进一步考虑交易变化以及个体应对对环境的反作用，逐步演变成为认知—评价—应对—结果的过程研究。40 年来的实证研究不断在此基础上融合管理学和心理学的前沿理论。除压力与应对的交易理论、个人—环境匹配理论、工作需求—控制理论被广泛应用外，近年来大量研究采用了新的理论视角来探索工作压力应对的机理。本部分将对经典理论的发展和新进有代表性的理论进行介绍。

---

① 比如拉塔克和哈夫洛维奇（Latack and Havlovic，1992）把控制导向应对和逃避导向应对分别界定为"前瞻性地思考或采用积极负责的方式处理问题"和"避开或设法不去关注问题"，这与阿斯平沃尔和泰勒（Aspinwall and Taylor，1997）对积极应对的界定"努力处理压力事件或前瞻性地修正"及刘和佩瑞（Liu and Perrewé，2005）对消极应对所下的界定"被动地面对问题"内涵很接近。

1.4.1 压力和应对的认知交易理论

压力和应对的认知交易理论（cognitive-transactional theory of stress and coping）是从认知评价理论（Lazarus，1966；1978）发展而来的，是当前国内外工作压力应对领域影响力最大的理论。该模型自 20 世纪 60 年代提出，经过将近 20 年的不断完善，成为该领域集大成的理论。该理论认为个体对压力事件的两阶段认知评价决定其应对策略，初级评价（primary appraisal）被用以确认带来压力的个体—环境交易对个体自身的重要性和关联性，将压力源评价为具有威胁、挑战或者是伤害/损失性的。次级评价（secondary appraisal）是将交易需求与现有应对资源（coping resources）做比较，评估哪些应对策略是可取的以及可能的结果是什么。应对资源是指那些对个体评价环境状况有所帮助的内部（心理）或外部的（社会/组织）稳定因素（Noblet et al.，2006），比如个体的自我控制力、乐观程度、自尊，以及组织支持和家人支持等。

初级评价与次级评价并不是简单的先后关系，两者之间的关系很复杂，通常是相互的（Lazarus and Folkman，1984）。比如个体无力应对某一种需求（初级评价），难以避免或防止损失（次级评价），那么压力感会很强。但即便个体有很强大的资源可以控制应对的结果（初级评价），但如果事关重大（初级评价），那么任何不确定性都会导致相当大的压力。评估结束后，个体会根据评估结果采取应对策略（见图 1-1）。比如，当人们意识到自身资源能够控制或改变压力源时，他们就会关注问题，否则就会关注情绪。应对的实施效果会影响个体对环境的重新评价（retrospective appraisal）和进一步的应对，以改变对环境的评价。福克曼（Folkman，2008）进一步完善认知交易理论，认为不成功的应对并不是简单地进入再评价—重新应对的循环，而是会引发消极情绪和一种意义导向的应对（meaning-focused coping），即根据自己的价值观、信念和目标重新调整需求的优先顺序，从而激发积极情绪，并带来应对资源的重新积累。因此应对策略是随着事件的发展不断变化的。样本中的一些实证研究也遵循了这种观点，出现了大量的多时间点调查研究，将应对视为一个动态的过程，受情境变化的影响，而不具有跨情境保持相对稳定的特征（Niessen et al.，2018）。比如伊托和常（Eatough and Chang，2018）的研究围绕 100 名员工，收集了 438 份多时间点数据，发现员工不是以单一行为方式应对特定压力事件，而是会伴随压力事件和情境变化而调整策略。

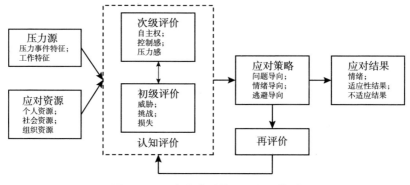

图 1－1　压力和应对的认知交易模型

资料来源：根据拉撒路和福克曼（Folkman，1984）以及福克曼（Folkman，2008）的研究综合绘制。

需要特别说明的是，样本中的国内研究大多将认知交易理论翻译成认知交互理论，实际上两者并存于压力应对的研究中，理论视角相似但还是有区别的。交互视角强调的是个体评价与压力情境的互相影响（比如下文即将提到的匹配理论），而交易强调的是需求与资源的付出和回报关系。拉撒路和福克曼（Lazarus and Folkman，1984）的理论观点强调的正是一种动态交易的过程——应对付出资源与应对结果回报的关系，不理想的回报会引发新的评估与交易。

认知交易理论开启了压力应对的研究序幕，近年来得到了广泛的应用，被纳入模型的要素越来越多，但很难判断模型中哪个要素对压力及应对起到决定性的影响，实证研究也很难检验整个应对的完整过程。也有研究者认为认知交易理论过分强调个体的主观评价而忽视了个体对压力直接产生的情绪和心理变化，以及环境因素对应对策略的反作用（Cox et al.，2015）。还有学者认为在某些压力情境下，可能不存在认知评价（Zajonc，1984），但近年来的大部分实证研究还是验证了认知评价在压力源与应对策略间的作用。

1.4.2　个人—环境匹配理论

压力和应对的认知交易模型的核心是对工作环境的认知评价，告诉我们这些环境因素如何通过认知评价影响个体的压力产生以及后续的心理和行为结果。但该模型并没有说明工作环境中有哪些应该具体考虑的压力源。工作压力的研究只能考虑一些非常重要的关键因素来作为引发压力的环境特征，也由此引出了一系列具体的研究模型和理论。其中，个人—环境匹配理论（Person – Environment Fit Theory，P – E 匹配理论）（French et al.，1974）就是其中影响较大的理论之一。

弗伦奇等（Frecnch et al.，1974）将社会冲突理论与人—环境互动的观点相融合，提出压力并非单纯来自环境或个体本身，而是来自环境与个体的不匹配。根据需求—供给观点（needs-supplies）和需求—能力观点（demands-abilities），这种不匹配分为两种情况。第一种是从个体视角出发，当个体的需求与组织环境所提供的供给不匹配，导致个体的需求得不到满足。第二种是从组织视角出发，当组织或工作对个体能力的需求是个体本身所无法达到时，就发生了需求—能力的不匹配，即个体的能力无法胜任工作要求。

P – E 匹配理论中所强调的匹配既包括客观事实上匹配，也包括个体主观认知的匹配。前者是指分别就匹配双方的某些特征进行客观测量（比如组织的文化与个人的价值观、岗位的要求与个人的能力），然后由第三方评价两者是否匹配。后者是指个体自己感知的环境中某些特征与自身特征的匹配程度，这种感知是受到个体本身价值观、个性和情绪等因素影响的，可能是与事实有偏差的。但大部分学者认为，与客观事实上的匹配相比，主观认知的匹配才是工作压力的真正来源（Caplan，1987；French et al.，1982；Cable and Judge，1997），这也符合认知评价理论所解释的压力的产生过程。当个体感知到自身与组织环境中的某些特征不匹配时，他们会通过特定的应对策略来改变这种处境，包括在认知上回避或掩饰（Harrison，1978）和在行为上改变或离开环境（Chatman，1991）。不同的应对策略会导致个体紧张状态的差异并带来不一样的应对结果。环境支持、应对策略和个体心理防御机制会对匹配与压力相关结果的关系起到一定的调节作用。

人与环境匹配（Person – Environment Fit，P – E 匹配）的观点在后来的工作研究中得到不少证据的支持。比如瑞克等（Rijk et al.，1998）的研究结果显示，医护人员的积极应对方式和环境控制水平的不匹配会加剧工作压力所导致的工作倦怠。肖（Shaw，2004）在美国机车行业的研究发现，需求—供给和需求—能力两个方面的匹配都能够显著影响员工的抑郁程度和生理健康。塔里斯等（Taris et al.，2001）在荷兰开展了为期 4 年的纵向调查，结果显示供给—需求匹配与员工工作满意度和心理健康显著正相关，与离职倾向显著负相关。但有关环境支持、应对策略和个体心理防御机制对个人—环境匹配与工作压力相关结果关系的调节机制，还缺乏相应的证据。

P－E 匹配的观点对于工作压力产生的解释较为简单（Lazarus，1995），但作为一种研究的视角和出发点使得关于压力的产生过程能够在工作环境下得到更好的认识，也因此在组织理论和组织行为的研究中得到了大量关注。从该理论出发的研究也得到了丰富和拓展，从研究层次上具体分为个人—组织匹配、个人—团队匹配、个人—领导匹配、个人—工作匹配等，从研究视角上还拓展成一致性匹配和互补性匹配①。可以认为，P－E 匹配已经形成了独立的研究领域，并不局限于工作压力的研究。甚至 2000 年以来，基于 P－E 匹配观点的研究中反而被下面两个从该理论出发所形成的更为具体的互动过程理论所取代（Ganster and Rosen，2013）。

1.4.3　工作需求—控制模型

工作需求—控制模型（Job Demands-control Model，JDC）（Karasek，1979）及其延伸出的工作需求—资源模型（Job Demands-resources Model，JDR）（Demrouti et al.，2001）是 2000 年以来最有影响力的工作压力研究模型。该模型将工作要求和工作控制视为工作环境的关键特征，也是研究工作压力的核心。工作要求作为个体的压力源，是指个体感知到工作的数量和难度，还包括时间的压力和角色冲突等方面。工作控制是指个体能够对工作施加影响的程度，即工作相关决策的自主权和自由度。根据 JDC 的观点，工作要求与工作控制的交互作用决定了个体工作压力的大小。如图 1－2 所示，当个体感知工作要求高的时候就会随之产生压力。这时候，如果他们感知的工作控制度低，那么就会感到非常无助，从而消极工作，并导致负面的心理和生理结果；相反，如果个体感知到较高的工作控制度，那么压力就会转化为动力，从而积极应对工作所带来的各种问题。

图 1－2　工作需求—控制模型

资料来源：Karasek，Jr. R. A. Job demands，job decision latitude，and mental strain：Implications for job redesign［J］. *Administrative Science Quarterly*，1979：285－308.

---

① 弗伦奇等（1974）所提出的两类不匹配都属于互补性匹配问题。

由于对工作环境的特征进行了具体化，并且首次将工作动机纳入工作压力的研究中，从流行病学领域到心理学和管理学领域，JDC 理论受到了大量的研究关注，也获得了一些经验证据。卡拉西克（Karasek，1979）在美国和瑞典所开展的大规模研究，都验证了工作要求对压力感知水平的正向影响，以及工作控制对压力感知水平的负向影响。谢（Xie，1996）在中国企业的调研也证明工作需求与焦虑、抑郁等心理健康问题正相关，而工作需求与工作控制的交互作用也会影响心理健康和工作满意度。这些经验证据对模型的验证对于组织的压力管理具有明显的重大价值，意味着管理者可以在不降低工作要求的条件下，通过提升员工对工作的控制感来降低他们的压力感知，从而提升工作表现，并能够减少压力导致的心理和生理等方面的健康问题。但是，在大部分的实证研究中，工作要求与工作控制的交互作用对工作动机的影响没有得到验证（例如 Jonge et al.，1999；Sargent and Terry，1998）。

JDC 对于压力在工作环境下的形成进行了简化，并对其与工作动机的关系进行了开创性的研究，因此在 2000 年以来的工作压力研究中得到了广泛的应用。但也正是由于对工作环境特征的描述过分简单，加上与工作动机的关系没有得到足够的支持，该模型也受到了诸多批评。德米卢蒂和巴克（Demerouti and Bakker，2001）认为应该将工作控制视为各种工作环境中能够获得的应对资源之一，从而将 JDC 模型从生理、心理、组织和社会四个层面拓展为工作需求—资源 JDR 模型。JDR 模型认为，不同工作环境中的资源与工作需求的交互作用不同，有的能够起到缓解压力和激发动机的作用，有的则不行，具体效用的大小因不同组织和工作本身有所差异。

1.4.4 付出—回馈失衡理论

付出—回馈失衡理论（Effort – Reward Imbalance Theory，ERI）（Siegrist，2002）是 20 世纪 90 年代末由德国生理医学奖得主西格里斯特提出的关于工作压力形成机制和影响机理的理论。该理论认为工作压力是在工作环境中社会交互和互惠活动不平衡的结果。如果个体在组织活动中所付出的努力没有得到自身所认为的足够回报，那么就会出现付出与回馈的不平衡，西格里斯特将其称为失败的互惠过程（Siegrist，2002）。这里所指的付出既包括工作时间、工作任务、工作责任这些可见的投入，也包括情感、承诺、心理契约等不可见的投入。ERI 模型所指的回馈包括薪酬、尊重和对社会地位的控制。如果个体的付出—回馈出现不平衡，心理层面会触发负面的情绪和压力反应，生理层面会导致血压升高、心率加快，并最终引发一系列疾病。

付出—回馈失衡理论同样秉承了压力是环境特征与个体认知交互作用结果的观点。相比 P－E 匹配理论，付出—回馈失衡理论所提出的压力的触发机制不完全取决于个体主观感受，其更容易横向比较，也就相对客观。相比 JDC 模型，付出—回馈失衡理论则兼顾了个体认知差异，而不仅仅强调工作特征对压力造成的影响。因此，付出—回馈失衡理论对于工作压力的形成过程提供一种更为平衡的解释。要减少员工的工作压力，要么减少他们的工作付出，要么提升给予他们在薪酬、地位、稳定性方面的回馈，从而提升心理的平衡感。这种理论逻辑能够为组织的压力管理活动提供更直观的指导。但是，该理论提出的时间还较短，还缺少工作环境下足够的证据支持，也没有与工作动机建立联系。组织的管理工作不可能那么简单地只考虑压力调节，往往需要将压力调节和激励相结合。

1.4.5　调节焦点理论

调节焦点理论（Regulatory Focus Theory）是新近应用到工作压力应对研究的动机理论，认为个体具有两种截然不同的自我调节模式（Higgins，1997）。一种是以促进为重点，以理想标准为目标，以成就和增长需求为驱动力的调节行为，行为者倾向采用热切进取的策略，比如热情、冒险和考虑多种选择；另一种是以预防为重点，以最低标准为目标，以安全和安全需求为驱动力的调节行为，行为者倾向采用警惕地回避策略，比如谨慎、关注细节和仔细地做计划（Crowe and Higgins，1997）。这两种调节模式是相互独立而不是此消彼长的，个体可能同时采用聚焦促进和聚焦预防（Wallace and Chen，2006）。基于该理论，张等（Zhang et al.，2019）把压力应对也视为一种自我调节的过程，从而解释在高压力情境下个体如何应对，他们的研究采用元分析的方法，发现个体采用预防性应对策略还是促进性应对策略，会在工作绩效、工作态度和个人幸福感等方面产生显著的差异。

该理论揭示了人们如何同时趋近积极目标状态和回避消极目标，他们采用不同的调节策略，影响需求满足、结果关注、情绪体验和行为动机。目前来看，该理论为压力应对策略的分类提供了新的理论视角。而且，利用个体在促进和预防两方面的需求不同，来解释个体动机和应对策略选择的差异，更进一步推进了对压力评价与应对策略关系的理解，而这正是认知交易理论还无法很好解释的环节。但由于该理论的相关研究还较少，没有实证研究真正检验两类需求满足与行为动机和应对策略间的关系。

1.4.6 亲和应对理论

亲和应对理论（Affiliative Coping Theory）认为人类本质上是社会性的，在面临压力时这种本质属性会更加凸显。具体表现为，当个体积极应对压力时，如果所需的社会支持水平不足，人体就会激活以催产素为核心要素的生物信号系统，从而产生对亲和的需要（Taylor，2006）。这种需要会激励个体有目的的亲和社会行为，比如抚养后代（即照顾）或寻求社会联系（即结交）以安慰或保护自己。因此，该理论也被通俗地称为"照顾和结交模型"（tend and befriend model）。杨等（Yang et al.，2021）在新冠疫情背景下，基于亲和应对理论，验证了个体为了应对工作不确定性和远程工作的压力，会重新联系那些许久没有联络的朋友，而且在家庭压力更大的群体中，这种亲和效应更加明显，并且没有性别差异。

以往压力应对研究绝大多数是建立在雄性荷尔蒙特质基础上的，因此建立起积极/消极或争斗/回避反应的基本应对策略结构（张炼和张进辅，2003）。而亲和应对理论是建立在雌性荷尔蒙所增强的催产素的生物学基础上的（Taylor，2012），虽然现有研究对该理论是否适合解释男性的社会行为还有争议，但该理论确实能够为当前工作压力应对的理论研究拓宽思路，形成不同的应对策略结构和激发过程。

除上述理论外，现有的压力应对研究中还借鉴了公平启发理论（Bobocel，2013）、社会学习理论（Yang et al.，2020）、事件系统理论（Vaziri et al.，2020）、生命发展动机理论（Korner et al.，2015）等，为压力应对研究提供了新的视角，但大多数是单项研究，还未形成体系。

第2章 国内外工作压力应对研究评述与展望（2010～2020年）

由于压力所带来的诸多负面结果，比如工作倦怠、绩效下降、心理紧张以及其他一系列疾病（Smith et al.，1993），工作压力的研究在近几年来成为许多研究者关注的重点。现有工作情境下的研究表明，高工作压力除了会导致上述心理学中已经验证的诸多负面结果之外，还会导致缺勤、反生产行为、工作冲突、工作动机降低等较为隐蔽和难以准确估计的负面结果（Fernet and Austin，2014）。

工作压力应对的研究主要关注的是工作环境中各类压力源、员工压力应对与工作产出的关系。因此，其中的关键就是识别工作环境中有哪些会造成工作压力的因素，以及这些因素如何影响员工的压力感、压力应对、心理健康和工作产出。本书后续的研究试图针对其中部分的要素作用进行检验，因此本章将先对现有工作压力应对的实证研究结果进行梳理和分析。

结合理论和现实两方面来看，研究者对2010～2020年国内外工作压力应对的相关研究进行梳理和分析。通过文献检索、内容分析、统计检验和理论研究，研究致力于达成以下四个目标：（1）比较国内外研究，发现研究热点与趋势；（2）比照实证研究结果的矛盾点，以及理论研究与我国管理情境的差异点，探究现有研究的问题和桎梏所在；（3）根据现有国内外实证研究的结果，结合我国的工作情境，提出后续研究的方向和切入点。

2.1 国内外代表性实证研究

本章研究的样本源于国内外心理学和管理学的核心期刊，时间段为2010～2020年。在采集英文期刊文献时，主要采取以下三步：第一步，以

"coping" 作为关键词，在相应的数据库（JSTOR/EBSCO/Springer）中初步检索发表时间在 2010～2020 年的文献；第二步，阅读检索到的所有文献，筛选出研究主题为工作压力应对的实证研究文献，并阅读样本参考文献查漏；第三步，通过第 2018 年版期刊引证报告（Journal Citation Reports，JCR）检索各文献来源的影响力，只保留期刊影响因子分区在 Q2 及以上的 8 个期刊，最终得到 41 篇国外代表性实证研究文献。①

采集中文期刊文献主要通过以下几步：第一步，在 CNKI 数据库中，界定来源类别为核心期刊、CSSCI 和 CSCD，检索关键词"压力应对"，出现 494 条相关文献记录，其中 2010～2020 年共有 297 条；第二步，通过阅读摘要，剔除与工作压力无关和非实证研究的文献，保留 20 篇文献②；第三步，以可能存在的关联关键词如"应对方式""变革应对""应激"再次检索，同样注意阅读样本参考文献进行查漏，经过再一次检索和阅读筛选后，总计得到 41 篇国内实证研究的文献。最终获得的国内外研究文献数量相当，便于比较，符合研究需要。表 2－1 列出了样本中 2016～2020 年发表在国外 Q1 和国内 CSSCI 来源期刊的代表性实证研究，样本从下载量和引用量上具有代表性，能够较好地反映出 2010～2020 年来国内外对员工压力应对研究的情况。

表 2－1　　　　　　2016～2020 年中英文代表性实证研究

年份	作者	期刊	主题
2016	Britt 等	*Journal of Occupational Health Psychology*（Q1）	低自主性工作环境下的压力应对策略与心理状况
	王玉峰和金叶欣	科学学与科学技术管理	变革情境下个体的积极应对与绩效的关系及影响机制
	谢俊和严鸣	心理学报	应对策略对职场排斥与组织公民行为关系的影响

①　需要特别说明的是，原定研究计划是针对 2010～2019 年的十年文献进行再综述，并在 2020 年已经完成了大部分的文献检索和研究工作。由于新冠疫情的影响，对大多数人来说，需要应对新情境下的工作压力。考虑到新冠疫情对于工作压力的影响仍将持续，研究延迟了一年重新进行了检索，才最终确定样本文献。样本文献的内容也印证了研究者的猜测，国内外相关研究在 2020 年发表的比例都大幅增加，并且在顶尖期刊上出现了很有针对性的研究。

②　比如一般性的工作压力调查，或者研究模型与工作环境无直接关联的一般环境下的压力应对研究。

年份	作者	期刊	主题
2017	Sun 和 Chen	*Journal of Applied Psychology*（Q1）	政治行为应对对组织政治与任务绩效的调节
	吴国强等	心理与行为研究	应对策略对挑战性—阻碍性压力源与工作投入和工作倦怠的关系的中介作用
	黄旭等	心理与行为研究	应对方式对幼儿教师心理资本与职业幸福感的影响
2018	Hewett 等	*Journal of Occupational Health Psychology*（Q1）	应对策略对于工作欺凌对心理和绩效影响的调节
	Niessen 等	*Journal of Organizational Behavior*（Q1）	商务旅行者积极应对策略对工作和生活的影响
	Eatough 和 Chang	*Journal of Occupational Health Psychology*（Q1）	应对工作中的人际冲突
	Byron 等	*Journal of Management*（Q1）	特质焦点调节对工作压力和绩效表现关系的影响
	Brough 等	*Journal of Occupational Health Psychology*（Q1）	应对工作压力及管理者控制
	王滔等	西南师范大学学报	情绪应对策略在特殊教育教师职业压力与职业倦怠间的作用
2019	Zhang 等	*Journal of Applied Psychology*（Q1）	不同类型工作压力应对方式及结果
	刘淑桢等	经济管理	以工作重塑为应对工作不安全的策略
2020	Yang 等	*Journal of Applied Psychology*（Q1）	新冠疫情期间，重新激活已中断的个人联系对于缓解工作压力的作用
	Trougakosy 等	*Journal of Applied Psychology*（Q1）	新冠疫情期间，洗手作为应对策略调节焦虑的作用
	Koen、Parker 和 Sharon	*Journal of Occupational Health Psychology*（Q1）	积极应对调节不安全工作情景对心理控制感的影响
	Yang 等	*Journal of Vocational Behavior*（Q1）	工作团队环境对于个体应对家庭需求的关系
	Vaziri 等	*Journal of Applied Psychology*（Q1）	新冠疫情期间，应对策略对于保持工作—家庭平衡的影响

年份	作者	期刊	主题
2020	Venz 和 Shoshan	*Human Relations*（Q1）	逃避应对在同事关系冲突与心理压力反应间的中介作用
	周婷等	中国临床心理学杂志	积极应对对于一线医护人员急性应激反应的作用

资料来源：笔者根据相关研究整理。

2.1.1 工作压力应对代表性实证研究分布情况

从时间分布来看，2010～2020 年国内外核心刊物上"工作压力应对"的实证研究数量总体较为稳定。如果分"2010～2015 年"与"2016～2020 年"两个时间段比较（见表2-2），卡方检验显示两者在数量上并无显著差异（$\chi = 0.05$，n.s.）。由于新冠疫情等多方面的影响，英文 Q1 级别刊物上的文献数量达到 2000～2020 年来最高水平，反映了新冠疫情期间工作压力应对问题的重要性。

表2-2　　　　　　　　中英文样本文献统计与检验

类别		英文（n=41）		中文（n=41）		卡方值及显著性检验
		n	%	n	%	
时间段	2010～2015 年	25	61	24	58.5	0.05
	2016～2020 年	16	39	17	41.5	
期刊类型	Q2/北核/C扩	7	17.1	20	48.8	9.33 **
	Q1/CSSCI/卓越	34	82.9	21	51.2	
研究对象	一般员工	31	75.6	17	41.5	9.85 **
	特定职业	10	24.4	24	58.5	
压力源	一般工作压力	10	75.6	31	24.4	21.51 ***
	特定工作压力	31	24.4	10	74.6	
应对策略结构	经典两分结构	10	25	27	65.9	14.74 **
	特殊单一结构	14	35.	4	9.8	
	多维度组合	16	40	10	24.4	
开发新结构	有开发	6	85.4	2	95.1	2.22
	无开发	35	14.6	39	4.9	

类别		英文（n＝41）		中文（n＝41）		卡方值及显著性检验
		n	%	n	%	
有理论支持	有理论依据	36	87.8	16	69.0	21.03 ***
	无理论依据	5	12.2	25	31.0	
检验应对过程	有检验	8	19.5	16	39	3.77
	无检验	33	80.5	25	61	
纵向数据	多时间点	26	63.4	0	0	18.36 ***
	单一时间点	15	36.6	41	100	

注：单元格数值小于 5，采用费希尔精确检验。 ** $p < 0.01$， *** $p < 0.001$。

从期刊分布看，英文文献集中在 8 个期刊，其中《组织行为》（ *Journal of Organizational Behavior* ）、《应用心理学》（ *Journal of Applied Psychology* ）、《职业心理健康》（ *Journal of Occupational Health Psychology* ）、《职业行为》（ *Journal of Vocational Behavior* ） 四本 Q1 分区期刊均刊登了 7 篇及以上的研究论文，Q1 期刊文献占比超过 80%。中文研究的期刊分布则相对分散，最多的是《心理与行为研究》《现代预防医学》和《中国全科医学》，各刊登了 3 篇研究，CSSCI/卓越计划收录期刊论文占比为 51%。从卡方检验结果看（见表 2－2），中英文工作压力研究的期刊级别分布有显著差异（ $\chi = 9.33$，$p < 0.01$），即英文相关研究更多刊载在高级别刊物上。

从学科分布看，英文 8 个期刊中有 3 个属于心理学，5 个属于管理学（8 个期刊实际上都属于工业与组织心理学领域）。中文期刊中，有 9 个期刊属于医药卫生类期刊，论文占比达到 31%；9 个属于经济与管理科学，论文占比 27%；7 个属于心理学，论文占比 27%，还有 6 篇论文分别属于基础科学、社会科学与工程科技类期刊。

期刊和学科分布情况说明，英文的工作压力应对研究已经形成比较集中的研究领域，在高级别刊物上有更高的认可度。相反，中文工作压力应对研究领域还很分散，逾五成研究成果发表在医学和基础心理学期刊中，在高级别刊物上的比例较小。

2.1.2 工作压力应对代表性实证研究的对象与主题

从研究对象来看（见表 2－2），中文研究更多关注特定职业的压力应对，占比接近 60%，对比英文文献占比不到 25%，中英文存在显著差异

（χ = 9.85，p < 0.01）；但在工作压力源方面，英文研究的压力源分布更为广泛，而中文研究较少区分不同的压力源，压力应对的对象大多为一般工作压力（占比超过 75%），同样存在显著差异（χ = 21.51，p < 0.001）。更具体来看（见图 2 - 1），英文文献中工作不确定/组织变革、工作—家庭冲突、失业/工作不稳定等压力源的研究都占有一定比例，而中文文献中仅工作不确定/组织变革这一压力源得到一定关注，其他类型的压力源，如人际关系冲突、工作—家庭冲突都视为一般工作压力源的形式进行考察。特定职业与特定压力源之间存在一定的关联性，特定职业压力实际上是多种压力源的组合，比如警察职业压力通常包括创伤压力、工作—家庭冲突等。因此，特定压力源是更小的研究单元。而且，现有应对研究的理论出发点是压力源及相应的情境特征。结合现实和理论两方面来看，针对特定压力源而非职业开展压力应对的研究更具价值。

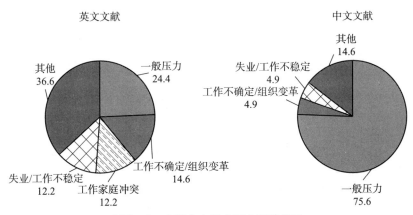

图 2 - 1 中英文文献中压力源的差异

2.2 国内外工作压力应对的研究现状与评述

近四十年来，过程论被绝大部分的工作压力应对研究所接受，样本文献中近六成都明确将其作为理论基础，其中有近三成的实证研究以检验各类有关应对过程模型为研究目标（见表 2 - 2），可以说是该领域为稳定的研究热点。近年来的过程模型往往结合了多种理论的观点，研究者将样本文献中有关应对过程的主要要素整合起来，可以发现该主题研究的目前进展（见图 2 - 2）。

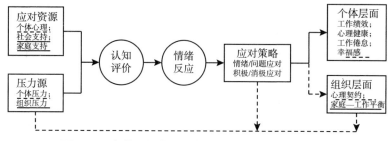

图 2 - 2　中英文样本文献中压力应对过程的整合模型

注：实虚线分别代表中英文样本文献的侧重点，圆形代表实证研究与认知交易模型对比所缺失的要素。

2.2.1　工作压力应对的前因

中文文献从压力与资源匹配的视角出发，关注个体层面的影响因素，比如人格（谢俊和严鸣，2016）、情绪智力（孟凡杰和张岗英，2012）、抗逆力（李旭培等，2013）、心理弹性（罗田等，2015）。英文文献多从压力与应对的认知交易模型出发，同时考虑社会、家庭和个人自身三个层面的应对资源影响，特别强调压力源的感知和个人的多重认知评价，探索感知控制与有效应对方式的一致性。同时，英文文献更多关注组织层面的压力源，如工作欺凌（Bobocel，2013）、工作中的人际冲突（Eatough and Chang，2018）等。

现有的前因研究多将经典模型搬到工作情境下加以验证，虽然大部分的实证研究都证实了"压力源—应对策略—应对结果"的结构，但一些关键的模型要素仍然被忽略了（比如压力情境的认知评价和情绪反应）。而且，将工作环境中的一些特征要素加入基本过程模型中，所产生的研究结论曾相互矛盾（Sonnentag and Fritz，2015）。比如基于 JDC 模型的应对过程研究发现，因为在具体情境和长期环境中员工的应对策略不同，工作需求、工作控制和社会支持会导致个体和组织层面多种不同的结果（Brough et al.，2018）。

2.2.2　工作压力应对的结果

中文文献更关注应对的一些典型的心理和工作相关结果，比如工作绩效（王玉峰和金叶欣，2016；王钢和张大均，2017）、心理健康（徐世勇，2010；徐明津等，2016）、倦怠（吴国强等，2017；王滔等，2018）等。相对而言，英文文献关注的应对结果涉及范围更广，还包括了心理契约（Bankins，2015）、工作—家庭平衡（Niessen，2016；Vaziri et al.，2020）

和幸福感（Hofer et al. , 2018；Stiglbauer and Batinic，2015）等。从检验结果看，现有研究呈现一边倒地支持积极应对（或问题导向应对）能够对工作相关结果和心理健康产生积极影响，而消极应对（或情绪导向应对）则相反。这是否就意味着组织应该一味鼓励积极主动（或直接解决问题）地应对，而忽视甚至是抵制消极应对（释放情绪和压力）？已有研究表明，面对一些特定类型的工作压力（比如工作中的虚与委蛇），采用消极应对并不会导致负面结果（Brough et al. , 2018），甚至能够调节压力带来的职业倦怠（王滔等，2018），而长期的积极应对由于资源的消耗，也会导致心理健康状况的恶化（Hobfall，1989）。所以理智化应对倾向，从长期来看不一定都是合理的。当前研究文献之所以出现这种理智化倾向，一是由于大量实证研究中应对策略的测量结构二分化；二是问题导向和情绪导向的应对策略可能在压力源产生后的不同时间点具有不同的作用，而现有研究还较少区分时间点来考量两者的影响差异。

2.2.3 压力应对过程模型的局限

总体来说，中英文文献在研究压力应对过程的模型时都遵循压力与应对的认知交易模型的核心思想。在此基础上，近年来国内外实证研究持续探索和验证应对策略在应对过程中的作用，也验证了应对资源对评价和应对结果的影响，然而该模型自身局限性多年来没有被突破。一方面，作为理论中的两个重要因素，评价与应对策略常常互相依赖，只有较少的应对过程研究能够同时测量，并将两者明确区分开来，这导致大部分的过程研究对于理论的验证程度不足。另一方面，现有模型也难以说明在相似压力情境下个体应对方式和应对效果的差异。实际上，第 1 章中所述的经典应对理论，都很难对应对策略的调节作用进行解释（Brough et al. , 2018）。因此大部分研究都只将应对策略作为中介因素来考量，但实际上也有研究证明应对策略可能对工作压力和结果之间的关系起到调节作用（Brough et al. , 2018）。

2.3 国内外工作压力应对研究热点与展望

本部分将对国内外员工压力应对热点问题的研究现状和不足进行分析。在对样本文献按照所研究压力源进行分类和统计后发现，组织变革、工作—家庭冲突、人际关系冲突以及创伤性工作压力是最受关注的压力源。除此之外，关注员工应对新工作环境压力（比如外派和新工作岗位）的研究在未来有很大的挖掘潜力；新冠疫情下的工作压力应对研究对于个体应对公共应急突发事件也有一定的借鉴意义，故也将两者纳入热点问题进行分析。

2.3.1　员工应对组织变革

在总结既往文献研究的基础上，可根据组织变革的推动力将组织变革划分为两种类型。一种是企业为了适应外部环境变化催生的组织变革，例如因激烈的市场竞争和技术的快速变革，企业不断发生的并购、重组和精简行为，以及企业核心技术的更新换代。另一种是企业自身出于持续发展的战略目标规划，对自身组织结构、规章制度等软硬件进行的转型调整（杨柯，2013；王玉峰和金叶欣，2016）。员工在变革情境下，会感受到不同程度的工作不安全感（例如工作丧失、个人晋升受阻、人际关系紧张和过度竞争等）。早期关注员工应对组织变革的研究都致力于在变革情境中验证应对过程模型，因此它们仅仅将变革作为背景因素，而重点关注员工在特殊情境中的心理过程以及应对策略选择与员工绩效的直接关系（Scheck and Kinicki，2000），许多组织环境长期特征以及员工与组织的交互作用、个体差异，例如价值观、态度、行为等因素未被纳入模型考量，近年来的研究逐渐填补了这方面的空白。

贾奇等（Judge et al.，1999）指出，组织变革的研究长期以来停留在一个较为宏观、系统导向的层面上，而个人对于组织变革的应对研究突破了这一局限（Fugate et al.，2008）。而后有更多的学者将员工的价值观、对变革的态度引入该领域。例如唐杰等（2012a）从人与环境交互的视角出发，探索个人—组织价值观匹配对员工应对组织变革的影响，研究结果表明个人—组织价值观匹配会直接影响员工应对策略的选择，员工变革承诺在这一过程中起部分中介作用。具体而言，当员工感知到自身与组织在价值观层面的匹配度越高，就会增加对组织变革的承诺，更倾向于采取积极的应对策略，比如直接或有计划地处理变革所产生的一系列问题；相反，当员工感知到价值观匹配程度越低，就会减少对变革的承诺，更倾向于采取消极的应对策略，比如逃避或空想。也有学者验证了个人迎合组织价值观的行为对员工应对组织变革的影响，例如，休林等（Hewlin et al.，2016）结合从属理论和社会情绪选择理论，考察从众假象与感知的工作不安全感之间的关系。研究结果表明，工作不安全感会影响员工对于组织的归属感，感知到的工作不安全感与从众假象正相关，通过不真实的表达来更好地"融入"组织的实际努力会带来负面影响，比如会提高离职倾向和减少情感承诺，同时年龄削弱了工作不安全感与从众心理之间的关系，年长的员工比年轻的员工产生的从众现象要少。

有关组织环境特征、个人特质以及个体与组织的交互作用对于员工应对组织变革的影响分别得到了实证研究的支持，有学者进一步将上述变量一同纳入实证研究。例如，刘淑桢等（2019）的研究揭示了工作不安全感对员工创新行为的正向影响机制，领导支持和较高的自我效能感能够减轻个体的工作不安全感，使得员工倾向于选择更为积极主动的应对策略，而这种主动的应对方式将有利于创新行为的进发。克恩和察普夫（Kern and Zapf，2021）通过两项研究的不同面板数据，分别检验了非变革情境和变革情境下挑战性压力源对员工情绪耗竭和职业效能感的滞后效应。第一项研究结果表明在非变革情境下时间压力和注意力需求均对职业效能感有正向的滞后效应，但对情绪耗竭没有。而在第二项对照研究中，无论是变革情境还是非变革情境下，两种挑战性压力源均对情绪耗竭有正向的滞后效应；但当员工面临变革时，两种挑战性压力源对职业效能感的滞后效应消失。此外，针对变革小组的调节分析显示，当员工的模糊容忍度较高而拖延程度较低时，时间压力和注意力需求对职业效能感有正向影响；当员工的模糊容忍度较低而拖延程度较高时，这两种压力源对职业效能感有消极影响。

作为交叉领域的研究，如果要探讨员工应对组织变革的内部机制，就需要借鉴更多组织管理和组织行为学的理论来拓展研究的视角。例如，将不同的变革类型作为判断变革所带来压力大小的依据。此外，相比于其他类型的压力应对，员工应对变革压力受到更多利益、政治和群体关系的影响，现有大量的员工角色外行为研究的成果也可以为应对研究提供新的思路，弥补目前研究的缺陷。不仅如此，未来研究的重心应转移到员工应对策略选择与组织变革管理实践的关系上，比如探讨员工的心理过程如何受到管理干预的影响，才能将研究与实践更好地联系起来。

2.3.2　员工应对外派压力

随着产品和要素在全球范围内的流动，各国的经济生产联系越来越紧密，跨国公司成为经济全球化的重要推动力量，出于组织发展战略需要，"外派员工"这一群体逐渐扩大。特别是近年来，随着"一带一路""人类命运共同体"倡议的提出，这一领域受到越来越多的关注。应对外派压力的研究对象是长期外派至其他国家工作的员工，所针对的是因文化差异诱发压力后出现的认知和行为的调整。跨文化沟通的困难性是大多数外派员工都要面临的难题，在新的工作环境中，与当地同事思维方式与行为习惯上的差异，会妨碍工作中的有效沟通，对后续工作的开展十分不利。除此之外，超额的工作量和过快的工作节奏等工作特征因素，易焦虑的人格特质、高成就动机和身体状况等个人层面因素，组织支持水平低、组织公平的缺乏、组织行为的规范和灵活性差异等组织层面因素，难以处理的上下级关系、工作与家庭、婚姻与生活等角色压力也是比较常见的压力源。

斯特尔和卡利古拉（Stahl and Caligiuri，2005）调查了116名驻派日本和美国的德国籍员工，发现关注问题的应对与跨文化调整的效果正相关，且这种关系受到文化距离和职位高低的影响。卡瓦依和摩尔（Kawai and Mohr，2015）基于角色理论考察了角色模糊和角色新鲜感对员工工作满意度和工作表现的影响，以及感知的组织支持水平对员工感知压力与工作绩效表现之间关系的影响。针对125名在德国的日本外派经理的调查发现，角色模糊作为一种阻碍性压力源，会对员工的工作满意度和工作适应程度产生负面影响；而角色新鲜感作为一种挑战性压力源，会对员工的工作满意度、任务绩效和工作适应程度产生正面影响。当个体感知到较高的组织支持水平时，能够削弱角色模糊对工作适应的负面影响，增强角色新鲜感对工作满意度的正面影响。当个体感知到较高的主管支持水平时，能够增强角色新鲜感对工作满意度和工作适应的正向影响。

曹经纬和耿文秀（2011）对67名在华外籍高管进行了访谈和问卷调查，主要考察外籍高管的压力源、应对策略与其在华社会文化适应性和心理适应性的关系。研究结果表明，工作特性是在华外籍高管的主要压力源，人际支持和个人因素次之。工作特性方面，包括工作负荷过重、工作节奏过快和工作富有挑战性三个因素。人际支持主要是指在新的工作环境中遇到的高水平人际冲突，阻碍了有效的工作沟通，使完成工作任务变得更具挑战性，个体易感知到高强度的工作压力和挫败感。个人因素方面，高成就动机的在华外籍高管所面临的工作压力比较大。不同类型应对策略对外籍高管的社会文化和心理适应程度的影响不同。忍耐型问题解决策略对社会文化和心理适应皆有正向影响，这是由于倾向于采取忍耐性问题解决策略的外籍高管，其目标着眼于问题解决和适应环境，而倾向于采取求助型策略的外籍高管对于社会文化适应有负面影响，因其往往会回避与矛盾对象的沟通、交往，不利于问题解决和适应环境。此外，研究还发现男性高管的工作适应程度要优于女性，但是这种性别差异，究竟是源于性别本身，还是源于性别背后的工作特征差异，还有待实证进一步考察。

针对员工应对外派所开展的研究与组织全球化的趋势非常契合，有明显的实际意义和广阔的应用前景。但是，着眼于这一领域的研究才刚刚开始，存在许多值得改进的方面：第一，实证研究的数量非常有限，各个变量之间的关系有待更多不同文化背景下的研究来明确；第二，需要关注更多的组织变量的影响，许多概念模型（如 Fledman and Thomas，1992）已经提出组织特征（如集权、正规化和合作机制）会影响外派人员应对策略选择，但这些模型还处于理论假设阶段；第三，缺乏纵向数据的研究分析，只有收集针对外派员工的多时间点跟踪数据并进行分析，才能保证变量间的因果关系有足够的说服力。

2.3.3　员工应对工作—家庭冲突

长期以来，员工应对工作—家庭冲突都是员工压力应对研究的热点议题。一方面，社会劳动分工和家庭责任分配发生了重大的变化。更多的女性参与到工作当中，双职工家庭、单亲家庭和其他非传统家庭结构比例日益增加（Marks，2006；Chen et al.，2009）。另一方面，跨越边界的信息以及通信技术的快速发展和应用，带来了传统的工作方式、工作技术以及工作角色的转变，模糊了工作—家庭边界，加剧了工作—家庭冲突（冯利伟，2018；Mellner，2016；Gadeyne et al.，2018）。

关于工作—家庭冲突，格林豪斯等（Greenhaus et al.，1985）基于角色视角的界定最受认可，即员工同时承担工作领域的角色和家庭领域的角色，但由于存在不同的角色行为预期，当这两种角色在某些方面不相容，或者形成了资源的互相掠夺时，就不可避免地产生了工作—家庭冲突，包含工作干涉家庭（Work-interfering-family，WIF）及家庭干涉工作（Family-interfering-work，FIW）两种不同冲突类型。也有学者从不同视角拓展了理论研究，例如分割、溢出、补偿理论（Staines，1980），性别预期理论（Gutek，1991）和边界理论（Clark，2000）。随着工作—家庭冲突的概念和理论框架不断完善，学者们从对工作—家庭冲突的定性研究转为实证研究，例如从工作层面、家庭层面或个体层面对工作—家庭冲突进行实证研究（Chen，2009；Baltes，2011；Somech and Drach－Zahavy，2012；Halinski，2020；Yang，2020），主要包括组织价值观和文化、组织支持、监管者行为、组织与工作场所特征等组织层面因素，家庭结构、家庭政策、婚姻满意度、生活满意度等家庭层面因素，性别角色、人格特质、身体健康、情绪倦怠、精神失调等个体层面因素。

在对样本文献的梳理后发现，基于工作—家庭—边界理论、压力与应对的交易理论或资源保存理论，探寻非工作时间工作连通行为对工作—家庭冲突的影响是近年来国内外研究的热点话题之一。例如，加德纳等（Gadeyne et al.，2018）和帕克等（Park et al.，2020）基于工作—家庭边界理论，探讨了员工非工作时间连通行为、员工边界管理偏好、组织环境特征的交互作用对工作—家庭冲突的影响。吴洁倩等（2018）聚焦心理脱离应对在非工作时间连通行为与工作—家庭冲突之间的中介作用，发现非工作时间连通行为会通过降低个体的心理脱离水平而增加工作—家庭冲突，这个过程受到组织分割供给水平的影响。张兰霞等（2020）验证了员工非工作时间工作连通行为通过心理依附和工作—家庭增益的链式中介，提升了他们的创造力。

从具体的应对策略视角看，工作—家庭冲突领域也涌现出了多类型组合应对结构和新单一类型应对结构，例如卡恩斯（Carnes，2017）的研究表明，政治技巧有助于减少工作压力（角色冲突、角色超载）对家庭的负面影响。程等（Cheng et al.，2021）将幽默应对引入工作—家庭领域，探讨个人和同事的幽默应对如何缓冲工作—生活冲突带来的压力以及后续的员工退缩行为。索契和德拉赫—扎哈维（Somech and Drach - Zahavy，2012）提出了个人应对策略和组织友好支持的相互作用和叠加作用（家庭/工作极力表现、家庭/工作履责、家庭/工作委托、家庭/工作选择性）对家庭冲突的影响。程和麦卡锡（Cheng and McCarthy，2013）在工作、家庭领域的二维研究基础上加入了学校维度，分析心理脱离、认知回避应对和逃避回避应对三种脱离策略在多大程度上可以调节三种关键生活角色之间的冲突对其相应满意度领域的负面影响。

目前有关工作—家庭冲突领域的研究热点主要集中于工作—家庭冲突的类型、压力冲突与应对以及不同领域的满意度三类（冯利伟，2018）。而国内的研究主要分为两类。一类是关于国外工作—家庭冲突成果某一方面的综述，例如跨文化视角下国外工作—家庭冲突的综述、基于文献计量的国外工作—家庭冲突研究态势分析等；另一类则是探寻中国情境下的工作—家庭冲突前因后果的实证研究，也包括关于本土情境下工作—家庭冲突量表建构、测量与开发和工作—家庭冲突内部运行机制的探究等（张兰霞等，2022）。国外关于员工应对工作—家庭冲突的研究相对成熟，未来国内的研究可以在跨文化的视角下更多借鉴国外研究的框架，例如突破工作、家庭领域的二维研究，加入学校维度，探讨应对策略对于管理工作、家庭和学校三重角色压力的作用（Cheng and McCarthy，2013）。

2.3.4 员工应对人际关系冲突

当个人感到被他人接受时，个人对社会联结的需求便能得到满足，但当个人感到被拒绝时，这种需求可能无法实现（De Wall and Bushman，2011）。虽然人际关系可能以许多积极的方式影响我们，但它们也可能有严重的负面影响（Berscheid and Reis，1998），尤其是在人际关系出现冲突的时候。工作中的人际冲突（例如职场排斥和攻击）是指员工对以争论性交流、敌意或攻击为特征的社会互动产生负面影响的程度（Eatough and Chang，2018）。许多研究表明工作中的人际冲突是最常见的压力源，它会妨碍员工自主、联结、能力等基本心理需求的满足，并随后对他们的情感、认知健康和行为产生负面影响（Williams，2007）。

职场排斥主要是指职场冷暴力，这也是国内外研究的热点议题。谢俊和严鸣（2016）构建了一个被中介的调节模型，实证结果表明应对策略中介了主动性人格对职场排斥和组织公民行为的调节机制。高主动性人格善于发现机会，及时采取行动以产生有意义的改变，当面对职场排斥时，会以乐观的心态去面对排斥或将其视为暂时的挑战，通过直接寻求问题解决的方式、情绪调节，减轻被排斥压力所造成的负面影响，从而有更多的时间与精力投入角色外行为。而低主动性人格倾向于迁就环境而不是改变环境，其对于职场排斥的认知评价更负面，倾向于采取逃避的方式来应对排斥，这可能导致排斥日益固化，进一步的组织公民行为会明显下降。贾汗泽和法蒂玛（Jahanzeb and Fatima，2018）考察了防御性沉默和情绪衰竭在排斥和人际偏差之间的中介作用，其贡献还在于它强调了排斥的影响可能会在强调维持亲密和谐的人际关系的集体主义文化中被放大。

现有研究将一些跨学科、前沿理论与经典模型相结合，突破了经典模型的局限性。伊托和常（Eatough and Chang，2018）结合工作—需求控制模型和压力与应对的交易理论，探讨员工感知的工作控制水平与应对策略的匹配度对于缓解人际压力的影响，具体来说，高感知工作控制水平和高问题聚焦应对的组合以及低感知工作控制水平和高情绪表达应对的组合有效缓解了主管和员工之间的人际冲突。程（Cheng，2019）将幽默的优越性理论与压力和应对的交易模型相结合，检验幽默暴露是否以及如何改善人际攻击受害者的幸福感，结果表明幽默能够通过增强受害者的权力感，从而减少对受害者心理健康造成的伤害。文扎和苏珊（Venz and Shoshan，2022）整合社会交换理论、社会互动理论以及压力和应对的交易模型，检验了逃避应对（装聋作哑和逃避隐藏）在同事关系冲突与心理压力反应间的中介作用，结果表明装聋作哑能够有效减少因人际关系冲突产生的心理压力的消极影响。

在现有关于员工应对人际关系冲突的研究中，更多地将回避型应对策略纳入基础模型进行研究，并加入个体特征、人与环境交互的视角，在不同的工作情境下探讨员工如何有效应对人际关系冲突。但是关于应对策略在不同文化背景下是否适用，有待进一步探讨。此外，现有的应对策略大多是短暂的、即时的功能性应对，在长期情境是否同样有效仍未可知。未来的实证研究可以开展跨文化视角下的调查，将现有的应对框架放在长期情境下进行考察。同时，可以将应对策略推广至同样具有攻击性特征的工作情境当中，例如员工应对工作场所中的辱虐管理、欺凌，以及顾客虐待行为。

2.3.5 员工应对创伤性工作压力

米切尔（Mitchell，1983）将创伤性压力事件定义为应急服务人员所经历的引发他们异常强烈的情绪反应的事件，这种情绪反应有可能在现在或者未来直接影响他们的工作能力。这类事件包括：同事在执勤时死亡或重伤、儿童时期遭受家庭暴力、受到暴力威胁或人身伤害、目睹多人死亡、事故中的无助感以及媒体对事件的过度关注等（Civilotti，2021）。个体在经历创伤性压力源之后，可能会表现出一系列的创伤后应激症状（Posttraumatic Stress Symptoms，PTSS），例如创伤持续、相关应激源回避、情感麻木和心理过度觉醒等。创伤性压力源常见于警察、消防员、士兵以及急救医护人员当中，由于他们的工作性质，他们相对频繁地经历这些创伤性压力源，受到此类压力源对于身心健康的侵害。

彭等（Peng et al.，2012）调查了 648 名部署在伊拉克的美军士兵，考察应对策略（关注问题的应对、回避应对和寻求社会支持）在人格特质与心理压力状况间的中介机制，以及感知威胁水平对于这种作用的影响。士兵的人格特质直接影响应对策略的选择，而不同的应对策略对于士兵的心理压力状况的作用不同，同时这种关系受到感知威胁水平的调节。例如高度神经质的士兵更多地采取回避应对的方式，这会放大自身的消极情绪，因此他们的心理压力也更大。斯莱特（Sliter，2014）对于 179 名消防员的实证结果表明，幽默应对是一种有效应对创伤性压力源的机制，能够减少创伤性应激源带来的创伤后应激障碍症状、倦怠和矿工行为。奇维洛蒂等（Civilotti et al.，2021）通过问卷调查和访谈的形式，对经历创伤性事件的 39 名警察进行实证研究，区分了三种应对策略［自由（free）、高激活（hyper-activating）、低激活（hypo-activating）〕对于警察情绪状态、人际关系以及工作层面的影响。经历创伤性事件之后，倾向于使用自由策略的个体能够与他人保持密切联系，通过建设性的、灵活的机制来减轻压力带来的不适症状并提高个人适应能力。倾向于使用高激活策略的个体很容易触发与威胁情境相关的思想和情绪，且难以控制。此外，他们很容易在工作记忆中对过去和现在的负面经历保持矛盾的认知，将它们混合在一起，创造出一种由消极情绪主导的混乱的精神状态（例如缺乏对他人的信任、容易愤怒等）。倾向于使用低激活策略的个体可能会避免直接及象征性地面对紧张关系和关系冲突，刻意回避与威胁情境有关的事件和思绪；他们不愿意与他人交谈、建立亲密关系，也不愿意解决关系冲突。倾向于使用高激活和低激活策略引发的消极情绪增加了疲劳感和脱离感，导致工作动力低下，同时降低了个体的工作能力。

有关个体应对创伤性工作压力的研究，目前大多针对警察、士兵、消防员这类特殊职业群体，其对于个体压力应对或者组织压力干预都有比较好的实践意义。对于个体而言，应选择合适的应对策略有效提高应对创伤性工作压力的成效（例如关注问题的应对、寻求社会支持等），恢复或者提升自身的身心健康水平，从而保持良好的工作状态。从组织干预的角度出发，通过组织支持、同事支持、倾听员工的烦恼等方式引导个体提升自我效能感，能有效应对创伤性压力，避免其带来的消极情绪状态和减轻应激障碍症状，但是此类研究目前还偏少。所以未来的研究可以往两个方面扩展，一是将研究对象扩展到不同领域，在不同工作情境下检验现有应对策略的有效性，或者是开发新的应对结构，帮助个体有效地应对工作场所的创伤性压力；二是可以从组织干预的视角出发，开展如何引导个体有效应对创伤性应激源的实证研究，丰富组织管理干预的应对研究。

2.3.6 新冠肺炎疫情下的压力应对研究

2019 年末新冠肺炎疫情暴发，给正常的工作生产和家庭生活秩序都带来了巨大的冲击。一方面，疫情导致公司大量裁员和员工被迫休假，许多员工一夜之间失去了工作，即使是那些仍然在职的人也面临着工作不安全感的增加，例如工作收入减少、失业的威胁、被迫转向居家办公等；另一方面，社交活动减少、工作领域对家庭生活的入侵加剧了工作—家庭冲突，还要担心疫情可能给自己或家人造成的健康威胁，个体处于极度紧张的压力状态下，容易出现紧张、焦虑、抑郁等消极情绪状态，危害身心健康（Fisher et al.，2020；Vaziri et al.，2020；Kramer and Kramer，2020；Yang，2021）。

国内的研究聚焦于医护人员和教师群体的压力应对，由于疫情防控的需要，全国各地的学校转向线上教学，线上授课对于部分中小学教师群体来说是个不小的挑战，他们需要适应这种全新的授课模式，将知识以易于理解的方式传达给学生，从而保证教学质量，所以中小学教师群体面临高度的压力，容易引发担忧、焦虑、紧张等消极情绪。江瑞辰（2020）基于"素质—应激交互模型"，对安徽省的中小学教师群体的实证研究表明，个体的自尊水平与状态焦虑水平（个体在特定情境中产生即时性的焦虑状态）呈负相关，也可以通过应对方式的中介作用对状态焦虑产生间接影响，高自尊水平的个体倾向于选择积极的应对方式，因而高自尊群体的焦虑症状不明显；低自尊水平的个体则相反。也有不少学者针对抗疫一线的医务工作者展开调查，这些群体面临着高负荷的工作、职业暴露的风险，且与家人长时间分离以及对家人健康的担忧，都会对其身心健康产生负面影响。研究验证了职业压力与创伤后应激反应的直接关系，个体所感知的职业压力水平越高，创伤后急性应激反应水平越高（周婷，2020；毛芳香等，2021；周晓平等，2021）。周婷（2020）从个体角度提出有效应对新冠疫情带来的压力的策略，例如提高自身抗疫效能感、采取积极应对策略对保护自身心理健康具有积极作用。毛芳香（2021）从外部调节的视角进行了补充，提出高水平外部支持（政府、医疗机构和同事的支持）可以缓解个体创伤后应激症状总体水平、认知和负性情绪改变及过度唤醒症状。

国外的研究呈现两个特点：其一，为压力应对研究领域引入新的理论，提供新的理论视角。例如，瓦齐里等（Vaziri et al.，2020）基于事件系统理论，开展了工作—家庭冲突相关研究，结果表明具有较高的边界分离偏好的人们，倾向于采取情绪导向应对；当感知到较高的技术压力和较低的主管支持水平时，他们更有可能放大工作—家庭冲突，从而产生消极的工作表现（例如，较低的工作满意度和工作绩效，以及较高的离职倾向）。杨等（Yang et al.，2021）在新冠肺炎疫情背景下，基于亲和应对理论，验证了个体为应对工作不确定性和远程工作的压力，会重新联系那些许久没有联络的朋友，而且在感知家庭压力较大的群体中，这种亲和效应更加明显，并且没有性别差异。其二，开发新的应对结构，补充现有的应对结构框架，进一步推进应对研究。例如，吴等（Ng et al.，2021）将许愿作为一种应对策略进行研究。具体来说，新冠肺炎疫情期间的许愿具有功能性的认知—情感后果，它有助于积极评价疫情，从而提高工作满意度，较高的工作满意度减少了疫情期间的反生产行为。

在新冠肺炎疫情这个特定情境下，国内外学者研究的落脚点大多是疫情下的状态焦虑水平、紧张、抑郁等消极情绪状态变量，部分扩展到受情绪状态影响的工作投入和工作表现变量。同时也更多地将个体的人格和心理特质（例如自尊、心理复原力、心理弹性等）纳入考量，因其会影响个体应对策略的选择，从而对个体的心理健康状况产生影响。国内的研究群体比较集中，主要针对中小学教师群体和一线的医护工作者，研究公共卫生突发事件对于此类群体身心状况的影响。而国外研究的群体比较多元，除了教师和医护群体之外，还有针对弱势群体、移民群体、全国范围展开的实证调查。从实证研究的结果来看，应对策略在处理紧急事件和相关的职业压力中起着重要作用。消极的应对机制，如逃避、回避策略和不适应性应对等，与负面的情绪状态有关，而积极的应对机制，如积极问题导向应对、适应性应对、许愿应对等在减轻压力和提高心理复原力方面发挥积极作用。以上研究对于社会如何处理应急事件、公共卫生突发事件，以及如何引导特殊群体有效利用现有资源更好地应对外部突发事件都有一定的实践意义。

第 3 章　组织的员工工作压力管理

如本书前两章节所回顾的，已经有许多不同的理论视角和过程模型能够解释员工工作压力和应对策略的产生机制。然而这些理论和模型对于如何干预和引导员工的应对策略的探索还不多（Fernet and Austin，2014）。虽然也有一些研究将员工的激励问题与压力应对的策略联系起来（比如工作—需求控制理论），从而能够更好地帮助组织管理者理解和激发员工积极应对工作压力，但是现有的理论和模型对于工作压力和工作动机的关系还缺少验证（刘玉新，2011），绝大部分的组织压力管理方案都是被动防御性的，有必要从新的理论视角来探讨两者之间的关系和过程。

从现实角度来说，在数字技术更新、新冠疫情防控、逆全球化进程、中美贸易摩擦导致组织的外部环境更加动荡的背景下，组织的数字化转型、工作时间延长、工作侵入生活必然带来工作压力源的越来越多样和多变。传统事前预防、事中检测、事后干预的三级压力管理体系可能难以满足工作压力状况对组织压力管理的要求。组织的工作压力管理需要寻求更加动态、系统性、情境化的介入方式和方法。

本章将从组织压力管理的基础理论出发，回顾并阐述组织环境下员工压力应对过程中的组织调节手段和激励因素，特别是中国情境下的研究情况。接着探讨员工压力应对过程中的动机问题，并重点阐述从自我决定理论出发的员工工作压力应对过程及其与工作动机的关系，最后提出新的理论研究框架。

3.1　组织压力管理的基础理论学说

与个体层面的工作压力关注压力产生过程和应对策略不同，组织层面的压力管理的核心是压力状况的干预。组织压力管理还未在组织管理领域形成独立、完整的研究体系，其理论基础主要源自交叉学科职业健康心理学的研究。其中，预防性公共健康模型和预防性组织压力管理模型是该领域主要理论的出发点，奠定了组织压力管理的实践基础。

3.1.1 预防性公共健康模型

公共健康干预根据干预对象的差异分成了两大流派。其中一类是以所有公共人群为干预对象，以较低的成本降低总体患病的风险，强调的是流行疾病的预防。另一类则以高危个体为干预对象，认为对低风险群体的干预是浪费资源（Reynolds，1997）。预防性公共健康模型支持个体和组织有责任保护所有个体免于压力及相关疾病，应关注预防措施，并把干预方式分成了初级干预（primary intervention）、次级干预（secondeary intervention）和三级干预（tertiary intervention）。如图 3 - 1 所示，初级干预针对的是未面临风险的个体，实际上就是总体，常用的手段主要是公开的健康宣传和教育科普，比如网站、宣传栏和报纸上的健康教育栏目。次级干预的对象是处于高风险环境中的人群，或者疑处于高风险处境和可能遭受健康问题的个体，常用的干预手段是针对性的健康教育、健康警示和组织健康促进活动。比如校园中针对教师的家庭—工作平衡讲座、科学发生训练等。三级干预则是针对那些已经出现健康受损的个体，通过制定和开展治疗计划帮助其改善或恢复健康状况。相比前两级的干预以群体预防为主，三级干预则是采用个体差异较大的治疗行动。

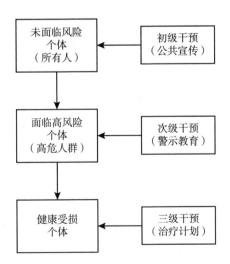

图 3 - 1　预防性公共健康模型

资料来源：根据安东尼奥尼等（Antonion et al.，2005）的研究模型补充而得。

虽然职业健康心理学的研究主要关注的是初级干预，认为健康的组织不需要次级干预和三级干预。但实际上，组织不可能完全避免次级干预和三级干预，组织的压力管理应该具有相应的方案（Cooper and Cartwright，1994）。因此，在预防性公共健康模型基础上，针对组织情境的、补充性的压力干预模型就被提了出来。

3.1.2 预防性组织压力管理模型

预防性组织压力管理模型是一个针对工作环境的组织压力干预模型。该模型是从预防性公共健康模型的基本思想出发，结合组织情境的实际情况和管理需要进行的应用性拓展。首先，组织的初级干预制度或手段是针对压力源的出现。通常是发生在组织对个体或群体的工作需求的改变之时，常见的包括员工的岗位和职责变化、部门的调整或者是大型的组织变革；还包括一些特殊行业群体在生理方面的特殊需求，比如外派群体或是高风险职业群体。组织的初级干预手段就是要监测、识别并持续关注这些影响组织健康的风险因素。

其次，组织的次级干预制度或手段是针对那些已经对压力源做出反应的个体、群体甚至整个组织。比如当员工岗位和职责变化后出现明显的怠工或倦怠、部门调整后出现产出和效率下降，又或者新的管理制度实施后出现与组织文化的不适应等。这个阶段通常是个体或群体性的职业性疾病的潜伏期，或者出现一些无症状的职业疾病。一旦出现这些压力反应情况，组织的管理者一方面需要适时调整工作需求、工作控制或进行适当补偿；另一方面可以开展一些预防性的群体活动，比如团队拓展训练、集体出游、专业培训等。

最后，组织的三级干预制度或手段是针对那些处于高压环境之下，并出现明显疾病症状的个体或群体。比如员工出现了频繁的反生产行为、缺勤时间明显增加、离职率明显提高、企业人员成本或健康支出明显增加等。在这种情况下，组织的管理者需要进行针对性咨询、辅导和治疗（见图 3 - 2）。

从职业健康心理学角度出发的组织压力管理策略，能够对组织群体压力情况和疾病风险有总体上的预防、干预和控制。但是，这些干预基本上都是被动式的，即便是预防性的策略，也仍然关注的是压力源作为健康风险的一面，而忽视了压力源同样也可以是激励因素。如果组织的管理者不仅要控制工作压力的负面影响，而且希望发挥压力作为激励手段的作用，那么传统压力管理理论并不能提供相应的解答思路。因此，接下来的部分我们将从经典激励理论的视角寻求建立起工作压力和工作动机之间的联系，从而挖掘在压力环境下实现激励的手段。

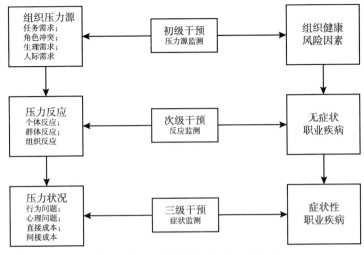

图 3 - 2　预防性组织压力管理模型

资料来源：笔者绘制。

3.2　组织调节员工压力应对策略的研究

从本书前文对有关工作压力、员工应对压力和组织压力管理的研究回顾中，我们会发现其中的割裂状况。员工应对压力的研究是微观的、情境化的、互动性的，而经典的组织压力管理策略是宏观的、非情境化的、被动性的，缺少针对组织介入员工压力应对过程的研究，即组织的管理者如何激励员工有效应对工作压力的方式方法研究。从更广泛的角度讲，如何通过管理手段调节员工应对压力的策略，才是组织工作压力管理问题的关键。在现有的文献研究中，员工工作压力应对的前因，主要关注的是个人的特质（唐杰，2019），而组织的外部调节手段主要是作为个人压力与应对的交易过程中应对资源和情境特征进行研究的。组织通过为个体应对压力提供资源的支持或者提供有利于降低压力感的环境，从而促进员工采用更具适应性或更有利于工作表现的应对策略。

3.2.1　社会支持

社会支持被定义为与上级、同事、家人、朋友之间进行的有益的社会互动水平（Karasek and Theorell，1990）。社会支持一直以来被认为可以减轻压力源对心理健康造成的影响（Laurence and Callan，2010），上级和同事可以通过提供情感性的（比如关注和倾听）、信息性的（比如额外的信息和建议）、帮助性的（比如工作时间和效果方面的帮扶）和评价性的（比如提升自我评价）支持，提供积极的人际资源交易。相关研究从 20 世纪 80 年代开始就提供了许多富有经验的证据。

基于压力与应对的交易过程的观点，可以将社会支持对压力应对及应对结果的影响归纳为两种机制：一方面是获得社会支持，可以改变个体对压力源的初级评价（威胁或挑战），从而直接降低压力的负面影响（Park et al.，2021）。另一方面是社会支持可以增加个人资源以改变次级评价（个体对压力环境的掌控程度），从而促进更多的积极应对和更少的消极应对（Scheck and Kinicki，2000），间接提升幸福感。斯诺等（Snow et al.，2003）的两阶段调查研究证实了这两种影响机制可以同时存在。劳伦斯和卡伦（Lawrence and Callan，2010）进一步提出个体感知的社会支持是通过调节压力事件和压力应对策略产生影响，但他们的假设没有得到数据支持。

早期有关社会支持对员工压力影响的研究还有一部分是基于工作需求—控制—支持模型（job demands-control-support model，DCS）（Karasek and Theorell，1990）展开的。DCS 模型是一个被广泛应用的有关工作压力和幸福感关系的理论模型。该模型认为高工作要求、低工作控制权或社会支持会带来高工作压力感。DCS 模型中的三个基本要素——需求、控制和支持都被大量研究证实会显著影响压力感并带来负面的心理结果（Mark and Smith，2012），但很少有研究证实三要素间的交互作用具有额外的影响（Noblet et al.，2006）。社会支持会通过促进个体采用积极解决问题的应对方式，从而提升幸福感和生产力（Daniels and Harris，2005）。

在中国情境下，社会支持也是一个经常被考虑到的应对资源。比如李乃文等（2012）对 1800 名国内高危岗位矿工的调查发现，社会支持会直接显著负向影响工作倦怠，同时也会通过促进积极应对间接负向影响工作倦怠。董睿等（2019）针对国内 417 名医生的调查发现，社会支持可以直接影响工作紧张感，也可以通过影响积极和消极的应对方式间接影响工作紧张感，验证了社会支持对员工工作压力影响的两种机制。刘淑桢等（2019）针对全国 12 个城市 492 名员工的调查发现，领导支持能够促进员工采用工作重塑的方式来应对工作不安全所带来的压力，也就是获得领导支持越多的员工，越可能采用工作重塑这种积极应对压力的方式，包括采用新的工作方法、寻找提高工作效率的工具等。这些研究证实了在中国文化的情境下，社会支持在多个工作领域都能够促进员工采取积极应对压力的策略，但对于社会支持与员工压力应对及其结果的关系还缺少新的探索，也没有考虑具有中国特色的情境因素。

综上所述，在组织环境中，上级和同事提供社会支持，从而实现情感、信息、帮助、评价等一种或多种功能，是一种被大量研究证实的能够有效调节员工积极应对压力的手段。但还很少有研究检验社会支持具体对哪些积极应对策略更有促进作用。社会支持与一些其他的情境因素（比如工作控制、压力源特征）之间的相互影响也还不确定。考虑到压力与应对的交易理论以及 DCS 模型两类研究视角遇到的"瓶颈"，伊托和常（Eatough and Chang，2018）提出了整合两个理论视角的研究思路。他们认为应对策略的有效性，取决于应对策略与工作控制的一致性。通过 100 名员工的多时点数据检验发现，当高工作要求和高工作控制同时出现，采用问题导向的积极应对是与高工作控制的状况一致的应对策略，能够更有效地应对压力。遵循这一思路，当面对高工作要求时，如果员工能够获得上级或同事的支持，采用直面问题、接受责任、计划应对、积极认知重评等需要较多资源的积极应对策略就可能是更为有效的应对策略。同时，上级、同事、家人、朋友等不同来源的社会支持可能有不同的匹配策略。

3.2.2　领导风格

领导风格是一系列领导行为的总和，即领导的行为中所展现出来的一套较为固定的行为模式，还会随情境发生变化（Ding et al.，2020）。组织中的领导风格有非常多种，例如服务型领导、仁慈型领导和辱虐型领导等，不同的领导风格会削弱或增加员工对压力的感知程度（宋锟泰等，2019）。然而，有关领导风格调节压力源对员工态度和行为等方面的相关研究还较少，但领导风格作为组织中常见的情景因素，是能够影响员工压力应对的策略选择的。

基于资源保存理论的观点（COR）（Hobfoll，1989），领导风格对压力应对和应对结果的影响可归纳为两种情况：其一是领导风格会消耗员工的资源，例如辱虐型领导，领导者通过不友好的言语（如公开嘲笑）或者非语言的行为（如咄咄逼人的眼神）等方式管理员工。具体而言，当压力源产生时，员工的个人资源便处在消耗之中，如果员工同时面临辱虐型领导，这种领导风格会进一步损耗自身资源。为了保护剩余的资源，员工将考虑采取何种应对策略，鉴于受辱虐的下属可能无法或不愿采取攻击性报复行为来应对上司的辱虐行为（因为他们依赖上司获取有价值的资源，例如升职和继续就业），逃避应对可能是一种不那么激进的应对策略并且意味着节约剩余资源（Ashforth，1994；Tepper et al.，2007）。惠特曼等

（Whitman et al.，2014）通过 460 名护士和 220 名在职员工的三阶段调查研究证实了受到领导辱虐的员工会因为自身的情绪衰竭而选择逃避的应对策略。其二是领导风格能够增加员工的个人资源，例如仁慈型领导，领导者通过表现出关心下属的行为，对下属"施恩"，令下属充满感激之情，进而努力工作以回报领导。在压力情境下，员工除了保护自身资源外，还会寻求新资源，而仁慈型领导所提供的资源能帮助员工积极地应对压力。已有的研究表明，仁慈型领导可以激发员工的积极情绪，令员工获得情绪资源，使得员工积极乐观地面对压力，采取积极的应对策略（张瑞平等，2013）。

在中国情境下，也有少数研究考虑领导风格对压力应对的影响。张桂平和朱宇澂（2021）针对 7 家高科技企业的 195 名员工的调查发现，甘愿服务员工、强调公平公正、关注员工成长的服务型领导能够在不知不觉中影响员工对压力的评价。即在服务型领导的影响下，遇到挑战性压力事件的员工会对这些事件做出挑战性评价，并缓解压力带来的紧张情绪，使自身更有勇气去迎接挑战，最终有利于激发员工创造力。宋锟泰等（2019）针对福建、上海、天津等省市的 393 名企业员工的调查发现，服务型领导作为一种积极的领导风格，当员工感知这种领导风格程度较高时，具有促进型调节焦点的员工能减轻时间压力对其自身幸福感的消极影响。这些研究证实了中国情境下，服务型领导风格能够促使员工采取较为积极的压力应对策略并带来较好的结果，但关于其他领导风格对员工压力应对及其结果的检验，还存在较大的空白之处，需要进一步探索。

综上所述，在组织环境中，不同的领导风格会产生不一样的效果，积极的领导方式能够有效激励员工采取积极的压力应对方式，随后带来良好的工作结果和保持个人心理健康；但消极的领导方式也会让员工消极地应对工作压力，比如出现反生产行为、回避来自领导的反馈甚至离职等（Whitman et al.，2014），个人身心健康和组织绩效势必会受其影响而有所下降。因此，若想有效地缓解员工的压力并带来良好的工作表现，合适的领导风格是至关重要的。而现有的相关研究较少并且基本聚焦于辱虐型领导和服务型领导等少数几种领导风格，至于授权型领导、变革型领导、威权型领导以及极具中国特色的关系型领导等的影响还有待更多学者探索。此外，为了有效激励员工积极地应对压力，特定的领导风格对哪些积极应对策略更有促进作用也值得深入研究。

3.2.3　个性与能力

员工的个性与能力有些是天生的，有些可以经过后天培养而形成，其中某些关键资源（管理其他资源的获取、开发和激活的资源）对于在面临工作压力时成功缓解压力源带来的负面影响起着重要的作用（Eschleman et al.，2015）。也就是说，如果组织管理者可以通过人力资源的管理实践提升员工在某些方面的特质和能力，就有可能引导员工选择特定的压力应对策略并带来相应的结果。现有研究就涉及员工的宜人性、尽责性、抗逆力、自我效能感、职业认同感、心理弹性和工作技能等内容。

基于特质论的视角，个体采取的压力应对策略与自身所具备的人格特质或能力有关，并且所采取的应对策略具有跨越情境和时间的稳定性（Roth and Cohen，1986）。黄等（Huang et al.，2019）通过调查美国709名在职成年员工后发现，一方面，由于一般心理能力水平较高的员工具备获取信息和知识、识别复杂情况下的关键问题并制定问题解决方案的能力，他们会倾向于采取问题导向应对的方式直接解决问题，而避免采取逃避应对的方式。另一方面，高度尽责的员工是细心的、自律的和负责任的，他们倾向于为可能发生的意外情况做好准备，因此他们也会更多采取问题导向的应对策略。埃施曼等（Eschleman et al.，2015）针对215名全职员工的三阶段调查发现，与高宜人性相比，当员工的宜人性较低时，工作压力源的增加会导致人际反生产行为（CWB - Is）的增加；当员工的责任心较低时，工作压力源的增加也会导致组织反生产行为（CWB - Os）的增加。雷蒂和丹尼尔斯（Rettie and Daniels，2021）在新冠疫情给公众带来了极大不确定性的大背景下，通过在线调查842名英国成年人后发现，个人容忍不确定性的能力会影响他们对应对策略的选择，难以忍受不确定性的个人会采取自责、逃避等不适应性应对策略，随后造成广泛性焦虑、抑郁和健康焦虑。

在中国情境下，员工的个性与能力也被融入工作压力应对的研究中。李旭培等（2013）针对北京和深圳2市8家单位的456名员工的调查发现，抗逆力作为重要的心理能力，能够帮助个体有效地应对压力事件。抗逆力水平较高的员工在面对压力源时，更倾向于寻找问题的解决办法，采取积极的应对策略，由此产生积极情绪并进一步提高工作投入。王玉峰和金叶欣（2016）对国内30家企业的896名员工调查发现，高技能水平的员工采用问题解决、寻求支持等积极应对策略更能够提升工作绩效与任务绩效。以上研究证实了中国情境下，员工的部分人格特质与能力能够令自身采取积极的压力应对策略，并带来良好的工作表现，但相关研究还较为分散，未成体系。

综上所述，在组织环境中，员工某些方面的个性与能力会影响他们压力应对的倾向，如果缺乏某些特质可能会容易引发消极的应对，最终带来不利于组织的工作结果。因此，就组织的管理者而言，对于那些工作压力较高的岗位，在选聘环节可以筛选具备较高宜人性、尽责性、抗逆力等特质的员工任职；又或是通过相关的职业技能培训使在岗员工获得积极应对压力的能力与工作技能。此外，虽然已有不少相关研究证实了员工个性与能力在压力应对中的作用，但这些特质与特定的工作环境、压力特征等具体情境因素的相互作用还不够清晰，这些特质对特定的应对行为的影响也不够明朗，并且缺乏具有中国特色的个性因素（如勤劳朴实）研究，未来可以进一步探究中华民族的性格在压力源与应对策略、应对结果之间的作用。

3.2.4　文化与氛围

组织的文化和氛围作为组织中相对稳定的环境因素会长期影响个体压力应对，这种影响往往是通过组织成员之间的互动模式和社会关系间接产生的（Reichers and Schneider，1990）。比如，成员之间的显性反馈（例如，"你今天做得很好"）或隐性反馈（例如，对圆满完成任务的积极面部表情或"拍背"）（Ibarra，1999），提供了由特定群体规范判断的特定行为的适当性（Smith et al.，2013），通过肯定个体可取和有效的行为，在长期中塑造组织和其成员的行为倾向。因此，对于管理者而言，把握文化与氛围影响员工压力应对的机制，塑造有利于员工积极应对压力的文化与氛围，可能是一种长期有效的激励策略。

更进一步，基于个人—环境匹配的视角，员工的个人特征与组织文化之间的匹配程度会影响员工应对策略的选择。例如，当个体与组织的价值观存在高度匹配时，就更有可能基于同一视角对事件做出相近的评价，这种个体与组织之间的良性互动会强化个体对于组织的认同感和归属感，员工会倾向于采取积极的应对方式来应对压力事件，通过个体正面的态度和积极的行为表现出来；而当个体与组织的价值观偏离程度较大时，两者对同一事件的认知评价可能就会不同，而这种偏差可能会使员工采取消极的应对方式处理压力事件，通过个体负面的情绪状态和消极工作表现出来。唐杰等（2012a）调查了过去一年中经历过不同程度变革的组织中的242 位员工，研究结果表明员工价值观和组织价值观的匹配程度显著影响其应对策略的选择，匹配程度越高，就越可能采用积极的应对方式（直面和计划），相反，匹配程度低，就越有可能采用消极的应对方式（逃避和空想）。

基于社会认同理论的研究扩展了拉撒路和福克曼（Lazarus and Folkman，1984）的模型，认为人们会依赖他人的意见来评估自己的意见、行为或能力的有效性（Festinger，1954），所以个体会受到同事和经理对他们履行职责的效率所提供积极反馈的程度的影响。领导者和同事在组织中扮演着不同的角色，基于此区分了两种社会认同的来源——来自同伴的社会认同和来自领导的社会认同，两种反馈对于个体的应对策略的作用方式不同。领导者比同事更有可能被视为能够提供关于个人整体表现的正式反馈（Wrosch et al.，2003），会强化个体的组织认同，相对减少脱离应对。相比之下，个体将来自同等地位的同伴的积极反馈视为能力的肯定（Klimoski and London，1974），能够激发个体在新的工作环境中更有效地参与和积极应对（Ashforth et al.，2008）。史密斯等（Smith et al.，2013）基于上述理论验证了领导和同事的社会认同会对员工积极应对和脱离应对产生影响。

此外，也有学者基于资源保存理论来探讨组织的文化和氛围对员工压力应对的影响。组织氛围影响员工对未来资源投资回报的预期，当个体感知到现有工作环境充满敌意、不安全或不稳定时，这暗示了个体在未来可能不太能从工作中获得更多的资源收益，对资源损失的预期使得员工不太可能在工作中投入更多的资源，因此他们会采取回避的方式，甚至是退出工作，来捍卫现有资源（De Cuyper et al.，2012）。当个体感知到组织文化氛围良好时，他们会提高对所投入资源回报的预期，换句话说，他们会将这种感知到的良好的组织文化氛围视为一种资源，未来可以从中获益，并且利用这种资源以积极的方式（社会支持、反馈和辅导）尝试恢复或积累额外的资源。布瑞拜特和蒂姆森（Breevaart and Tims，2019）对271名小学教师的每日研究发现，对于工作感知更为稳定的员工，他们更多会倾向于寻求社会支持来应对令人精疲力尽的工作。

综上所述，有关组织中长期存在的因素，例如组织价值观、组织氛围等已经被一些研究证实了其对于个体的压力应对有显著的影响，组织价值观和个体价值观的契合程度高、组织中领导和同事的积极反馈以及良好的组织氛围均能在一定程度上激发员工更为积极的应对策略，减少消极应对，增强管理者通过社会化策略激励员工提高应对效能的信心。这些研究揭示了文化与氛围影响员工压力应对的机理，但还缺少以具体文化和氛围的具体类型为切入点的研究，因此研究的实践指导意义还较弱。特别是，中国情境下有关组织的文化和氛围对员工压力应对影响的主题研究寥寥无几。基于上述理论视角，围绕中国特色文化（比如家文化、中庸之道）开展相关的实证研究是亟待挖掘的领域，研究结果也将对我国员工压力应对的激励具有更强的适用性。

3.2.5 压力事件特征

压力事件本身的特征会影响个体将其评价为具有挑战性的还是威胁性的（也就是初级评价）。因此现有不少研究区分了"挑战性压力"（一般是任务型的压力源，如完成任务的时间限制、复杂的工作任务、工作负荷等）和"阻碍性压力"（主要是指社交关系方面的压力源，如角色模糊、角色超载、人际关系冲突等）来探讨员工的工作压力应对差异。而压力事件的具体表现形式，诸如具体的工作要求（包括认知和情感上的工作要求）、工作控制（具体任务和方法上的控制）、决策范围也会影响员工评价自己掌控局势的程度（也就是次级评价）。基于这些压力事件的特征与员工应对策略的不同关系，管理者可以通过工作设计、变革管理、冲突管理等方式来引导员工积极应对工作压力。

学者们常基于压力和应对的交易理论（Lazarus and Folkman，1984）来揭示压力事件特征对员工压力应对的影响，基本遵循"压力源—认知评价—应对策略—结果"这一应对过程模型。一些压力源，如时间压力、工作强度和任务复杂性，一般被视为可控的并为个人成长提供机会，因此可以激发个体积极的应对方式。相反，其他压力源，如组织政治、工作不安全感和角色模糊，往往被视为实现个人价值目标的障碍且难以克服，促使个体采用消极的应对方式。当然在这个过程中也会受到个体认知评价的影响，挑战评估基于对压力源带来的未来收益的预期，与积极应对正相关，而威胁评估基于对压力源造成的未来损失的预期，与消极应对正相关。李等（Li et al.，2018）的研究就证实了这一机制，创造力奖励计划的挑战性评价正向影响问题导向应对，威胁性评价正向影响情绪导向应对。

亦有学者将压力和应对的交易模型与工作—需求—控制—支持（JDC–S）模型相结合，来探讨具体的压力事件特征（工作控制）对个体压力应对的影响机制，基于JDC–S模型，将工作需求分为认知性工作需求和情感性工作需求，掌握这些认知工作需求时，就会产生动力和更多投入。相比之下，情绪化的工作要求就不容易被掌握，反而被认为是消极的、耗费精力的要求（Luchman and González–Morales，2013）。工作控制能够调节情绪化工作需求—应对—心理紧张/工作投入之间的关系。布拉夫等（Brough et al.，2018）对 2481 名警察的两阶段调查表明，当工作控制的水平高时，员工会更多采用适应性应对来调节情绪。

除上述研究之外，还有研究从人与环境交互的视角，研究工作控制对于压力应对的影响机制。有学者将工作控制看作一种直接激励（Humphrey et al.，2007），当工作需求较高时，可以作为压力的缓冲器。既往研究表明，控制对个体的生理和心理健康、情感功能和工作表现都有积极的影响（Becker，1997；Patall et al.，2008；Spector，1987）；相反，缺乏控制会增加焦虑和抑郁症状的可能性，并诱发"无助感"（Burger and Arkin，1980）。高工作控制水平作为一种资源，为个体提供了掌握高要求工作所需的自主权，人与环境的良性互动诱发更具适应性的应对和表现。低工作控制水平限制个体适应性地掌握工作需求的能力，人与环境的不适配诱发个体采取适应性较差的应对策略，最终导致工作表现不佳。

近年来，在中国情境下开展压力事件特征对于员工压力应对影响的研究逐年增加，特别是基于挑战—阻碍性压力源的框架，研究压力事件的性质对于个体应对策略取向的影响，即挑战性压力源与积极应对策略正相关，阻碍性压力源与消极应对策略正相关（李宗波等，2013；吴国强等，2017）。也有其他学者提出了一些压力调节训练措施，帮助组织管理者提高员工压力应对的信心，例如，鲍喜燕等（2011）在研究中对银行员工进行为期 2 天的团体心理治疗，团体心理治疗能够影响个体对压力源的认知评价、有效减少压力源输入、释放和宣泄压力、提高个体创造力，结果表明治疗前员工的压力反应高于社会常规水平，治疗后，员工的积极应对方式显著提升，消极应对方式显著降低。但是还缺乏诸如工作控制、工作要求、决策范围等具体压力事件特征在中国情境下的检验，未来可以开展这方面的研究。

综上所述，学者们基于不同的分类方式证实了压力事件特征对于个体压力应对的影响。总体来说，那些有利于工作目标的实现和个人长期发展的压力源，会令个体采取更为积极的应对方式，那些妨碍工作目标的实现和个人长期发展的压力源，会导致个体采取更为消极的应对方式。但是对于特定压力事件，某些方面特征的评价因人而异，并且个体的认知评价是一个自我调节的过程，这跟个体所处的工作环境和可利用的工作资源有关，将个体特征（人格特质）纳入应对过程模型，开展个体特征与压力事件特征的交互作用对于个体压力应对的机制研究，将有利于增强研究结论对管理实践的指导意义。

3.3　压力应对过程中的动机问题

尽管从压力的认知评价理论发展而来的压力与应对的交易理论对个体压力应对的认知过程已经有了大量的研究，增强了我们对个体选择应对策略的理解，但仍然存在不清晰的环节——在面对同样的压力情境下，个体为何使用不同的方式来应对压力？其中除了个体长期的个性差异之外（比如自我效能感、自尊、应对风格等），动机在影响个人对实现目标的情境的反应方面也起着重要作用。从前文的回顾可以发现现有的工作压力应对文献虽然也涉及了不少组织调节的手段，但没有涉及关键的环节，也就是如何运用各类调节手段在工作压力之下重新激发员工的工作动机或者积极应对压力的动机。压力应对的相关研究也极少借鉴经典的激励理论。其实无论是在理论还是实践中，员工工作动机都被认为是管理学研究领域的关键性问题，管理者视其为能带来绩效的方法，而研究者则将工作动机视为有效工作的基础。在理论研究中，工作动机的话题渗透到管理学研究的许多领域，包括领导学、团队、绩效管理、管理伦理、决策机制和组织变革（Steers et al.，2004）。

其实在工作以外的多个领域，已经有大量应用动机理论分析个体压力应对过程的研究（Ryan and Deci，2017），针对的主要是学生面对挑战性压力源时为何会选择回避的问题。基于自我决定理论的分析认为，回避挑战性压力源是个体缺少积极应对的动机，而对胜任感的威胁是最重要的原因。如果学生感觉到无法完成挑战性的任务，或者无论付出多少努力都不会起作用，那么他们就会倾向于回避学习的目标（Assor，2016）。德西等（Deci et al.，1992）研究了450多名年龄在8~21岁之间，存在学习障碍或情绪障碍的学生的动机。研究人员调查了老师和母亲对学生的自主支持程度，以及学生自己的能力、自主动机、自尊和应对失败的方式。分析表明，外部的自主支持和自主动机都会促进学生更积极地应对失败。瑞安和康内尔（Ryan and Connell，1989）的研究着眼于各种形式的内化的后果，发现对学校相关活动更明确的监管与积极情绪和主动应对呈正相关，而较少自主性的动机（外在调节动机和内摄调节动机）与消极情绪和适应不良的应对（投射或拒绝接受）呈正相关，尤其是内摄动机与焦虑高度相关，从而突出了控制性动机造成的内在压力和脆弱性。近年来，马尔科娃等（Mašková et al.，2022）针对师范专业学生的调查研究发现自主性的动机能够预测更健康的压力应对模式（比如积极应对和高工作承诺）。

在健康领域，朱利安等（Julien et al., 2009）对 365 名糖尿病病人展开多阶段调查，根据交叉滞后面板数据的 SEM 分析发现，个人复健的自主性动机与积极参与和计划应对两类应对策略，随着时间的推移互为因果关系，更重要的是，自主性动机能够预测随后的有益于健康的饮食控制行为，而控制性动机和无动机都无法预测积极的应对策略。

也有一些学者从闭合需求（need for closure）（Kruglanski, 1989）满足的角度来研究压力应对过程中的动机。压力事件经常会引起模棱两可和不确定的感觉，这就引发了个体认知闭合的需求。认知闭合需要是指通过倾向于"抓住"然后"冻结"早期判断线索来获得确定性和不容忍模棱两可的愿望（Cheng, 2003），被认为与应对过程高度相关，可以用以解释应对策略的个体差异。因为认知闭合的需求反映了个体在解释新知识时容忍不确定性的程度差异（Kruglanski, 1996）。在压力应对期间，这种需要可能会促使个人朝着自己的目标采取行动（例如，减少焦虑情绪、解决问题），使他们对应对策略的选择偏向于认知闭合的追求，并在目标达成或未达成时引发情感反应。因此，认知闭合的需要被认为是与应对灵活性的个体差异相关的激励过程。程（Cheng, 2003）的多项研究证实，具有更高认知闭合需要的个体会采用更加灵活的压力应对策略。

综上所述，虽然现有工作压力应对的过程研究很少考虑动机的问题，但在其他领域的理论和实证研究中，已经证实了动机视角的研究可以解释更多个体压力应对策略的差异。在工作压力应对的过程中，考虑动机的影响作用，无论对于个体资源保存还是组织外部调节都将是有益的补充。

3.4 自我决定理论的动机研究

阿特金森（Atkinson, 1964）认为工作动机是能够直接影响员工发展方向、活力和坚持性的因素。弗罗姆（Vroom, 1964）则从激发动机的角度来做出定义，认为它是员工个人选择各种自愿活动的过程。此外，还有研究者视工作动机为驱使个体自发努力工作的过程（Campbell and Pritchard, 1977）。目前的工作动机理论都源于试图以各种方式解释激励、动机和需求间的相互影响，以及如何预测员工在组织中的行为，当然这种解释的方式也不断发展。

关于工作动机的研究起源于希腊哲学家对行为驱动的思考，到了 20

世纪 50 年代开始出现了大发展。一些学者开始从促发动机的角度着手建立模型，其中就包括著名的马斯洛需要层次模型、麦克雷德的成就需要模型、赫兹伯格的保健—激励模型、弗鲁姆的期望理论、亚当斯的公平理论，以及洛克和莱瑟姆的目标理论。工作动机理论经历了 20 世纪 60～70 年代的大发展，不少后续的研究都通过更多复杂的方法对这些理论进行了扩展。其中，内在动机（intrinsic motivation）和外在动机（extrinsic motivation）的划分影响深远（Deci，1975；Porter and Lawler，1968）。内在动机指的是工作本身所具有的挑战性和趣味性使个体产生工作欲望；外在动机指的是工作以外的内容，如报酬、他人的肯定或其他一些与结果相联系的因素所导致的工作愿望。德西和瑞安在后续十几年的研究中创立并不断完善了自我决定理论，成为动机研究领域最有影响力的理论之一。

近年来，自我决定理论在工作环境下的应用研究大量增加。本书研究内容的主题是组织如何干预、引导员工的工作压力应对，并实现组织期望的绩效。其中的关键就是员工应对工作压力的动机。通过前文的研究回顾我们可以发现，虽然在员工工作压力应对的研究领域，已经涉及了一些组织调节手段的效果研究，从而能够帮助组织引导员工采用更有利于组织和个人目标实现的应对策略，但这些研究还极少将需求的满足和动机类型考虑到压力应对的过程中，其中部分的原因就是研究的理论视角主要还是从个体如何应对压力的展开，缺少从工作动机和组织激励视角进行理论指引。本部分我们将从自我决定理论的视角来分析个人（比如因果定向）和组织环境（比如工作自主性、工作支持）的因素如何影响员工工作压力应对的过程，然后讨论如何通过有效的管理策略来塑造有利的组织环境激发员工积极应对工作压力的动机，最后提出一些有待验证的问题。

3.4.1　自我决定理论的核心要素

自我决定理论（Self-determination Theory，SDT）是由德西和瑞安（Deci and Ryan，1985）创立的激励理论，该理论详细阐述了环境对个体行为产生影响的因果路径，对于理解个体行为的动机、心理过程与激发机制具有重要的指导价值。要理解自我决定理论的逻辑，首先要理解两组概念，一是自主性动机和控制性动机，二是基本心理需求。

自我决定理论的一大贡献是对人的行为动机进行了本质上的区分，认为人的行为动机有驱动力的大小不同（量的区别），而且也有基本驱动力原因方面的差别（质的区别）。而根据基本驱动原因方面的差别可以分为三类动机：自主性动机（autonomous motivation）、控制性动机（controlled motivation）和无动机（amotivation）。自主性动机就是行为的驱动力是自愿的。在这种动机驱动下的员工工作是由于热爱或能够从中获得满足，又或者他们认可工作的目的和价值。

控制性动机是指行为的驱动力来自内部或外部的压力，比如员工投入工作是为了获得某种自我价值的证明或是避免感到焦虑和内疚，又或者是因为某种外部的要求、威胁和奖赏。

无动机是指行为既不是由内在的动机也不是由外部的动机所驱动，通常发生在个体无法判断或感知到行为与结果之间的关系时，他们缺少达到目标的能力，所以也就没有明确的行为驱动力。迄今为止，许多实证研究验证了这三种行为动机的区别及其所带来的不同结果，也有的研究更是具体区分了不同类型自主动机（内在动机、认同调节和整合调节）和不同类型的控制动机（外部调节和内摄调节）（例如 Van den Broeck et al., 2011），还有的研究采用了一种连续性自我决定得分的方式来判断动机的自主性程度（例如 Fernet et al., 2010）。

与早期的内在动机和外在动机划分有所不同，自主性动机包括了部分被内化的外在动机。内在动机是自主性动机的原型，当个体在内在动机驱使下行动，他们会认为这是自己所决定的行为，行为的动因来自个体内部的因素。但是，自我决定理论认为并不是所有个体自己决定或者说来自个体内部的驱动力都属于自主性动机。某些形式的内部驱动力实际上是被控制的，甚至是强制的，可以将之称为自我控制或自我压力，因此与外部控制的手段一样，会破坏内在动机。

自我决定理论认为，要激发自主动机（在大部分的实证研究中被证实能够带来期望的行为结果和良好的心理状况），需要满足三种基本心理需求。第一种是自主需求（autonomy），也就是能够自己决定发起、调整和结束自己的行为（De Charms and Carpenter, 1968）。第二种是能力需求①（competence），也就是感觉到自己有能力达成目标（White, 1995）。第三种是联结需求②（relatedness），也就是感觉到自己归属于某个社会群体或与之产生联系（Baumeister and Leary, 1995）。自我决定理论认为三种基本需求的满足是带来高质量行为驱动力的必要条件，并能够为行为的持续提供不可缺少的能量（Deci and Ryan, 2000）。

---

① 也有研究译为胜任感。

② 也有研究译为归属感。

3.4.2　自我决定理论的理论体系

经过近四十年的发展，自我决定理论形成了六个子理论，构建了丰富的思想内容。

一是认知评价理论（Cognitive Evaluation Theory，CET）。认知评价理论是自我决定理论的第一个子理论，主要关注社会环境中的事件对内在动机的影响，解释了"为何外部奖励会对内在动机产生削弱作用"，同时也解释了报酬、评估或反馈等工作环境下的关键激励事件对内在动机的影响机制——关乎这些激励手段对于个人自主性的影响。具体来说，这些激励手段具有外部因果关系和控制性功能的意义，会阻碍自主性，并破坏内在动机，而那些能够促进内部因果关系感知的激励手段将增加自主性并增强内在动机（Ryan and Deci，2000）。

二是有机整合理论（Organismic Integration Theory，OIT）。该理论主要解释了"外在动机能否转化为内在动机的问题"，突破了简单的内在动机和外在动机的二分法，将外在动机按照自我决定程度的不同划分为外部调节、内摄调节、认同调节和整合调节四种类型（Deci and Ryan，1980，1985a），并引入内化概念，为外在动机向内在动机的转化提供理论依据。有机整合理论认为个体会自然而然地内化那些重要人物所认可的外在动机，而内化程度的高低会有不同，从而导致了对感知因果关系和自主性程度的不同。内化是从外部资源中吸收价值观、信念或行为规范并将其转化为自己的价值观、信念和行为规范的过程，所以外在动机内化程度的高低，取决于外在的价值标准整合的过程满足基本心理需求（自主、能力和联结需求）的程度（Downie et al.，2007）。

三是因果定向理论（Causality Orientations Theory，COT）。该理论主要描述和解释了"同样的外部条件下，个体动机的差异问题"。其将个体动机取向在一般层面划分为自主定向、控制定向、非个人定向三种类型，各类型独立并行存在（Deci and Ryan，1985b）并会带来不同的心理需求满足、行为动机与体验（Weinstein and Hodgins，2009）。因果定向理论更多关注于个体因果定向解释方式的成因，对于同一种外部调节手段，可能被不同的个体解释为外部动因或内部动因，也就导致控制性或自主性评价的差异。这种个体因果定向的差异，是个体长期生活环境所导致的。

四是基本心理需求理论（Basic Psychological Needs Theory，BPNT）。该理论提出自主、能力、联结三大基本心理需要，并关注三种心理需求满足与个人发展、幸福感的关系，认为个人不健康的状态和恶化的机能与三种基本需求的满足受挫有关。其中，自主需求是指个人需要对自己的行为有主人翁意识并感到心理上的自由（Deci and Ryan，2000）。对自主的需要并不意味着个体要独立于他人的意愿行事。能力需求是指个体在重要的生活情境中能够感受到有效地掌控环境，并且能够体验到展示能力和发展能力的机会和支持（Deci and Ryan，1980）。联结需求是指个体与他人建立联系的需要，从中既能够体验到他人的回应、爱和关心，同时又能够对他人做出回应、爱和关心（Baumeister and Leary，2017；Deci and Ryan，2000）。基本心理需求理论认为三大基本心理需要具有普适性，个体努力的目标就是满足这三种需要，进而促进人的全面发展。

五是目标内容理论（Goal Contents Theory，GCT）。该理论与其他子理论不同，它关注的不是个体行为的原因，而是行为的内容，主要描述和解释"个体行为目标的内容对幸福感的影响"。该理论根据目标内容与内在价值的关联度高低把目标划分为内在目标和外在目标（Vansteenkiste et al.，2006），前者包括亲密关系、个人成长、服务社会；后者包括那些专注于工具性结果的目标，例如金钱、名声、权力。这些目标内容根据与内在价值关联度的高低，可以理解为沿着从内到外的连续体，对内在目标越重视、相对优先级越高，个体的健康状况就会越好；相反，越重视或优先考虑外在目标，个体的幸福感就越低（Kasser and Ryan，1993）。

六是关系动机理论（Relationships Motivation Theory，RMT）。该理论是自我决定理论最新的子理论，关注的是密切关系的质量及其相关结果。关系动机理论认为联结的需求是内在的，并使个体倾向于自愿地投入密切的关系中（Deci and Ryan，2014）。联结需求的满足对个人成长、正直和幸福感至关重要，而需求的挫败则会导致多方面的不良结果，比如不安全感、关系不满、心理不健康等（Legate et al.，2013），这种影响会独立于其他基本心理需求的满足而存在（Ryan et al.，2010）。关系动机理论认为不仅是通过与同伴进行密切和持久的社会接触能够促进高质量的关系，接触过程中的自主性的体验也会促进高质量的关系、参与者的满意度和心理健康。因此，在人际关系中，对于自主性、能力和联结需求的满足程度就是关系质量的标准，从而导致了相关的不同结果。

3.4.3 自我决定理论在工作领域的研究

自我决定理论及其子理论的产生、发展与繁荣得到了国内外学者的广泛关注和认同。自20世纪80年代提出至今已经在许多跨学科领域得到应用和验证，包括教育学、心理治疗、运动心理学，以及管理学的研究与应用（Ryan and Deci，2017）。近十几年来自我决定理论及上述子理论在工作相关领域的研究中得到广泛的应用，并被大量的实证研究所检验（Deci et al.，2017）。图3－3汇总了自我决定理论在工作领域研究所涉及的关键的理论构念及其相互关系。其中，工作环境中的关键环境要素和个体与工作相关的个性差异是理论研究的出发点。这些环境要素和个体差异及其交互作用影响员工基本心理需求的满足（满足或挫败），从而影响员工工作动机，而员工动机的类型又导致工作和个体相关的结果差异。

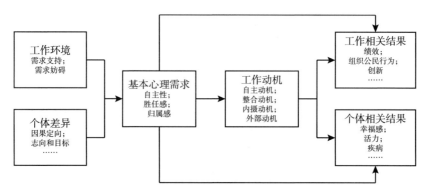

图3－3　自我决定理论在工作动机领域应用的一般模型

资料来源：根据德西等（Deci et al.，2017）归纳的理论模型绘制而成。

在工作环境因素中，又可以分为能够支持心理需求满足和妨碍心理需求满足两类，这些因素大多数与领导风格以及组织文化有关。但现有的实证研究大部分关注的还是需求支持的因素，尤其是与自主性需求满足有关的支持因素。因为自主性需求的满足对其他两类基本心理需求的满足也有促进作用——如果员工的工作自主性较高，那么他们自然而然会对组织有更高的情感联结，也会自行寻求提升能力的方法，从而更好地胜任工作。而且，能够为员工自主性需求提供支持的组织文化和领导风格，往往也有利于员工能力需求和联结需求的满足。

在工作领域的实证研究中，被更多考虑的个体差异因素是因果定向和志向目标（aspirations or goals）（Kasser and Ryan，1996）。在同样的工作条件下，因果定向差异导致员工对自身行为动机有不同的判断：（1）自主定向，指个体更倾向于将行为视为主动的、有兴趣的；（2）控制定向，指个体更倾向于将行为视为外部条件诱导的；（3）非个体定向，指个体更容易缺乏行为动机，并很容易感受到无能为力和挫败（Ryan and Deci，2000）。三种不同的因果定向差异在现有工作领域的研究中也得到证实

（Weinstein et al. 2010）。志向目标的差异则更为直观，它考量的是员工更重视的是个体内在目标或自我理想的实现还是达成某种组织或领导赋予的外部目标或成就。

自我决定理论在工作领域的实证研究中，基本心理需求和工作动机是两类基本的中介因素，其中基本心理需求的满足是最多研究验证的能够对员工行为和绩效产生影响的因素（Deci et al.，2017）。由于前面所说的三种基本需求并不是完全同等的因素，许多研究假设都只考虑了其中自主性需求的满足。将工作动机作为中介因素的研究也有相似的情况，大部分研究都只考虑了四类工作动机中的 1 ~ 2 种。① 在完整检验自我决定理论在工作环境下实现机理的实证研究中，只有极少数的研究模型同时将基本心理需求和工作动机两者都作为中介因素来检验，而大部分都只选择考量其中一类。这主要是因为基本心理需求的满足与内外在动机的关系在许多心理学研究文献中已经得到验证。工作环境下的相关研究更多是要检验那些工作相关的前因和结果的关系机理。少数同时考虑两类中介因素的研究主要是为了检验不同心理需求的满足对不同动机激发的影响差异（e.g. De Cooman et al. 2013）。

最后，在自我决定理论工作动机领域应用的一般模型中，基本心理需求满足或是工作动机的结果大致可以分为两类。一类是能够反映工作结果的变量，比如任务绩效、创新行为、组织公民行为，还包括工作满意度等。另一类是反映个体心理和生理状况的变量，比如幸福感、活力、疾病，以及工作倦怠等。目前工作环境下的实证研究结果大多支持了基本心理需求的满足或自主性动机能够带来期望的绩效表现、行为和心理状态，而控制性动机或无动机却会导致一些负面的结果（Deci and Ryan，2008；Fernet and Austin，2014）。这些实证研究所验证的工作环境、个体特征、心理需求、工作动机、行为效果和心理状况的关系机制为本书开展基于自我决定理论的工作压力应对过程研究提供了理论和证据的支持。

除了图 3 - 3 所包含的自我决定理论的核心概念以及工作环境中相关的前因和结果变量之外，不少研究还将自我决定理论与一些管理学的理论模型相结合来构建假设模型（Deci et al.，2017）。比如结合领导—成员交换理论来解释工作环境与个体特质的交互如何对心理需求满足和工作动机产生影响。这些交叉学科理论的整合也为本书利用自我决定理论的基本逻

---

① 不少研究只考虑内在动机，也有的研究将四种动机分成自主动机（包括内在动机和整合动机）和控制动机（包括内摄动机和外在动机）两类来考量。

辑来构建员工应对工作压力的过程提供了借鉴。

自我决定理论在工作情境下的研究不但广泛验证了基本心理需求满足与工作动机的关系，更重要的是该理论对现实管理活动具有很强的解释意义和指导意义。一是自我决定理论打破外在动机与内在动机的界限，创造性地将外在动机按照自我决定程度的不同划分为四种类型，并引入内化概念，不仅解决了"外在动机与内在动机"的关系问题这一经典难题，而且拓展了外在动机与内在动机的研究边界。借鉴该成果，尤其是"外在动机的内化作用"的观点，研究者可以将工作动机作为关键的考量因素，用以解释工作乐趣对员工积极成效的影响机制。二是创造性提出自主、能力、联结三大基本心理需要，这也是解释诸多动机与行为理论的基础。三是有力地阐述了环境对个体行为产生影响的因果路径，对于个体行为的激励与改变具有重要的指导价值。因此，自我决定理论及其子理论，为工作乐趣作为外部激励工具为何能影响员工创新绩效提供了理论基础。自我决定理论对于理解员工压力应对和压力环境下员工激励问题的研究与实践同样具有价值，能够为理解和开展工作压力应对的动机研究提供一个整体性的框架，包括压力应对过程中，个体差异、环境因素对员工心理需求满足的影响，以及因此带来的应对动机的差异。

有鉴于此，本书将在第3章和第4章的最后一节分别阐述基于自我决定理论如何拓展个体压力应对的过程以及工作乐趣效果的实现机理。

3.5　自我决定的工作压力应对过程

自我决定理论认为无论是个体的行为表现还是心理健康都会受到不同行为动机类型的影响。受四类基本动机驱动的行为会导致有差异直接结果和其他相关的副作用（Deci et al.，2017）。但在经典的压力应对过程中，动机的因素并没有被考虑其中，这导致压力与应对的过程缺少了关键的一环。即便是个体认为工作压力事件具有挑战性，而个体本身也具有应对压力的资源，认为采用积极应对的策略能够达到预期的效果，个体也不一定会真正付诸行动。这样的例子在现实的工作情境下是相当常见的（比如工作拖延），也正是员工缺少积极应对压力的动机所反映的现实情况。如果不考虑动机的问题，组织情境下的员工压力应对研究不但不符合一般情况，对于管理活动的现实意义也会大大降低。因此，本部分基于自我决定理论的基本逻辑和工作环境的相关因素，构建一个员工压力应对的全新理论模型（见图3-4）。

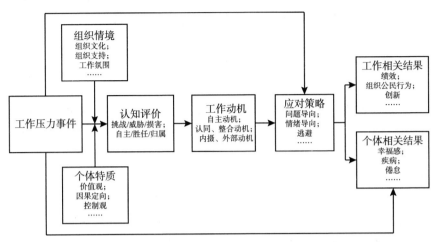

图3-4　自我决定的工作压力应对过程模型

资料来源：笔者绘制。

　　压力的认知评价理论认为个体对工作中事件的重要性进行评价，可能是无关的、积极的或有压力的（Lazarus and Folkman，1984），而那些被认为是挑战、威胁或会造成损害的事件才是有压力的（初级评价），这种情况下个体根据组织和自身的实际情况，判断自身是否能够通过一定的手段达到预期的目标（次级评价），从而决定采用何种应对策略。但实际上，认知评价的过程是非常复杂的，可能包括了个体考虑多种应对策略、预测应对策略可能结果，以及是否能够有效运用应对策略的多方面内容（拉扎勒斯和福尔克曼，2020）。根据自我决定理论对认知评价过程的理解，对压力事件、个人资源以及组织情境因素的认知评价会影响个体对基本心理需求满足的认知从而导致不同的压力应对动机（Ryan and Deci，2017）。比如，个体感知的组织支持水平（例如领导支持、同事支持、工具支持）影响个体基本心理需求中能力需求的满足，进而强化或者削弱动机的自主性。同时，由于个体动机取向和需求差异，同样的工作环境所驱动的个体情绪和动机类型也会有差异。比如在压力环境下更趋向于响应自我挑战的个体，会更倾向于将压力事件评价为挑战性和自主性的，从而有更强的自主动机（包括内在动机、认同动机和整合动机），并激发更为积极的应对策略（比如问题导向）。相反，更多响应外部调节手段的个体将更趋向于控制性动机（包括外在动机和内摄动机），并更可能激发消极的应对策略（比如逃避，情绪导向）。

德西和瑞安（Deci and Ryan, 1985）通过对既往研究的整理，将个体感受的不同事件特征与各类型动机相联系。具体地，个体感知为支持自主性和促进或展示能力的事件（称为信息性事件），能够促进内在驱动的因果关系和感知的能力（即倾向于事件所引发的行为是发自内心的），往往会增强动机的自主性。个体感知为外部施加压力的、为完成特定任务的事件（控制性事件），促进了外部感知的因果关系，往往会破坏内在的动机激活，限制创造力（Amabile, 1983），损害认知灵活性（McGraw and Mc-Cullers, 1979）。最后，体现为传达一个人不能完成一项任务的事件（无动机事件），妨碍感知能力，削弱内在动机，并倾向于使人感到无助（Boggiano and Barrett, 1985）。在具体的工作情境中，个体会面临诸如超额的工作量、模糊的工作角色、复杂的人际关系、挑战性的目标、完成任务的时间期限等的压力事件，个体对压力事件的认知评价影响心理需求，从而激发不同的动机类型。例如，压力事件是否是自主决定接受的，如果个体对于压力事件有自我选择权，那就更容易建立内部因果关系，更容易激发个体的自主动机。或是个体在处理某一压力事件时，是否不得不采取某一特定行为方式完成工作任务，当个体感受到强烈的外部控制时，更容易建立外部因果关系，激发个体的外在动机。而对于某一具有挑战性的工作任务，如果个体理解并认同其工作的价值和目的，能够很好地胜任工作需求，并得到明确的反馈和支持时，内在动机就会得到强化，有更好的工作表现和心理状态。相比之下，当个体认为自身的个人资源无法胜任工作需求时，个体的心理需求满足受到挫败，由此产生的外在动机会缩小员工努力的范围，对个体后续绩效和工作投入产生负面溢出效应。安德烈亚森等（Andreassen et al., 2010）发现，员工在工作中的基本心理需求得到满足，会使他们更加享受工作，并且更少受到外部控制的驱使。对中国（Nie et al., 2015）和冈比亚（Levesque et al., 2004）教师的研究表明，当教师在工作中感受到自主需求得到满足时，教师报告的自主动机水平更高，对他们的工作和生活更满意。相比之下，当加拿大的教师（fernet al., 2012b）在工作中感到胁迫和控制时，他们的自主动机水平较低，并表现出更多的倦怠症状。

工作情境中的组织支持（领导支持、同事支持以及工具支持）对个体基本心理需求的满足起到促进或者妨碍的作用，当组织支持水平高时，个体基本心理需求的满足程度高，进一步强化了对内在因果关系的认知，增强完成工作任务（处理工作压力事件）的内在动机，同时也促进对原有外在因果关系的认知向内在因果关系认知的转变，推动外在动机"内化"的进程。反之，当组织支持水平较低时，个体基本心理需求的满足受到抑制，弱化了对内在因果关系的认知，并且阻碍原有外在因果关系向内在因果关系认知的转变，促进了受控动机，对外在动机的"内化"进程产生影响。在已有的研究中，已经检验了以下组织支持变量对于个体动机的影响，例如认同员工的观点、提供选择、提供有意义的反馈、鼓励创新、设置挑战性的任务，以及在要求员工完成特定任务时给出理由。在对酒店员工的研究中，霍恩（Hon，2012）发现，当经理授权（即支持自主）且同事支持度高时，员工在工作中更具自主性和创造性，但如果经理施压和强制，员工的积极性和创造性就会降低。巴尔德等（Baard et al.，2004）研究了纽约地区两家银行员工的动机动态。他们评估了员工认为上司支持自主的程度，发现那些认为上司支持自主程度高的员工对自己的能力、自主性和人际关系需求的满意度更高，从而表现出更为强烈的自主动机。帕塔等（Patall et al.，2019）研究发现，在教师参与自主支持行为的课程中，如提供选择、提供理由、关注学生的兴趣或问题，以及具有其他具体的自主支持行为，学生的自主学习动机更强。以上研究表明，在各种工作环境中，来自管理者的自主支持增强了基本心理需求的满足和内在动机。

由于个体的基本心理需求程度是不同的，即个人特质（动机取向）有差异——某些人更希望工作有高的自主性，而另一部分人更希望是在具体要求下工作。因此同样的工作环境所驱动的个体情绪和动机类型就会有差异。自主取向高的个体寻求自我决定和选择的机会，强烈的自主性倾向会导致人们选择允许更大主动性的工作，具有高度自主倾向的人更容易受到内在激励，因此，他们将更少受外在奖励的控制，更倾向于将这些奖励视为对其能力或结果的肯定。控制取向高的个体，决定他们行为、认知和情感的一个核心因素是引发或调节事件的压力，他们倾向于依赖控制事件，如最后期限，或通过监督来激励自己。当人们有控制倾向时，外在奖励在他们的行为中起着更决定性的作用。举例来说，诸如报酬和地位等因素在决定他们从事什么工作时非常重要，而其他决定也往往是由这些外在因素组织的。例如，刘等（Liu et al.，2011）对一家美国制造企业的员工研究发现，与巴尔德等（2004）对银行员工的研究结果有些相似，来自管理者和同事的自主支持，以及员工的自主因果导向，将导致更强的自主动机和更多的工作投入。威廉姆斯等（Williams et al.，1996）的一项针对减肥人群的研究发现，高自主取向的个体与更多的内在动机相联系，其减肥的效果更显著，高控制取向的个体与更多的外在动机相联系，其减肥的效果不显著。

瑞安和康内尔（Ryan and Connell，1989）的一项关于美国不同年龄层的小学生的研究，检验了学生动机类型与应对、焦虑、努力和快乐的关系，其假设更具外在动机的学生在面对失败时会使用"外部化"的应对策略，如投射（责备老师）或否认（这并不重要），相比之下，内摄动机和认同动机与积极的应对策略相关，实证结果验证了他们的假设。同样地，速水大造（Hayamizu，1997）、山内和田中（Yamauchi and Tanaka，1998）评估了日本学生的外在动机、内摄动机、认同动机和内在动机，以及四种动机类型对学生学习态度、应对策略和学习结果的影响，研究结果表明如果没有外部帮助，缺乏自我决定动机的学生表现出消极的应对行为将难以克服学习上的困难。相比之下，更具自主性动机的学生会以积极的行为来应对学习上的挑战。将其推广至工作领域，我们假设内在动机可以激发更为积极的应对策略，更多地与如问题导向、自我提升、投入应对、直面应对等相关联，而外在动机可以激发消极的应对策略，更多地与如情绪导向、逃避、拖延、容忍应对等相关联。

从 20 世纪 80 年代至今，大量的实证研究探讨了员工应对工作压力的过程，并证实了"压力源—认知评价—应对策略—应对结果"的过程，然而其中仍有未厘清的关键问题。一方面，只有较少的应对过程研究探讨了认知评价与应对策略的关系（更多是两者选其一），导致对于理论的验证程度不足。另一方面，现有模型也未能很好解释在相似压力情境下个体应对方式和应对效果的差异。因此，本部分提出了"自我决定的工作压力应对过程"，其目的并不是力求完整列举所有压力应对过程的可能要素，而是提供一个理论拓展的思路和拟合工作压力应对具体情境的框架，以便未来研究从中发现更具现实意义的问题。将组织支持、个体动机取向和动机类型引入压力应对过程，符合原有压力与应对交易模型的认知评价过程，并可能进一步增强解释应对策略个体选择差异的问题。

第4章 工作乐趣——组织压力管理的新形式

有关 "996" 工作制的讨论近年来时不时会引爆社交网络。早上9点上班，晚上9点下班，每周工作6天，在这种制度下，一方面，高工作投入和不断变革的环境给员工带来与日俱增的工作压力，随之而来的是心理健康隐患和工作绩效的降低（Noblet et al.，2006）。另一方面，如何在高强度、长时间以及不断变革的工作中激发员工的工作热情也成为困扰管理者的难题。也有人认为，长时间、高强度的工作没什么关系，只要企业给予更多的金钱回报就行了，甚至不少企业的管理者也如此认为。但是，金钱补偿真的有效或者说只要金钱补偿就足够吗？根据行为科学研究的结果，以金钱为主要方式的外部激励，在针对目标明确、内容简单的工作时有较好的效果，而对于目标模糊、知识含量高、创新型的工作则效果很差。现实中，恰恰是那些最需要创新的互联网企业是 "996" 工作制的发起者。那么，一味依靠加薪补偿可能无法弥补长时间、高强度工作对创新的阻碍，更不用说缓解员工的工作压力，以及由此引发的各种健康问题。这种情况下，管理者需要诉诸内在激励，即激发员工对工作的兴趣、爱好、成就感以及使命感等。工作乐趣（workplace fun）就是在这样的背景和需求下开始受到关注，其作为一种管理手段21世纪以来在国际互联网巨头和管理学研究中开始受到追捧。工作乐趣对于企业文化塑造、干预员工压力状况和激励员工创新创造方面的作用已经得到了一些验证。

工作乐趣的研究和实践已经有很长时间，但真正作为一种严肃的研究主题和管理策略的历史不过20~30年，对它的概念和作用，都还较模糊和有不少争议，这也是导致其真正所起效果大打折扣的原因之一。虽然将工作乐趣作为一个整体概念的研究历史还比较短，但是针对一些独立的工作乐趣活动（例如职场幽默、工作竞赛和集体活动等）却有很长的研究历史和丰富的实践经验。然而，这些研究成果在近年来出现的关于工作乐趣整体性研究的相关文献中却很少被提及。因此，为了推进工作乐趣的研究不断深入，从而为管理研究的创新提供一些内容和议题上的贡献，本书有关工作乐趣的研究要从追溯各类乐趣活动的起源开始，一一厘清工作乐趣的内涵、外延、形式、作用、理论机理与研究现状等问题，最后构建整合性的理论模型。

4.1 工作乐趣的文献研究设计

4.1.1 工作乐趣文献初步检索与分析

为了对相关研究的现状和趋势有整体的把握，研究者首先以工作乐趣（包括"workplace fun"① 和"fun at work"）为关键词，在社会科学文献的三个重要数据库（JSTOR、Elsevier 和 Springer）进行初步文献检索，并通过摘要精读结合全文通读的方式，总计获得 219 篇广义文献（包括整体工作乐趣研究和单项工作乐趣研究）并进行了初步的定量分析，结果发现：第一，从研究内容上来看，绝大多数研究都针对特定的工作乐趣活动，例如职场幽默和工作自主性（或灵活性）就是工作乐趣研究的最常见内容。其中，直接或间接研究职场幽默的文献数量达到 39 篇（占 17.8%）；而直接或间接研究工作自主性（或灵活性）的文献数量则达到 61 篇（占 27.8%）。第二，从研究形式上来看，采用定性研究方法的文献总计有 136 篇（占 62.1%）。但 21 世纪以来定量研究逐渐成为主流。第三，无论是工作乐趣的外延、分类还是因果研究，现有文献都还存在很大的不足。

具体来说，首先是工作乐趣的外延界定不清晰，即工作乐趣以哪些具体活动为表现形式，不同学者之间的分歧还很大（Plester, 2009）。比如组织发起与员工自发的活动是否都应该包含在研究的总体范围内？是否一定要将发生在工作场所内的活动作为研究对象，与工作相关但发生在工作场所外的活动是否也应该纳入研究的总体？参与者是否仅仅只能限定于组织成员？缺少明确的工作乐趣外延界定，后续的分类和效用研究就失去了意义。其次是工作乐趣的分类标准不统一。关于工作乐趣的类型学研究，主要有两种：一种是罗列乐趣活动的具体形式，例如集体庆祝、游戏竞赛、旅行、餐饮等（Fleming, 2005; Karl et al., 2005）。另一种研究则是构建多维结构模型。比如麦克道尔（McDowell, 2004）把工作乐趣分成同

---

① 也有研究将 workplace fun 直译为工作场所乐趣。

事间社交、工作庆祝、个人自由活动和一般工作乐趣。但是，目前这类研究大多只停留在模型的理论建构，缺少必要的实证检验（唐杰和萧永平，2015）。再次是工作乐趣的前因探究不全面。为什么组织中会出现各种工作乐趣活动呢？这是工作乐趣的前因研究要解决的问题。然而，目前专门针对工作乐趣进行前因探究的文献还很少，主要集中在个体的人格特质和年龄两个方面（Karl et al.，2007；Lamm and Meeks，2009），到目前为止还没有实证研究验证组织层面的因素对整体工作乐趣的影响，这必然会弱化研究结果的实际应用。最后是工作乐趣的结果分析不明确。目前，以工作乐趣为整体的一些实证研究，虽然大部分证实了正面的结果（Tews et al.，2012；Tews et al.，2014），但也有不少学者认为工作乐趣的负面影响被大大低估（Owler，2010）。但更重要的是，无论工作乐趣究竟会产生怎样的影响，这种影响背后的机制究竟是什么，目前依然是一个尚未打开的"黑箱"。从国内的研究现状来看，刘凤香（2010）对西方组织管理领域的工作乐趣研究进行了相应的文献综述，在那之后就鲜有针对该问题的系统性文献研究了。

4.1.2 文献计量分析样本采集

目前工作乐趣的研究存在比较明显的模糊和不一致，这很大程度上是由于工作乐趣的涵盖内容多、认知差异大且研究历史较短（Plester and Thomas，2015）。为了更为准确地探究工作乐趣的内涵外延，找到研究前因后果的新切入点，研究者进行了二次文献检索并采用结构化的计量方法分析文献，试图通过对现有工作乐趣的权威文献研究来回答以下几个问题：

（1）工作乐趣的具体活动和整体研究是如何划定边界的？

（2）关于工作乐趣的分类有哪些？能否囊括现有工作乐趣研究的具体类型？

（3）工作乐趣的前因后果的研究重点何在？哪些还存在争议？

（4）工作乐趣的研究还有哪些不足？未来研究的方向何在？

本章拟通过对 1982～2016 年[①]发表的与工作乐趣相关的研究文献（包括具体活动及整体研究），进行结构化的内容分析，从而为回答上述问题提供客观依据。事实上，目前真正以工作乐趣整体为研究对象的相关文献是从 2000 年以后才开始逐渐增多的，而针对各种具体的、单独的乐趣活动和制度安排的研究数量繁多，也就涉及许多关键词，覆盖管理学、心

---

① 工作乐趣作为一个组织管理研究领域的研究构念是在 1982 年被首次提出的（Deal and Kennedy，1982）。

理学、经济学、社会学等多个门类的核心期刊，难以从一开始就比较全面的覆盖。因此，本章采用了一种类似于"滚雪球"的操作方式，分四个阶段来收集研究样本（即文献），具体过程和对应规则如下：

第一步，参考伊比等（Eby et al.，2005）在 IO/OB 领域针对工作和家庭关系所做的一项文献分析时所选择的英文期刊，初步确定了 20 本期刊的检索范围，并以"workplace fun"和"fun at work"作为关键词在相应的数据库（JSTOR/Elsevier/Springer）中进行文献的初步检索；第二步，阅读检索到的所有文献，筛选出真正以工作乐趣为主题的研究文献，并添加可能存在的关联关键词（例如"playfulness""flexibility""romance policy"），然后再次进行检索，如此反复多次，直到不再获得新的关键词和主题文章；第三步，阅读检索获得的新文献，检查遗漏文献及需要额外检索的期刊，并按照第二步规则在新增的 4 本期刊中重新检索所有关键词；第四步，为了使检索到的文献能够反映近期该领域相关研究的发展趋势，本章在 PsychInfo 和 ABInform 数据库中以"workplace fun"和"fun at work"作为关键词检索 2000~2015 年发表的所有同行评审期刊，并同样进行了参考文献的阅读查漏，力争全面获取该领域的研究文献。

最终，本次检索共获得相关研究文献总计 138 篇（有效关键词包括 fun，humor，party，joke，leisure，playfulness，enjoyment，romance policy，dressing，flexibility，autonomy，work-related flow，gossip，ceremony，attire，contest，awards，gamification）。

4.1.3 计量分析编码表

完成样本（即文献）收集后，本章参考以往的综述性研究（Eby et al.，2005；Duriau et al.，2007）以及本章研究的主题，对基本内容、乐趣边界、乐趣分类和乐趣的前因后果这四个方面的内容进行具体分析，并完成了相应的编码（见表 4-1），从而为下一步进行相关文献的定量分析打下了基础。

表 4-1 文献编码表

编码项	编码	操作性定义
1. 工作乐趣研究的基本内容		
1.1 研究时间	1. 1982~1999 年 2. 2000~2015 年	论文发表的时间段，样本中最早的工作乐趣整体研究发表于 2000 年，因此作为时间节点

编码项	编码	操作性定义
1.2　研究主题	1. 乐趣效果 2. 乐趣前因 3. 乐趣本身 4. 类型学 5. 综述 6. 其他	乐趣效果是指乐趣活动或制度对个体或组织产生的正面或负面的效果；乐趣前因是指影响乐趣活动或制度开展或起作用的社会、组织或个体层面的原因；乐趣本身是指对工作乐趣内涵、外延、形式或范围的讨论；类型学是对工作乐趣具体活动或分类的调查或理论研究；综述是指针对工作乐趣整体或具体类型的综述性研究
1.3　研究视角	1. 整体 2. 幽默与玩笑 3. 着装 4. 自主性与灵活性 5. 恋爱政策 6. 职场八卦 7. 仪式活动 8. 其他	确定是以工作乐趣整体还是某一类具体活动为研究对象
1.4　研究方法	1. 定性 2. 定量 3. 混合	采用定性研究（案例研究、文献研究、扎根理论研究、访谈调查、观察等）、定量研究（问卷调查、内容分析、实验等）或混合研究（同时采用了定性和定量的分析方法）
1.5　研究模型	1. 分类模型 2. 直接关系模型 3. 调节模型 4. 中介模型 5. 复杂模型	定量和混合研究中所尝试验证的研究模型：分类模型，检验乐趣的概念结构；直接关系模型，检验乐趣前因后果的直接关系；调节模型，检验乐趣前因后果的调节因素；中介模型，检验乐趣前因后果的中介因素；复杂模型，同时检验调节和中介因素
2. 工作乐趣的研究边界		
2.1　空间边界	0. 否；1. 是	乐趣活动是否限定在工作场所内，即界定空间边界
2.2　来源边界	0. 否；1. 是	乐趣活动是否限定为由组织发起的，即界定来源边界
2.3　参与者边界	0. 否；1. 是	乐趣活动是否限定组织成员参与，即界定参与者边界
3. 工作乐趣的概念结构		
是否有分类	0. 否；1. 是	是否通过调查或建模的方式对乐趣活动进行分类

编码项	编码	操作性定义
4. 工作乐趣的前因与效果		
4.1　个体层面效果	0. 未假设 1. 验证正面效果 2. 验证负面效果 3. 正负面皆验证 4. 正面效果未验证 5. 负面效果未验证 6. 正负面皆未验证	未假设指研究没有提出工作乐趣与可能效果的关系假设；验证正面效果指研究假设并验证了工作乐趣在个体层面的正面效果（可能是负向关系，例如离职率）；验证负效果指研究假设并验证了工作乐趣在个体层面的负面效应（可能是正向关系，例如越轨行为）；正负面皆验证指正、负面效果皆得到验证；未验证指研究提出但没有验证相应假设
4.2　组织层面效果	同上	是否提出或验证工作乐趣在组织层面的效果
4.3　个体层面前因	同上	是否提出或验证个体层面因素对工作乐趣产生影响
4.4　组织层面前因	同上	是否提出或验证组织层面因素对工作乐趣产生影响

资料来源：笔者绘制。

4.1.4　样本文献基本特征分析

首先，从研究的视角来看，如表4-2和图4-1所示，大部分的文献（81.9%）都是以单一特定的工作乐趣活动或制度安排为研究对象（即"单一研究"），例如工作自主性与灵活性、幽默与玩笑、恋爱政策、职场八卦、仪式活动、着装，等等。真正意义上以工作乐趣整体为研究对象（即"整体研究"）的文献是从2000年之后才开始涌现的，这种研究现状在一定程度上说明了本章的研究意义，即这些大量的针对单个工作乐趣的研究成果应该被工作乐趣的整体研究所借鉴和继承。具体分析这些单一工作乐趣的研究成果后发现：工作自主性与灵活性（38.1%）所占的比重最大，这也与当今企业管理的现实情况是完全一致的：弹性工作时间、自由安排工作等管理手段越来越受到管理者和员工的双重青睐。与此同时，仪式活动（3.5%）和着装（3.5%）作为典型的工作乐趣活动，其研究热度有所下降；而幽默与玩笑（23%）、恋爱政策（14.2%）和职场八卦（6.2%）则开始作为新兴的工作乐趣活动逐渐受到研究者们的重视。

表 4 - 2　　　　　　　　　工作乐趣研究文献的分类表——研究视角

项目		研究时间段		合计
		1982～1999 年	2000～2016 年	
研究视角	不针对特定类别活动	0	25	25
	幽默与玩笑	11	15	26
	着装	3	1	4
	工作自主性与灵活性	8	35	43
	恋爱政策	7	9	16
	职场八卦	2	5	7
	仪式活动	3	1	4
	其他	4	9	13
合计		38	100	138

资料来源：笔者绘制。

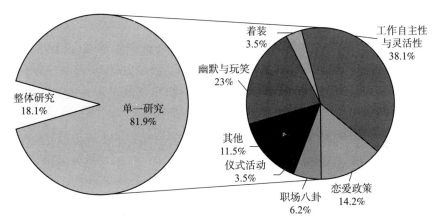

图 4 - 1　工作乐趣研究文献分视角的统计结果

其次，从研究主题来看，如表 4 - 3 所示，针对工作乐趣的结果展开相应研究的文献在所有文献中占比较大，其余的研究主题则较为分散（前因研究占 20%、分类研究占 8%、乐趣活动本身占 7%，等等）。这说明工作乐趣研究的焦点依旧是探讨其管理效果，这一方面反映了目前学术界对工作乐趣所产生的管理效果还没有达成相对一致的认知（即前文所述的"结果分析不明确"）；另一方面也反映了关于工作乐趣的主要类型、前因和产生机理的研究显然还需进一步加强。

项目		研究时间段		合计
		1982 ~ 1999 年	2000 ~ 2016 年	
研究主题	乐趣结果	22	65	87
	乐趣前因	3	17	20
	乐趣活动本身	5	2	7
	类型学	1	7	8
	综述	6	4	10
	其他	1	5	6
研究方法	定量	18	51	69
	定性	16	42	58
	混合	4	7	11
合计		38	100	138

资料来源：笔者绘制。

最后，从研究方法来看，如表 4 − 3 所示，2000 年以前定量研究（18.0%）与定性研究（16%）的占比相差不大，2000 年以后定量研究（51%）占比显著提高。显然，随着工作乐趣相关测量量表的逐渐丰富，有利于定量研究的进一步开展，但混合研究的数量仍然非常有限，总计只占 7.0%。这说明目前关于工作乐趣的研究还没有真正实现多种方法的相互印证，并且具有较高效度的研究成果还比较少，影响了该领域相关研究的可靠性和深入性。

4.2　工作乐趣的概念

4.2.1　工作乐趣的起源

目前学术界基本认同"工作乐趣研究之父"迪尔和肯尼迪（Deal and Kennedy）在 1982 年出版的关于工作乐趣的专著《公司文化》，标志着工作乐趣研究的兴起。但在 20 世纪的早期，一些零散的与工作乐趣有关的研究就开始陆续出现，比如有关幽默、闲暇活动在组织管理中的作用等。到 80 年代，包括迪尔和肯尼迪在内的许多学者在研究企业文化的过程中发现美国许多企业的成功很大程度上归功于工作和娱乐的结合，这一现象引起了学术界和实务界的关注。从此，合理利用娱乐和休闲活动来激励员工、提升员工的幸福感进而提高组织绩效的方法受到了管理学界的推崇，并被美国、英国、澳大利亚的许多企业所运用。"工作乐趣"的概念真正流行起来，是由于一本管理学的畅销书——《鱼》（Lundin et al., 2002），这本书的作者讲述了华盛顿州西雅图派克街鱼市场（Pike Street Fish Market）的传奇：工作环境坑脏、恶臭，但鱼市的员工却创造出一种欢快的氛围。人力资源管理者、组织领导者、企业研究者都纷纷将目光转向此书，力求找到书中所蕴含的能提高士气和改善业绩的奇妙方法。事实上，美国的互联网巨头，比如谷歌公司、苹果公司，以及一些传统行业的领军企业——西南航空公司、美国酷圣石公司等在建设企业文化时也开始明确强调乐趣。用幽默的方式与客户接触，打造轻松的工作环境……已经成为其企业文化的一部分。

4.2.2　工作乐趣的内涵

要将工作乐趣作为一个管理问题加以研究，首先必须搞清楚其内涵和外延，然后在此基础上对其进行类型学研究（即分类），并对企业中为什么会出现各种工作乐趣活动，这些乐趣活动将产生怎样的影响以及这些影响背后的机制做出相应的探索。工作乐趣的早期研究大多以单个的乐趣活动为对象，例如笑话、服饰、聚会等，真正以工作场所乐趣和工作乐趣为主题的研究也就是近十年来才逐渐增多。在目前已有的研究中，工作场所乐趣和工作乐趣同义，以它们为主题的研究对象都是工作环境中能够给个体带来乐趣的事物。在界定工作乐趣时，有部分学者认为乐趣来自它的自发性（spontaneity）和对秩序的打破（subversion of order），工作乐趣属于在工作场所和工作过程中的乐趣，因此也没有必要去定义它（Fineman, 2006）。还有一些学者认为乐趣的界定还必须考虑个人感受到的组织文化环境（Owler, 2010），因为乐趣是人们在特定的环境中感觉到的，而不是别人告诉他的。虽然在如何界定乐趣这一方面，学术界还未能完全达成一致，但关于乐趣的内涵，研究者们并不存在太大分歧，都认为工作乐趣是工作环境中能够提供娱乐（amusement）、享受（enjoyment）、快乐（pleasure）的一系列玩乐（playful）活动（Ford et al., 2003；Lamm et al., 2009；McDowell, 2004；Plester, 2009）。比如，麦克道尔（McDowell, 2004）将工作场所乐趣定义为"令人愉快的、有趣的玩乐性活动"，普莱斯特（Plester, 2009）在此基础上，从整体视角认为工作场所乐趣是"能够带来笑声和快乐的幽默活动，包括官方组织的和员工自发组织的"。

要理解工作乐趣的概念，需要明确以下几点，第一，工作乐趣是以令员工心情愉快为目的的。第二，有众多表现形式，而且不断涌现新的形式：小至糖果点心、分享段子，大到园林建设、员工运动会；传统的有技巧大赛、生日会，新潮的有员工"宠物秀"、经理做早餐等。第三，既包括组织有意识地开展的一系列活动，也包括员工在工作过程中自发形成的活动。

其实，组织中乐趣活动的主体既可以是领导者也可以是员工。一方面，领导者能够自上而下打造工作乐趣。有研究表明，领导者的身先士卒，有利于创造充满乐趣的工作氛围，领导者和员工都可以感觉轻松自在。如果领导者无趣或者对员工的工作乐趣表现出不悦，那么员工会如履薄冰、战战兢兢。另一方面，工作乐趣也可以由员工自下而上地发起，因为当组织成员不再那么严肃，乐趣就会悄无声息填补组织环境中的空白。例如，经理们愿意自嘲，在细微处看到幽默，乐趣自然悄然而至。

4.2.3 工作乐趣的外延

工作乐趣的内涵并没有太多争议，但其外延还有不少模糊之处，比如工作乐趣是否应该包括与工作没有直接关系的活动？是否一定发生在工作场所中？这些模糊会导致管理者的困惑，要不要把它们纳入策划的范围之内？笔者所在的研究团队在 23 本产业组织与组织行为领域的国际权威研究期刊中收集了 138 篇与工作乐趣相关的研究文献，通过对文献的分析发现，总体来看，在现有文献中，存在"来源""空间"和"参与者"这三种传统的界定工作乐趣边界的视角。如表 4 - 4 所示：目前的绝大多数研究都至少从一个视角对工作乐趣进行边界限定，过半数从两个视角进行了界定，而同时从三个视角进行界定或完全没有界定的研究则占比很低。这一方面说明了边界限定的重要性，另一方面也说明目前研究者对边界的限定问题还存在较大的不一致性。结合研究视角来看，同时从三个视角做出边界限定的文献几乎全部是针对某个具体的工作乐趣活动展开的研究。再结合研究时间来看，2000 年以后从两个以上的视角来限定边界的文献比例有所减小，这说明实际上学者们在此过程中不断地突破工作乐趣的原有边界，拓展出了新的领域。因此，狭义地限定工作乐趣的研究边界并不符合当前该领域的研究现状和未来的研究趋势。

表4-4　　　　　　　工作乐趣研究文献的分类表——边界划分

项目		研究时间段		合计
		1982~1999 年	2000~2016 年	
工作乐趣的边界划分	未界定边界	2	10	12
	单一边界	5	32	37
	双边界	29	51	80
	三边界	2	7	9
合计		38	100	138

资料来源：笔者绘制。

因此，未来的研究应综合考量"来源""空间"和"参与者"这三个视角，以明确工作乐趣的外延和研究的边界（见表4-5）。第一，由官方发起的试图让员工感到快乐的活动均称为工作乐趣，无论发生在哪一类空间场所，也无论是否与工作直接相关，因为它们都能直接塑造欢快的氛围；第二，员工在所从事工作的空间场所中自发地能够让人体会到乐趣的活动，包括工作过程中、工作间隙甚至是工作时间以外发生的；第三，发生在员工之间以同事为主的乐趣活动，无论是否发生在工作场所或者工作时间范围内。通过这样的界定，可以将工作乐趣与其相近的一些概念，例如闲暇、福利等区分开来，并且明确工作乐趣研究和策划的范畴。为了避免语义上的误解，以下本书采用"工作乐趣"而非"工作场所乐趣"作为研究的关键词，由于以往不同文献并没有统一界定，所采用的措辞不同，也可能在内涵和外延上有所差异，下文的文献综述和分析在陈述中均采用原文献的关键词。

表4-5　　　　　　　　工作乐趣的概念外延和研究边界

来源	组织发起	组织发起	组织发起	组织发起	员工自发	员工自发	员工自发	员工自发
空间	工作场所内	工作场所内	工作场所外	工作场所外	工作场所内	工作场所内	工作场所外	工作场所外
参与者	员工	利益相关者	员工	利益相关者	员工	利益相关者	员工	利益相关者
是否纳入研究范畴	√	√	√	√	√	√	√	×

资料来源：笔者绘制。

4.3　工作乐趣的类型与形式

如表4-3所示，现有文献中针对工作乐趣进行分类研究的数量很少（8%），即使是通过调查或建模来探索工作乐趣的研究也不多（32.1%），而基于分类模型来定量研究不同类型工作乐趣的文献仅仅只有6篇。

4.3.1　工作乐趣的理论分类

为了更好地认识各种工作乐趣活动的共性与个性，以了解不同工作乐趣活动是如何产生、形成及有什么不同的作用效果，许多研究者对工作乐趣进行了类型学的研究。他们将一系列多样的工作乐趣活动组织起来，构成逻辑性强的种类，从而使得各种类之间的关系可以被描述出来以促进对复杂的工作乐趣的理解。其中最基本也被广泛认可的类型是阿克罗伊德和克劳迪（Ackroyd and Crowdy，1990）所进行的划分，即将工作乐趣分为官方发起的（official fun 或 packaged fun）和员工自发的乐趣（organic fun）。员工在共同的环境中工作，必然产生互动，进而在互动的过程中形成一定形式的工作乐趣，这类乐趣被称为自发的工作乐趣。在组织管理中，当管理者意识到工作乐趣的积极作用时，也会有意识地制造出一些活动以给员工带来乐趣，这类乐趣被称作官方的工作乐趣。官方的工作乐趣着眼于利用玩乐、乐趣和笑声来提高组织绩效，如增强动机，提高创造力，提高员工的工作满意度和留职率；而自发的工作乐趣是生活于其中的个体的宝贵财富（Bolton and Houlihan，2009）。区分自发的和官方的工作乐趣是非常重要的，管理者如果想让后者取得良好的效果，就应该事先对前者进行充分了解，分析本组织中原有的乐趣活动的特点以及员工的喜好，从中吸取精华、分析效果，在员工自发乐趣基础上设计出与群体价值观相符、开展形式上互补的乐趣活动，才能使得官方乐趣活动事半功倍。因此，可以这样说，前者是后者的基础，后者是前者的升华；两者应该共同存在，相互促进。

陈（Chan，2010）采用扎根理论研究的定性案例分析方法，通过与中国10家医院里的人力资源管理者进行访谈，划分出工作乐趣的两个维度四种类型——员工导向的（staff-oriented）乐趣、管理者导向的（supervisor-oriented）乐趣、社会导向的（social-oriented）乐趣和战略导向的（strategy-oriented）乐趣。员工导向的乐趣是指那些直接以满足员工需求为目的的乐趣活动，往往以个体为基础开展鼓舞人心的一些活动，例如生日会、到职纪念等；管理者导向的乐趣是由员工的直接上级发起的乐趣活动，例如与上级的工作餐和非正式的聚会等；社会导向的乐趣则是组织所开展的具有社交性质的聚会，例如周年晚会、尾牙宴等；战略导向的乐趣则是明确以创造具有乐趣的工作环境以提高员工工作绩效为目的而由组织官方发起的乐趣活动，比如员工健身娱乐中心、颁奖晚会以及一些工作场所中的娱乐措施等。

博尔顿和霍利亨（Bolton and Houlihan，2009）的研究专门针对官方乐趣活动提出了分类模型，他们以组织发起乐趣活动的动机是控制（control）还是承担义务（commitment），以及最终目的是提高生产率（productivity）还是士气（morale）为标准把官方工作乐趣分为减压型（alleviation，控制和生产率导向）、补充型（containment，控制和士气导向）、契约型（engagement，承担义务和士气导向）和激发型（developmental reward，承担义务和生产率导向）四种类型。

4.3.2 工作乐趣的具体形式

在类型学研究的基础上，学者们还对组织经常开展哪些形式的工作乐趣活动进行了调查。福特等（Ford et al.，2003）对572名人力资源管理者的调查表明，按照在组织中出现频率的高低，组织常开展的工作乐趣活动依次包括：个人纪念日活动（例如生日会、到职纪念）、社交性集会（例如野餐、酒会）、集体庆祝（例如表彰宴会）、提供做社会志愿者的机会、降低压力活动（例如健身、便装日）、幽默活动（例如卡通、玩笑）、游戏或运动会、友谊比赛（例如员工间的销售竞赛、歌唱比赛）、促进个人发展的活动（例如成立读书会及灵修班）、娱乐活动（例如参加乐队、演出戏剧）。最常见的三种活动是便装日活动、对员工的嘉奖活动、组织提供食物和茶点活动。

卡尔等（Karl et al.，2005）的研究采用主成分分析，对40种常见的工作乐趣活动进行归类，最终得到8个因子，分别是搞怪活动、竞赛、远足、派送礼物、餐饮活动、奖励、游戏和庆祝活动。其中，员工认为食物方面的活动最为有趣，最无聊的是搞怪、游戏和庆祝活动。

无论是理论上建立分类框架还是具体乐趣形式的汇总分析，都是针对工作乐趣类型学的研究，虽然目前的研究已经有一些成果，但继续进行类型学的研究仍然非常有必要。第一，主要基于工作乐趣的研究和随着活动类型快速增长，以往的划分可能在乐趣活动日新月异的当今并不完全适用；第二，对特定环境下的乐趣进行划分能为不同工作乐趣的作用提供研究基础，也为管理实践提供针对性的启示；第三，基于定量分析的类型学研究仍较少。

4.4 工作乐趣的前因后果

如表 4 - 6 所示，在所有的定量研究和混合研究中，只有 29.6% 的文献将乐趣的产生前因作为主要研究对象，其中 3/4 的研究从个体层面入手，说明工作乐趣的前因研究主要关注的是个体层面的因素。但前因研究中有 41.6% 的研究主要假设没有得到验证，且仅仅有 4 项研究针对的是负面的影响，这着实说明了目前工作乐趣的前因研究不但数量不足，而且还很不成熟。再从结果研究的相关文献来看，76.5% 的研究针对的是个体层面的因素，主要包括提高工作积极性、工作满意度和工作效率，但其中有 1/4 的研究假设没有得到验证；而组织层面的结果变量主要包括组织凝聚力、组织绩效以及离职倾向，等等。与此同时，在工作乐趣结果变量的实证研究中，只有不到 1/4 的文献（23.5%）分析了乐趣活动的负效应，例如蓬特和赫尔曼（Pundt and Herrmann，2015）对冒犯性幽默和有危害的玩笑所做的研究。

表 4 - 6　　　　定量研究和混合研究中工作乐趣的前因与结果　　单位：篇

项目		影响因素		研究模型				
		个体因素	组织因素	分类模型	直接关系模型	调节模型	中介模型	复杂模型
工作乐趣前因	验证正向影响	8	4	0	10	0	1	1
	验证负向影响	1	0	0	1	0	0	0
	正、负皆检验	1	0	0	0	1	0	0
	正向未验证	6	2	0	5	0	0	1
	负向未验证	2	0	0	2	0	0	0
	合计	18	6	0	18	1	1	2
工作乐趣结果	验证正向影响	20	8	0	11	8	3	3
	验证负向影响	2	1	0	2	2	0	0
	正、负皆检验	7	1	0	4	3	1	0
	正向未验证	9	2	1	3	2	4	1
	负向未验证	1	0	0	0	0	1	0
	合计	39	12	1	20	15	9	4

注："复杂模型"指"被调节的中介或者被中介的调节模型"。

更具体地探讨定量研究的模型。直接效应模型占比过半（53.5%），然后是调节效应模型（22.5%），而中介模型以及其他复杂模型的研究则很少，这说明该领域的研究目前仍然以简单关系的验证和不同情境的适用性研究为主。由于目前得到验证的研究主要集中于各类工作乐趣的结果，并且本书后续章节也主要针对工作乐趣的效果展开，因此本部分将着重对工作乐趣的各方面效果做阐述和分析。

4.4.1　工作乐趣多元性的积极效果

对工作乐趣的研究最终是希望对实践有所指导。因此，不少研究者试图探索出工作乐趣对于员工和组织能产生如何的影响。由于管理人员对于工作乐趣扮演的具体角色有着不同的看法，他们对于这种乐趣应起到和可能起到的作用也秉持不同的观点。亨特等（Hunter et al.，2010）访谈了来自两家欧洲企业和三家美国企业的软件工程师，他们收集 2005～2008 年的两组纵向数据，并采用 open-ended 的非结构化访谈、参与式观察、故事收集和暗中观察的方式进行研究，发现目前主流的、基于规范控制的角度解释工作乐趣的观点降低了员工在知识工作中的娱乐感知。弗莱明和斯特迪（Fleming and Sturdy，2009）在澳大利亚一家呼叫中心进行田野调查之后，对工作乐趣的角色和负面作用进行了归纳，他们认为乐趣作为员工自我认知管理和授权的表现形式，在一些以生产需求和任务导向为主的环境中，是一种矛盾的非正式控制要素，会由于个人、文化的差异有明显的效果差别。

一些大范围调查的研究结果也肯定了工作乐趣的积极作用。比如，卡尔和皮艾雷特（Karl and Peluchette，2006）针对 275 名有工作经验的学生和医院员工的调查表明，感知工作乐趣的员工有更高的工作满意，从而能够带来更高的顾客服务满意，而对工作乐趣越认可的员工就越能够因乐趣而提高工作表现。同年，他们针对 142 名健康中心的看护人员的调查也得到了相似的结果，并进一步发现员工感知乐趣的水平会降低工作焦虑对工作满意的负面影响。

近几年的实证研究进一步验证了工作乐趣的多方面作用。弗吕格（Fluegge，2014）通过网络收集 245 个配对样本，验证了工作乐趣对于员工任务绩效、组织公民行为和创造性行为都具有积极影响。针对一些毕业生的调查，特夫斯等（Tews et al.，2012）的研究支持了工作乐趣活动对招聘的吸引力有很强的影响，而他们针对连锁餐厅 195 名员工的研究验证了工作乐趣对工作绩效的正向影响和离职率的负向影响（Tews et al.，2013）。

学者王聪颖和杨东涛（2012）以江苏省280名员工为研究对象，分析了工作乐趣与员工绩效（工作满意度、任务绩效和组织公民行为）的关系，及员工代际差异对两者关系的调节作用。结果显示各代际员工在对待工作乐趣上存在不同程度的积极态度。而改革开放后一代员工在工作乐趣与员工绩效的关系上比"文革时期"一代员工和全面建设社会主义时期一代员工都具有更加明显的正相关。张丹丹（2012）认为一个充满乐趣的工作环境，能够提升组织公民行为，进而提升员工的工作绩效。黄晓娜（2017）发现IT企业工作场所乐趣正向影响员工创新动机、员工组织认同。

4.4.2 工作乐趣备受争议的负面效用

然而工作乐趣的积极效用并未得到一致认可。一方面，不同类型的工作乐趣效果有差异。多项调查表明，社交性和福利型的工作乐趣对于企业吸引力、员工离职倾向、工作满意度和工作绩效的影响都有所不同（汪亚明等，2017；Tews et al.，2012；2014），但关于不同类型工作乐趣效果差异的研究还很不足。另一方面，工作乐趣可能具有"双刃剑"效应。瑞德曼和马修斯（Redman and Mathews，2002）以及弗莱明（Fleming，2005）的案例研究都指出，一些员工并不喜欢在工作之余还要忍受管理者有目的地附加于他们身上的，为了团队建设、士气提升等原因而开展的"乐趣活动"，这只会导致他们更加疲惫。还有的员工不认同在工作环境中开展乐趣活动，也就很难在活动中被激励。不少管理者担心与工作相关的乐趣活动会影响员工的工作表现或者造成玩世不恭的工作氛围（Tews et al.，2014）。金尼等（Kinnie et al.，2000）在两家呼叫中心所进行的案例研究发现工作乐趣可能导致员工满意和顾客满意的强烈反差效果，也就是能够提升员工满意度，但却下降了顾客的满意度。弗莱明（Fleming，2005）在一家客户服务中心历时8个月，对超过1000名雇员的观察也得出了类似的结论——工作乐趣会造成一些员工的犬儒主义。瑞德曼和和马修斯（Redman and Mathews，2002）历时3年的案例研究发现乐趣的负面影响被大大低估。有一小部分员工和管理者明显不适应乐趣文化，因此乐趣并不是一种普遍适用的"特效药"。这些对工作乐趣负面效果的担忧在国内的企业中也普遍存在，但国内外的研究都没有真正考虑到。

正是因为不确定的负面效应，管理者和员工对于工作乐趣的态度也有所差异。一部分管理者将工作乐趣视为社会导向和员工导向的福利活动，是员工自我激励的方式（Laran and Janiszewski，2011）。罗德古斯和柯林森（Rodrigues and Collinson，1995）早期的研究认为乐趣活动可能是一种员工发泄不满情绪的有效方式。也有一些管理者已经意识到工作乐趣应该被视为一种严肃的管理策略，是可以由组织发起的具有战略意义的活动。管理者需要有目的地进行深入的调查，然后开展实施，否则工作乐趣的作用无法真正发挥出来，反而会成为一股很快褪去的热潮（Redman and Mathews，2002）。

在一些强调宽松文化的组织中，员工会认为工作乐趣是没有明确界限且多多益善的活动（Plester，2009；Ford et al.，2003），汉特等（Hunter et al.，2010）针对软件工程师开展的访谈研究认为，强调知识和创新的组织应该更多地利用工作乐趣，并持有开放的态度，而不仅仅将工作乐趣视为一种福利或控制手段。更多一些关于工作乐趣效用的研究是在以生产和任务导向为主的环境下进行的。这些研究号召区分不同的行业类型、企业战略、价值导向、人力资源管理策略和组织控制系统，以及员工的代际差异、性别差异等因素来考虑不同工作乐趣的有效性。也就是说，要将工作乐趣视为真正的激励或压力管理策略来实施，要考虑不同组织、个体与乐趣形式的匹配，才能达到调节压力、提升绩效等预期的正面效用。

4.4.3　工作乐趣对员工创新的影响

其实近年来工作乐趣之所以得到理论和实践的关注，一个很重要的原因是心理学的研究表明积极情绪能够带来员工的创造力和创新行为，从而在注重创新的行业组织中得到了更多关注。但关于工作乐趣与员工创新之间的关系，大部分研究还停留在理论探讨阶段，少量的调查结果也存在争议。弗里德曼等（Friedman et al.，2007）在实验室环境中首次验证了有趣的工作能够通过激发员工的积极情绪而促进个体创新，但弗吕格—伍夫（Fluegge - Woof，2014）的实证研究却不支持工作乐趣所激发的积极情绪能够促进员工创新，而支持工作乐趣通过提升员工敬业度（engagement）促进创新。维贾伊和瓦济拉尼（Vijay and Vazirani，2011）在媒体行业的调查显示，81%的中层管理者同意工作乐趣能够促进创新，但只有18%的人把工作乐趣视为能够促进创新的管理策略。

综上所述，现有的大部分研究都支持工作乐趣对工作相关的员工产出具有积极影响。这些研究既直接说明了工作乐趣能够带来什么，也作为具体的手段为内在工作动机的实践提供了佐证。正是通过让员工在工作中感觉到快乐和有趣而激发了他们的内在工作动机，工作乐趣才能产生与工作相关的诸多好处。但也有一些研究并不支持类似的结论。很明显这个逐步得到关注的问题需要来自更多行业数据的定量研究，同时需要考虑的是目前没有关注的因素对工作乐趣与相关的结果变量之间关系的影响。因此当我们需要考虑更多的环境因素时，需要应用内在动机的相关理论系统地解释工作乐趣对员工行为的影响过程。自我决定理论认为个体行为受到内在动机驱动的程度取决于个体动机的调节和整合水平，这需要综合考虑个体的差异与环境背景。现有的调查表明，由于对工作乐趣的态度不同，在同样的组织背景下，员工个体感知到的乐趣程度存在差异（Lamm and Meeks，2009；Karl et al.，2005；Karl and Peluchette，2006）。但现有的工作乐趣研究还没有将这种个体的差异与组织的背景结合，这可能是研究结果出现不一致的原因之一。

4.5　工作乐趣研究的理论视角

4.5.1　拓展—建构理论

在个体层面，弗雷德里克森提出的拓展—建构理论（Broad and Build Theory，BAB）（Fredrickson，1998；2001）详细解释并揭示了积极情绪对于个体的影响。BAB 理论认为，正面的情绪会给个体带来更多可能的选择（例如，更广阔的想法和行为）从而提高个体的能力；相反，消极情绪会促使人们做出简单的反应，就像面对生活中危机的情景做出的适应性改变（Fredrickson，1998；2001；2004）。广阔的选择范围取决于积极情绪的类型，例如"joy"会促进活动，帮助人们打破限制，在智力和艺术性方面有更好的表现；"interest"有利于促进个体探索，理解更多新的知识，并扩展自我；"contentment"则有利于促进个体付出努力来保持当前所处的环境（包括能力和资源等），并用新的观点来整合现有的个体和环境的相关资源。这些因为思想和行为而得到拓展的资源能够较为持久地存在，并且会不断发展而获得持续性的效益。因为短期的思维拓展能够帮助个人建立持续性的、转移性强的个人资源，其所涉及的影响范围从心理、智力、生理到社会资源（Fredrickson，2006），从而帮助个体在现实中更好地应对挑战、抓住机会并实现成长。这种拓展—构建效应的可转移性在心理学领域被广泛验证，包括能够帮助个体改善心理健康和变得更加积极主动（Argyle，1987），有更少的压力综合征（Myers and Diener，1995）和更高的工作满意度。基于这一理论，不少学者检验了积极情绪对工作相关绩效的影响（e. g.，Wright and Bonett，2007）。还有一些学者更具体地探讨了乐趣的作用，例如冯·奥克（Von Oech，1982）指出，充满乐趣的工作环境会比相反情况的工作环境带来更高水平的生产效率。在以往的文献中，工作乐趣中的一种常见形式——幽默的作用被许多研究所讨论。幽默与乐趣的概念内涵非常接近，甚至在一些论文和热门杂志中，两者的概念都没有被严格区分（e.g.，Euchler and Kenny，2006；Newstrom，2002）。但两者的外延有很大差别：库珀（Cooper，2005）把幽默定义为通过有意识地和他人分享从而能够逗乐别人的事情，而工作乐趣包含了一系列能够带来欢乐的活动。如一些社交性的娱乐和一些无意识的欢乐事件，甚至还包括一些组织的社会化活动。由于乐趣与幽默都被认为是能够带来快乐情绪（enjoy）的事件，因此以往有关幽默效果研究的结果都可以在此被借用，为提出乐趣可能具备的作用假设提供依据：例如，幽默能够创造有利于观点和知识分享的环境，从而提高员工的绩效表现（Romero and Cruthirds，2006），那么乐趣可能对员工有类似的作用。

4.5.2 情感事件理论

情感事件理论（Affective Event Theory，AET）是组织行为研究领域关于员工情绪问题最有影响力的理论之一。该理论认为员工在工作中的行为和绩效很大程度上并不由态度和个性决定，而是受到工作时情绪的影响（Weiss and Cropanzano，1996）。工作环境中的事件和状况构成"情感事件"，这些事件引发个体情感反应，然后激发了个体情感驱动的行为（affect-driven behavior），从而构成了"环境事件—情感—行为"的连环反应。其中的情感事件，既可以是真实发生的，也可以是感受到的或想象到的（见图4-2）。

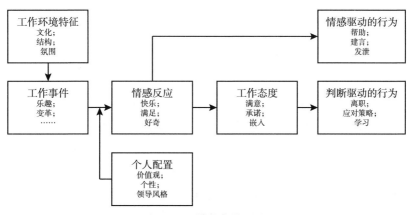

图4-2 情感事件理论

资料来源：根据韦斯及克罗帕萨诺（Weiss and Cropanzano，1996）原始模型中的概念和关系绘制。

情感事件理论整合了两种基本的影响路径：工作环境中的事件会激发员工的情感反应，不同的情感反应要么直接引发员工的情感驱动型行为（如建言、助人、创意），要么通过影响员工的工作态度间接引发员工的判断驱动型行为（如离职、内创业、应对策略）（Weiss and Cropanzano，1996）。该理论认为组织环境中能够激发员工情绪的事件既会直接刺激员工的情感驱动型行为，也会通过影响员工对组织的态度间接影响员工的判断驱动型行为。

虽然 AET 的提出使人们对于工作环境中的事件对员工行为的影响有了更多的理解，但是关于 AET 核心假设的检验却并不太多。其中的一个重要原因是对于什么类型的工作事件会引发什么样的情感反应还有较多争议和模糊之处（Weiss and Beal，2005）。

4.6　工作乐趣研究的评述与展望

上述定性和定量研究结果说明，近年来针对工作乐趣的研究越来越多，但其中的定性研究占了大半的比例。研究者们对工作乐趣的重要性和多重价值都达成了共识，但在其负面影响和边界问题上还存在争议。已有的研究中采用定量研究方法的文献数量还非常有限，而少有的定量研究都聚焦于乐趣类型的划分和对工作绩效指标的影响。一些研究开始着眼组织环境因素和个人特质对工作乐趣感知的影响。上述可见，目前研究仍存在一些不足和值得进一步探索的地方，总结而言可归纳为以下五个方面。

第一，大量的定性研究表明，受到组织文化的影响，不同组织对乐趣边界的看法存在差异。到底哪些活动和行为可被归为工作乐趣，哪些又应该被归为不被鼓励的玩世不恭的反生产行为？这种区分对于管理者对员工施加的控制而言，是一种新的挑战（Hunter et al.，2010；Kinnie et al.，2000；Owler et al.，2010；Plester，2009）。

第二，随着组织和个人对工作乐趣重视程度的不断增强，工作乐趣的形式在不断变化，其方式也有所增加。但目前的理论研究还一直落后于实践的发展，亟须基于更多的文化背景，对乐趣形式和类型进行界定与划分（Karl et al.，2005；Owler et al.，2010）。在可靠的分类研究基础上，可进一步探讨不同类型工作乐趣的效果差异，以进一步检验多维结构的有效性，也能够为实践活动提供更有针对性的操作性建议。此外，一些前沿的案例研究已经显露出与工作紧密相关的工作乐趣的价值，但还缺乏有效的检验，例如虚拟游戏学习（Dodgson et al.，2013）和工作环境设计（Ashkanasy et al.，2014）等，未来研究可以予以适当的关注。

第三，针对工作乐趣的前因开展更全面的挖掘。目前，有关工作乐趣前因的研究明显不足，未来的研究可以借鉴具体乐趣活动的研究成果从三个方面来进行拓展。一是可以考虑更多维度的前因，例如上级管理者的特征、员工间关系对工作乐趣的影响以及工作沉浸（work-related flow）所带来的乐趣（Fagerlind et al.，2013）。二是应该深化乐趣产生的机制研究，这个问题的核心是如何能够让员工在工作中感受到快乐、愉悦等正面的情绪，在此过程中可以综合采用诸如情感事件理论、工作适应理论等来探索相应的机制，并采用实验或大样本调查的方式检验其可靠性，从而发展出可能的新理论。三是不同的行业和组织在文化和价值观上有差异。因此，同样的乐趣活动效果就会产生差异，但在文化和价值观对乐趣效果的影响研究这一领域，定量考察还相当缺乏（Karl et al.，2007；Owler et al.，2010；Decker，2012；Lamm and Meeks，2009）。

第四，多样化工作乐趣的效用研究。虽然工作乐趣的结果研究已经形成了一定规模，但也存在一些缺失和矛盾。首先，结果研究的关注点还比较单一，尤其是组织层面的效果研究较少。未来的研究应该探讨更多元、更多层次的乐趣效果，例如在单项乐趣活动的效果研究中已经涉及的员工心理健康、工作—家庭平衡和团队绩效等。其次，工作乐趣直接效果的实证研究存在许多不一致的结论，例如工作乐趣与组织承诺以及离职倾向的关系还有不同的结论（e.g.，Tew et al.，2014），因此未来的研究可以通过区分行业、区域和员工类型来进一步检验不同类型工作乐趣的效果差异。最后，关于工作乐趣负面效果的研究极少，检验可能的负面效果，才能回答管理者长期以来存在的关于工作乐趣的疑问。在这方面，可以借鉴单项乐趣活动已有的研究成果来进一步展开探讨，例如在恋爱政策研究中讨论较多的对工作过程和上下级关系的破坏、幽默和玩笑的冒犯性（Pundt and Herrmann，2015），以及备受争议的工作自主性对工作失误的影响（Wilson et al.，2015）。

第五，深化工作乐趣效用的解释性研究。工作乐趣的研究源于实际组织管理的需要。无论是定性还是定量的研究都还以理解工作乐趣和说明研究价值为主题，其解答的问题主要包括什么是工作乐趣，有哪些类型，可能会有怎样的作用等。工作乐趣产生效用的过程还有许多不明确的环节，导致一些实证研究出现了不确定和相互矛盾的结果。在这些研究中，解释性的研究比较缺乏，即对工作乐趣的原理和动机的研究还远远不足，这也使后续的深入研究缺少了理论支持。个体在乐趣活动中的情绪反应和认知评价是关键的要素，而这些要素对于行为的激发是如何产生作用的？不同的理论对于现实的问题有不同的解释，还需要从理论上作出更合理的阐述和释疑。因此，工作乐趣研究的当务之急是在以往的工作相关理论研究与工作乐趣的实践之间架起连接的桥梁，让工作乐趣在学术上成为主流研究一部分，从而使上述五个方面的研究获得足够的理论支持，以有助于指导实践。

4.7　工作乐趣的需求—情绪整合模型

员工参与到工作乐趣活动中，可能被激发各种类型的积极情绪反应，从而改变员工对组织、工作、压力、个体的评价和态度，最终改变他们的行为。从不同理论视角出发的工作乐趣效果研究基本都是遵循这样的理论逻辑，这种逻辑也与组织行为中的经典研究模式相吻合。如前文的文献研究所示，目前工作乐趣的效用机制还有许多未解之处。乐趣活动、情绪反应、认知评价、态度和行为之间的关系还有许多不确定的关系，这是不同理论取向对于工作乐趣作用机理不同解释造成的。比如压力的认知评价理论认为个体的情绪反应取决于他们对事件的评价，而这种评价又受到个体—环境交互情况的影响（Lazarus，1991）。但从情感事件理论的视角出发，则认为乐趣活动能够直接引发情绪，然后才是改变对环境的认知和态度，当然这种引发也存在个体差异（Weiss and Cropanzano，1996）。

一些实证研究的结果也发现存在这样的差异，比如弗吕格—伍夫（Fluegge - Woof，2014）的实证研究显示，工作乐趣虽然能够唤醒员工的积极情绪，但并不能驱动创新，工作乐趣与员工创新之间的关系被员工敬业度完全中介。因此工作乐趣研究最根本的理论难点就是要在多种现有理论中梳理工作乐趣与员工行为解释机制的异同。从自我决定的理论视角出发，秉承多阶段认知评价过程观点，通过区分不同类型的工作乐趣，构建既体现心理学前沿基础研究成果，又符合工作乐趣实践特点的模型，笔者对当前各类理论进行整合创新，形成"工作乐趣需求—情绪整合模型"（见图4－3），解释不同情境（工作/非工作）、不同发起者（组织/个人）、不同发展阶段的组织究竟应该强调的工作乐趣重点是什么（互动/情绪/需求/动机/态度）。

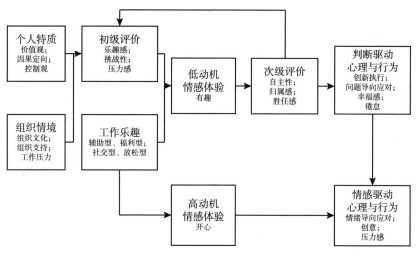

图 4 - 3 工作乐趣需求—情绪整合模型

资料来源：笔者绘制。

4.7.1 基于情绪动机工作乐趣效果区分

盖博和哈蒙·琼斯（Gable and Harmon - Jones，2010）提出的具有突破性的情绪动机维度模型认为，情绪对行为的影响取决于动机的方向（趋向/回避）和强度（强/弱）两个维度的水平高低。以这一模型为基础，图 4 - 3 的工作乐趣需求—情绪整合模型假设不同类型的工作乐趣活动所唤醒的积极情绪由于效价的不同，因此对员工行为的趋向动机会有差异。例如，高唤醒/工作相关的工作乐趣（比如辅助型）对于行为的趋向水平较高，从而能够促进情感驱动型行为。基于情绪动机维度模型区分不同类型工作乐趣的效果差异，能够为进一步探讨工作乐趣影响员工行为的作用机制奠定基础，同时有助于检验前沿心理学基础理论在工作环境中的适用性。

4.7.2 基于情感事件理论的双路径机制

在检验不同类型工作乐趣对员工行为的直接影响存在差异的基础上，进一步假设不同工作乐趣促进员工行为因积极情绪的动机强度不同而遵循两种影响机制。情感事件理论（Affective Events Theory，AET）认为组织环境中能够激发员工情绪的事件既会直接刺激员工的情感驱动型行为，也会通过影响员工对组织的态度间接影响员工的判断驱动型行为。因此，工作乐趣需求—情绪整合模型建立并检验"工作乐趣—高动机强度的积极情绪［开心（joyful）］—情感驱动行为（情绪应对/建言探索/创意）"和

"工作乐趣—低动机强度的积极情绪（有趣）—判断驱动行为（问题导向应对/组织公民行为/离职/创新执行）"两个假设模型（见图4-3）。AET是组织行为研究领域关于员工情绪问题最有影响力的理论之一，模型利用情绪的动机维度解释工作乐趣对于创新行为的不同激发路径，进一步诠释并扩展AET，是理论的再创新。

4.7.3 员工压力调节的实现机制

在工作乐趣需求—情绪整合模型中，个体的压力调节有直接和间接两条路径。首先是积极情绪对心理健康的正面效应，即如果员工从长期参与各种类型工作乐趣活动中体验到快乐，就能够直接带来员工心理状况的改善。其次是积极情绪通过拓展—建构效应对个体心理健康的间接影响。根据弗雷德里克森提出的拓展—建构理论，积极情绪会给个体带来更多可能的选择（例如，更广阔的想法和行为）从而提高个体的能力；而消极情绪会促使人们做出简单的反应，就像面对生活中危机的情景做出的适应性改变（Fredrickson，1998；2001；2004）。这些因为思想和行为而得到拓展的资源能够较为持久的存在，并且会因不断发展而获得持续性的效益。因为短期的思维拓展能够帮助个人建立持续性的、转移性强的个人资源，其所涉及的影响范围从心理、智力、生理到社会资源（Fredrickson and Losada，2006），从而帮助个体在现实中更好地应对挑战、抓住机会并实现成长。当个体在长期中实现了这种拓展—建构效应，个体对于环境的可控制感以及对工作的胜任感都能得到提升。这种拓展—建构效应的可转移性在心理学领域被广泛验证，包括能够帮助个体改善心理健康和变得更加积极主动（Argyle，1987），以及有更少的压力综合征（Myers and Diener，1995）。

工　具　篇

不论是员工工作压力应对还是压力环境下的激励问题，中国情境下的研究都远远不足，其中的部分原因是缺少针对中国文化情境的研究工具。如第 2 章和第 4 章的文献研究所述，目前工作压力应对和工作乐趣还缺少针对性的结构研究和相应的测量量表。因此在开展中国情境下的数据采集和实证研究之前，本篇将首先通过分析对比现有压力应对研究文献中的多种结构，构建一个适合工作压力应对研究与实践的理论分类结构，然后再利用现有的测量语句结合中国文化情境进行修订，最后收集数据进行量表的验证。也正是在工作压力研究的实地调研过程中，研究团队发现了一些企业开展了特色鲜明的工作乐趣活动，并在随后开始了关于中国情境下工作乐趣的扎根理论研究。研究团队通过三阶段的扎根理论研究，收集整理了典型中国企业工作乐趣活动及开展情况，随后结合理论研究结果构建了中国情境下的工作乐趣分类模型。通过收集大样本数据，研究团队全新开发并验证了中国情境下工作乐趣的测量量表。

第 5 章　中国情境下工作压力应对
策略的测量与验证

员工的工作压力应对相比一般性的压力应对具有特殊的应用环境以及更为明确的应对资源和认知评价客体，因此有必要专门探讨其应对策略的结构和内容（Latack，1986）。本章将在第 1 章表 1 - 3 全新构建的工作压力应对策略的概念结构基础上，通过三步对经典应对策略测量量表进行借鉴和修订，开发了全新的测量量表。具体来说，第一步是语句的修订，通过英汉回译原有英文成熟量表语句，再检验语句的社会称许性和提纯；第二步是进行探索性因子分析（EFA）和信效度的检验，检验数据是否能够拟合预期的测量结构；第三步是采用验证性因子分析（CFA）检验结构和信效度的稳定性。

5.1　工作压力应对的经典测量量表

5.1.1　应对方式调查问卷

应对方式调查问卷（Ways of Coping Questionnaire，WCQ）是目前为止最为广泛应用的压力应对策略测量量表（e. g. ，Beesley et al. ，2008；Fugate et al. ，2002；Herman and Tetrick，2009），由福克曼和拉撒路（Folkman and Lazarus，1980）所开发，并在 1985 年和 1986 年分别进行了 2 次修订，最终形成了包括 8 个应对策略因子、51 条语句的量表，将应对策略分为关注问题（problem-focused）的应对和关注情绪（emotion-focused）的应对。其中，关注问题的应对有直面应对（confrontive coping）和计划应对（planful problem - Solving）2 个子量表；关注情绪的应对有正面重评（positive reappraisal）、空想应对（wishful thinking）、自我控制（self-controlling）、淡化（distancing）、接受责任（self-Isolation）和逃避—回避

（escape-avoidance）6 个子量表；以及 1 个混合应对策略——寻求社会支持（seeking social support）。WCQ 修订后的二阶应对策略结构被后来的理论和实证研究广泛接受，雷克索尔德等（Rexrode et al.，2008）对基于 WCQ 的压力应对研究进行了一般性的信度检验，结果表明 WCQ 子量表的跨研究信度水平在 0.60 ~ 0.75，具有较好的稳定性，但 WCQ 本身依然存在两个维度不能互斥的问题。

5.1.2　应对列表

卡佛等（Carver et al.，1989）所开发的应对列表（COPE Inventory，CI）是另一个被广泛采用的应对策略测量量表（Lowe and Bennett，2003；Muhonen and Torkelson，2008；Welbourne et al.，2007）。卡佛等（Carver et al.，1989）认为虽然个体应对策略的选择会因为压力情境的不同而改变，但个体所固有的一些特征或是行为方式，会跨情境长期影响个体的应对策略选择。基于这样的假设前提，他们开发了包含 13 个因子、52 条语句的应对列表。其中包括问题导向应对的 5 个子量表、情绪导向应对的 5 个子量表，以及行为脱离、精神脱离和发泄情绪各 1 个子量表。在员工工作压力应对的相关研究文献中，应对列表更多被用于和个人特质相关的研究，比如个性特征、应对风格、职业归因风格等。洛伊和班尼特（Lowe and Bennett，2003）检验情绪在应对过程中作用的研究，以及韦尔伯恩等（Welbourne et al.，2007）检验应对策略在职业归因风格对工作满意间影响的中介作用研究中，都采用了应对列表来测量。

5.1.3　员工应对工作压力量表

虽然 WCQ（包括 WCQ - R）和 CI 在员工工作相关压力的应对研究中被广泛采用，但也有学者指出它们都是被设计用于一般性压力应对的测量，虽然具有广泛的应用性和易操作性，也降低了量表的真实效度——统一的应对结构很难反映不同类型压力下应对策略的差异。因此，更多的员工应对工作压力的研究采用的是拉塔克（Latack，1986）开发的员工应对工作压力量表（Coping with Job Stress Scales，CJSS）（e.g.，Amos et al.，2006；Fugate et al.，2008），包括控制导向应对和逃避导向应对 2 个子量表，每个子量表各 14 条语句。控制导向应对（control-oriented coping）包括采取认知重构和前瞻性的、积极负责的行为；逃避导向应对（escape-oriented cooping）包括认知上的回避和行为上的逃避。拉塔克（Latack，1986）认为控制和逃避的区分，能够使得研究的结果具有明显的现实应用价值，管理者的工作肯定是希望员工能够更好地控制压力情境而不是逃避，而大量实证研究的结果也证实这一量表的结构定义在众多工作环境下的应对研究中具有良好的稳定性（Fugate et al.，2008）。

虽然 CJSS 具有很好的针对性和易用性，但朗（Long，1990）和爱德华兹（Edwards，1992）指出，两项分类的方式固然有利于探讨研究的实际应用，但忽略了很多员工压力应对策略所应包含的要素（比如认知和行为的区分），降低了研究进行深入探讨的理论价值。因此，朗（1990）基于 WCQ 和 CJSS 进行了一项针对工作压力的应对测量量表的提纯研究，经过量表初测和因子分析获得逃避、问题重构和积极解决问题的三维结构。经过测试和分析后，3 个子量表共 42 条语句，具有良好的信效度。朗（1990）的量表也在卡梅耶—穆勒等（Kammeyer‐Mueller et al.，2009）的后续研究中被验证具有好的信度和效度，但其三维结构是纯粹量表提纯的结果，缺乏足够的理论依据。

萧等（Siu et al.，2006）全新开发了员工应对工作压力的中文问卷，通过在香港、台北和北京三个地区收集数据，经过 EFA 和 CFA，获得包括积极主动应对、被动适应应对、社会支持和放松 4 个因子共 12 条语句。萧等（2006）的量表虽然是在中文语境下开发的，但从语句的内容和信度检验的结果来看，量表所测量的应对策略比较简单，社会支持和放松 2 个子量表都只有 2 条语句，内部一致性也不够好，没有达到研究的预期效果。

5.2　中国情境下工作压力应对量表的设计

从前文的回顾来看，目前并没有符合中国情境要求的员工工作压力应对策略的测量工具，因此笔者在 2010 年采用和朗（1990）相同的方法，基于第 1 章所阐述的应对结构维度来修订中国情境下的员工应对策略的量表（Chinese Coping Strategies，CCS），从而能够更有效地评估工作压力环境下员工的应对策略。量表的语句主要来自 CJSS 和 WCQ 的量表，具体预测试量表的结构和语句来源见表 5-1。

表 5-1　　　　中国员工应对策略的预测试量表*

语句	来源（因子名称）
因子 1：直面应对	
1-1　直接和我的上级探讨变革产生的问题	CJSS（控制导向应对）

语句		来源（因子名称）
1-2	我觉得自己应对变革的努力要优于大部分的同事	CJSS（控制导向应对）
1-3	花更多的时间和精力来完成自己的工作	CJSS（控制导向应对）
1-4	努力让自己更快、更高效地工作	CJSS（控制导向应对）
1-5	我设法有条理地做事以保证自己能够掌控局面	CJSS（控制导向应对）
1-6	尽最大努力去做那些别人期望我完成的工作	CJSS（控制导向应对）
1-7	抓住一个大的机会或者做一些冒险的事	WCQ（关注问题）
1-8	从我的立场出发争取我想要的	WCQ（关注问题）
因子2：计划应对		
2-1	腾出额外的精力针对变革作一些计划和安排	CJSS（控制导向应对）
2-2	仔细思考自己在变革中所面对的挑战	CJSS（控制导向应对）
2-3	我不会回头看，而是专注于下一步要做的事	RWCQ（计划解决）
2-4	我设想一些改变，也许这样能使工作完成得更好	RWCQ（计划解决）
2-5	设想一系列解决问题的方法	WCQ（关注问题）
2-6	在脑海中不断重温我将要做的事情或者说的话	WCQ（关注问题）
2-7	设想我所敬佩的人会如何解决我所面对的问题	WCQ（关注问题）
因子3：行为脱离		
3-1	如果可能的话，避免处于变革的环境中（如离开或阻止其发生）	CJSS（逃避导向应对）
3-2	设法离开变革发生的环境	CJSS（逃避导向应对）
3-3	尽最大努力使自己从容地离开变革的环境	CJSS（逃避导向应对）
3-4	预测变革的不利后果，并提前做好最坏的打算	CJSS（逃避导向应对）
3-5	将部分工作委托给同事	CJSS（逃避导向应对）
3-6	通过吃喝、抽烟或药物治疗来使自己舒服一些	CJSS（逃避导向应对）
3-7	争取比平时更多的休息时间	WCQ（降压）
3-8	变革使我难以应付，所以尽量放下那些事	WCQ（淡化）
3-9	过一天算一天，等待变革的下一步发展再做打算	WCQ（淡化）
因子4：空想应对		
4-1	告诉自己随着时间的推移，一切会变好	CJSS（逃避导向应对）
4-2	提醒自己工作并不是生活的全部	CJSS（逃避导向应对）
4-3	希望有对自己有利的奇迹发生	CJSS（逃避导向应对）
4-4	避免总被变革的事情所困扰	CJSS（逃避导向应对）
4-5	这次变革让我感觉难以应付自如	CJSS（逃避导向应对）

语句	来源（因子名称）
4-6 希望自己能够改变已经发生的事情或自己的感觉	WCQ（空想应对）
4-7 我常常想象自己能在一个更好的环境中	WCQ（空想应对）
4-8 我希望目前的情况能尽快改变或过去	WCQ（空想应对）
4-9 我会想象变革是怎样结束的	WCQ（空想应对）

注：＊实际测量量表对多个语句的顺序进行了调整。

考虑到工作场所中可能的压力源仍然是多方面的，比如人际关系、工作不稳定、工作—家庭冲突、工作不确定等，研究选择以组织变革为员工工作压力应对的具体对象。这一方面是因为组织变革已被研究者和管理者一致视为工作、生活中最主要的压力源之一（Smollan，2015），往往是引发其他各类压力源的实际起点，比如变革经常会带来工作的不稳定、不确定、人际关系冲突等，所以应对变革的压力实际上是员工应对工作压力最热门的研究内容（唐杰，2010）。另一方面是因为个体应对压力的策略实际上非常多样，如果缺少具体的压力应对对象，可能导致调查的一致性下降（比如被试混淆了针对多种一般性压力源的应对）。因此，此次工作压力应对量表语句编写以组织变革为压力应对的对象。在调查问卷的开始附加了以下说明："请您首先回忆您所经历的最近的一次组织变革（请注意，这里所指的组织变革既可以是大规模的合并、结构重组或战略调整，也可以是小规模的薪资调整、技术创新、流程优化或管理层人事变动；可以是具体的产品或服务变动，也可以是虚拟的文化重建）。"由于中国市场的快速变化，组织变革具有相当的普遍性。因此，将工作压力应对的对象具体为组织变革，可以提升调查的一致性，也不会大幅度降低调查的效度。

测量语句来自多个英文压力应对测量量表，在对所有语句甄选的基础上采用回译的方式保障问卷的质量（Brislin et al.，1973）。笔者首先邀请一位美国俄勒冈大学商学院中国台湾籍博士生将问卷翻译成中文，修正少量专业术语后，再邀请一位美国波士顿大学商学院中国籍博士生将翻译成中文的问卷回译成英文。通过对比原始英文量表和回译后的英文量表差异，与两位学者进行反复沟通并修改中英文语言表述问题。然后，笔者就中西方文化差异和时代因素对量表语句造成的影响分别与一位山东大学英语语言文学专业教授、一位留美工作多年的中国大陆硕士毕业生以及厦门大学一位组织行为研究的博士生进行商讨，在听取他们建议的基础上对各个量表的描述进行小幅修订，形成了CCS的预测试量表。最后，收集数据对 CCS 预测试量表进行测试，根据数据结果对量表再次进行调整，形成最后的测量量表。

5.3　工作压力应对量表修订的研究设计

5.3.1　样本采集

由于应对是在感知压力的情况下发生的，所以关于这一主题的学术研究总是依赖于特定的情境。在压力应对过往的文献中，研究者通常采用便捷抽样的方式在几个压力事件发生的特定组织中获取样本，通过被试回忆关键的压力事件自行填写问卷的方式来获得压力情境的描述以及被试的心理过程和应对策略。本书的量表开发将压力应对的组织情境设定为应对组织变革，其目前被研究者和管理者一致视为工作、生活中最主要的压力源（Smollan，2015）。考虑到变革的种类多样，具有一般性的压力应对策略量表需要获得更多不同变革情境的数据。如果仅仅选择少数特定发生变革的企业进行便捷抽样，将影响结构效度。因此综合考虑样本的效度和搜集数据的成本，本书研究采用学术界较普遍采用的便捷抽样和定额抽样相结合的方法收集实证数据（Visser et al.，2000），具体来说，通过以下两个渠道获取数据：一是研究者本人或委托中间人协助发放纸质问卷；二是通过电子问卷的形式依托专业的网络在线调查平台①收集相应的研究数据。由于网络调查能够很好地保证问卷的匿名性，并且可以避免被试在填答纸质问卷时产生心理顾虑而给研究结果造成不必要的偏差，同时采用网络自愿调查和现场调查相结合的数据收集方式有利于综合两方面的不足（De Leeuw et al.，2012）。

在初测前的访谈工作中，不少受访者和委托人表示应对组织压力源的部分内容调查比较敏感而且对于被试本身的知识水平要求较高。因此本研究的调查主要委托具有管理学专业背景的同学在其所在组织小范围收集问卷，纸质调查问卷除字面强调数据仅供本人研究之外，还需问卷发放者对被试进行口头的补充性解释以消除疑虑并对问卷内容进行释疑。在完成问卷后请被试使用研究者提供的信封封存并以自行回寄问卷的方式来保证纸质问卷的匿名性，以最大程度降低了被试的心理防御性和担心隐私泄露的疑虑。在网络调查方面，采用滚雪球抽样（snowball sampling）的方式收

---

① 问道网：www.askform.com。

集数据，即先在研究者本人的同学、朋友和亲属中随机选择发放调查邀请和网址，在第一轮调查结束后，再请参与调查的被试提供另外一些属于所研究目标总体的调查对象并帮助发放调查邀请和提供网址。

5.3.2　样本容量

CCS 的预测试量表包含 33 条语句，测试的样本数量需为该量表语句数量的 3 ~ 5 倍为宜（吴明隆，2010），因此最低的测试样本量在 100 ~ 150 人。考虑到用不同的样本要进行 EFA 和 CFA 分析，样本总需求量扩大到 200 人左右。笔者采用便捷抽样的方法在福州、上海的 3 家企业通过代理人发放了 180 份纸质问卷（总共回收 127 份），并通过滚雪球方式在网络平台回收了 65 份电子问卷①。

在数据分析之前，根据以下四条原则对数据进行筛选：（1）删除多题缺答的问卷（包括个人信息在内的空题超过 6 个的问卷）8 份；（2）删除明显规律性的问卷（例如呈现"Z"字型或统一答案）14 份；（3）删除反向语句答案一致的 31 个样本；（4）删除同一组织回收问卷答案明显雷同的 1 个样本。经过筛选，量表测试共得到有效样本 186 份。其中，有效纸质问卷 124 份，有效回收率为 66.7%；有效电子问卷 62 份，有效回收率为 95.4%。在后续的分析中，采用 SPSS 随机抽取其中的 60%（114份）样本进行语句的修订和 EFA，然后用全部量表测试样本做 CFA。

5.3.3　样本同质性检验

由于本次调查的样本来自两种不同渠道，为了确保数据采集方式没有对研究数据产生显著的影响，在数据分析之前，研究者先对两种来源的数据进行了同质性检验。通过对预期 4 个维度压力应对因子均值的独立样本进行 t 检验，如表 5 - 2 所示，不同渠道来源数据没有发现在得分上有显著差异（$p > 0.05$）。

表 5 - 2　　　　　　　　　　样本同质性检验

维度	Levene 方差检验		同质性 t 检验		
	F 值	显著性	t	自由度	显著性
直面应对	0.132	0.717	- 0.037	184	0.971
计划应对	0.207	0.650	0.366	184	0.715

① 问道网：www.askform.com。

维度	Levene 方差检验		同质性 t 检验		
	F 值	显著性	t	自由度	显著性
行为脱离	2.070	0.152	0.029	184	0.977
空想应对	1.504	0.222	-1.586	184	0.114

5.4 工作压力应对量表语句修订

5.4.1 社会称许性检验

社会称许性是指个人获得赞赏和接受的需要，因为个人相信采取文化上可接受和受赞许的行为能够满足这种需要（Marlowe and Crowne，1961），所以接受自陈式问卷调查的被试会倾向于做出满足这种社会称许的正面自我描述（Paulhus，1999），比如被试更愿意表示自己会帮助同事，而不是对同事的困难默不作声。在组织行为学的许多研究中，社会称许性都会影响调查问卷的真实有效性（Paulhus，1991），因此许多学者建议调查被试心理和行为的问卷都要进行语句的称许性分析（Zerbe and Paulhus，1987）。虽然 CCS 的语句都来自国外的成熟量表，但是语句的翻译和东西方文化的差异可能导致新的社会称许性问题（Paulhus，1991）。比如一些在西方文化下常见的压力应对策略在中国文化下是难以被接受的。因此笔者采用两个方面的措施来控制社会称许性的影响，首先在题项甄选时，对个别语句采用两个矛盾的语句来测量；然后，利用测试的数据进行语句得分分布的检验（Harry and Charles，2000）。

在对 CCS 所有语句的 5 个得分选项进行频次分析后，结果显示只有语句 3 - 6 "通过吃喝、抽烟或药物治疗来使自己舒服一些"在 3、4、5 三个得分选项上的累积频率低于 10%，这表明绝大多数员工不愿意报告语句 3 - 6 所指向的应对策略，那么该语句就可能受到社会称许性的影响，被试可能不会根据实际情况进行作答，因此最终删除了该语句。

5.4.2 语句提纯

重新修订结构的测量量表需要进行语句的提存，否则可能出现超预期的多维度，从而很难解释每个因子的含义（Churchill，1979），因此本章采用测量语句校正后的总相关系数（corrected-item total correlation，CITC）

和克隆巴赫 α 系数（Cronbach's alpha）两个指标来提存语句。CITC 是同一结构维度中，每一条语句与其他所有语句相关系数之和。除非特殊的原因，一般会删除 CITC 低于 0.5 的语句，特别是在删除该语句能够进一步提高量表的内部一致性信度情况下。因此，删除 CITC 较低的语句后需要计算量表的克隆巴赫 α 系数，确保剩余语句的量表信度系数达到 0.7 以上，如果还达不到，就要进一步删除 CITC 小于 0.7 的语句（Nunnally，1978）。表 5 – 3 列出了 CCS 所有语句的 CITC 和调整后的信度系数。

表 5 – 3   应对策略的 CITC 和信度分析

维度	语句	CITC	删除后 Cronbach's Alpha	Cronbach's Alpha
直面应对	1 – 1	0.327	0.882	0.864 (0.882)
	1 – 2	0.706 (0.722)	0.838 (0.858)	
	1 – 3	0.637 (0.688)	0.845 (0.866)	
	1 – 4	0.664 (0.713)	0.843 (0.864)	
	1 – 5	0.754 (0.787)	0.833 (0.850)	
	1 – 6	0.711 (0.623)	0.836 (0.875)	
	1 – 7	0.614 (0.602)	0.848 (0.877)	
	1 – 8	0.551 (0.525)	0.855 (0.883)	
计划应对	2 – 1	0.637 (0.687)	0.857 (0.858)	0.873 (0.879)
	2 – 2	0.763 (0.784)	0.842 (0.843)	
	2 – 3	0.679 (0.660)	0.852 (0.862)	
	2 – 4	0.696 (0.657)	0.849 (0.863)	
	2 – 5	0.679 (0.707)	0.852 (0.854)	
	2 – 6	0.491	0.879	
	2 – 7	0.653 (0.679)	0.855 (0.860)	
行为脱离	3 – 1	0.617 (0.622)	0.794 (0.806)	0.824 (0.835)
	3 – 2	0.317	0.834	
	3 – 3	0.395	0.823	
	3 – 4	0.557 (0.525)	0.802 (0.825)	
	3 – 5	0.725 (0.777)	0.779 (0.803)	
	3 – 7	0.613 (0.645)	0.795 (0.809)	
	3 – 8	0.631 (0.610)	0.791 (0.809)	
	3 – 9	0.550 (0.508)	0.803 (0.832)	

维度	语句	CITC	删除后 Cronbach's Alpha	Cronbach's Alpha
空想应对	4－1	0.679（0.701）	0.792（0.882）	0.826 （0.897）
	4－2	0.507（0.520）	0.812（0.901）	
	4－3	0.656（0.713）	0.796（0.880）	
	4－4	0.653（0.732）	0.797（0.879）	
	4－5	0.130	0.864	
	4－6	0.738（0.822）	0.785（0.867）	
	4－7	0.729（0.805）	0.786（0.869）	
	4－8	0.604（0.732）	0.800（0.879）	
	4－9	0.315	0.837	

注：括号中是最终结构的 CITC 和信度系数值。

如表 5－3 所示，直面应对因子中语句 1－1（直接和我的上级探讨变革产生的问题）的 CITC 小于 0.5，删除该语句后，该因子的信度系数提高到 0.882，且其他语句的删除后 CITC 都达到 0.5 以上。类似地，计划应对因子中语句 2－6（在脑海中不断重温我将要做的事情或者说的话）的 CITC 小于 0.5，删除该语句后，因子信度系数提高到 0.879，且其他语句的 CITC 都达到 0.5 以上。行为脱离因子中语句 3－2（设法离开变革发生的环境）和 3－3（尽最大努力使自己从容地离开变革的环境）的 CITC 都小于 0.5，逐条删除两条语句后，行为脱离因子的信度系数提高到 0.835，且其他语句的 CITC 都达到 0.5 以上。空想应对因子中语句 4－5（这次变革让我感觉难以应付自如）和 4－9（我会想象变革是怎样结束的）的 CITC 都低于 0.5，逐条删除语句 4－5 和 4－9 后，行为脱离因子的信度系数提高到 0.897，且其他语句的 CITC 都达到 0.5 以上。

5.5 工作压力应对量表的探索性因子分析

经过语句的修订和提纯，CCS 原有的 33 条语句删除了 7 条。在进行 EFA 之前，研究者先对样本进行 KMO 样本测度和 Bartlett's 球形检验以判断数据是否适合进行 EFA。如果表 5－4 所示，CCCJ 的 KMO 值达到

0.805，Bartlett's 球形检验也达到显著性水平，可以进行 EFA。①

表 5-4 KMO 值及 Bartlett's 球形检验

Kaiser – Meyer – Olkin Measure of Sampling Adequacy	0.805
Bartlett's Test of Sphericity Approx. Chi – Square	1794.650
df	325
Sig.	0.000

接着，研究者利用 SPSS 18.0 的主成分分析，采用方差最大正交旋转的方法进行 EFA，提取特征值大于 1 的所有因子，最初 26 条语句分布在 5 个因子上，个别语句在所有因子上的载荷都小于 0.5，还有多个语句存在交叉负载（Cross – Loading）情况，因此需要进行语句筛选。筛选包括两个步骤，第一个步骤是逐条删除在所有因子上载荷都低于 0.5 的语句，经过逐条删除和反复的因子提取，最终删除了 4 - 2、1 - 8、1 - 7、1 - 6、2 - 3 和 2 - 4 共 6 条语句，剩余所有的 20 条语句都至少在 1 个因子上的载荷高于 0.5。第二个步骤是删除存在交叉负载的语句，仍然采取逐条删除反复提取因子的方式，删除了 4 - 4 和 3 - 4 两条语句。在剩余的 18 条语句中，语句 1 - 5（我设法有条理地做事以保证自己能够掌控局面）在直面应对和计划应对上的负载分别为 0.692 和 0.513，仍然有轻微的交叉负载。但如果删除该语句，方差抽取率明显下降，并且导致语句 1 - 3 和 1 - 4 也出现交叉负载。笔者与其他多位研究者探讨该语句的内容效度后，共同认可该语句从内容上解读还是能较好表达直面应对的含义，并且能与计划应对的含义区分开来。因此，综合考虑该语句的内容效度和剩余语句的新结构，研究在 EFA 阶段暂时保留了该语句。

从因子提取的碎石图（见图 5 - 1）可以清晰地看到，最后 1 个因子特征值恰好略大于 1，并且前 4 个因子的坡度明显大于其后各种因子结构。因此可以认为 18 条语句符合最初的理论结构，较好地聚合成 4 个因子。

表 5 - 5 列出了 EFA 后语句的因子结构、信度系数和各语句的因子负载情况。其中直面应对因子包括 4 条语句，所有语句的因子负载均高于 0.6。4 个因子的累积方差贡献率达到 68%，所有语句的共同度都超过 0.5，说明 18 条语句的方差都能够被较好的解释。

---

① 一般认为 KMO 值在 0.7 以上并且 Bartlett's 球形检验达到显著水平则代表数据适合进行 EFA。

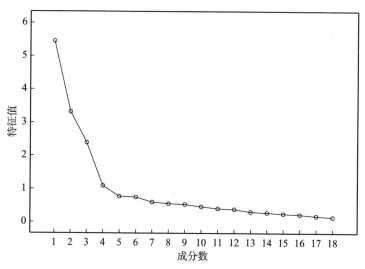

图 5 − 1　应对策略 EFA 碎石图

表 5 − 5　　　　　　　　　　测试样本的 EFA 结果（N = 114）

测量语句	因子负载	共同度	方差贡献率	Cronbach's Alpha
F1　直面应对				
1 − 2　我觉得自己应对变革的努力要优于大部分的同事	0.821	0.741	14.325	0.839
1 − 5　我设法有条理地做事以保证自己能够掌控局面	0.692	0.751		
1 − 3　花更多的时间和精力来完成自己的工作	0.686	0.606		
1 − 4　努力让自己更快、更高效地工作	0.623	0.582		
F2　计划应对				
2 − 7　设想我所敬佩的人会如何解决我所面对的问题	0.795	0.669	16.751	0.833
2 − 2　仔细思考自己在变革中所面对的挑战	0.791	0.712		
2 − 1　腾出额外的精力针对变革作一些计划和安排	0.689	0.569		
2 − 5　设想一系列解决问题的方法	0.675	0.664		

测量语句	因子负载	共同度	方差贡献率	Cronbach's Alpha
F3 行为脱离				
3-5 将部分工作委托给同事	0.880	0.802		
3-1 如果可能的话，避免处于变革的环境中（如离开或阻止其发生）	0.760	0.635		
3-7 比平时更多的睡眠时间	0.751	0.633	17.258	0.832
3-8 变革使我难以应付，所以尽量放下那些事	0.721	0.529		
3-9 过一天算一天，等待变革的下一步发展再做打算	0.612	0.572		
F4 空想应对				
4-6 希望自己能够改变已经发生的事情或自己的感觉	0.866	0.768		
4-1 告诉自己随着时间的推移，一切会变好	0.834	0.723		
4-7 我常常想象自己能在一个更好的环境中	0.827	0.716	19.653	0.889
4-3 希望有对自己有利的奇迹发生	0.803	0.696		
4-8 我希望目前的情况能尽快改变或过去	0.754	0.770		

5.6 工作压力应对量表的验证性因子分析

将全部的测试样本进行 CFA，以检验 EFA 结果的效度。研究采用 Amos 18.0 软件，以最大似然估计的方法评估模型参数，检验 EFA 获得的最佳因子结构，在此基础上计算各个因子结构的信效度指标。其中，信度主要是对各个因子的内部一致性信度进行评价，而效度的评价主要考察因子的结构效度，包括聚合效度（convergent validity）和区分效度（discriminant validity）。

由于以往文献存在多种可能的应对策略多维结构，因此笔者对多种结构模型的拟合度进行了评估和比较。其中，单因子模型（所有语句归属同一因子）、两因子模型为积极应对（包括直面应对和计划应对）和消极应对（包括空想应对和行为脱离），三因子模型为直面应对、计划应对和逃避应对（包括行为脱离和空想应对），四因子模型即直面应对、计划应对、行为脱离和空想应对。

从表 5 - 6 中可以看到，四因子结构的各类模型拟合指标都优于单因子、双因子和三因子结构，说明四因子的结构对数据的拟合最好。从结构效度的评价指标来看，TLI 和 CFI 大于 0.9，χ^2/df 小于 3，AGFI 大于 0.85 也可接受，但 CFI 未达到理想的 0.9 以上，RMSEA 接近 0.08，总体数据拟合情况尚可。进一步考察其他效度和信度指标，属于行为脱离因子的 3 - 9 语句的因子负载为 0.321 并导致因子的平均变异抽取数 (average variance extracted，AVE) 仅为 0.478，低于 0.5 标准 (Fornell and Larcker，1981)，说明该量表的聚合效度不够好。根据李茂能 (2011) 建议的 CFA 测量模型修正意见以及 AMOS 的模型修正指数 (modification indices，MI)，发现超过 20 的 MI 值都来自该语句与其他因子或语句的关联系数，分别是 BE5 - PP、BE5 - CC、BE5 - PP2、BE5 - PP1、BE5 - CC1 和 BE5 - CC2。[①] 为进一步考查是否需要删除语句，重新审查语句的具体内容。"过一天算一天，等待变革的下一步发展再做打算"，语句内容测量的是员工当前在行为上是否脱离工作，但等待变革的下一步发展也可认为是员工计划下一步工作的一个部分。因此，可以认为是该语句的表面效度 (face validity) 不佳，而导致效度指标低于理想情况。

表 5 - 6　　　　　　　　　　员工应对策略的验证性因子分析 (1)

测量模型	χ^2	χ^2/df	GFI	AGFI	RMSEA	TLI	CFI	AIC
模型 1	1055.579	10.150	0.584	0.456	0.195	0.358	0.444	1119.579
模型 2	718.244	6.087	0.698	0.608	0.145	0.646	0.693	788.244
模型 3	577.069	4.975	0.784	0.668	0.128	0.723	0.764	651.069
模型 4	283.640	2.199	0.888	0.852	0.071	0.909	0.823	367.640
模型 5	193.348	1.711	0.913	0.882	0.054	0.965	0.971	273.348

注：模型1、模型2、模型3、模型4、模型5分别代表单因子、双因子、三因子、四因子和修正模型。

在删除 3 - 9 后，重新拟合模型，各项效度指标都有不同程度的提升 (模型 5)，GFI 达到 0.913，χ^2/df、AIC、RMR 和 RMSEA 也显著下降，说明模型对数据的拟合显著提高。如表 5 - 7 所示，所有因子的 AVE 都大于 0.5，结构信度都大于 0.8，显示着模型具有良好的聚合效度，而 AVE 大

---

① AMOS 所计算的模型修正指数是根据卡方统计量考量的有意义的模型提高信息。MI 值越高，表明释放或删除该参数的估计能够越显著减少卡方统计量。其中，协方差的修正指数代表如果两个误差项的变量允许相关，则卡方统计量减少；回归系数的修正指数代表去掉两个变量间的参赛估计，则卡方统计量减少。

于因子间关联平方数（Squared Interconstruct Correlations，SIC），说明区分效度理想[1]（黄芳铭，2005），克隆巴赫 α 系数也都超过 0.8。综上情况说明修正后的因子结构非常理想。

表 5 – 7　　　　　　　　员工应对策略的验证性因子分析（2）

测量语句	因子负载	AVE	CR	Cronbach's Alpha	SIC
F1　直面应对（CC）					
1 – 2　我觉得自己应对变革的努力要优于大部分的同事	0.896				
1 – 3　花更多的时间和精力来完成自己的工作	0.780	0.596	0.916	0.852	F1 – F2：0.453 F1 – F3：0.199 F1 – F4：0.128
1 – 5　我设法有条理地做事以保证自己能够掌控局面	0.707				
1 – 4　努力让自己更快、更高效地工作	0.688				
F2　计划应对（PP）					
2 – 2　仔细思考自己在变革中所面对的挑战	0.824				
2 – 7　设想我所敬佩的人会如何解决我所面对的问题	0.727	0.550	0.890	0.825	F2 – F1：0.453 F2 – F3：0.282 F2 – F4：0.384
2 – 1　腾出额外的精力针对变革作出一些计划和安排	0.718				
2 – 5　设想一系列解决问题的方法	0.692				
F3　行为脱离（BE）					
3 – 5　将部分工作委托给同事	0.818				
3 – 1　如果可能的话，避免处于变革的环境中（如离开或阻止其发生）	0.778	0.571	0.904	0.893	F3 – F1：0.199 F3 – F2：0.282 F3 – F4：0.516
3 – 7　比平时更多的睡眠时间	0.723				
3 – 8　尽可能放下工作那些事	0.698				

①　支持导向的 AVE 与支持导向和目标导向间的 SIC 相等，表明因子 1 的区分效度不是非常理想。由于差异分数的计算可能会放大变量间的相关性，所以因子间的信度和效度较一般变量要差（Prakash and John，1983）。但为了确保因子结构的效度，本书再次比较了合并支持导向和目标导向因子后的三因子模型与四因子模型，结果显示四因子模型在 χ^2 值和 AIC 值上都有明显下降，因此可认为支持导向和目标导向因子间具有足够的区分度。

测量语句	因子负载	AVE	CR	Cronbach's Alpha	SIC
F4 空想应对（WT）					
4-6 希望自己能够改变已经发生的事情或自己的感觉	0.847				
4-7 常常想象自己能在一个更好的环境中	0.800				F4-F1：0.128
4-3 希望有对自己有利的奇迹发生	0.767	0.600	0.920	0.880	F4-F2：0.384 F3-F4：0.516
4-1 告诉自己随着时间的推移，一切会变好	0.757				
4-8 我希望目前的情况能尽快改变或过去	0.694				

5.7 工作压力应对量表开发的结果与探讨

回顾现有文献，由于缺少中文情境下的工作压力应对的适合测量量表，因此研究者在拉塔克等（Latack，1986；Latack and Havlovic，1992）的理论框架的基础上，借鉴多个成熟的压力应对量表语句，经过筛选、提纯、EFA 和 CFA，最终获得包括 17 条语句的四维度应对策略结构：直面应对、计划应对、行为脱离和空想应对。CFA 结果表明各因子的信度和效度非常理想，而且四因子的结构优于以往研究最常见的双因子（控制应对和逃避应对）（Latack，1986）结构及三因子（计划应对、直面应对和逃避应对）（Long，1990）结构。

拉塔克等（Latack，1986；Latack and Havlovic，1992）所提出的一般工作压力应对划分框架，将员工应对工作压力的策略按照积极或消极、行为或认知两个维度划分为直面应对、计划应对、行为脱离和空想应对四类。本章数据分析的结果说明四种理论上划分的应对类型能够被数据所区分，有利于推动压力应对研究进一步深入，并提升研究结果的针对性和实用性，这说明中国情境下工作压力应对策略结构的新开发具有理论和实践的双重意义。

自从组织行为领域开始研究员工的工作压力应对问题后，许多研究就在不断探索更加严谨和有效的工作压力应对结构。结构有效性的追求主要体现在能够切合管理学研究的现实意义，即将员工应对的不同策略与组织的管理成效、员工绩效表现联系起来。这也就是经典的控制或逃避两分法被众多研究所采用的原因。结构严谨性要求划分出的应对策略要尽可能多地反映个人心理和行为上的不同表现。在这一方面，工作压力应对策略的研究一直停滞不前，许多研究采用的都是两维度甚至是单维度的应对测量，也因此被批评忽略了太多应该被关注的应对反应（Brough et al.，2005），而且也限制了研究结论的实际应用价值，毕竟很多情况下员工的应对策略并不是那么简单地分为两类。而本研究所提出的四类划分方式，在明晰了正反两级结构的基础上丰富了应对的具体内容，提供了更多可供探讨的理论关系并更具有实践意义。

还有三个问题需要进一步说明：第一，根据心理学中压力应对结构的研究，这种四种类型的应对策略并不能囊括员工所有可能的应对策略。笔者与拉塔克（1986）和朗（1990）所考虑的情况一样，即将一些与变革无明显关系的员工应对策略排除在预期的结构之外［如情绪发泄（venting emotion），Carver et al.，1989；自我谴责，Lazarus and Folkman，1984］，能够简化模型。第二，在现有四维结构基础上，还可以再进一步细分应对策略，比如按照拉塔克和哈夫洛维奇（1992）的理论模型，可以将直面应对按照社会的（social）或孤立的（solitary）来划分，但考虑到进一步细分不会很显著地提高本研究的价值，反而会明显增多研究需要考虑的变量关系，因此笔者并没有再做这样的细分。第三，虽然本章修订的压力应对策略结构是针对组织变革的压力，但如本章开篇所述，由于在当代中国社会，组织变革具有相当的普遍性，同时又往往是引发其他压力源的客观起点，所以用以作为压力应对的具体对象，可以在小幅度下降效度的情况下大幅提升一致性。未来在中文语境下应对其他工作压力源的研究可以在此结构上根据具体的工作压力应对情境和对象，修订测量量表的语句。

第6章 中国情境下基于扎根理论的
工作乐趣类型学研究

2010年以来，随着工作压力的不断增大和传统福利策略越来越难以起到激励作用，许多管理者开始在实践中将创造乐趣作为一种创新的管理策略，相应的不少研究也开始尝试检验乐趣在工作中的具体作用，包括激励员工（Choi et al. , 2013；Tews et al. , 2014），增强创造力（Fluegge，2014）和降低员工压力（Van Beek et al. , 2012；Fleming，2009）等。这些涌现的相关研究虽然与以往幽默、福利等主题的研究具有内涵上的相似性，但它们在外延和类型方面却存在较大差异，使相互间的比较研究难以实现。这一方面是因为将各类营造乐趣氛围的活动作为整体来研究的历史还较短，缺乏系统、严谨的类型学研究；另一方面，受到组织文化的影响，不同组织对乐趣边界的看法存在差异，到底哪些活动和策略可被归为工作乐趣，哪些又应该被归为不被鼓励的玩世不恭？这一点无论是在学术界还是实务中都还没有达成一致。也正是由于边界的模糊和类型的多样，对工作乐趣进行有效分类，并分别探讨各类型乐趣活动在创造各方面、各层次效用的适用性，才能为有效运用工作乐趣提供策略参考。

考虑到工作乐趣的田野调查和实证研究在国内外都还很少，而在国内更是缺乏成熟的测量量表，本章将基于扎根理论开展类型学研究，在理论上构建基于中华文化环境下的工作乐趣的理论模型。

6.1　问题的提出

类型学的理论研究是特定领域研究的出发点之一。从第4章的文献综述中可以发现，围绕工作乐趣的分类和具体表现形式，已经形成了一定的定性和定量研究文献（Ford et al. , 2003；Karl et al. , 2005；Karl and Peluchette，2006a；2006b；Owler et al. , 2010）。一个有效的工作乐趣分类模型不但能够帮助人们理解工作乐趣的效用，而且是收集定量数据测量和验证概念各方面效用的前提。同时，被验证的概念分类是指导实践的重要依据——管理者可根据不同的效用目的，发起或组织相应类型的乐趣活动。尽管类型学研究有着如此多重的意义，但目前工作乐趣分类模型在理论上还远未达成一致，几种分类模型都还存在一些明显的缺陷，例如难以与后续定量研究衔接，比如将工作乐趣分为员工自发/官方组织（或者是控制/义务），虽然有利于理解乐趣活动的动因和发起，但这种分类关注的重点是乐趣的发起点而不是效果，因此在指导管理者开展目的明确的乐趣活动时，难以具有针对性。但其实无论是理论研究者还是管理实践者更关注的都是不同类型工作乐趣的效果差异而不是发起点的差异，虽然后者也有利于明确具体的操作，但发起点的差别与效果差别很难直接建立起联系。这可能就是目前分类研究都缺乏后续效果的定量验证的原因。另外，如果根据工作乐趣的具体形式来分类，比如竞赛、远足、游戏、庆祝等（Karl et al.，2005），虽然有助于直观地讨论和检验不同活动所产生的乐趣效果差别，但是乐趣活动的具体形式非常多样，而且近年来全新的形式也层出不穷，这会导致基于这种分类的研究在结构严谨性和时效性上有较大欠缺。随着时间的推进，除了一些基础的乐趣形式（比如幽默、餐饮、远足等）外，其他具体新出现的形式都要重新研究效果，使其既不能为长远研究提供成熟的类型学基础，也难以与以往的文献进行比较。

综上所述，由于目前工作乐趣的类型学研究还不成熟，分类结构也存在与现实需要脱节的问题，还缺少适合中华文化的分类结构和测量量表，研究者将重新开发工作乐趣的类型学理论框架和测量量表，并尝试在这一过程中发展工作乐趣与相应结果的理论关系。

6.2 研 究 方 法

6.2.1 研究设计

鉴于目前的研究不足现状和类型学研究的长远基础性价值，本章的研究将以工作乐趣的分类为切入点，以便后续章节的研究能够从整体结构和具体分类上检验工作乐趣的效果。借鉴目前工作乐趣研究领域中较常采用的类型学研究程序（Bolton and Houlihan，2009；Chan，2010），本章基于扎根理论开展定性研究，收集一手访谈数据并尝试建立工作乐趣的理论分类框架。扎根理论能够帮助研究者更好地从现实活动中提炼出新的理论框架和观点（Locke，2001），适用于兼具复杂性和应用性的管理学前沿问题研究。这种定性研究的方法关注的是真实情况的呈现和探索再发现，而不是验证和研究的精确性，并且认为衍生于资料的理论发现和研究假设要比来自经验和推理的假设更接近真实存在的问题（Strauss and Corbin，2001）。早期的扎根理论研究认为要避免过去理论的影响，完全从数据中挖掘新理论。换言之，这种方法所提倡的不是从现有的理论中演绎推理出可检验的研究假设，而是从一手调查、系统化采集的资料中衍生出新的理论和假设（Glaser and Strauss，1967）。后来的一些学者也认为，只要研究是完全基于一手调查数据衍生的，扎根理论也可以用于对现有理论的丰富和拓展（Locke，2001）。工作乐趣的实践性非常强，发展也很快速，所以研究者基于扎根理论从实际工作的管理者们身上收集一手的、真实的、大量且细致的资料，构建新的理论分析模型来反映工作乐趣实践的新发展，发展现有的理论。

6.2.2　研究程序

本章关于工作乐趣分类的扎根理论研究分三个阶段展开（见图 6 - 1）：第一阶段，研究者访谈领域内专家及一些典型企业人力资源管理者，了解他们对工作乐趣的看法及目前工作乐趣开展的基本状况。访谈对象的选择主要采用便捷抽样的方法，通过研究者个人关系以及专家和访谈对象的推荐获得样本。这一阶段主要采用非结构化的访谈，力图达到两方面目标：第一，在文献研究的基础上了解实务界在乐趣活动形式和类型上的创新，为建立类型学研究的理论模型奠定现实基础；第二，为后续结构化、大规模的访谈界定抽样的范围。

第二阶段，研究者邀请人力资源与组织行为研究领域的同学及教师组成焦点小组，对文献及访谈数据进行目标明确、开放性和深入性的讨论。目标一是获得一个能够反映当前工作乐趣发展状况的类型学分析框架。目标二是明确乐趣研究当前最为关键、最亟待解决的问题。开放性的讨论能够帮助研究者产生对研究有帮助的新想法和新认识，对于建立逻辑严密的理论分析框架也非常重要（Bryman and Bell，2003；Kandasamy and Ancheri，2009）。

第三阶段，研究者在 6 个月时间内走访 11 家企业（5 家台资企业和 5 家大陆企业以及 1 家大陆和台湾合资企业），访谈对象包括企业家和人力资源管理者。受访者为 5 女 6 男，从事管理工作的平均时间超过 10 年。采

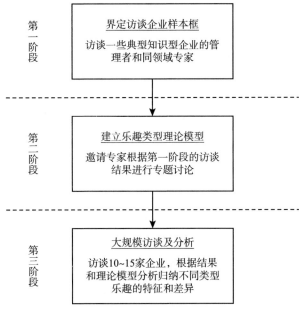

图 6 - 1　基于扎根理论研究的访谈调研流程

用半结构化的访谈形式，访谈时间平均为 1 小时。访谈的 11 家企业，有 2 家属于高科技行业、4 家属于传统制造业、2 家属于服务业、3 家属于文化创意行业。研究者之所以选择有明显差别的企业是基于第一、第二阶段的研究结果，考量理论模型的内容效度及与实践活动的关联性。根据第一阶段的初步访谈和第二阶段的焦点小组讨论，不同行业因从业人员的主要构成、行业生命周期、工作性质等因素的影响，在工作乐趣活动的开展和类型方面有较大差别。而在同一行业内部，不同企业的文化、定位、领导者风格和企业规模大小也会对工作乐趣开展的频率和类型产生影响，因此要对目前工作乐趣开展的整体状况有所了解，应在具有明显差别的行业中选择有代表性的企业进行调查。在这一阶段，访谈主要关注四个问题：（1）企业目前有哪些类型的工作乐趣？（2）企业和员工开展工作乐趣活动的初衷是什么？（3）目前所开展乐趣活动的效果如何？（4）管理者对本企业未来工作乐趣活动的开展有什么设想？访谈过程中，研究者详细记录了访谈内容，并在征求受访者同意的情况下进行了录音。

　　研究基于扎根理论的方法进行类型学的研究，是希望利用这些访谈对象真实回馈的情况作为分析依据和数据资料，去识别一些新出现的、在现有理论框架下无法解释的、被遗漏的和有价值的信息（Glaser and Strauss，1967），然后建立新的理论框架或逻辑来解释这些新现象和新问题（Mehmetoglu and Altinay，2006）。通过访谈数据的整理，研究者力图识别现有乐趣分类框架中还没有包含的类型、现有理论体系中所忽视的方面，以及管理者们在开展工作乐趣活动过程中困扰他们的问题。

第一阶段访谈数据的整理（见表 6 - 1），让研究者对现有类型学分析框架的不足有了初步了解。其中部分信息印证了文献研究的结论。一是乐趣活动的形式不断多样化，心理访谈、家庭礼物、工作场所园林化等形式在以往文献中较少被提及。二是一些管理者对工作乐趣活动的认同度不高，认为很难达到预期效果，不如直接发钱或实物福利。三是大部分企业开展工作乐趣活动缺少事前事后的调查。除此之外，研究者也获得了一些意料之外的信息，对于后续的定量研究具有重要意义。一是不同规模的组织在乐趣活动的形式上有明显的偏好，二是组织发起乐趣活动的初衷大多不是创造充满乐趣的工作氛围，更多是帮助凝聚士气、帮助新员工融入等更为务实的目标。三是"90后"群体是不少人力资源管理者开展工作乐趣活动的主要目标对象。

表 6 - 1　　　　　　　　　　　第一阶段访谈信息摘选

主题	访谈数据
工作乐趣的形式*	通常大型企业倾向于组织发起的乐趣，而中小型企业则更倾向于员工发起。一些尚未被现有相关研究所探讨的乐趣活动包括组织出资并管理的社团活动、内部选购会（拍卖会）、工作间隙的健身操、优秀员工联谊会、单身派对、心理访谈室、建言竞赛、灵活加班、每月家庭日、专业艺术设计的办公室、家庭礼物、员工快乐分享册、商务荣誉分享、灵修会、观点分享、艺术培训之旅、厂区园林化
发起工作乐趣目的	不同类型、不同发展阶段的企业在发起和对待工作乐趣的态度上都有较大差别，有代表性的目的包括凝聚团队士气、帮助新人融入、促进同事间相互了解、员工与企业共同成长、提升工作中的愉悦感、提升员工对组织的认同、营造家庭般的快乐气氛；培养员工开心工作；帮助营造轻松的组织氛围和个人心情
工作乐趣的作用	有的企业会每年调查工作乐趣活动的效果，由员工或者专职委员会投票决定，但大多数企业没有针对乐趣作用和效果的事后调查。相当部分的员工参与度不高，更希望发钱；实现员工能够快乐工作；乐趣活动可能会造成安全隐忧；乐趣活动较多时，能够明显感受到员工满意度的提升；员工的忠诚度和向心力远超同业；员工的工作成就感越强，员工就越对企业感恩，也就越不想离开企业；员工通过全心全意做好工作回报公司
工作乐趣的发展	大部分企业对未来的乐趣活动开展有提前的设想：针对"90后"员工的访谈来增加乐趣活动的形式；不断思考如何能够通过让员工喜爱工作来实现激励；力图将乐趣活动与组织文化的倡导结合起来；未来的厂区从规划开始就考虑员工的活动和整体景观带来的愉悦感；加强企业组织对乐趣活动付出本身的宣传；将乐趣与员工培训相结合；通过活动体现公司关心员工的成长

注：*不同类型的企业也有大量常见的同类型工作乐趣活动，该表格中主要列举了第 2 章文献中没有明确分类或是较新形式的工作乐趣活动。

资料来源：笔者整理。

6.3 工作乐趣的类型学模型

第一阶段访谈数据分析和文献研究的结果都表明，工作乐趣的类型学研究目前落后于快速发展的实践，许多新形式的乐趣活动符合工作乐趣的定义却难以归入现有的分类模型。例如，一些企业注重员工发起的活动，并表示"授权给基层的员工，让他们觉得受到尊重，就更能体会到工作的成就感和主动性，也就更有乐趣"，再比如"家庭礼物""厂区园林化"等更为具体的形式，在以往的分类研究中找不到合适的载体。不论是以具体乐趣形式为标准分类（Ford et al.，2003；Karl et al.，2005）还是以发起目的为标准的分类（Bolton and Houlihan，2009；Chan，2010）都不符合目前工作乐趣快速发展的现状和指导实践的需要。因此本章在扎根理论研究的第二阶段采用焦点小组讨论的方法，试图得到一个符合实践需要并有利于开展后续理论研究的乐趣类型学理论模型。

第一步，笔者利用 Maxqda 12.0 软件对第一阶段的深度访谈内容进行开放性编码。数据来自 2 位研究领域内专家及 3 位典型企业人力资源管理者。经研究者录音和文本整理，总共获得约 15000 字有效文本。通过充分阅读整个文本材料，进行逐行、逐句的编码，将语句分解成独立的"事件""想法""行动"和"事例"四类，主要是从受访者本身所使用的字词或由字词所能够唤起的意义和意象进行分类（Strauss and Corbin，2001），也有少数根据研究者概念化的方式译码。在剔除与研究主题无关以及明显重复的节点后，共获得 293 个节点，其中与工作乐趣的具体形式与类别有关的节点 156 个，作为后续进一步编码的基础。考虑到编码是非常主观的过程，并且具有很强的情境性，要求编码者同时对理论和访谈情境都具有深刻的理解，因此开放性编码由笔者单独完成。

第二步是选择性编码，通过对开放性编码结果进一步分类、关联与合并，产生更具综合性的类别。由于选择性编码需要更强的归纳能力，要求编码结果能够具有更大解释力，笔者通过小型研讨会向领域内的其他研究者介绍了研究的目的和编码的过程，以获取建议，并与另外两位合作研究者进行了深入的沟通探讨。研究者在此步骤中多次回到原始文本对照理解，检查初步编码是否合理和全面，最后形成 14 个主要类别，分别为组织发起活动、员工自发乐趣、福利、社团活动、乐趣体验、工作间歇乐趣、餐饮、游戏与竞赛、乐趣文化、工作环境、奖励、社交活动、灵活工作安排、观点分享。

第三步是理论编码，三位研究者同时再次阅读每一个文本和代码，采用编排备忘录的方式对选择性编码的结果做进一步归纳（Strauss and Corbin，2001），过程中多次反思与重新建构，编码过程中出现作者间观点有分歧时由三位合作者集体协商。最后得到4个最终的类别：组织发起工作相关乐趣、员工发起工作相关乐趣、组织发起工作无关乐趣和员工发起工作无关乐趣。四个类别可以根据两个维度进行划分（见图6-2）：乐趣的组织（sponsor of fun）和乐趣的载体（context of fun）。对照以往乐趣活动的分类方式以及定性分析数据显示的乐趣活动的具体形式，以下我们将进一步探讨四个类别工作乐趣划分的理论与现实意义。其中的大部分内容也是研究者在理论编码的过程中理解、交流、迭代分类的依据。

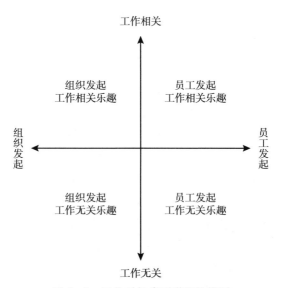

图6-2　工作乐趣类型学理论模型

工作乐趣应该由企业来策划发起还是由员工自己策划发起一直是困扰人力资源管理者的关键问题。因此，考虑将工作乐趣从发起者的角度来区分是十分符合实践需要，也是目前不少乐趣类型学模型所采纳的（Chan，2010；Cook，2008；Fluegge，2008）。该维度的一端是官方发起的乐趣（official fun），即由组织或管理者发起、能够给员工带来乐趣体验的活动；另一端则是员工自发的乐趣（organic fun），由员工个体或群体在互动的过程中自然形成的乐趣体验。麦克道尔（McDowell，2004）早期的研究虽然没有明确提出乐趣划分的标准，但他的模型所划分的四类乐趣活动——同事间的社交活动、工作庆祝活动、个人自由活动和一般工作乐趣，实际上包括了乐趣发起方不同的这两类。后来库克（Cook，2008）的分类模型明确提出了这种划分方式，他把乐趣活动分为自发的和有计划的。从已有的文献来看，自发的乐趣既有员工个体发起的活动，也有群体的社交活动，很难严格区分。但问题的关键并不是区分发起方，而是组织的管理者在工作乐趣活动中扮演怎样的角色。为了更切合实际，研究者在一个维度上把工作乐趣分为组织发起的和员工发起的两个导向。组织发起是指由组织或管理者发起并策划实施的工作乐趣活动，而员工发起则是由员工个人或群体发起，由组织支持或完全不参与的乐趣活动。这一维度的区分可以将以往组织文化和气氛的研究同乐趣活动的开展程度联系起来——不同的文化与气氛会影响员工自发的乐趣活动的发起以及官方活动的组织形式（Cook，2008）。更重要的是，这样的区分方式可以提供给管理实践者最基本的问题的答案——应该直接介入乐趣活动的发起和组织，还是仅仅充当支持者，由员工们作为发起的主体？后续的结果研究能够在此基础上探讨官方乐趣和自发乐趣在不同行业和针对不同对象的效果，从而回答这个基本问题。

在另一个维度上，乐趣的载体指的是乐趣活动与员工工作的相关度。一方面，一些乐趣活动聚焦能够直接激发员工的工作热情，作为一种提高员工工作效率而提供的辅助手段或者说是激励手段。这类乐趣活动通常与工作直接相关，包括员工自发的边工作边听音乐、自由决定工作时间，或者类似品管圈的工作相关创意和经验的分享，又或者是组织发起的主题轻松的讨论会、取得成绩后的庆祝会等，而这一导向的终点就是与工作最直接相关的工作本身的乐趣，例如改变工作的形式和安排，使其本身就能够带来乐趣。尤其是对于那些具有很高挑战性的工作，这类乐趣活动被以往研究普遍认为是能够有效提高员工效率的手段之一（Bolton and Houlihan，2009）。对比以往研究，这类乐趣活动与博尔顿和霍里罕（Bolton and Houlihan，2009）所提出的生产率导向（productivity-oriented）的乐趣活动以及陈（Chan，2010）所提出的战略导向（strategy-oriented）的乐趣活动在内涵和形式上相似。以上两项研究维度划分的出发点是乐趣活动的目的。但本章对这两类乐趣的划分出发点是乐趣的载体是工作本身还是其他，这是基于访谈数据分析得到的。在第一轮的初步访谈中，研究者发现企业的管理者和员工在发起乐趣活动时目的并不十分明确，也可以说有很广泛的目的，比如增进同事友谊、降低压力、创造氛围等，没有严格的考核标准。但他们却时常会考虑乐趣活动与工作本身的关系。他们对于那些与工作紧密相关的乐趣活动（例如形式多样的工作培训）会充满热情，相反，对那些与工作本身无关的乐趣活动（例如特定节假日活动、集体出游等），就会非常克制和谨慎。因此，相比以目的为标准的划分，以载体为标准的划分方式更为简单明了，也更符合实际的需要，毕竟最终能否达到目的，并不取决于发起的目的，即便是效率导向的乐趣活动也不一定能提升效率。但根据载体来划分，对于管理者发起乐趣活动就有很明确的指导意义。该维度的另一端，是与工作本身无关的工作乐趣活动，比如同事间自发的小幽默、同事间的家庭假日活动等。这些乐趣活动与工作本身的关系很小，它们的载体更多的是团队气氛或组织文化。因此，这类乐趣更像是一种文化管理手段——并不能直接激发工作热情，但却能够提升团队凝聚力和员工对组织的认同感，而且它们在提升工作满意度、团队士气以及保持员工心理健康方面的作用也同样值得关注。这类工作乐趣还经常体现为员工的福利（比如集体出游和观看电影等）。如果这样的划分方式在后续的研究中能够被验证上述多方面的工作场所价值，就能够为企业开展此类工作乐趣活动提供直接的启示。

6.4　基于类型学模型的访谈数据分析

在第三阶段的深度访谈过程中，研究者将第一阶段的四个主要问题和第二阶段建立的类型学理论模型相结合，就四种类型的工作乐趣与企业的开展现状、发起动机、活动效果和未来展望请受访者发表自己的看法。

根据 6.3 部分建立的类型学模型，研究者对两阶段访谈中有关工作乐趣活动开展形式的相关数据进行了二次整理。2 家高科技企业、4 家制造业企业、2 家服务型企业、3 家文化创意企业分别被编号为 1 - 1、1 - 2、2 - 1、2 - 2、2 - 3、2 - 4、3 - 1、3 - 2、4 - 1、4 - 2、4 - 3、4 - 4，研究者将它们提出的一些有代表性的观点整理列在表 6 - 2 中。从表中可以发现，由于组织/员工发起和工作相关/工作无关的两维度界定较为清晰，并且与管理实操密切相关，因此访谈获得的数据可以较为明确地划分进入四类工作乐趣，从而形成了后续工作乐趣测量问卷的基础材料。

乐趣类型	访谈企业	访谈数据
员工发起的工作无关乐趣	1－1	"午间休息的时间一起打打牌、搞搞活动有利于同事间沟通和团队建设"
	1－2	"主要员工的工作性质（IT业从业人员）决定了我们不会限制员工在工作间隙自己发起的乐趣活动，而且大部分与工作无关的乐趣活动都是员工自己发起的"
	2－1	"由于工作场所环境条件的限制（噪声）以及员工工作的方式（间隔较远），我们这里这类的乐趣活动较少"
	2－2	"为一些特殊兴趣的员工活动也尽可能提供方便"
	2－3	"现在员工不但要活动室、休息室，还要舞会、晚会等社交活动"
	2－4	"员工在流水线上的工作强度较大，这方面还有待改善"；"当然工作效率的问题也是我们所担心的"
	3－1	"我们不反对员工自己发起的乐趣活动，但是我们的工作性质决定了，员工不可能以轻松愉悦的心情来对待服务的对象"
	3－2	"我们的乐趣活动通常由组织策划，但是其中一部分是组织策划下，员工自行来执行，比如一些分享活动"
	4－1	"员工认为乐趣活动多多益善，75%仍然觉得不够"
	4－2	"我身兼多职，难以专门思考乐趣方面的问题，所以我们很重视员工发起的乐趣，而对于员工的那些与工作没什么关系的玩乐对我们这个类型的工作（文创工作）到底是利是弊，我还没来得及仔细思考"
	4－3	"部分员工对统一的活动类型并不积极，慢慢走向以组织提供经费、员工自发组织为主的形式"；"不但是普通员工，管理者们可能更需要一些工作中的放松与乐趣"
员工发起的工作相关乐趣	1－1	"并不反对员工在工作时间内讲讲笑话、开开玩笑，员工在实际工作时，相互协作的同事间气氛也是比较轻松的"
	1－2	"从员工到管理者都更注重实际的效用，一些与工作技能相关的乐趣活动更受欢迎"
	2－1	"工作时间的自发乐趣并不受鼓励，主要考虑到会造成安全隐忧"
	2－2	"鼓励员工在工作间隙进行一些调节活动，还专门在办公楼设置了大型娱乐场所和情绪宣泄室"
	2－3	"工作进步也是能够带来工作快乐的一种方法"
	2－4	"有的员工还不知道如何在工作中寻找快乐，组织要教会他们自己体会工作中的乐趣"

表6－2　　　　　　　第一、第三阶段工作乐趣开展情况摘选

乐趣类型	访谈企业	访谈数据
员工发起的工作相关乐趣	3－1	"工作中的快乐主要来自于服务对象的尊重和欣赏"
	3－2	"员工对有关乐趣的活动发起较少，他们只要执行就行，这些问题留给管理者思考就好了"
	4－1	"由于受传统观念的影响，担心乐趣活动会影响工作，以往在这种类型的活动上企业并不鼓励，以后如何实现乐趣与工作相结合，是我们未来工作乐趣的着力点之一"
	4－2	"我们的工作乐趣以员工为主导，员工的执行力很强，有新的想法，马上会交流甚至实施"；"让他们合作交流从而喜欢上工作本身"
	4－3	"基于一些新社交媒体的员工互动，能够激发员工的思想创意"
组织发起的工作相关乐趣	1－1	"优秀员工的联谊和竞技比赛有利于员工间相互了解和促进"
	1－2	"一些员工对于组织发起的在工作间隙的休闲活动并不领情，参与度也不高"
	2－1	"管理者具有一定的激励意识，但缺乏足够的管理手段和知识来发起更多的乐趣活动"
	2－2	"活动的初衷是改变员工之间的冷漠状态，使员工相互了解，提高团队凝聚力。""企业为此投入了大量的硬件建设，但由于缺乏软件管理，员工对组织发起乐趣活动的付出和努力认可不够"
	2－3	"要留下员工不但需要外部的金钱刺激，还需要他们在心里愿意留下，要开心地工作"
	2－4	"即使是流水线上的员工，我们也很在乎他们的工作乐趣，比如在生产线会定时播放音乐"
	3－1	"通常由员工福利委员会发起，企业来支持"；"注重能够帮助员工与企业共同成长的乐趣活动"
	3－2	"授权给基层的员工，让他们觉得受到尊重，就更能体会到工作的成就感并有主动性，也就更有乐趣"
	4－1	"通过将企业的经营活动与员工分享，让员工产生自豪感"
	4－2	"让员工更多地主导工作内容，从而喜爱工作"；"刚来的员工并不是很在乎钱，在乎的是学习到什么技能及个人成长，也在乎他们是否从事自己有兴趣的活动，以及是否工作得开心，所以我们的乐趣活动也会往这两个方面靠拢"
	4－3	"企业期望员工能够快乐工作，并且尽责提供可能的条件，但是实际效果如何，取决于员工个人，所以组织发起乐趣活动的效果不佳"

乐趣类型	访谈企业	访谈数据
组织发起的工作无关乐趣	1–1	"各种各样的社团活动可以帮助新员工快速融入企业这个大家庭"
	1–2	"他们更希望企业把这部分经费直接发放"
	2–1	"一些合适的集体乐趣活动很受欢迎，员工积极报名，能够帮助新人快速融入团队，也能明显提升团队向心力"
	2–2	"企业的乐趣活动一定不能形式化，要贴近年轻员工，要举办他们喜爱的活动"
	2–3	"可以提高员工对组织的认同感"
	2–4	"组织管理乐趣活动的水平有待提高，导致付出与效果不成正比"
	3–1	"每次活动之后都会通过问卷调查回馈，比如像运动会这样的项目就不太受欢迎，员工反映会被逼迫进行事前训练"
	3–2	"我们每年拿出利润的50%用于员工的各类活动，但是绝不发钱"
	4–1	"许多乐趣活动来源于员工回馈，比如新厂区的一些园林设计"
	4–2	"帮助员工实现梦想，从而实现企业梦想"
	4–3	"活动以简单、传统的形式为主，帮助员工们增进感情和联系"

资料来源：笔者整理。

6.5　中国情境下工作乐趣活动开展现状

除了通过访谈资料搭建类型学框架和开发测量问卷之外，研究者还对目前企业工作乐趣活动开展的现状及未来展望进行了梳理分析。

6.5.1　乐趣类型学的研究落后于快速发展的实践

研究者从访谈中发现，许多新的乐趣活动符合工作乐趣的定义却很难归入现有的分类模型。例如，不少企业对员工生活区的景观设计非常重视，一位受访者认为，"让员工生活、工作在一个类似公园的环境中能够给他们带来愉悦的心情并提高对公司的认同"。另一位受访者指出，"我们的乐趣活动希望能够在给员工带来欢乐的同时使他们学到一些东西，或者能够有利于他们的工作"。这位管理者已经组织他们企业的设计师多次前往法国卢浮宫参观学习。这些乐趣活动在福特等（Ford et al.，2003）和卡尔等（Karl et al.，2005）对乐趣活动的分类中都很难找到归属，也难以根据博尔顿和里罕（Bolton and Houlihan，2009）以及陈（Chan，2010）

从发起目的角度所作的分类进行清晰的界定。进一步分析可知，以具体乐趣形式为依据的分类不符合目前乐趣形式快速发展的现状，而以发起目的为依据的分类虽然有利于理解乐趣活动的起源和对企业的意义，但并不利于在乐趣活动的组织与效果间建立联系——以控制和承担义务为目的的乐趣活动与员工士气、绩效间的关系并不确定，反而容易引起混乱。从企业发起乐趣活动的角度来看，这种划分的方式也不符合企业组织倡导乐趣活动的设想。有学者指出，如果管理者过分看重工作乐趣发起的目的，可能一不小心就会弄巧成拙，因为员工并不喜欢在工作之余还要忍受管理者有目的地附加于他们身上的，因为团队建设、士气等原因而开展的"乐趣活动"（Bolton and Houlihan，2009）。

6.5.2 乐趣活动的盲目性

上述问题是由两个方面的原因造成的。一方面是由于大量的乐趣活动的发起具有随意性。比较有代表性的两类目的是：促进员工之间的相互了解，绝大部分受访者都表达了对工作乐趣这一方面效用的期许，希望通过乐趣活动塑造企业文化，实现员工与企业的共同成长。但是对于什么类型的乐趣活动有利于达到他们所希望的目标，受访者则普遍表示没有深入思考。他们更多的是发起一些较为传统的活动，比如体育竞赛、集体郊游等。并且研究者从访谈中发现，如果具体到某一项乐趣活动，企业的管理者和员工在发起乐趣活动时很少有明确的目的，却时常会考虑乐趣活动与工作本身的关系问题。他们对于那些与工作紧密相关的乐趣活动（例如形式多样的工作培训）会充满热情，相反就会非常克制和谨慎。而那些与工作无明显关系的乐趣活动，有代表性的观点就是"如果他们喜欢就行"。

造成乐趣活动盲目性的另一方面原因是有关乐趣活动反馈的调查非常有限。只有一位受访者表示在企业中进行过正式的有关乐趣活动效果的反馈调查——"针对大型的活动，我们每次都会进行针对性的反馈调查，并根据员工的喜好和建议考虑下一次活动的形式和内容"。可以看出这里的反馈调查仍然考虑的是员工喜好，而并非一般性的有关工作乐趣活动的实施是否达到预期目的的调查。绝大部分的受访者表示他们会在活动开展前口头征求员工的意见，非常具有随意性，并且仅此而已。可以看出，虽然管理者意识到工作乐趣的发起应该与员工个体息息相关，但在实际操作中，这种"人本思想"仅仅体现在从员工的喜好出发，而不是深入挖掘员工的需求。甚至一部分乐趣活动的发起依据的是企业一厢情愿的目的，也就更谈不上将乐趣活动与员工的需求和爱好相结合。但从前文所述一些新出现的乐趣形式，也反映出部分管理者在不断思考有关工作乐趣发起和效果的问题，例如体会到"员工是生活在工作环境中"，"培训应该让员工感觉有乐趣"，但这种"人本思想"的思考方式还是一种自发式的行为，缺乏系统性的解决方案。

6.5.3　管理者对工作乐趣效果认识的单一性

对于有关乐趣活动效果调查的缺失和"人本思想"的出发偏差，研究者认为本质上是由组织的管理者对工作乐趣效果在认识上的单一性所导致的。从前文所述的访谈内容和有关乐趣效果的调查方式可以看出，管理者仅仅意识到工作乐趣活动能够给员工带来愉悦的心情和较高的满意度，而对于由此可能产生的工作绩效、创造力、组织吸引力的提升则认识得非常有限。这直接导致了对于乐趣活动开展的简单化和重视程度不足，也就不可能就乐趣活动的类型与目的间的关系做进一步的思考和实践。另外，对于工作乐趣的负面作用，管理者们的认识也非常有限，一般针对一线员工，尤其是在制造型企业中，管理者对于工作乐趣的负面作用非常重视，以至于在开展工作场所中的乐趣活动时非常谨慎，对员工自发的工作乐趣活动也有较严格的控制。而对于与脑力劳动相关的岗位，这种控制又变得非常松散，呈现出完全两极化的趋势。这种针对工作乐趣的管理者状况也反映出管理者对工作乐趣负面作用认识的单一性，他们仅仅是从岗位差异，还未从不同类型工作乐趣的角度来审视和区分工作乐趣的负面作用。

6.5.4　管理者对工作乐趣本质认识的偏差性

进一步分析，管理者对工作乐趣效果认识的单一性是由对其本质认识的偏差所导致的。管理者们虽然都认同工作乐趣的正面作用，但是更多的是将其视为员工的一种福利，也就只会从福利的作用角度来审视工作乐趣。同时，这种本质上的认识偏差还导致不少管理者在一些乐趣活动未达到预期的员工认同目标时，就会将其作为一种可选择的福利转换实现的方式（比如发放现金或其他物质补偿）。几乎没有受访者认识到工作乐趣可以作为一种目的明确的管理手段来提升员工的工作表现。造成这种结果的原因可能是缺乏理论的指引，受访者皆是具有较为丰富的人力资源管理经验的从业人员，他们熟悉员工福利的各种管理手段，加上对工作乐趣认识上的本质偏差，将其作为一种福利的实现方式进行管理也就不足为奇了。因此，从根本上说，要改变工作乐趣发起的盲目性、管理者对其效果认识的单一性乃至于管理者对工作乐趣的本质认识，都必须首先发展并完善有关工作乐趣的理论。

6.5.5　对工作乐趣需求的迫切性

在受访者中，有 8 位管理者明确表达了对本研究的兴趣，并直接表示希望能够获得本研究的相关成果，作为他们未来开展工作乐趣活动的参考，并且他们对于了解其他企业有关工作乐趣开展的经验表示出强烈的兴趣。几乎每一位受访者都不同程度地表达了对于目前企业开展工作乐趣活动存在一些困惑，包括一些乐趣活动事倍功半、吃力不讨好，还有受访者表示"曾经非常重视这些活动的开展，但是由于企业的快速发展和员工的反应冷淡，许多常规的乐趣活动开始流于形式，而新发起的活动更多由员工主导"。值得关注的是，其中有 5 位受访者明确提到对于目前"90 后"员工的激励非常困扰他们，因为传统的一些外部激励手段很难达到预期的目的，希望能够借鉴工作乐趣活动的研究成果来指导他们的实践。

6.5.6　两岸企业在乐趣发展意识上存在明显差异

本研究访谈对象的选择包括了大陆、台资和两岸合资三类企业的管理者，结果表明无论是在乐趣活动的开展数量、形式、探索还是对工作乐趣的作用认识方面，台资企业和合资企业都较之大陆企业有明显的差异。前文所述的一些具有探索性和较新颖的乐趣活动都是在访谈台资企业和合资企业中获得的，而对于乐趣活动效果的调查和对其效果多样性的认识方面，大陆企业也明显较为落后。后者基本停留在将工作乐趣视为员工福利的层面上，并未对其文化建设、气氛塑造等方面的作用做深入思考，并更为经常性地将乐趣活动转换为其他形式的福利。但在对工作乐趣负面效果的重视程度上，大陆企业却明显高于台资和合资企业，总体上反映出大陆企业在对待乐趣活动的开展上更为保守。

6.6　研究结论与展望

通过一手资料的收集、整理和分析，本研究发现有关工作乐趣的理论缺失导致了管理者对其本质的认识存在偏差、对其效果的认识过于单一，以至于乐趣活动的发起具有盲目性，普遍缺乏对乐趣活动效果的调查。而理论的缺失，首当其冲的便是对于工作乐趣类型学的研究不足，现有的类型研究既无法体现一些新形式的乐趣，也很难有效指导管理者区分不同类型的工作乐趣效果来针对性地开展活动。

虽然目前已有一些关于工作乐趣类型学的研究，但由于工作乐趣与一些相关概念（如福利、玩乐、幽默、闲暇等）的内涵相近，有关工作乐趣分类的讨论至今也没有达成具有普遍认可度的结构，而且有愈加混乱的趋势（Cook，2008）。现存的分类框架都还存在一些缺陷，难以与定量研究或现实工作相联系。比如远足、竞赛、庆祝、游戏这样的具体形式（Karl et al.，2005），虽然能够直观地与现实工作相联系，但伴随新形式的不断出现，这样分类的理论意义就很有限。有鉴于此，笔者首先通过文献研究，分析以往工作乐趣相关研究所涉及的工作乐趣范围及这些分类的相关性。在"能够提供娱乐、享受、快乐的一系列玩乐活动"这一以往研究基本一致认同的内涵基础上，对工作乐趣的外延作出明确的界定，它包括：（1）从空间视角看，工作乐趣的研究应包括员工在工作的空间场所中自然、自发的乐趣活动，涵盖工作过程中、工作间隙时以及工作时间以外发生的乐趣活动。（2）从来源视角看，应该包括组织官方发起的，无论是否发生在工作场所的，也无论是否与工作直接相关的乐趣活动。（3）从参与者视角看，应该包括在工作时间及工作场所以外，发生在员工之间或员工与客户之间的乐趣活动。在这一范畴中，本书整理了以往关于工作乐趣的类型学研究，将工作乐趣分为自发的和官方的（Ackroyd and Crowdy，1992）；社交型、全面型和庆祝型（McDowell，2004）；组织社交活动、非正式社交活动、玩乐活动和组织正式活动（Cook，2008）；减压型、契约型、补充型和激发型（Bolton and Houlihan，2009）；管理者导向、员工导向、社会导向和战略导向等不同分类模型（Chan，2010）。

然后，采用规范的定性研究方法——扎根理论研究，建立了一套源自人力资源管理者的信息分析流程。基于扎根理论的研究获得和以往研究中所识别的具体工作乐趣活动（例如幽默活动、降压活动、游戏、友谊比赛等），以及全新构建的工作乐趣结构维度，结合对13位工作乐趣活动实践操盘手的定性访谈资料，为在现有的理论体系中发现遗漏和创新，更好实现理论和实践相联系的目标奠定了重要的基础。通过开放性的访谈及对"企业目前有哪些类型的工作乐趣""企业和员工开展工作乐趣活动的初衷是什么""目前乐趣活动的效果如何"以及"管理者对本企业未来的工作乐趣活动的开展有什么设想"这四个主要话题的讨论，研究者对目前企业中开展乐趣活动的状况、发起的目的、实际的效果和未来的发展设想有了最直接的认识，同时也充分认识到现有工作乐趣在理论研究方面的两大缺陷：第一，乐趣活动的发展非常快速，许多新的理念和形式在现有的理论结构和量表中无法体现；第二，现有的理论结构很难给管理者提供有操作性的建议。研究借鉴陈（2010）基于扎根理论的研究流程，分三步进行定性数据的收集，建立了两个维度四种类型的工作乐趣类型学研究模型：以乐趣的策划和乐趣的载体两个维度划分的员工发起/工作无关、员工发起/工作相关、组织发起/工作相关、组织发起/工作无关四种类型工作乐趣。

　　未来工作乐趣类型学的理论研究既要考虑能够充分涵盖不断涌现的新形式活动，从而具备足够的时效性和结构严谨性，还必须能够有利于管理者将不同的乐趣类型与效果联系起来。同时从"人本思想"出发的乐趣研究，一方面，官方组织和发起的乐趣活动要想起到激励效果，管理者必须清楚地明白常见的，甚至是管理者认同的乐趣形式不一定能得到广大员工的认可和接受。因此乐趣活动的开展必须建立在充分尊重和欣赏员工，考虑员工的感受的基础上，不能把管理者的愿望和需求强加给员工，若员工无法接受管理者在公司提供的乐趣形式，实施效果必将适得其反。另一方面，从对待员工自发的工作乐趣的态度上看，管理者应该从员工本身的感受出发，营造宽松的工作氛围，帮助挖掘每一个员工的兴趣所在，并努力把这些兴趣与他们的工作环境结合起来，而适合员工的工作环境也会使之投入更多的工作热情。

第7章 中国情境下的工作乐趣测量与验证

本章将根据第6章基于扎根理论的研究全新开发的理论结构，开发基于中国文化背景的工作乐趣测量量表。具体程序与第5章的工作压力应对策略量表的开发程序类似，分成三步：第一步是测量语句的修订，包括检验语句的社会期许性和提纯；第二步是进行探索性因子分析和信效度的检验，检验数据是否能够符合预期的理论结构；第三步是采用验证性因子分析检验结构和信效度的稳定性。

7.1 工作乐趣量表开发研究设计

目前国内外有关工作乐趣的定量研究还不多，缺乏被广泛认可和采用的工作乐趣测量量表，现存的几种测量量表也缺乏理论的依据和统一的结构。比如，卡尔等（Karl et al., 2005）采用乐趣活动具体形式的罗列来测量。通过问卷调查40种被广泛采用的工作乐趣活动，询问被调查者不同乐趣活动的发生频率，采用主成分分析，得到11个公共因子。剔除三个效度低于0.60的因子后，最终剩下搞怪活动、外出游玩、竞赛、派送礼物、食物相关活动、游戏、奖励和庆祝活动8个因子。通过调查公共机构、非营利机构和私人企业三类组织对8类乐趣活动的态度，验证了量表的有效性。

麦克道尔（McDowell, 2004）的研究也首先对工作乐趣进行了类型学的理论结构构建，把乐趣活动分成同事间的社交活动、工作庆祝活动、个人自由活动和一般工作乐趣四类。然后根据此结构开发了相应的测量量表。前三个维度采用5分李克特量表的形式，要求被调查者就乐趣活动发生频率进行评价（1＝从没有，5＝总是），语句包括"工作期间能够时不时休息""工作以外的时间与同事一起参加各种活动"和"节假日或其他特殊纪念日的庆典"等。第四个维度让被调查者对工作乐趣的一般描述进行评价（1＝极不同意，5＝极同意），语句包括"这里大多数人工作时都觉得开心"。这与卡尔等（Karl et al.，2005）所开发的乐趣态度量表非常类似。

库克（Cook，2008）的研究重新定义了工作乐趣的内涵和外延。他提出要提升乐趣研究的应用价值，需从引发乐趣的背景、过程和结果三阶段分别切入来开发更有操作性的测量量表，如此才有利于更进一步探讨乐趣与一系列工作相关结果的关系（例如工作满意、压力、效率等）。只有这些关系得到验证，工作乐趣才能够摆脱一贯以来"只是一点乐子""员工散散心""可能对工作有点好处"这样的传统印象，真正能够成为被重视的有效的管理工具。运用多维量表分析（multidimensional scaling），库克（2008）的研究从社交性和组织性两个维度把工作乐趣分成了四类：（1）幽默和笑话；（2）非正式社交活动；（3）正式社交活动；（4）组织官方活动。从少数个体间的幽默和笑话到全组织范围内的官方乐趣活动，四类乐趣活动的社交性和组织性都依次递增。横向比较库克（2008）与麦克道尔（2004）的测量量表，最大的不同在于后者要求被试对他们所感觉到的与工作不直接相关的有乐趣的活动进行评价，而前者并不直接要求被试判断乐趣的效果（即无论他们是否感觉活动有乐趣），也不限制乐趣活动是否与工作相关。根据研究者在第4章所作的乐趣活动界定，库克的量表开发方式与本研究的要求较为符合。

从目前的几种测量量表内容来看，暂无与第5章基于扎根理论研究中所建立的理论模型有相似结构的量表，因此研究者基于理论模型重新修订工作乐趣的测量量表。量表的语句有三个来源：一是麦克道尔（2004）与库克（2008）开发的工作乐趣测量量表（Fun at work scale）；二是卡尔等（2005）开发的乐趣活动测量量表；三是基于扎根理论研究所获得的中国情境下乐趣活动的一手资料。麦克道尔（2004）与库克（2008）的测量语句描述方式相近，即通过具体描述乐趣活动的方式编写语句。预测试量表的结构、语句和来源见表7－1。

表7－1 工作乐趣的预测试量表*

因子与语句	来源
因子1：自发的/工作无关的乐趣	
1－1　同事之间以各种形式分享笑话和小幽默	Cook（2008）

因子与语句	来源
1-2 同事之间做一些好笑的事情	Cook（2008）；Karl et al.（2005）；Mcdowell（2004）
1-3 轻松随意的着装	Karl et al.（2005）；Mcdowell（2004）
1-4 同事间的社交网络互动（Skype、Line、微博或QQ等）	根据2-1的形式演变和扎根理论研究开发
1-5 工作后同事间的社交活动（小酌、聚餐或小型庆祝等）	Cook（2008）；Mcdowell（2004）
1-6 同事为主的非正式主题活动（运动、联谊会或亲子活动等）	Cook（2008）；Karl et al.（2005）；Mcdowell（2004）
因子2：自发的/工作相关的乐趣	
2-1 边工作边玩乐（听音乐、上网等）	Mcdowell（2004）
2-2 自由决定上班时间和工作安排	Mcdowell（2004）
2-3 令人愉悦的工作环境设计	Cook（2008）；Mcdowell（2004）
2-4 同事间建立友情	Mcdowell（2004）
2-5 同事们聚在一起（分享热点问题、好主意或自己的经历等）	Cook（2008）；Mcdowell（2004）
2-6 工作间隙或午休的小游戏和娱乐活动	Cook（2008）；Karl et al.（2005）；Mcdowell（2004）
因子3：官方的/工作相关的乐趣	
3-1 完善和新设工作场所的休闲设施（台球、网吧或按摩椅等）	根据Karl et al.（2005）语句和理论研究修改
3-2 取得好成绩后的小型庆祝会	Mcdowell（2004）
3-3 心理咨询或调节活动	基于扎根理论研究开发
3-4 趣味性的团队建设活动（户外拓展、集体主题游戏等）	基于扎根理论研究开发
3-5 轻松的专题讨论会和培训（艺术欣赏、主题参观访问等）	根据Cook（2008）中的语句和理论研究修改
3-6 提供茶点或工作餐	Cook（2008）；Karl et al.（2005）；Mcdowell（2004）
因子4：官方的/工作无关的乐趣	
4-1 集体性的外出娱乐活动（看电影、郊游等）	Karl et al.（2005）

因子与语句	来源
4-2　改善和建设组织内外部景观环境	基于扎根理论研究开发
4-3　趣味性内部福利活动（抽奖、产品拍卖会等）	Karl et al. (2005)
4-4　组织慰问活动（节假日拜访家人或邮寄礼品等）	基于扎根理论研究开发
4-5　带有歌舞表演的节假日或其他纪念日的庆典	基于扎根理论研究开发

注：＊实际测量量表对多个语句的顺序进行了调整。

测试问卷还包括了6项人口统计变数，分别为：学历：分为5个等级，从1到5分别为"高中以下""高中""大专""本科"和"硕士及以上"。年龄：分为5个等级，从1到5分别为"30岁以下""30~39岁""40~49岁""50~59岁"和"60岁以上"。工作年限：分为5个等级，从1到5分别为"3年以下""3~5年""6~10年""11~20年"和"20年以上"。组织性质：分为5类，从1到5分别为"政府部门""事业单位""民营企业""外资企业"和"国有企业"。行业类别：分为5类，从1到5分别代表"生产型""服务型""高科技""文化创意"和"其他"。性别：0代表"女性"，1代表"男性"。

7.2　测试调查程序

测试问卷发放在问道网（www.askform.cn），采用便捷抽样的方法，通过亲友、同事滚雪球式发放，总计回收128份电子问卷。在校对录入后，根据三条原则对样本有效性进行筛选：一是删除问卷填答出现规律性的样本（例如填答连续多条同一选项或呈现"Z"字型），根据这一原则删除1个样本；二是删除问卷中反向语句填答存在明显矛盾的样本，根据这一原则删除2个样本；三是删除同一IP回收的问卷中存在明显雷同的样本，根据这一原则删除2个样本。最终测试共得到有效问卷123份，有效回收率达到96.1%，符合样本有效回收率和总体数量要求。[1]　在下面的

---

①　问卷测试所需样本量以问卷中包含语句最多的量表语句数量为主要判断依据（吴明隆，2010）。通常而言，所需样本量为最多语句量表语句数量的3~5倍适宜。在本章测试问卷中，员工工作乐趣测量量表语句最多，有23条。因此，适宜的测试样本量在70~110，考虑到探索性因子分析（EFA）和验证性因子分析（CFA）需要采用不同的样本，样本总量需要扩大到130左右。

分析中，用 SPSS 随机抽取其中的 60%（73 份）样本做语句的修订和 EFA，然后用全部测试样本做 CFA。

7.3　工作乐趣量表语句修订

基于同样的原因，本章的测量量表开发与第 5 章的程序相同，先进行社会称许性检验，再进行语句提纯，而后分别进行探索性因子分析（EFA）和验证性因子分析（CFA）。

7.3.1　社会称许性检验

由于工作乐趣测量的部分语句来自英文翻译，这些语句在中华传统文化和中文语境下可能具有社会称许性（Paulhus，1991）。因此，研究者首先对测试数据进行了语句 5 个得分选项的分布检验，考察量表受称许性的影响（Harry and Charles，2000）。在对工作乐趣所有语句的 5 个得分选项进行频次分析后，结果显示并没有语句存在明显的偏向①，因此量表通过社会称许性检验。

7.3.2　语句提纯

研究采用测量语句校正后总相关系数（CITC）和克隆巴赫 α 系数的方式来提纯语句。表 7-2 列出了工作乐趣各语句的 CITC 和克隆巴赫 α 系数值。

表 7-2　　　　　　　　　　工作乐趣的 CITC 和信度分析

维度	语句	CITC	删除后 Cronbach's Alpha	Cronbach's Alpha
自发的/工作无关乐趣	1-1	0.659（0.725）	0.631（0.773）	0.719（0.838）
	1-2	0.616（0.660）	0.635（0.799）	
	1-3	0.354	0.738	
	1-4	0.069	0.782	
	1-5	0.521（0.604）	0.664（0.822）	
	1-6	0.695（0.697）	0.607（0.782）	

① 一般认为在 1-3 的题项或者 3-5 的题项频率累计小于 10% 的情况下，存在明显的社会程序性。

维度	语句	CITC	删除后 Cronbach's Alpha	Cronbach's Alpha
自发的/工作相关乐趣	2-1	0.559 (0.638)	0.436 (0.740)	0.594 (0.818)
	2-2	0.562 (0.640)	0.670 (0.750)	
	2-3	0.543 (0.621)	0.459 (0.800)	
	2-4	0.008	0.670	
	2-5	0.105	0.629	
	2-6	0.565 (0.718)	0.440 (0.702)	
官方的/工作相关乐趣	3-1	0.712	0.887	0.901
	3-2	0.587	0.904	
	3-3	0.769	0.878	
	3-4	0.780	0.877	
	3-5	0.837	0.867	
	3-6	0.704	0.888	
官方的/工作无关乐趣	4-1	0.738	0.818	0.862
	4-2	0.726	0.821	
	4-3	0.691	0.830	
	4-4	0.652	0.841	
	4-5	0.602	0.852	

注：括号中的是最终结构的 CITC 和克隆巴赫 α 系数。

因子 1 的 CITC 分析结果显示，语句 1-3（轻松随意的着装）和语句 1-4［同事间的社交网络互动（微博、QQ、Skype、Line 等）］的 CITC 低于 0.5 的标准，逐条删除语句后再分别审查 CITC，最后两条语句均删除。[①] 因子 1 的信度系数提高到 0.838，且其他语句删除后的总相关系数都在 0.5 以上。

在因子 2 上，语句 2-4（同事间建立友情）和语句 2-5（同事们聚在一起）的 CITC 都低于 0.5，同样逐条删除语句后，每次重新计算 CITC

---

① 语句 1-4 的初始 CITC 最低，先删除，然后重新计算其他剩余语句的 CITC，语句 1-3 的 CITC 虽然上升，但仍小于 0.5，最终也删除。通过检查语句的内容效度，1-3 "轻松随意的着装" 异常低的 CITC 可能是由于这一工作乐趣并不完全由个人发起，还会受到组织官方规则的影响；而 1-4 "同事间的社交网络互动（Skype、Line、微博或 QQ 等）" CITC 偏低的原因可能是由于许多组织利用社交网络工具来进行工作相关的信息传递。研究者也尝试将 1-4 放入因子 2，1-3 放入因子 4。但结果依然得到非常低的 CITC，最终确定完全删除该语句。

决定下一条删除的语句，最终这两条语句全部删除。因子的信度系数提高到 0.818，且其他语句的系数在 0.5 以上。在因子 3 和因子 4 上，所有语句的 CITC 系数都高于 0.5，并且信度系数分别达到 0.901 和 0.862，因此保留所有语句。

7.4 工作乐趣量表的探索性因子分析

经过语句提纯，工作乐趣测量量表在原有 23 条语句基础上删除了 4 条语句，后续的检验和分析将在 19 条语句量表基础上进行。在进行 EFA 之前，先利用 SPSS 软件随机抽取预测样本中 50% 的样本，然后对抽取获得的多样本进行 KMO 测度和 Bartlett's 球形检验以判断数据是否适合 EFA。① 如表 7 – 3 所示，工作乐趣量表的 KMO 值达到 0.827，Bartlett's 球形检验也达到显著性水平，说明数据适合进行探索性因子分析。

表 7 – 3　　　　　　　　KMO 值和 Bartlett's 球形检验结果

Kaiser – Meyer – Olkin Measure of Sampling Adequacy.	0.827
Bartlett's Test of Sphericity Approx. Chi – Square	791.113
df	153
Sig.	0.000

然后，研究采用方差最大正交旋转的方式进行探索性因子分析，提取特征值大于 1 的所有因子，19 条语句如理论预期，分布在 4 个因子上。从因子提取的碎石图可以清晰地看到（见图 7 – 1），4 因子结构的最后一个因子特征值恰好大于 1，并且前 4 个因子形成的坡度明显大于后续各个因子。据此，可以认为 19 条语句较好地聚成 4 个因子，符合最初的类型学结构。但形成的 4 因子结构，仍存在个别语句在多个因子上有交叉负载的情况（在不同因子上负载都大于 0.4），因此需要对语句进行进一步的筛选与检验。在 19 条语句中，语句 4 – 1 "集体性的外出娱乐活动（看电

---

　　① 一般认为 KMO 值在 0.7 以上并且 Bartlett's 球形检验达到显著水平则代表数据较适合进行 EFA，而 KMO 小于 0.5 则不适合。

影、郊游等）"和语句4-2"改善和建设组织内外部景观环境"都在因子3和因子4上存在交叉负载。语句4-1在因子3和因子4上的负载分别为0.439和0.693，语句4-2在因子3和因子4上的负载分别为0.406和0.735。与多位同领域教师和博士生探讨，检视这两条语句的具体内容后，研究者认为，这两条语句从内容上与因子4的其他语句相近，都是突出体现为官方发起的、与工作无关的乐趣这一因子内涵。在字面上，也不存在与其他因子和语句容易混淆的情况。而且，两条语句多重负载的情况并不严重，它们在因子3和因子4上的负载差都大于0.2。根据上述几条理由，可以认为这两条语句都归属于因子4，所以研究者在EFA阶段保留这两条语句。

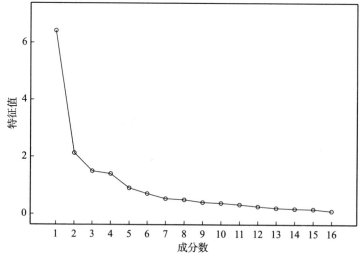

图7-1　工作乐趣碎石图

最终的因子结构和因子负载情况见表7-4。其中自发的工作无关乐趣因子包括4条语句，因子负载在0.664~0.868之间；自发的工作相关乐趣包括4条语句，因子负载在0.769~0.828之间；官方的工作相关乐趣因子包括6条语句，因子负载在0.500~0.864之间；官方的工作无关乐趣包括5条语句，因子负载在0.692~0.850之间。4个因子的累积方差贡献率达到73%，远超50%的水平，说明4个因子对整个测量概念有很好的解释力，所有语句的共同度都超过0.5（仅有3条低于0.7），说明19条语句的方差都能够被4个因子较好地解释。

表 7 - 4 　　第一部分测试样本的工作乐趣探索性因子分析最终结果（N = 69）

测量语句	因子负载	共同度	方差贡献率	Cronbach's Alpha
因子1：自发的/工作无关的乐趣				
1-1　同事之间以各种形式分享笑话和小幽默	0.868	0.779	22.626	0.839
1-2　同事之间做一些好笑的事情	0.777	0.745		
1-5　工作后同事间的社交活动（小酌、聚餐或小型庆祝等）	0.664	0.550		
1-6　同事为主的非正式主题活动（运动、联谊会或亲子活动等）	0.819	0.756		
因子2：自发的/工作相关的乐趣				
2-1　边工作边玩乐（听音乐、上网等）	0.820	0.764	18.714	0.833
2-2　自由决定上班时间和工作安排	0.770	0.721		
2-3　令人愉悦的工作环境设计	0.769	0.660		
2-6　工作间隙或午休的小游戏和娱乐活动	0.828	0.771		
因子3：官方的/工作相关的乐趣				
3-1　完善和新设工作场所的休闲设施（台球、网吧或按摩椅等）	0.787	0.704	15.765	0.832
3-2　取得好成绩后的小型庆祝会	0.500	0.471		
3-3　心理咨询或调节活动	0.788	0.660		
3-4　趣味性的团队建设活动（户外拓展、集体主题游戏等）	0.809	0.772		
3-5　轻松的专题讨论会和培训（艺术欣赏、主题参观访问等）	0.716	0.689		
3-6　提供茶点或工作餐	0.864	0.828		
因子4：官方的/工作无关的乐趣				
4-1　集体性地外出娱乐活动（看电影、郊游等）	0.692	0.758	13.909	0.889
4-2　改善和建设组织内外部景观环境	0.735	0.731		
4-3　趣味性内部福利活动（抽奖、产品拍卖会等）	0.732	0.627		
4-4　组织慰问活动（节假日拜访家人或邮寄礼品等）	0.783	0.778		
4-5　带有歌舞表演的节假日或其他纪念日的庆典	0.850	0.739		

EFA 结果显示，基于中文语境和全新类型学模型编制的工作乐趣测量量表可以分为四个子量表，即四种类型的工作乐趣。根据各类型语句所反映的工作乐趣性质和内容对因子进行更为通俗、易懂的命名。

（1）自发的/工作无关的乐趣（因子 1）：该类型工作乐趣是指由员工个人或群体发起的、与他们工作关联程度较低的乐趣活动，多表现为工作之余同事之间的社交活动。因此，笔者将该类型的工作乐趣命名为社交型工作乐趣，包括了 EFA 结果中的语句 1 - 1、1 - 2、1 - 5 和 1 - 6 四条语句。

（2）自发的/工作相关的乐趣（因子 2）：该类型工作乐趣是指由员工个人或群体发起的、与他们工作关联程度较高的乐趣活动，多表现为工作过程或间隙中能够给员工带来愉悦情绪或放松感觉的活动。因此，笔者将该类型工作乐趣命名为放松型工作乐趣，包括 EFA 结果中的语句 2 - 1、2 - 2、2 - 3 和 2 - 6 四条语句。

（3）官方的/工作相关的乐趣（因子 3）：该类型工作乐趣是指由组织官方发起的、与员工工作相关程度较高的乐趣活动，多表现为与员工工作过程、结果直接相关的乐趣活动或者是工作场所中会直接影响员工工作表现的一些辅助性软硬件设施。因此，笔者将该类型工作乐趣命名为辅助型工作乐趣，包括 EFA 结果中的语句 3 - 1、3 - 2、3 - 3、3 - 4、3 - 5 和 3 - 6 六条语句。

（4）官方的/工作无关的乐趣（因子 4）：该类型工作乐趣是指由组织官方发起的、与他们工作相关程度较低的乐趣活动，多表现为工作之余集体性的以提高员工福利为目的的各类活动。因此，笔者将该类型的工作乐趣命名为福利型工作乐趣，包括 EFA 结果中的语句 4 - 1、4 - 2、4 - 3、4 - 4 和 4 - 5 五条语句。

7.5　工作乐趣量表的验证性因子分析

验证性因子分析（CFA）将全部测试样本（N = 123）用以检验 EFA 分析获得的因子结构效度和拟合度。运用 Amos 18.0 软件，采用最大似然估计的方法评估模型参数。根据因子拟合的参数计算各个因子的信度和效度，考察因子结构是否达到理想的标准。其中，信度主要是根据各个因子的内部一致性信度进行评价，而效度的评价主要根据因子的结构效度，包括聚合效度和区分效度。

由于本书工作乐趣的维度结构是全新开发的，所以本章的 CFA 需要就多个可能的因子结构的模型拟合度进行横向比较，包括单因子模型（所有语句都是负载于同一个因子）、两因子模型 A（包括官方乐趣和个人乐趣两种）、两因子模型 B（工作相关乐趣和工作无关乐趣），以及四因子模型，即官方发起的工作相关乐趣、官方发起的工作无关乐趣、员工发起的工作无关乐趣和员工发起的工作相关乐趣。

从表 7-5 中可以看到，四因子模型的所有指标都优于单因子和两个双因子模型，说明四因子的结构对数据的拟合最好。进一步检视四因子模型的各项信效度评估指标：TLI 和 CFI 大于 0.9，χ^2/df 小于 3，AGFI 等于 0.800，也可以接受，CFI（0.859）和 RMSEA（0.076）也达到可接受的水平，说明四因子模型对数据的拟合较好。再看表 7-6，各因子的平均变异数抽取值（AVE）大于 0.5，结构信度（CR）都大于 0.7，表明四因子模型具有较好的聚合效度。AVE 大于因子间关联平方数（SIC），说明区分效度达到比较理想程度[1]（黄芳铭，2005）。克隆巴赫 α 系数也都大于 0.8。综合上述指标情况，工作乐趣的四因子模型具有较好的稳定性和有效性。

表 7-5　　　　　　员工乐趣的验证性因子分析（1）（N = 123）

测量模型	χ^2	χ^2/df	GFI	AGFI	RMSEA	TLI	CFI	AIC
模型 1	612.194	4.535	0.603	0.497	0.170	0.544	0.598	684.194
模型 2	447.415	3.339	0.676	0.586	0.138	0.698	0.763	521.415
模型 3	519.539	3.877	0.664	0.571	0.154	0.629	0.675	593.539
模型 4	220.860	1.712	0.859	0.800	0.076	0.908	0.923	304.860

注：模型 1、模型 2、模型 3、模型 4 分别代表单因子模型、两因子模型 A、两因子模型 B 和四因子模型。

---

① 因子 3 的 AVE 小于因子 3 和因子 4 间的 SIC，表明因子 3 的区分效度不是非常理想。但为了确保因子结构的效度，本章再次比较合并了因子 3 和因子 4 后的 3 因子模型与 4 因子模型，结果显示 4 因子模型在 χ^2 值（335.524 vs. 220.860）和 AIC 值（413.524 vs. 304.860）上都有明显下降，因此可以认为因子 3 和因子 4 间具有足够的区分度。

表 7 - 6　　　　　　工作乐趣的验证性因子分析（2）

测量语句	因子负载	AVE	CR	Cronbach's Alpha	SIC
因子 1：社交型乐趣					
1-1　同事之间以各种形式分享笑话和小幽默	0.828	0.514	0.840	0.838	F1 - F2：0.390 F1 - F3：0.313 F1 - F4：0.264
1-2　同事之间做一些好笑的事情	0.790				
1-5　工作后同事间的社交活动（小酌、聚餐或小型庆祝等）	0.821				
1-6　同事为主的非正式主题活动（运动、联谊会或亲子活动等）	0.766				
因子 2：放松型乐趣					
2-1　边工作边玩乐（听音乐、上网等）	0.812	0.582	0.738	0.808	F2 - F1：0.390 F2 - F3：0.345 F2 - F4：0.448
2-2　自由决定上班时间和工作安排	0.761				
2-3　令人愉悦的工作环境设计	0.643				
2-6　工作间隙或午休的小游戏和娱乐活动	0.822				
因子 3：辅助型乐趣					
3-1　完善和新设工作场所的休闲设施（台球、网吧或按摩椅等）	0.777	0.594	0.851	0.901	F3 - F1：0.313 F3 - F2：0.345 F3 - F4：0.691
3-2　取得好成绩后的小型庆祝会	0.588				
3-3　心理咨询或调节活动	0.771				
3-4　趣味性的团队建设活动（户外拓展、集体主题游戏等）	0.803				
3-5　轻松的专题讨论会和培训（艺术欣赏、主题参观访问等）	0.782				
3-6　提供茶点或工作餐	0.875				
因子 4：福利型乐趣					
4-1　集体性的外出娱乐活动（看电影、郊游等）	0.685	0.533	0.861	0.862	F4 - F1：0.264 F4 - F2：0.448 F3 - F4：0.691
4-2　改善和建设组织内外部景观环境	0.710				
4-3　趣味性内部福利活动（抽奖、产品拍卖会等）	0.716				
4-4　组织慰问活动（节假日拜访家人或邮寄礼品等）	0.716				
4-5　带有歌舞表演的节假日或其他纪念日的庆典	0.815				

7.6　工作乐趣量表开发的结果与探讨

7.6.1　工作乐趣结构与测量的结果和不足

在第6章提出理论模型的基础上，本章通过收集以往工作乐趣量表的语句和第6章中实践管理者对一些新乐趣形式的描述，整合编辑了包含23条语句的工作乐趣初始量表。经过测试的语句筛选、提纯、EFA和CFA，研究者最终获得包括19条语句的四种类型的工作乐趣，并通过语句分析对四个因子进行了重新命名：社交型乐趣（员工发起/工作无关）、放松型乐趣（员工发起/工作相关）、辅助型乐趣（组织发起/工作相关）和福利型乐趣（组织发起/工作无关）。CFA结果表明，各因子的信度和效度较为理想，而且四因子的结构也优于单因子和两种双因子结构。需要额外说明的是，本章是系列研究中的预测试，因此采集的样本量相对较少。有学者认为EFA所需样本量应该达到150个或语句数量的5倍才更为理想（Bagozzi and Yi，1988）。而且，采用部分重复样本进行EFA和CFA可能会影响CFA的可靠性，因此在第8章，本书将再次利用大样本检验工作乐趣量表的结构效度。

7.6.2　工作乐趣类型学研究的理论价值

在工作乐趣的研究领域，乐趣的类型学研究一直是学者们关注的重点之一，许多研究不断致力于探索更加有效和严谨的乐趣类型结构。这种对有效性的追求主要体现在能够切合组织操作乐趣活动的实际需要，即能够在合理的分类上将不同的乐趣活动与组织的管理和绩效联系起来。这也就是经典的官方和自发乐趣两分法被众多研究所采用的原因。而严谨的要求则体现在划分出的乐趣结构要尽可能多地反映乐趣活动的作用和特征，同时又能体现出对员工表现的不同影响。近年来的乐趣类型学研究一直致力于这一方面的改进。博尔顿和霍里罕（Bolton and Houlihan，2009）、陈（2010）的定性研究在这一方面取得的成功颇具借鉴性。本研究所提出的两维度、四类型划分方式，在保留了官方和自发两分结构的基础上丰富了乐趣活动具体内容，为后续的研究提供了更多可供探讨的具体关系。

需要进一步说明的是，虽然两维度、四类型的划分在理论上涵盖了所有界定范围内的乐趣类型，但是实际的测量量表经过资料分析，发现部分乐趣的活动很难在这四种类型活动中找到明确的分类，包括"轻松随意地着装""自由决定上班时间和工作安排"以及"同事间的社交网络互动"等常见的乐趣形式由于因子分析无法明确其应该属于哪一类型的乐趣，在最终的测量阶段都予以删除。未来研究的一个解决办法是在这四种类型的乐趣活动中寻找新的维度进一步细分，例如参照库克（2008）的研究按照活动的范围维度，将组织发起与工作无关的乐趣再分为个体/团体/组织整体三个类型。本研究考虑到这种细分不能够很显著地提高本研究的价值，反而会明显增多研究需要考虑的变量关系，因此并没有再做这样的细分。

7.6.3 工作乐趣类型学研究的实践启示

以创造轻松、自由、有趣的工作环境为直接目的的各类活动和制度近年来获得了许多企业的青睐。尤其是在重视创新的高科技企业，组织集体郊游、团队拓展或同事之间的社交被认为能够缓解工作压力和激发员工的灵感而被广泛接受。根据本章有关工作乐趣类型研究的结果，企业应该一方面主动发起和设定各种不限于工作场所内的乐趣活动，并将这些乐趣活动作为组织管理和规章制度明确下来。另外，企业还应该在内部营造一种轻松和愉悦的工作氛围，依托员工兴趣、爱好和特长开展一些不定期和非正式的乐趣活动，让员工实现工作和生活的有机平衡。当然，员工自发组织的非正式乐趣活动不应该作为组织管理和规章制度的一部分。更重要的是，由于员工自发组织的、在工作场所以外的、涉及企业利益相关者的非正式乐趣活动往往存在"政策模糊性"，即很难界定这种乐趣活动究竟是为了组织目标的实现，还是仅仅只是为了满足员工的社交需求，甚至是员工获取关系资源的一种手段，所以企业应该适度控制，而不能盲目推崇。

从管理实践的具体对策来看，如果企业要进行有针对性的工作乐趣活动设计和政策制定，那么至少可以根据分类模型从这四个不同的层面展开：（1）在社交型工作乐趣活动设计方面，可以开展各种形式的公益活动、团队拓展以及跨部门非正式沟通和意见交换等；（2）在放松型工作乐趣活动设计方面，可以不定期地组织有主题的聚餐、郊游、读书会、观影、运动和小游戏等；（3）在辅助型工作乐趣活动设计方面，可以在工作场所布置休闲设施、提供茶点或工作餐以及工作后的亲子活动和小型庆功会等；（4）在福利型工作乐趣活动设计方面，可以由公司组织和安排各种慰问、旅游、抽奖活动或办公环境改善等。

在中国的企业组织中，管理者的意识、员工的身份认知以及员工之间的关系对很多管理政策的实施具有非常重要的影响（薛亦伦等，2016）。

基于此，管理者尤其是团队和部门层级的主管对工作乐趣活动的态度，将直接影响企业制定的各种涉及工作乐趣的政策实施的具体效果。因此，企业应该对团队和部门主管进行开展工作乐趣活动和采用相关管理策略的培训工作，让其了解并重视工作乐趣对员工绩效的影响作用。此外，良好的同事间关系是企业开展和实施各种工作乐趣活动的基础与前提，如果没有良好的同事间关系，某些工作乐趣活动根本无从推施。因此，在实施工作乐趣活动之前，企业需要对团队和部门间同事关系进行调查和摸底，如果现有的工作氛围还无法推动某些官方组织的工作乐趣活动，那应该首先思考如何解决这方面的具体问题或者采用组织支持员工发起的方式开展工作乐趣活动。这些员工自发的工作乐趣活动本来就具有缓解同事间紧张关系的功能和作用。

实　证　篇

在第一篇理论回顾与分析以及第二篇实地调研与工具准备的基础上，本篇将报告笔者所带领的研究团队基于中国情境所开展的一系列与工作压力应对和工作乐趣相关实证研究的结果。集中报告了研究团队在过去 2013～2022 年 10 年间层层推进展开的 6 项实证研究结果及其所反映的科学问题，包括：（1）检验了中国情境下工作乐趣的多方面效用；（2）探索工作乐趣效用的实现机制；（3）两项分别基于情感事件理论和自我决定理论的研究，探讨并检验工作乐趣活动对员工创新影响的内在机制；（4）整合情绪动机模型与压力和应对的过程模型，探讨压力环境下员工积极情绪与压力应对对员工创新的影响机制；（5）在压力环境下进一步探索并检验工作乐趣体验对工作动机以及压力应对策略的影响及作用机制。

第8章　中国情境下工作乐趣的效用研究

党的十八大以来的中国社会，变革正在成为主旋律，组织和个人将面临更多的压力，而中国社会传统中以"聚餐和休闲旅行"为主的工作乐趣形式经常被简单地转变为吃喝玩乐，失去了其作为工作乐趣的本质，国家的法纪部门也正在纠正这种偏离。这样的现实背景，正是开展中国情境下工作乐趣研究的契机。工作乐趣的研究对于个人而言有利于激发正面的情绪和自主的工作动机，对于组织而言能够重塑组织文化、提升凝聚力，对于社会而言能够塑造符合社会主义核心价值观的社会风气，从而有助于营造适应不断改革的和谐氛围。因此在我国不断深化体制改革的背景下，探讨如何发展具有新形式、新内涵的工作乐趣活动，能够满足传统福利制度改革、不良风气肃清过程中个人、组织和社会多方面的需要。

工作乐趣作为严肃的管理学研究主题的发展历史还比较短，目前国内外学术界关于工作乐趣的研究还比较少，在第二篇基于扎根理论研究的基础上，笔者所带领的研究团队开展了有关工作乐趣、工作激励和压力调节的多个阶段的实证研究。其中，本章将报告的是第一阶段的实证研究。通过采集大规模的问卷样本开展中国情境下工作乐趣的类型学研究并初步探索不同类型工作乐趣的效果差异。

8.1　问题的提出

8.1.1　工作乐趣成为释放压力的流行手段

自20世纪80年代以来，"乐趣"被越来越多的企业引入工作中，作为一种缓解工作压力和独特的激励手段。通过在工作的环境中开展乐趣活动，提高员工工作积极性，逐渐被企业和学者推崇。乔伊斯（Joyce，2003）对美国"100名最佳雇主"的研究显示，能够打造出富有企业特色且充满乐趣的工作环境是这些企业成功的关键因素之一。无独有偶，《财富》杂志在评选年度"最佳雇主"的指标中，也将"有乐趣的工作环境"作为评判标准之一。进入 21 世纪之后，越来越多的企业热衷于开展工作环境中的乐趣活动，打造充满乐趣的工作场所文化。

在早期的乐趣实践中，互联网企业的贡献不可忽视，谷歌公司便是其中的佼佼者。谷歌公司曾将总部布置成校园主题，将校园活动植入工作环境，使员工在工作中感受曾经的校园时光和经历，引发员工强烈的情感共鸣，增强员工的组织认同。在后起之秀中，爱彼迎（Airbnb）这一美国度假租赁公司作为逐渐走入人们视野的新兴企业，对于工作场所乐趣的营造也十分注重。Airbnb 在每周五会举办名为"Happy Hour"的趣味活动，为员工带来放松型乐趣，同时，在每年底员工都会收到由创始人准备的独特圣诞礼物，为员工一年的工作带来喜悦和感动。在这种自由的公司文化理念下，同事间的交流和沟通也变得更加轻松，工作环境被营造成一种愉悦和谐的社区邻里氛围。

在传统行业中，最热衷于工作乐趣活动的要数美国西南航空公司，其乐趣文化是倡导员工将"幽默"和"乐趣"融入工作中（Sunoo，1995）。鼓励员工体验工作过程中的乐趣，提倡轻松、无约束的工作氛围，创造各类条件触发员工在工作过程中的积极情绪和主动性。在英国，那些享有盛誉的企业雇主们，每年都会为员工提供额外奖金，专门作为员工的娱乐津贴。例如，英国航空中心每年会为每个员工提供至少 800 英镑的经费，用于组织员工之间纯粹的娱乐活动，以增强员工的工作热情及其与工作的联系（*The Sunday Times*，2006）。

一些国内企业的乐趣实践也不落后于跨国企业。国内精油领导品牌——阿芙精油在其总部打造了一个热带雨林风格的室内办公场所，配备了一个可供员工自由休息的胶囊旅馆，将充满异域风情的玩乐空间与工作环境融合在一起。无界空间在 2017 年 7 月发布了一份《90 后办公行为研究报告》，针对北上广深 3000 名"70 后""80 后"和"90 后"职场人员的调查表明，"90 后"人群更倾向认为，同事不仅是工作的伙伴，更是一起分享生活乐趣的朋友。除薪资和成长空间外，兴趣也是"90 后"找工作的首选因素，相较于拼搏和严肃的企业文化，他们更喜欢有足够自由、充满乐趣的文化。

但在工作乐趣的活动越来越受到企业追捧的背后，是管理者对于这些活动管理的盲目性。本书已经在第二篇的扎根调查部分对目前企业开展乐趣活动过程中出现的一些问题进行了系统的分析。在实地调研过程中，有许多管理者明确表达了对工作乐趣形式与效果研究的好奇和关心，对其他企业开展工作乐趣活动的经验非常感兴趣，并明确表示希望能够获得研究的相关成果，为他们开展工作乐趣活动提供指导。几乎每一位受访的管理者都不同程度地表达对当前企业开展工作乐趣活动的困惑，比如组织乐趣活动事倍功半，吃力不讨好等。有的受访者表示曾经有一段时间非常重视乐趣活动的组织与开展，但是由于公司的快速发展和员工反应冷淡等原因，乐趣活动就开始流于形式。特别需要关注的是，许多受访的管理者都提到，"90 后"员工的需求与老一辈员工有较大的差别，对于他们的激励问题非常令人困扰。传统的一些金钱和福利等激励手段很难达到预期效果，希望能够通过组织工作乐趣活动来实现，但这就需要一些新的指导和经验分享。

有鉴于当前企业工作乐趣实践"拿来就用"的基本情况和管理者"犹豫不决"的态度，扎根于中国文化背景，验证这些"拿来就用"的工作乐趣活动是否真的能够达到预期的效果，才能给"犹豫不决"的管理者吃下开展乐趣活动的"定心丸"。

8.1.2　工作乐趣的形式与效果成为研究热点

伴随着工作乐趣的实践在企业不断流行开来，以及热门商业杂志的推波助澜，学术研究者对于各类工作乐趣活动的研究也不断增加。本书的第一篇和第二篇已经分别就工作乐趣的形式和效果的研究进行了详细的综述。其中与本章实证研究有关的主要是两个方面的内容，一是工作乐趣的类型和具体形式，尤其是在中国文化背景下的体现；二是关于工作乐趣的效果，也就是其对个人和组织的作用。因此，本章仅仅对这两个方面的内容进行简要的归纳，结合研究团队实地调研的情况和中国文化背景下的研究进行回顾。

现有的相关研究表明，拥有充满乐趣的工作环境对于外部优秀的应聘者而言，比薪酬和机会更有吸引力（Tews et al.，2012），而独具特色的乐趣文化也是组织最好的形象名片。并且，对于那些高科技行业的企业而言，工作乐趣被认为是推动创新绩效的利器之一。因为，当员工在组织中体验到工作乐趣时，能够迸发出更大的创造力（Fluegge，2014），带来更高的工作满意度（Karl and Peluchette，2006），并增强对组织的认同度（黄晓娜，2017）。而另一个经常被忽略的作用是，乐趣的体验能够提升员工的幸福感和心理健康，从而减少组织因员工疾病导致的旷工和离职损失（Tews et al.，2013）。当然，组织环境中也存在不适应乐趣文化的员工和管理者（Redman and Mathews，2002），因此乐趣并不是一种普遍适用的"特效药"。

即便不考虑员工的犬儒主义对组织造成的负面影响，工作乐趣仍然可能存在"双刃剑"效应。因为，员工对于乐趣活动并不都是持欢迎态度的（Grugulis et al.，2000），还有研究更具体地指出员工并不喜欢在工作之余开展一些所谓的"乐趣活动"，认为这是管理者为了团队建设、士气提升等原因有目的地附加到他们身上的"累赘"，消极疲惫的员工无法横生乐趣（Fleming，2005）。乐趣活动还可能会影响员工的工作安全或者造成玩世不恭的工作氛围，甚至影响顾客的满意度（Kinnie et al.，2000）。另外，如果员工不接纳在工作环境中开展的乐趣活动，他们就很难在活动中被激励。工作乐趣的作用如图 8 - 1 所示。

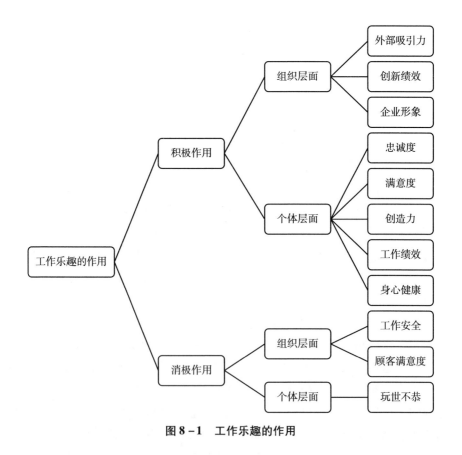

图 8 - 1　工作乐趣的作用

虽然大部分关于工作乐趣效果的研究都植根于西方文化，但近几年国内的相关研究也开始增多。国内学者门志芳等（2013）对 72 位 MBA 学生的调查结果显示，工作乐趣能够提高工作满意度。张丹丹（2012）对全国多个地区和行业的124位在职员工的问卷调查发现，一个充满乐趣的工作环境，能够提高组织公民行为，进而提高员工的工作绩效。杨浩（2013）则认为由工作场所乐趣而促发的信任降低了员工之间的间隙，促进了组织公民行为。刘诗瑜（2014）对江苏、安徽和河南三省的多个行业的283位在职员工的调查结果也显示员工绩效会随着工作乐趣的增加而得到提升。

国内学者冯佳欣（2014）在全国多个行业对246位员工的问卷调查验证了工作乐趣对员工敬业度的正向影响。她认为企业应该营造充满乐趣的工作氛围，进而有效地提高员工工作热情，增强组织的核心竞争力。梁于青（2015）对医院、银行和餐饮三个服务行业的41个团队和351位员工的问卷调查发现，通过开展工作乐趣活动来打造企业品牌，能够有效提升企业的品牌效益。

8.1.3 现有研究不足与本章研究的切入点

围绕工作乐趣这个主题，笔者带领研究团队走访调查了互联网、医疗、金融、制造等行业的30多个中等规模以上的各类组织，了解它们开展工作乐趣活动的情况。实际产生的效果与学术研究结果大相径庭。首先，乐趣活动"多而不精"，常常因为缺乏明确目的而相当随意地开始和结束，也极少拥有对活动效果是否达到预期的调查反馈，这两个方面的原因导致乐趣活动存在盲目性。其次，由于大多数管理者对工作乐趣的作用原理不了解，将乐趣等同为福利，导致在某些活动效果不佳时就简单化处理，用其他的刚性福利作为替代，比如用发过节费来替代组织晚会和发放纪念品。最后，管理者对工作乐趣的多方面效果的认识有限，很少能认识到它对于员工创新、身心健康方面的作用，从而使乐趣活动重视程度不足。可是，从互联网企业到各行各业，管理者应当如何规避以上问题，真正发挥工作乐趣多方面的作用呢？

国内关于工作乐趣形式和类型的研究不足。在国内开展的调查研究中，绝大部分照搬了西方文化背景下开发的工作乐趣测量量表。所以，本章研究的第一个主要内容是针对知识型员工，探索不同类型的工作乐趣对于他们的激励作用是否存在差异，即考察工作乐趣作用在员工之间的效果差异。研究以知识型员工作为研究对象，主要基于以下三方面原因。

第一，从乐趣活动的多样性考虑，前期访谈的结果表明，管理者对于乐趣的态度差别很大程度上取决于他们员工的工作性质，由于大部分的非知识型员工从事的是体力劳动为主的工作，工作中的乐趣导致安全隐忧和生产效率降低的可能性大大高于知识型员工，因此管理者对工作乐趣的态度相对保守，形式也较为单一；另外，知识型员工由于普遍具有较高学历，本身也能够较好地接受甚至发起工作乐趣活动，从而能够保证乐趣活动的多样性。

第二，从研究结果的价值考虑。知识型员工的学历水平较高，收入水平也较高，个人需求水平的层次也就相对较高，企业为了激发他们的工作热情，会更多地采用非金钱激励，其中就有大量与工作乐趣相关的内容。

这部分研究内容在"工具篇"建立的乐趣类型结构的基础上，探索不同类型的乐趣对于知识型员工激励的效果差别。研究既要考察知识型员工在这些不同类型乐趣活动中感知到的欢乐、愉悦的程度差异，也要直接考察它们对于员工工作绩效的影响。

第三，已有的部分研究结果表明不同类型的组织和不同的员工对待同种工作乐趣活动的态度可能完全不同（e.g.，Karl et al.，2004），也就使得乐趣活动所能产生的乐趣和后续作用完全不同。要降低乐趣活动开展的盲目性，就必须在构建乐趣内部维度的基础上，讨论不同乐趣对于不同企业和不同员工的影响差别，而目前这方面的研究还很少。

8.2 研究假设与理论基础

本章的实证研究主要涉及两个核心概念，一是工作乐趣，二是工作绩效。工作乐趣的内涵与外延已经在理论篇详细描述，在此不再赘述。本部分主要介绍后续研究将会涉及的工作绩效的相关概念以及用于解释工作乐趣影响工作绩效的拓展—建构理论。

8.2.1 工作绩效

工作绩效（job performance）是组织成员在个体控制下完成组织所期望、规定或正式化的角色需求时所表现的行为，包括认知的、生理的、心智活动的和人际的（Campbell，1990），所以从 20 世纪 80 年代开始，关于如何衡量工作绩效的问题就一直是学术界讨论的热点。不同学者根据对绩效的不同认知角度提出了对绩效评价的不同标准，并形成了一系列多维度的绩效评价体系。本部分将通过回顾工作绩效的界定，从符合本研究要求的角度选择成熟、适合的评价维度，为定量研究的开展提供理论准备。

工作绩效有两种典型的定义出发点：第一种观点是把绩效视为工作所达到的结果或工作结果的记录，是工作的产出。这种观点将个人努力与组织目标结合起来，是早期绩效定义的主要出发点。但是这种观点也受到许多质疑，因为不少实际工作的结果并非完全由员工工作所导致，而可能是受个体所不能控制的因素影响，比如群体层面的因素或努力的结果，或者受外部不可控的环境因素变化的影响。另外，过分关注结果可能导致管理者无法了解下级工作的具体情况，无法对其工作的过程进行有效指导。第二种观点以坎贝尔（Campbell，1990）为代表。他们认为绩效是行为，应该与结果区分开来，它不一定与组织目标直接相关，组织的目标往往差别很大，但所期望的员工行为却有很多相似之处。近年来，基于行为来评价绩效的观点已经深入人心，成为工作绩效研究重要的理论视角。但学术界也有不同的看法，认为组织在评价个体绩效时关注的不只是这些与结果、产出、目标直接相关的行为，还应该包括一些对组织有益的、员工角色规定之外的创新性和自发性的一系列行为。2000 年以来组织行为学的研究热点——组织公民行为（organizational citizenship behaviors，OCB）就属于这一类型的行为。

由于从结果出发考核绩效的观点存在诸多弊端，研究者认同应该以员工的行为来代表绩效。而以往工作乐趣研究的结果表明，工作乐趣可能会对员工的工作态度、工作满意、组织公民行为等产生影响，因此研究者采用广义的行为绩效的界定方式，认为绩效应该包括那些并不与组织的结果、产出、目标直接相关，却也是组织所期望的行为。

工作绩效必然是多维度的，既要包括与组织目标相关的财务指标，也要包括能够体现具体行为的非财务指标（Dixon et al.，1990）。坎贝尔（1990）依据以往绩效研究文献将绩效结构分成八个独立成分：（1）具体任务的熟练程度；（2）非具体任务的熟练程度；（3）任务交流（包括书面与口语）的熟练程度；（4）努力；（5）自律；（6）合作中的相互促进；（7）领导与监管；（8）管理与执行，每个因素均又包含一些子因素。鲍曼和摩托维德罗（Borman and Motowidlo，1993）在对组织公民行为、亲社会行为等研究进行归纳的基础上依据坎贝尔（1990）的研究架构，把上述八个因素归纳为两种广义的绩效行为——任务绩效（task performance）和情境绩效（contextual performance），并依此构建了此后被广泛接受的二元绩效结构模型。

任务绩效与具体职务的工作内容和组织目标密切相关，也部分取决于个体能力、任务的熟练程度和工作知识等。任务绩效的标准由组织决定，通过明确规定，使得员工、组织达到预期目标。而情境绩效则不直接增加核心的技术活动，是与绩效的组织特征以及组织的心理环境等因素密切相关的，为核心技术活动服务，通常表现为组织中员工自发性的绩效行为。例如组织公民行为、亲社会行为、献身组织精神或与特定任务无关的行为。这类行为的内涵相当广泛，斯科特和摩托维德罗（Scotter and Motowidlo，1996）进一步将情境绩效进行两方面的划分：人际促进（interpersonal facilitation）和工作奉献（job dedication）。人际促进是以增进组织内人际关系为目的的行为，以提高组织士气、鼓励合作、帮助同事完成任务和自律为中心，诸如遵守规章制度、努力工作、创造性等。工作奉献是工作绩效的动机基础，在驱动人们提高组织绩效的同时也包括大量的意志因素。导向性与坚持性是工作奉献的另一个显著特点，尽责、对成功的期望、目标导向、严格遵守规章制度等都是这一维度的体现。

根据工作绩效的研究，本章在探讨工作乐趣与工作绩效的关系时，以任务绩效和组织公民行为作为具体的工作绩效表现形式，而组织公民行为的衡量也根据斯科特和摩托维德罗（1996）的研究选取工作帮助（人际公民绩效）和尽责性（工作公民绩效）两个维度来衡量。

8.2.2　工作乐趣对任务绩效的直接影响

我们可以在现有的文献中找到多种理论解释工作乐趣与任务绩效的关系。首先，拓展—建构理论（BAB）（Fredrickson，1998；2001）认为正面的情绪会通过泛化认知给个体带来更多可能的选择（例如更广阔的想法和行为），从而提高个体的能力；相反，消极情绪会通过窄化认知，促使人们做出简单的反应，就像面对生活中危机的情境做出的适应性改变（Fredrickson，1998；2001；2004）。广阔的选择范围取决于积极情绪的类型，例如"joy"会促进活动，帮助人们打破限制，在智力和艺术性方面有更好的表现；"interest"有利于促进个体探索，理解更多新的知识，并扩展自我；"contentment"则有利于促进个体付出努力来保持当前所处的环境（包括能力和资源等），并用新的观点来整合现有的个体和环境的相关资源。这些因为思想和行为而得到拓展的资源能够较为持久的存在，并且会不断发展而获得持续性的效益。基于 BAB 理论，不少学者检验了积极情绪对工作相关绩效的影响（Wright and Bonett，2007）。还有一些学者更具体地探讨了乐趣的作用，例如冯·奥克（Von Oech，1982）指出，充满乐趣的工作环境会比相反情况的工作环境带来更高水平的生产效率。在以往的文献中，工作乐趣中的一种常见形式——幽默的作用被许多研究所讨论。罗梅罗和克鲁瑟德（Romero and Cruthirds，2006）的研究发现幽默可以带来快乐情绪（enjoy），创造有利于观点和知识分享的环境，从而提高员工的绩效表现。

此外，基于工作要求—资源理论（Schaufeli and Bakker，2004）的观点认为，乐趣活动由于能够培植社会关系，从而提供了额外的社会资源，这能够支持员工应对工作压力和提高工作绩效（Tew et al.，2013）。

另外一些有关工作乐趣与员工任务绩效间接关系的研究也提供了假设的依据。乐趣活动能够同时通过提高员工的能力和工作动机来提升他们的绩效表现。阿伏里奥等（Avolio et al.，1999）在加拿大一家财务机构对管理者和他们的直接上级进行了相关的调查，结果显示，那些自评为较有幽默感的管理者也被他们的直接上级认为是更高效的。弗列格（Fluegge，2008）的研究证明了工作乐趣对员工的任务绩效具有显著的正面影响，但他们的研究并没有区分不同类型的工作乐趣加以探讨。

在基于扎根理论研究的访谈过程中，多位管理者明确提到了有关员工发起的工作乐趣可能会对员工的工作绩效产生负面的影响，而这些管理者所指的是狭义的绩效概念，即任务绩效可能会由于员工自发的一些乐趣活动而降低。其中既包括了一些传统制造业的管理者，例如"当然工作效率的问题也是我们所担心的"和"工作时间的自发乐趣并不受鼓励，主要考虑到会造成一定的安全隐忧"，也包括一些下属主要是知识型员工的管理者，例如"由于受传统观念的影响，担心乐趣活动会影响工作"。可以发现受访企业在开展组织发起的乐趣活动的主动性上明显高于对员工发起的乐趣活动的鼓励，这一方面是由于组织和管理者期望通过乐趣活动达到特定的战略和管理目的，另一方面许多管理者也不同程度地表达了对员工自发乐趣活动不易控制，可能会造成对工作绩效不良影响的担忧。综上所述，研究提出：

假设 8 - 1：社交型（a）和放松型（b）乐趣与员工任务绩效负相关，辅助型（c）和福利型（d）乐趣与员工任务绩效正相关。

8.2.3　工作乐趣对 OCB 的直接影响

工作乐趣的作用远不止对任务绩效的影响，还包括对情感和角色外行为的影响，比如组织公民行为。陈（2010）的访谈研究中的大部分受访者都表示大部分的员工非常享受参与乐趣活动的过程，并且会把这种美好的记忆带到工作中去，尤其是一些官方发起的社交性乐趣活动，能够帮助员工与一些平时不在一起工作的同事有更多的交流，从而产生对组织更强的归属感，提高员工自身的社会责任意识和对组织的承诺。官方的乐趣活动变成了一种平台，帮助员工与其他的同事建立良好的关系，从而更好地融入团队乃至整个组织。更进一步的理论解释来自卡尔等（2005）的研究，他们认为乐趣对OCB的影响可以通过社会交换理论和互惠规范来解释——工作乐趣能够帮助建立同事之间的信任，那么无形中员工就与组织和同事之间建立了一种开放式的责任与义务的关系，员工就更愿意为此付出一些他们自己的努力作为回报，组织公民行为就是其中一种表现。卡尔等（2005）在三类组织中对上下级关系的实证研究结果证明工作乐趣对员工间信任具有正向的影响。而无论是同事之间的信任还是员工与组织之间的承诺，在以往的许多研究中都被证明能够预测组织公民行为（Organ et al.，2006）。弗列格（Fluegge，2014）的研究同样在没有区分乐趣类型的情况下验证了工作乐趣对组织公民行为的正向影响。综上所述，研究提出：

假设8-2：社交型（a）、放松型（b）、辅助型（c）与福利型（d）乐趣分别与员工组织公民行为正相关。

最后，工作乐趣能够提供同事之间发展信任和友谊的机会（Karl and Peluchette，2006），并因此能够增强员工的责任感与义务感。基于社会交换理论（social exchange theory）（Blau，1964）和互惠规范（reciprocity norms）（Gouldner，1954），当员工处于可信赖的工作气氛中，就更愿意表现出利他和帮助他人以作为回报。而且通过增强交友网络，员工又可以借助分享资源，例如信息、建议和帮助来提升任务绩效（Choi et al.，2013）。实证研究的结果也证实了它们之间的关系。拉姆和米克斯（Lam and Meeks，2009）收集了701个跨代际的样本，验证了工作乐趣对于不同年龄层的员工在工作满意度、任务绩效和组织公民行为方面都具有正面影响。相似地，弗列格（2014）的研究也同时验证了工作乐趣对任务绩效、组织公民行为和创造性活动的正向影响。

8.2.4　工作乐趣对员工满意度的直接影响

有大量的研究证明正面的情绪能够提高工作满意度（Fisher，2000）。一些学者采用社会互动理论来解释和整合个人情绪与工作满意的关系。愉快的情绪能够带来高质量的社交互动，从而对工作满意度、社会认同以及服务水平都能够产生正面的影响。陈（2010）针对旅馆业10名人力资源管理者的访谈研究中指出，组织发起的工作乐趣，比如员工之间赠送小礼物或者组织为员工举办生日派对，都可以给员工带来较高的工作满意度和对工作的美好记忆，当员工参与到这些活动中时，他们会为身处这个组织而感到骄傲。还有的管理者认为员工会把组织发起的工作乐趣视为一种提高工作中生活质量的福利，从而对组织有较高水平的满意度和承诺。甚至有的管理者认为组织同事之间的游戏活动是一种最有效的提高团队合作水平和工作满意度的方式。也有管理者指出员工之间相互分享一些开心的事情和幽默剧能够培养对组织和同事关系的信任，从而提高工作满意度。另外一个角度的观点认为，工作乐趣能够使得员工不会一直把关注的焦点集中于工作任务上，短暂的分心能够帮助他们缓解压力，从而享受到工作、生活和社交活动的平衡。相反，一些受访的管理者也表示如果管理者没有提供足够的工作间隙的娱乐和放松活动，这会非常影响员工的工作满意度（Chan，2010）。综上所述，研究提出：

假设8-3：社交型（a）、放松型（b）、辅助型（c）与福利型（d）乐趣分别与员工工作满意度正相关。

8.3 实证研究设计

8.3.1 样本采集

根据前期调研的结果，本章的实证研究对象是知识型员工，样本主要是来自金融业、文化创意产业和高科技产业中的大中型企业中的知识型员工。[①] 这样的选择主要有三个方面的考虑，首先是因为管理者对知识型员工开展工作乐趣活动的态度较为支持，以知识型员工为主的团队和组织也更愿意开展工作乐趣活动；其次是知识型员工本身对于在工作场所开展各类乐趣活动持有相对开放的态度，这会影响他们在活动中的乐趣体验（Karl et al.，2007）；最后是企业的发展阶段会很大程度影响开展乐趣活动的稳定性和计划性。通常来说，中小企业更喜欢员工导向的乐趣活动且各类活动的稳定性较低，而大中企业更多的是组织导向和员工导向并存且有较好的稳定性和计划性。为了控制组织规模的影响，该部分的实证研究选择乐趣活动开展较为普遍、具体形式较为多样的文化创意产业和高新技术产业企业，以及发展水平较为成熟的金融业企业为调查的主要对象企

---

① 访谈调查阶段，研究者的走访企业涉及了金融、医疗、酒店、机械制造、食品加工、文化创意、服装、汽车、影视等多个行业，考虑到酒店、制造等行业大比例的基层员工对问卷质量的影响以及医疗业的特殊性等，最终选择了上述三个有代表性也较为适合的行业企业作为调查对象。

业，而且这三个行业的从业人员中知识型员工比例较高，调查结果能够反映这些行业工作乐趣开展的一般状况。

在抽样的方法选择上，过往相关主题的实证研究大多数是在单个企业中抽样。但本研究为了对中国文化背景下的工作乐趣活动有更好的覆盖并保证类型学研究的信效度，需要收集跨组织的大量样本数据。如果仅仅选择少数企业进行便捷抽样，将影响工作乐趣结构的测量效度。综合考虑研究设计效度的要求和搜集数据的成本，本研究采用学术界常用的定额抽样与便捷抽样相结合的方法收集样本（Visser et al.，2000）。为了提升回收率，研究者采用了现场采集和网络填答两种方式来收集数据（Fricker，2016），在部分企业员工集中工作且有合适的代理人情况下，优先采用了现场填答纸质问卷并回收数据。而另一部分难以找到合适代理人或员工工作地点分散的企业，通过邮件或者社交媒体发放网络平台①链接的方式收集数据。

为了避免同源偏差，本研究采集了员工与管理者配对样本进行定量分析。具体采集程序包括以下四个步骤：（1）联系合作调查企业中的一位高层管理者，由他在中层管理者中随机选择 5～6 名中层管理者，然后再由每名中层管理者随机选择 5～8 名直接下属作为调查对象，平均调查下属数量为 4.5 人。（2）发放带有下属编号的《员工行为表现问卷》给每名管理者，让管理者逐一评定这些下属的绩效表现情况，管理者填完后放入密封信封，由研究者或代理人在现场直接回收。（3）由研究者或代理人发放在隐蔽处带有配对编号的《员工综合调查问卷》给下属员工，员工填完后放入密封信封，然后在现场直接回收。（4）研究者将编号配对的问卷合并。现场调查除了由研究者或委托人负责收发问卷外，还对被试进行口头的补充性解释以消除疑虑和解释问卷内容，在问卷调查开头部分强调资料仅供学术研究之用。在完成问卷后请被试使用提供的信封自行封存以保证匿名性，以最大限度降低被试对调查信息泄露的担忧。

网络调查也包括了四个步骤，同样通过编号来配对管理者与下属：第一步，研究者通过本次调查专用电子邮箱向对接的高管发送邀约邮件，邀请其回复给中层管理者的调查电子邀请函，并随机提供 5～6 名中层管理者的邮件地址；第二步，研究者将高层管理者撰写的调查邀请函逐个转发给相应的中层管理者，并附加详细的调查说明和调查问卷地址，调查电子邀请函如下：

---

① 问道网：www. askform. cn。

××先生/女士，您好：

冒昧打扰，由××先生/女士（高层管理者）引荐并获得您的邮件地址，请您帮助完成一项学术研究的调查，需要三个步骤：

第一，敬请随机提供您5~8名下属的邮箱（地址需进行编号，他们的编号分别是：***** - ****），

第二，填写下附地址的在线调查问卷，针对上述几位提供邮箱的员工的日常工作情况填写，问卷非常简单，每份只需1~2分钟，请为每位下属分别填写一份，请在每份问卷的开始填入您给他们设定的编号****。在线问卷地址为：http：//www.askform.cn/59189 - 316 ***.aspx。

第三，还请您提醒您的下属完成他们的网络问卷（我们会立即根据您给的邮件地址发送员工问卷），再次感谢××先生/女士和您的支持。

该调查纯为学术研究设计，采用不记名填写，我们承诺您的个人信息和观点将被严格保密，也绝不会作为体现个人信息的资料公布给您的上下级人员。

第三步，根据中层管理者提供的下属的邮件地址转发邀请函，并说明如下：

××先生/女士，您好：

冒昧打扰，由××先生/女士（高层管理者）及××先生/女生（中层管理者）引荐并获得您的邮件地址，请您帮助完成一项学术研究调查问卷，在线问卷地址为：http：//www.askform.cn/59189 - 316 ***.aspx。

问卷的填写需要10分钟左右，您团队编号为：****，需要在填写的开始部分首先填入该编号。

该调查纯为学术研究设计，采用不记名填写，我们承诺您的个人信息和观点将被严格保密，也绝不会作为体现个人信息的资料发布给您的上下级人员。您所填入的编号，我们也无法与您个人对应，只会作为团队信息的一部分。

第四步，研究者根据在线数据库导入的数据和被试所填写的配对编号来整理并筛选问卷。

8.3.2　样本特征

最终调查的样本来自16家规模在100人以上，成立1年以上的企业。其中，5家大陆企业，5家台湾企业，以及6家在大陆的台资企业。我们最终从90位管理者和610位员工处回收了问卷，整体回收率达到94.4%和78.7%，经过配对和数据有效性检验，最后得到有效的管理者—员工配

对问卷共计463份。

员工样本中，男性占51.6%；年龄分布如下：24岁及以下占17.4%、25～34岁占26.9%、35～44岁占27.1%、45～54岁占18.1%、55岁及以上占10.5%；教育程度分布如下：初中及以下占3.2%、高中占14.4%、大专占23.2%、本科占42.2%、硕士及以上占20.2%；工作年限如下：3年及以下占12.7%、3～5年占23%、6～10年占29.7%、11～20年占28.2%、20年以上占6.2%；行业分布：生产型占10.9%、金融业占17.0%、高科技行业占67.2%、文化创意行业占4.9%。

8.3.3　变量测量

该部分的实证研究借鉴以往工作乐趣定量研究中考核个人层面绩效表现的三个维度：任务绩效、工作满意和组织公民行为（OCBs）（Karl and Peluchette，2006；Fluegge，2008；Lamm and Meeks，2009；王聪颖和杨东涛，2012）。其中，工作乐趣、工作满意度和人口统计变量由员工填写，组织公民行为和任务绩效由员工直属上级填写，具体测量量表如下：

工作满意度。采用卡曼等开发的密歇根组织评价量表（organizational assessment questionnaire）中的三语句子维度来测量，由员工自评。语句示例如下："总体而言，我满意我的职位""大体上说，我喜欢在这里工作"。被试采用5点李克特量表进行评价，从"很不符合"到"很符合"，量表克隆巴赫α系数达到0.84。

任务绩效。采用被国内外众多研究广泛采用的威廉斯和安德森（Williams and Anderson，1991）开发的包括7条语句的测量量表测量任务绩效，由管理者对直接下级进行评价。语句示例如下："他（她）充分地履行了相应职位应尽的义务""他（她）履行工作描述中的具体责任"和"他（她）完成了自己期望完成的任务"。同样采用5点李克特量表评价，1～5分别代表"很不同意"至"很同意"，量表克隆巴赫α系数达到0.79。

OCBs。组织公民行为通常被认为是一个多维度的概念。考虑到不同的组织公民行为已经被证明有不同的激发机制（Lee and Allen，2002），我们只采用两个OCB的子维度作为工作乐趣的结果变量：工作帮助（人际公民绩效）和尽责性（工作公民绩效）。测量量表提取自法尔、厄尔利和林（Farh et al.，1997）专门针对中国人提炼的9条语句的量表，该量表在国内外的研究中已被验证有较好的信度（汪林等，2009；Farh et al.，2007）。量表包括4条测量工作帮助的语句，5条测量尽责性的语句，具体的语句包括"他（她）愿意帮助新来的同事以适应工作环境""他（她）经常很早到达组织并马上开始工作"等。同样采用李克特5点计法进行评价，让被试针对语句的描述情况，从"很不同意"到"很同意"进行评价，量表内部信度一致性达到0.85。同样采用5点李克特量表让被试从"很不同意"到"很同意"进行评价，量表克隆巴赫α系数达到0.82。

工作乐趣。采用工具篇中修订得到的19条语句量表，包括社交型、放松型、辅助型和福利型乐趣4因子量表，并再次进行验证性因子分析，各因子克隆巴赫α系数分别达到0.80、0.83、0.89和0.88。

人口统计变量。参考现有工作乐趣效用研究的设计（Karl et al., 2005；2007；McDowell., 2004），研究调查了6项人口统计变数：学历：分为5个等级，从1到5分别为"高中以下""高中""大专""本科"和"硕士及以上"。年龄：分为5个等级，从1到5分别为"24岁及以下""25~34岁""35~44岁""45~54岁"和"55岁及以上"。工作年限：分为5个等级，从1到5分别为"3年以下""3~5年""6~10年""11~20年"和"20年以上"。组织性质：分为5类，从1到5分别为"政府部门""事业单位""民营企业""外资企业"和"国有企业"。行业类别：分为5类，从1到5分别代表"生产型""服务型""高科技""文化创意"和"其他"。性别：0代表女性，1代表男性。

由于本次调查的样本来自现场和网络两种不同渠道，为了确保数据采集方式没有对研究数据产生显著的影响，在数据分析之前，研究者先对两种来源的数据进行了同质性检验。两种渠道来源的数据在工作乐趣、OCBs、工作满意度、任务绩效等变量得分上均无显著差异（p > 0.05）。

8.4　实证数据分析

8.4.1　工作乐趣的结构验证

由于工作乐趣的量表是预测试后首次应用，研究首先利用AMOS 18.0软件采用最大似然估计的方法评估模型参数，对工作乐趣测量量表的效度进行再次验证。数据分析表明四因子的工作乐趣测量量表符合概念模型，拟合数据良好且优于单因子结构和两种双因子结构。四因子模型拟合指标如下：$\chi^2/df = 3.34$，$GFI = 0.90$，$RMSEA = 0.07$，$TLI = 0.91$，$CFI = 0.92$。

可见，数据对模型的拟合情况达到良好标准。再看表 8 - 1，4 个因子的平均变异数抽取值（AVE）大于 0.5，结构信度（CR）都接近 0.8，表明四因子模型具有较好的聚合效度。AVE 都远大于因子间关联平方数（SIC），说明区分效度达到理想程度（黄芳铭，2007）。克隆巴赫 α 系数也都大于 0.8。综合上述指标情况，再次验证工作乐趣的四因子模型具有较好的稳定性和有效性。

表 8 - 1　　　　　　　工作乐趣的验证性因子分析（N = 463）

测量语句	因子负载	AVE	CR	Cronbach's Alpha	SIC
因子1：社交型乐趣					
1 - 1　同事之间以各种形式分享笑话和小幽默	0.752				
1 - 2　同事之间做一些好笑的事情	0.743	0.500	0.799	0.795	F1 - F2：0.125 F1 - F3：0.019 F1 - F4：0.094
1 - 3　工作后同事间的社交活动（小酌、聚餐或小型庆祝等）	0.652				
1 - 4　同事为主的非正式主题活动（运动、联谊会或亲子活动等）	0.675				
因子2：放松型乐趣					
2 - 1　边工作边玩乐（听音乐、上网等）	0.810				
2 - 2　自由决定上班时间和工作安排	0.722	0.563	0.837	0.832	F2 - F1：0.124 F2 - F3：0.181 F2 - F4：0.115
2 - 3　令人愉悦的工作环境设计	0.684				
2 - 4　工作间隙或午休的小游戏和娱乐活动	0.778				
因子3：辅助型乐趣					
3 - 1　完善和新设工作场所的休闲设施（台球、网吧或按摩椅等）	0.786				
3 - 2　取得好成绩后的小型庆祝会	0.758				
3 - 3　心理咨询或调节活动	0.793	0.583	0.893	0.893	F3 - F1：0.019 F3 - F2：0.181 F3 - F4：0.274
3 - 4　趣味性的团队建设活动（户外拓展、集体主题游戏等）	0.813				
3 - 5　轻松的专题讨论会和培训（艺术欣赏、主题参观访问等）	0.681				
3 - 6　提供茶点或工作餐	0.743				

测量语句	因子负载	AVE	CR	Cronbach's Alpha	SIC
因子4：福利型乐趣					
4－1 集体性的外出娱乐活动（看电影、郊游等）	0.816				
4－2 改善和建设组织内外部景观环境	0.741				F4－F1：0.094
4－3 趣味性内部福利活动（抽奖、产品拍卖会等）	0.709	0.589	0.877	0.878	F4－F2：0.115 F3－F4：0.274
4－4 组织慰问活动（节假日拜访家人或邮寄礼品等）	0.827				
4－5 带有歌舞表演的节假日或其他纪念日的庆典	0.738				

8.4.2　工作乐趣效果的分层回归分析

研究采用两步分层回归的方法检验工作乐趣与员工工作绩效的关系：第一步，先将人口统计变量作为自变量，工作绩效作为因变量构建模型1；第二步，将人口统计变量作为控制变量，工作乐趣作为自变量，工作绩效作为因变量构建模型2。结果显示，人口统计变量对各个结果变量有一定影响，但从模型1的 R^2 的值可以发现这些变量能够解释的因变量变动的比例较小。在加入各类型工作乐趣后的模型2中，模型的方差解释得到明显提高，并且人口统计变量影响的显著性也明显下降。因为人口统计变量往往反映多个因素的共同影响，所以本章对人口统计变量与主变量之间的关系不做过多引申分析。如表8－2所示，各模型的F值检验也都在 $p < 0.001$ 的水平下达到显著，这说明各回归模型的解释力显著提高，并且拟合良好，总体上工作乐趣对员工工作绩效具有显著的解释能力。

表8－2　　工作乐趣与工作相关变量的分层回归结果（N＝436）

变量	工作满意度		OCB		任务绩效	
	模型1	模型2	模型1	模型2	模型1	模型2
年龄	0.00	0.01	0.05 *	0.04	0.06 **	0.05 *
教育程度	0.07 *	0.08 *	0.01	－ 0.00	0.05	0.05

变量	工作满意度		OCB		任务绩效	
	模型1	模型2	模型1	模型2	模型1	模型2
性别	0.02	0.02	-0.15**	-0.13*	-0.03	-0.01
社交型乐趣		-0.07		0.19***		0.07
放松型乐趣		-0.01		0.08*		0.11**
辅助型乐趣		0.18***		0.17***		0.10*
福利型乐趣		0.20***		0.14***		0.02
R^2	0.01	0.11	0.03	0.13	0.03	0.10
ΔR^2	0.01	0.10	0.03	0.10	0.03	0.07
F值	1.52	8.33***	4.10**	9.25***	4.06**	7.13***

注：*** $p < 0.001$，** $p < 0.01$，* $p < 0.05$。

首先，看各类型工作乐趣对员工任务绩效的影响（见图8-2），其中社交型（$\beta = 0.07$，n.s.）和福利型（$\beta = 0.02$，n.s.）乐趣对任务绩效影响并没有得到数据支持，而放松型（$\beta = 0.11$，$p < 0.01$）和辅助型（$\beta = 0.10$，$p < 0.05$）乐趣对任务绩效具有显著的影响，但放松型乐趣的影响方向与假设相反，因此假设8-1（b）、8-1（c）得到支持，而假设8-1（a）和8-1（d）没有得到支持。分析结果说明员工参与的放松型和辅助型乐趣活动越多，员工的任务绩效水平就越高。其次，社交型（$\beta = 0.19$，$p < 0.001$）、放松型（$\beta = 0.08$，$p < 0.05$）、辅助型（$\beta = 0.17$，$p < 0.001$）和福利型（$\beta = 0.14$，$p < 0.001$）乐趣对OCB都具有显著的正向影响，因此假设8-2全都得到支持。分析结果说明员工参与的各类乐趣活动越多，员工就越倾向于表现出组织公民行为。最后，社交型（$\beta = -0.07$，n.s.）和放松型（$\beta = -0.01$，n.s.）乐趣对工作满意度的影响并没有得到数据支持，而辅助型（$\beta = 0.18$，$p < 0.001$）和福利型（$\beta = 0.20$，$p < 0.001$）乐趣对工作满意度的显著正向作用得到支持，因此假设8-3（c）和8-3（d）得到支持。分析结果说明员工参与的辅助型和福利型乐趣活动越多，员工的工作满意度就越高。

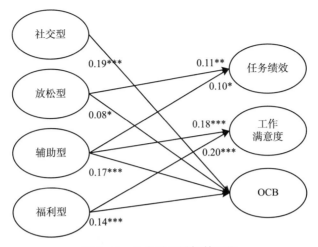

图 8 – 2 分类工作乐趣效用图

注：*** p < 0.001，** p < 0.01，* p < 0.5。

8.5 关于中国情境下工作乐趣形式与效果的理论和实践探讨

通过采集多个行业上下级的配对样本数据，本章的研究检验了工作乐趣的四因子结构稳定性以及工作乐趣对员工工作相关结果的影响。

首先，纵观工作乐趣的研究文献，目前为止还没有较为统一的类型学模型，也没有针对中国文化背景开发的测量工具。国内外的研究都还缺少不同类型工作乐趣作用差异的比较研究，已有的文献中已有许多学者呼吁这样的研究（Choi et al.，2013；Tew et al.，2014）。本章的研究填补了这方面的空白。

其次，数据分析表明，四类工作乐趣对于员工个人不同方面的影响确实存在差异，但与预期的假设关系不完全相符。其中，四类型工作乐趣对于员工组织行为的正向作用都得到证实，说明各类工作乐趣活动的确能够促进员工表现出有利于组织的行为，这与以往以单维度工作乐趣定量研究的结果一致（Choi et al.，2013；Fluegge，2014）。再看四类工作乐趣与任务绩效的关系，辅助型与放松型乐趣对任务绩效有明显正向影响。其中，放松型乐趣与任务绩效的关系与研究假设矛盾，说明传统观念所认为的工作场所中或者工作过程中的乐趣活动会影响员工任务绩效水平的观点并不被数据所支持。相反，放松型乐趣能够帮助员工释放工作压力（Beek et al.，2012；Fleming and Sturdy，2009），从而有利于他们更好地完成工作。而最常见的福利型乐趣活动与任务绩效的关系并不明确，这一研究结论与目前人力资源管理中关于福利制度的研究结论相吻合，对于许多企业而言，福利开支占比越来越高，而激励的效果却越来越弱。企业开展这些乐趣活动，可能是基于操作简单、传统、社会责任等原因（Bolton and Houlihan，2009），而不是针对员工和组织的需要发起的。

最后，在四类工作乐趣与工作满意度的关系中，乐趣活动是否由组织发起表现出明显的差异，其中由组织发起的两类工作乐趣（辅助型、福利型）对提高员工工作满意度的作用明显，而员工发起的两类工作乐趣（社交型和放松型）却不存在这种作用。这与定性研究阶段部分受访者所反映的部分员工并不愿意参与组织发起的活动的结论恰恰相反。可能的原因是，虽然部分组织发起的乐趣活动不一定能得到员工的认同，但大部分活动仍然是喜闻乐见的，也有助于提高员工对组织和工作的认同。而员工自发的工作乐趣，可能因为与组织的关系不大，在员工个人心目中也就较难建立起乐趣活动所带来的正面情感与工作满意之间的联系——我自己或同事发起的活动与我的工作有什么关系呢？

8.6　中国情境下工作乐趣研究的不足与展望

工作乐趣作为一种新型的激励方式，已吸引了国内外学者的广泛关注，但是关于工作乐趣的影响效果和作用机理，目前的研究较为分散，本章的研究也只是在我国文化背景下的具体研究，结论的普适性还需要进一步验证。除此之外，本章的研究也存在一些不足。

首先，现阶段，不同的学者分别从各自角度对工作乐趣进行分类，但是类型学的构建仅仅是研究的开始，本章也只是从自发的还是官方的、与工作相关还是无关两个维度划分。未来，当涉及具体的、操作性的、可实施性的工作乐趣时，就需要构建更科学系统的乐趣类型划分和各类型的清单，并对应具体的应用场景。只有这样，企业在具体运用工作乐趣时，才能快速选择"用什么"，知道"怎么用"。而且本章等研究并没有利用扎根理论的研究提出能够解释工作乐趣作用机理或者指导工作乐趣开展的新理论，因此研究假设还是基于传统西方文化背景下的理论进行推演得到的。研究结果与预期假设有一定出入，这有可能是文化因素所导致的。未来的研究可进一步探索挖掘工作乐趣在中国情境下的作用机理，并采用同类大样本研究进一步验证。

其次，考虑到工作乐趣的实际运用情况和发展水平，选择以知识型员工为研究对象（前期研究多方面访谈的结果表明，企业对知识型员工的工作乐趣更为重视，而且区分不同员工类型的乐趣研究十分有必要），所以样本的采集集中在知识型员工占比较高的高新技术行业、金融服务业和文化创意行业，由于受到时间、经费、人力和其他客观因素的制约，采用便捷抽样和定额抽样相结合的方式在大陆和台湾地区收集研究需要的样本。而且台湾和福建两省具有相近的地域文化，这是否会对工作乐趣的形式以及作用产生影响，还不确定，还缺少这方面的研究证据。未来的研究在数据采集方面可以有两种改进的方式：以完善工作乐趣测量量表为目标的研究应该在更大范围的行业和组织中采集样本来进一步修订量表；以指导工作乐趣实践活动为目的的研究可以在具体某一个行业内收集更大样本的数据来检验研究假设。

最后，研究设计没有进一步讨论员工年龄、性别和工作性质的影响。比如，有研究表明员工参与乐趣活动的效果具有代际差异（Lamn and Meeks，2009），未来的研究可以在更大样本量的条件下，探讨人口统计因素的影响，从而对企业中不同类型员工有更好的工作乐趣激励。除了人口统计因素外，也有研究发现，员工对于乐趣的态度会影响乐趣活动的效果（Karl et al.，2007；Ruangkanjanases and Chen，2019），而员工的个性差异（比如神经质、外倾性和宜人性）也会影响他们对乐趣的态度，并导致他们在乐趣活动中的体验有所差异，从而影响乐趣活动的最终效用（Karl et al.，2007）。

综上所述，未来可以从不同的研究视角、不同的工作乐趣类型划分，运用不同的控制变量、中介变量、调节变量，构建不同的研究模型，在不同的文化背景下，采用案例研究法、跟踪研究法、访谈调查法等质性研究与实证研究方法相结合的方法进行工作乐趣相关研究。也可以尝试在一个较长的时间序列里、纵向框架中，构建工作乐趣对员工创新绩效的影响机理模型，并检验其变化的趋势和规律。

第9章 中国情境下工作乐趣的效用机制研究

当乐趣活动流行起来之后，一些参与者和发起者似乎忘记了发起工作乐趣活动的初衷。人力资源的管理者绞尽脑汁设计和发起各种激发工作乐趣的活动，往往有其特定的目的，比如创造文化、提升满意度等，但所有这些效用的前提都是乐趣活动能够让参与到其中的个体体验到快乐、轻松和愉悦，这才是乐趣活动的初衷。也只有达到了这个最初的目的，其他的目的和效用才可能实现，笔者认为这是工作乐趣效用机制的基本过程。毫无疑问，这种效用机制并不一定总能够实现，其中受到个体因素、乐趣类型、组织价值观等主观和客观因素的影响。因此，本章的实证研究是要在前述研究一定程度验证中国文化背景下工作乐趣作用的基础上，进一步探索工作乐趣效果实现的基本机制，并探讨个人—组织价值观匹配对于基本机制发挥作用的影响。

9.1 问题的提出

9.1.1 流于形式的乐趣活动

"我们曾经非常重视这些（乐趣）活动的开展，但是由于企业的快速发展和员工的反应冷淡，许多常规的乐趣活动开始流于形式，而新发起的活动更多由员工来主导。"

这是一位企业人力资源管理者对于工作乐趣未来开展的看法。在最初的企业调研过程中，研究者不止一次听到管理者发出类似的感叹。不论最初的原因如何，这些管理者都曾费心费力地思考过如何开展有效的工作乐趣活动。

其实，许多最初开始策划乐趣活动的企业只是想打造一种与众不同的工作氛围。把乐趣融入工作中，用一种玩乐的方式来思考和体验工作，避免把工作的氛围搞得太沉闷和严肃（Hudson，2001）。比如举行一种叫作"周三—切皆有可能"的乐趣活动。在周三这一天，上到管理者下到普通员工都可以挑战一些以往组织的惯例，可以奇装异服，也可以集体外出办公。再比如，在著名的西雅图鱼市场，员工和顾客会一起玩一种扔鱼游戏——看谁能把鱼扔得最远。这些活动其实并没有什么特殊的目的，纯粹只是为参与者带来一些乐子。也许，这些乐子能够发展出与众不同的文化，又或者能够让参与者对于组织和工作产生特殊的感情。但这后续的一切都是建立在能够给参与其中的人带来快乐的体验这一前提上的。

9.1.2　工作乐趣影响机制的研究不足

如本书理论篇中对工作乐趣的研究评述，当前关于工作乐趣的效果研究不少，但对于工作乐趣产生作用的机理却关注不够，而在工作乐趣的概念结构方面更是存在较大差异。很明显这个逐步得到关注的问题需要来自更多行业的数据的定量研究，同时需要考虑目前没有关注的因素对工作乐趣与相关的结果变量之间关系的影响。现有的调查表明，由于对工作乐趣的态度不同，在同样的组织背景下，员工个体感知到的乐趣程度存在差异（Lamm and Meeks，2009；Karl et al.，2005；Karl and Peluchette，2006）。但现有的工作乐趣研究还没有将这种个体的差异与组织的背景结合，这可能是研究结果出现不一致的原因之一。

9.1.3　本章实证研究的切入点

因此，本章研究的切入点就是考察组织的背景因素对于乐趣活动的效果是否存在影响，探索考察乐趣作用在组织之间的效果差异。即使没有刻意的鼓励和发起，工作乐趣也自然存在于工作场所和组织中。这些自发的工作乐趣往往是基于员工的需要而发起的，如果组织要利用工作乐趣来达到预期的正面效果，还必须把组织发起活动的动机考虑在内（Everett，2011）。话虽如此，但组织发起乐趣活动的目的应该是能够让员工真心投入并感觉到欢乐，而不是仅仅实现了员工参与活动，使组织可以吹嘘自己的员工福利。如果组织纯粹把工作乐趣看作一种实践员工福利的手段或者吸引外部员工的工具，那么工作乐趣的激发反而会变成弊大于利，因为对员工而言，如果他们并不认同或不喜欢所要参与的乐趣活动，那么乐趣活动对他们而言反而是种压力和负担。例如，对于那些有销售压力的银行经理人员，如果让他们参加一项在假期举办的企业内部运动会或是年度晚会表演，可能不但经理人员无法理解组织培养团队精神或者营造欢乐气氛的目的，反而会导致员工的消极厌烦。

此外，即使对于同类型的员工而言，某种类型乐趣活动的价值也不尽相同，其效果还取决于组织的环境背景。比如，一项西式的万圣节化装舞会在外资组织中会比传统中华文化的组织中更受欢迎。卡尔等（Karl et al. , 2005）以非营利组织、公共事业组织和私营营利组织的员工为对象，进行了比较研究，发现不同组织的员工对工作乐趣本身和具体类型乐趣的态度并无明显的差异，但是在不同组织中被调查的员工对于在组织中所感知到的乐趣程度却差别很大。可见员工对于乐趣活动的感知，不仅存在个体差异，还存在文化背景差异。正因为如此，本章研究拟从人与情境互动的角度来考虑工作乐趣受组织环境背景的影响，即考察员工—组织价值观匹配对乐趣类型与乐趣体验关系的影响。

9.2　研究假设与理论基础

本章实证研究涉及四个主要的概念，其中 P－O 价值观匹配、工作乐趣和工作绩效的概念已经在本书前面章节详细介绍了，本部分将主要介绍员工乐趣体验及相关研究假设的理论基础。

9.2.1　工作乐趣对乐趣体验的直接影响

乐趣体验是指员工在具体活动中能够感受到轻松、愉悦、快乐的程度（Karl and Peluchette，2006），这也真正决定了工作乐趣的效果。一些商业调查的结果表明，在幽默、便装活动、庆祝活动中能够感受乐趣或表现出积极情绪的员工才能够有更好的满意度和更少的矿工（Berg，2001；Mariotti，1999）。卡尔等在 2005 年的研究中首次提出在工作乐趣的研究中应该考虑员工乐趣体验的问题，而后他们关于不同组织工作乐趣的调查结果显示，公共部门、私人企业和非营利组织的员工对乐趣的体验有明显差别，公共部门的员工在每一类乐趣活动的体验上都弱于其他类型组织的员工。卡尔和普卢切特（2006）首次将乐趣体验纳入工作乐趣的作用机制模型，基于对 275 名有工作经验的学生和医院员工的调查表明，乐趣体验更好的员工，会有更高的工作满意度，还能够带来更高的顾客服务满意度。同一年，他们对 142 名健康中心的看护人员开展的问卷调查显示，乐趣体验在情绪枯竭与工作满意的关系中起到了重要影响。卡尔等（2007）后续针对 151 名医护人员的研究发现，乐趣体验与情绪枯竭负相关，并与工作满意度正相关。紧接着，卡尔等（2008）的研究再次证实乐趣体验与工作满意度正相关，与员工的离职倾向负相关。

在以往有关工作乐趣的定量研究中，其中一个部分是关注于乐趣体验的影响。但这些研究并没有讨论工作乐趣的具体类型与乐趣体验的关系，并且实际上都隐含了一个前提——工作乐趣的活动是通过让员工产生愉快的情绪，从而能够对其他因素产生积极影响。例如工作乐趣与员工乐趣体验之间的关系可以从情感事件理论得到支持（Weiss and Cropanzano，1996），该理论认为工作的某些特征能够带来某些工作相关事件的发生，并带来相应的情感反应。因此，工作乐趣能够带来乐趣活动，从而使员工感知到乐趣。虽然现有的研究还没有直接的经验证据证明工作乐趣的活动与员工感知乐趣之间的关系，但大量的文献暗示了工作乐趣的某些方面与高水平的乐趣体验有联系，这是因为乐趣的活动能够创造正面的情感状态（Carnevale and Isen，1986；Gable et al.，2004）。弗列格（Fluegge，2014）认为工作中的乐趣是培育理想工作环境的关键要素，并能够带来乐趣文化。泰斯、米歇尔以及斯塔福德（Tews，Michel and Stafford，2013）提出乐趣活动能够为员工提供一种回复机制，例如允许他们离开工作做短暂的休息、充充电，再更有活力地回归。这种正面的体验正是解释工作乐趣影响工作相关结果的机理所在。

综上所述，现有的理论和实证研究对于工作与工作相关结果之间关系的支持主要是基于乐趣相关的活动能够给员工个体带来正面情感体验这一前提。虽然现有文献暗示了工作乐趣可能能够对乐趣体验有正面的影响，但令人惊讶的是还没有研究提供经验的证据，因此，我们将乐趣体验作为进一步了解工作乐趣如何影响个体绩效的关键因素加以考量，研究提出：

假设 9 - 1：工作乐趣与员工乐趣体验水平正相关，即乐趣活动越多，员工就越能够在工作中感觉到乐趣。

9.2.2 个人—组织价值观匹配的调节作用

个人—组织匹配被认为是发展和维持员工对组织承诺的重要因素，克里斯托夫（Kristof，1996）在综述以往的研究时将个人—组织匹配定义为"个人与组织之间的相容性"。这种相容性在以往的研究中有很多种概念化的方式，但价值观一致性，即个人和组织在价值观层面的相似性，是以往最多被接受为代表 P - O 价值观匹配的维度，并且被广泛认为能够最有效预测员工的态度和行为（e. g. ，Hoffman and Woehr，2006；Ostroff et al. ，

2005；Tsai et al.，2012）。员工对待工作乐趣的态度会有差异（Karl et al.，2005；Newstrom，2002），所以不少研究认为要在工作中创造乐趣并不是一件容易的事情，因为员工是否能够感知到乐趣受到员工个人的身份、个性、以往的社会和工作经历等多种因素的影响（Bolton and Houlihan，2009；Aldag and Sherony，2001；Lamm and Meeks，2009），综合起来看就是个人以往所建立的价值观的差异导致的。另外，组织文化也会影响乐趣的边界，一些企业对工作乐趣的认知是较为狭隘的，而另一些企业则认为几乎所有的活动都属于工作乐趣（Plester，2009）。多种理论的逻辑能够解释价值观匹配会影响工作乐趣与员工乐趣体验的原因。

从个人—环境互动理论的观点来看，个体对情境的认知是个体的个性特征与情境特征相互作用的结果。具体来说，与组织价值观相接近的员工，会有相似的目标追求和行动方式，在参与工作乐趣活动的时候才会采用相似的方式来理解工作乐趣，从而不会感觉到受约束，并且更能够体会到参与其中的乐趣（Everett，2011；Redman and Mathews，2002）。相反，当员工与组织价值观有较大差异时，他们不但不能从中感觉到快乐，反而会产生心理抗拒、不参与活动，甚至是离开组织（Redman and Mathews，2002；Baptiste，2009；Karl et al.，2004；2005）。

从情感事件理论的视角看，有学者指出对事件的认知评价会先于情感反应而产生，这种评价可以分为初评价和次评价两个过程，其中初评价关注的是事件与自己的目标、价值是否一致或冲突（Weiss and Beal，2005），往往只有与价值观目标一致或明显冲突的事件才会诱发情绪反应。总体而言，如果员工与组织的价值观一致程度较高，那么组织发起或者员工自发与同事之间的乐趣活动就应该更能够激发员工的积极情绪。因此，我们认为个人—组织的价值观一致性会加强工作乐趣活动与员工乐趣体验间的关系。因此提出如下假设：

假设9-2：个人—组织价值观匹配对工作乐趣与员工乐趣体验的关系具有调节作用，即价值观匹配程度越高，工作乐趣对员工乐趣体验的正向影响越大。

9.2.3 乐趣体验的中介作用

由于第8章的研究假设已经详细阐述了工作乐趣对工作绩效的影响机制并得到了验证，本章的理论假设部分，我们将重点阐述乐趣体验在乐趣活动对工作绩效影响过程中的作用。采用与第8章同样的理由，在本章的研究中，我们以任务绩效和OCB为标准考察工作绩效。

AET 的核心假设是情感体验在工作事件与行为结果间起中介作用（Weiss and Cropanzano，1996），然而，只有少数研究测试了这个核心机制（Weiss and Beal，2005）。在本章研究中，工作乐趣的活动被普遍认为能够给员工带来乐趣、快乐等正面情感，尤其是当他们评价组织与个人的价值一致程度较高时，员工更能够体验到正面的情感。因此我们认为员工感知乐趣可能会对工作乐趣与工作绩效间的关系起中介作用。正如前文所说，更多的工作乐趣被认为能够带来更好的员工乐趣体验，因为当员工处于由各种乐趣活动创造的氛围中时，他们会感到自主性和工作是有趣的（Ford et al.，2003；Ryan and Deci，2000；Schmidhuber，2010）。而且，越来越多的证据表明，当员工处于积极情绪的状态之下，他们会有更好的表现（Granic et al.，2014；Methot et al.，2016）。这种强化是因为好的情绪能够扩大个体瞬间的思考—行为能力（Fredrickson，2013）。根据弗雷德里克森的 BAB 理论（1998；2013），积极情绪不仅能够为人们提供应对压力的资源，并且能够扩展他们的心智，而成为更有效率、创造性和包容性的人。弗雷德里克森和他的同事们证明了积极情绪状态通过给个体带来更多可能的选择（例如，更广阔的想法），可以扩展个体短暂的思考—行为能力；相反，消极情绪会促使人们对情境的刺激做出简单的反应，就像面对生活中的危机做出的适应性改变（Fredrickson，2013）。因此，研究提出：

假设 9－3：乐趣体验在工作乐趣影响员工绩效的过程中起中介作用。

虽然员工工作乐趣通常被认为对任务绩效和 OCB 具有正向影响，但正如本章开篇所述，现有的文献中也同时存在一些结论矛盾的研究（Lamm and Meeks，2009；Tew et al.，2014）。一些研究者和管理者相信工作乐趣并不能被视为一种通用的快速适应的手段（Fleming，2005；Fleming and Sturdy，2009；Redman and Mathews，2002）。莱德曼和马修斯（Redman and Mathews，2002）认为工作乐趣应该是在一个相一致的价值基础上才能得到发展的。具体来说，工作乐趣之所以能够给员工带来正面的情绪状态，是建立在个人组织价值观一致的前提基础上的。与组织价值观一致的员工会制定相应的个人目标和计划（Hoffman et al.，2011），才会倾向于采用相似的方式来理解乐趣活动（Everett，2011）。相反，工作乐趣有可能会导致那些价值观不一致的员工变得好逸恶劳和犬儒主义（Everett，2011；Kinnie，Hutchinson and Purcell，2000；Newstrom，2002）。因此，我们提出个人—组织价值观一致可能会影响工作乐趣对任务绩效和 OCB 的作用，正如我们预期它影响乐趣活动与员工乐趣体验的关系那样。我们期望员工与组织价值观的一致性程度能够解释工作乐趣在影响力方面还不确定的环节。因此，研究提出：

假设9—4：员工乐趣体验对工作乐趣与个人—组织价值观匹配对员工绩效的交互作用起中介影响，即构成了一个被中介的调节作用。

综合上述文献和假设，为了更加清晰和深刻地理解与工作乐趣有关的背景以及个体因素通过工作乐趣事件影响员工行为和绩效的关系，我们勾勒了一个包括本章所有主要变量的假设关系（见图9—1）。

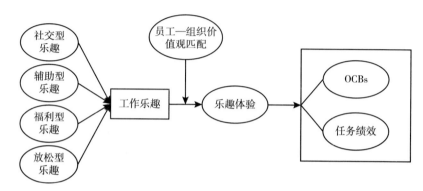

图9—1　工作乐趣影响员工绩效假设模型

9.3　实证研究设计

9.3.1　样本采集与样本特征

为了对中华文化背景下的工作乐趣有更好的了解并且考虑到 P—O 价值观一致性可能的调节作用，本研究需要收集跨组织的大量样本。与第 8 章采用类似的样本采集程序收集员工—管理者配对样本数据，调查对象都来自规模 100 人以上、成立 1 年以上的企业。研究者向 14 家组织（4 家大陆企业，4 家台湾企业，以及 6 家在大陆的台资企业）的 45 位管理者和他们的 310 位下属员工分别发放了调查问卷。由员工填写有关工作乐趣及个人—组织价值观匹配的问题，而他们的直接上级填写有关任务绩效及 OCB 的问题。最终从 45 位管理者和 256 位员工处回收了问卷，整体回收率达到 83.3% 和 82.6%，得到有效的管理者—员工配对问卷共计 223 份。

受访员工中，男性占 57.8%，女性占 43.2%；25～34 岁组占 18.4%，35～44 岁组占 26.5%，45～54 岁组占 29.6%，55 岁及以上组占 21.1%；

工作 3 ~ 5 年占 32.1%、6 ~ 10 年占 27.8%，11 ~ 20 年占 36.3%；88.3% 的受访者拥有本科以上学历，符合预期调查目标特征。

9.3.2 变量测量

工作乐趣、任务绩效与 OCBs。采用与第 8 章同样的测量量表，采用李克特 5 点计法进行评价。其中，针对工作乐趣量表，让被试针对语句的描述情况，从"没有"到"总是"（1 ~ 5 分）评价工作乐趣活动开展的频率，所有子量表的克隆巴赫 α 系数都达到 0.79 以上。任务绩效和 OCBs 量表的评价从"很不同意"到"很同意"（1 ~ 5 分），任务绩效量表的克隆巴赫 α 系数达到 0.90，OCBs 子量表的克隆巴赫 α 系数都达到 0.89 以上。

乐趣体验。乐趣体验的测量采用卡尔、普鲁切特和哈兰德（Karl et al., 2007）所开发的包括 5 条语句的测量量表，具体的语句包括"我在一个很有意思的地方工作""在我们工作的地方，大家总是尝试制造一些乐趣"和"管理者鼓励员工在工作过程中找一些乐趣"等，同样采用李克特 5 点计法进行评价，让被试针对语句的描述情况，从"很不符合"到"很符合"进行评价，量表克隆巴赫 α 系数达到 0.78。

P－O 价值观一致性。采用陈（Chen，2009）所改编的包含 4 条语句的量表，员工分别就量表所描述的组织价值观的特征，从"非常不符合"到"非常符合"（1 ~ 5 分）和他所期望的组织价值观特征，从"非常不重要"到"非常重要"（1 ~ 5 分）进行评价。不论是感知还是期望的价值观特征，量表的克隆巴赫 α 系数都超过 0.78。

人口统计学变量。参考现有工作乐趣效用研究的设计（Karl et al., 2005；2007；McDowell.，2004）和第 8 章的研究结果，本章调查问卷包含了 4 项人口统计变量，分别为：教育背景：分为 5 个等级，从 1 到 5 依次为"初中及以下""高中""大专""本科""硕士及以上"。工作年限：分为 5 个等级，从 1 到 5 依次为"3 年以下""3 ~ 5 年""6 ~ 10 年""11 ~ 20 年"和"20 年及以上"。年龄：分为 5 个等级，从 1 到 5 依次为"25 岁以下""25 ~ 30 岁""31 ~ 40 岁""41 ~ 50 岁"和"50 岁以上"。性别：0 代表女性，1 代表男性。

现场和网络两种渠道样本的同质性检验结果显示，在工作乐趣、乐趣体验、OCBs、任务绩效、价值观匹配等变量的得分上均无显著差异（p > 0.05）。

9.4 实证数据分析

9.4.1 效度验证和描述性分析

在检验研究假设之前，研究者对工作乐趣的测量量表和所有潜变量的区分效度进行验证。[①] 验证性因子分析的结果显示，数据对四因子的工作乐趣结构拟合良好（$\chi^2/df = 1.75$，CFI $= 0.95$，TLI $= 0.94$，RMSEA $= 0.058$）。其中平均变异数抽取值（AVE）大于 0.5，结构信度都大于 0.8，说明四因子模型具有很好的聚合效度，而 AVE 大于因子间关联平方数（SIC），说明区分效度达到理想程度（黄芳铭，2005）。

研究者进一步验证工作乐趣、乐趣体验、价值观匹配、任务绩效和组织公民行为之间的区分效度。结果显示，数据对五因子结构的拟合结果最优（$\chi^2/df = 1.39$，CFI $= 0.92$，TLI $= 0.91$，RMSEA $= 0.05$），超过其他可能的潜在结构[②]，说明这五个潜变量可以被明显区分开来，并用于检验相互之间的关系。更进一步，研究者也分析了是否应该将工作乐趣的四因子结构和个人—组织价值观匹配的四因子结构分别进行关系检验的必要性。测量模型的区分效度检验结果显示，数据对两种八因子的结构的拟合程度并不会明显优于五因子结构。[③] 因此，根据本研究主要致力于探讨工作乐趣效用的过程机理的探讨，而不是不同类型乐趣之间的效用差异，基于节俭原则，后续的假设模型基于五因子结构进行检验。五个测量变量的描述性统计和相关分析结果如表 9 – 1 所示。

表 9 – 1　　　　　　　各变量描述性统计、信度及相关分析结果

变量	M	SD	1	2	3	4	5	6	7	8
工作乐趣	2.97	0.49								
乐趣体验	3.58	0.63	0.29 **							

---

① 价值观匹配、OCBs、任务绩效、乐趣体验等测量量表都是前文或已有研究采用的量表，未重复进行 CFA。

② 比如将工作乐趣与乐趣结构合并，或将任务绩效与组织公民行为合并。

③ 两种八因子结构是分别拆分了工作乐趣和价值观匹配的子因子，并与其他四个潜变量的因子组合而成。

变量	M	SD	1	2	3	4	5	6	7	8
价值观匹配	3.39	0.51	-0.20**	-0.02						
OCBs	3.44	0.69	0.29**	0.44**	0.14*					
任务绩效	3.32	0.72	0.24**	0.37**	0.05	0.40**				
年龄	3.88	1.16	0.12	0.18**	-0.07	0.42**	0.32**			
教育背景	3.71	0.95	-0.14*	-0.02	0.03	-0.08	-0.06	0.10		
性别	3.26	1.68	0.22**	0.23**	-0.07	0.48**	0.38**	0.73**	-0.20**	
任职年限	3.15	1.04	0.02	0.14*	0.01	0.19**	0.21**	0.37**	0.38**	0.24**

注：$N = 223$；$* p < 0.05$；$** p < 0.01$。

9.4.2 实证研究的假设检验

由于研究假设需要检验一个被中介的调节模型，这种模型并不适合采用结构方程模型来构建和检验，所以我们采用了马勒等（Muller et al.，2005）推荐的分层回归模型的方法和程序来分析价值观匹配对工作乐趣与员工绩效间关系的调节作用，以及乐趣体验的中介作用。本研究被中介的调节模型的验证需要满足以下四个条件：（1）工作乐趣与个人—组织价值观匹配对员工乐趣体验的交互效应显著；（2）工作乐趣与个人—组织价值观匹配对员工工作绩效的交互效应显著；（3）乐趣体验对员工绩效的直接效应显著；（4）交互效应［条件（2）］被员工乐趣体验部分中介或完全中介（Muller et al.，2005）。具体的假设检验和分析过程如下。

根据分层回归分析的基本原理，本研究采用四步分层回归的方法检验工作乐趣与个人—组织价值观匹配对员工乐趣体验的影响：第一步，先将人口统计变量作为自变量，乐趣体验作为因变量构建模型1；第二步，将人口统计变量作为控制变量，工作乐趣作为自变量，乐趣体验为因变量构建模型2；第三步，加入个人—组织价值观匹配作为自变量①，构建模型3；第四步，构建个人—组织价值观匹配与工作乐趣的交互项加入作为自变量，构架模型4。在回归结果的基础上分析三个方面的内容：第一，工作乐趣的回归系数是否显著；第二，个人—组织价值观匹配与工作乐趣交

---

① 为了避免交互项与自变量、调节变量间的高度相关对研究结果造成的影响，研究按照常规的方式在构建交互项时，先对自变量、因变量和调节变量进行了中心化处理（Akin and West，1991）。经过中心化处理后，各个模型中各主要变量间的 VIF 值都小于5，可以认为研究结果没有受到严重多重共线性的影响。

互项的回归系数是否显著；第三，因变量的方差中可解释部分是否因为加入新的自变量而发生显著的提高。

如表9-2所示，工作乐趣显著影响员工的乐趣体验（$\beta = 0.34$，$p < 0.001$，），模型2相比模型1的解释力也显著提升（$\Delta R^2 = 0.07$，$p < 0.001$），因此假设9-1得到数据支持。更进一步，个人—组织价值观匹配与工作乐趣的交互项回归系数也同样显著，而且模型的解释力也得到显著提升（$\Delta R^2 = 0.02$，$p < 0.05$）。因此假设9-2也得到数据支持，即个人—组织价值观匹配对工作乐趣与员工乐趣体验间的关系具有调节作用，交互项的回归系数为正，说明价值观匹配程度越高，工作乐趣对员工乐趣体验的正向影响越大。数据检验结果与预期假设相符。这一部分的分析结果也满足了被中介的调节模型的第一个条件。

表9-2　　　　　　　　　直接作用及调节作用检验结果

变量	模型1		模型2		模型3		模型4	
	β	t	B	t	β	t	β	t
控制变量								
年龄	0.10	2.45*	0.09	2.34*	0.09	2.36*	0.07	1.95
教育	-0.05	-1.10	-0.03	-0.56	-0.03	-0.56	-0.03	-0.75
性别	-0.02	-0.25	-0.04	-0.44	-0.04	-0.44	-0.04	-0.50
资历	0.08	1.75	0.07	1.62	0.07	1.62	0.08	1.69
自变量								
工作乐趣			0.34	4.14***	0.35	4.16***	0.36	4.35***
调节变量								
个人—组织价值观匹配					0.04	0.53	0.02	0.26
交互项								
工作乐趣×个人—组织价值观匹配							0.33	2.21*
ΔR^2	0.06**		0.07***		0.00		0.02*	
F	3.52***		6.46***		5.41***		5.42***	

注：$N = 223$；$*p < 0.05$；$**p < 0.01$；$***p < 0.001$。

为了更具体地分析个人—组织价值观匹配调节作用的具体方向和大小，本章研究以价值观匹配的分值作为分类标准，将高于匹配均值加一个标准偏差的样本作为感知到高价值观匹配的数据集，将低于匹配均值减一个标准偏差的样本作为感知到低价值观匹配的数据集，然后分别对两个数据集的样本进行绩效水平对工作乐趣的回归（罗胜强和姜嬿，2012），并利用 Excel 作出回归方程的图形。如图 9-2 所示，图中包括实线和虚线各一条，代表调节变量的不同水平下自变量与因变量的回归函数直线。如果两条直线的斜率有明显的差异（交叉或必然交叉），代表调节作用显著；两条直线越是接近于平行，则代表调节作用越弱。图中两条直线虽然没有交叉，但斜率有明显差异，数据分析显示在价值观匹配高水平的样本中，工作乐趣对乐趣体验的影响显著（simple slope test：$\beta = 0.37$，$p < 0.05$），而在价值观匹配水平低的样本中，工作乐趣对工作乐趣的影响不显著，斜率不显著不为 0（simple slope test：$\beta = 0.08$，n. s.）。图 9-2 可以非常明显地说明个人—组织价值观匹配的调节作用和调节方向。

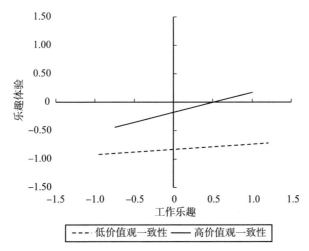

图 9-2 个人—组织价值观匹配对工作乐趣与乐趣体验关系的调节作用

然后我们分别以任务绩效和 OCBs 为因变量，构建分层回归调节模型，以检验是否达成被中介的调节模型的后三个条件。首先，以人口统计变量、工作乐趣、个人—组织价值观匹配、工作乐趣与价值观匹配的交互项作为自变量，任务绩效作为因变量构建模型 5，并采用同样的自变量以 OCBs 作为因变量构建模型 7。回归结果显示，交互项在两个模型中的系数均显著不为零（模型 5 中 $\beta = 0.40$，$p < 0.05$；模型 7 中 $\beta = 0.49$，$p < 0.01$），因此被中介的调节模型的第二个条件得到满足。

研究者在模型 5 和模型 7 的基础上，加入乐趣体验作为自变量，构建回归模型 6 和模型 8。回归结果显示，乐趣体验在两个回归模型中的系数均显著不为零（模型 6 中 $\beta = 0.30$，$p < 0.01$；模型 8 中 $\beta = 0.34$，$p <$

0.001），并且两个模型的解释力都显著提升（模型6相比模型5的 $\Delta R^2 =$ 0.06，$p < 0.001$；模型8相比模型7的 $\Delta R^2 = 0.08$，$p < 0.001$）。因此被中介的调节模型的第三个条件得到满足。

为了进一步说明个人—组织价值观匹配对员工任务绩效和 OCB 关系的调节作用，同样作图和进行了斜率分析。如图9-3和图9-4所示，在高水平的个人—组织价值观匹配下，工作乐趣对任务绩效和 OCBs 具有显著的正向影响（simple slope test：$\beta = 0.51$，$p < 0.05$；$\beta = 1.02$，$p < 0.05$），而在低水平的个人—组织价值观匹配下，两组关系都不显著（simple slope test：$\beta = -0.02$，n. s.；$\beta = -0.13$，n. s.）。

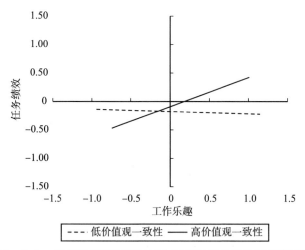

图9-3　个人—组织价值观匹配对工作乐趣与任务绩效关系的调节作用

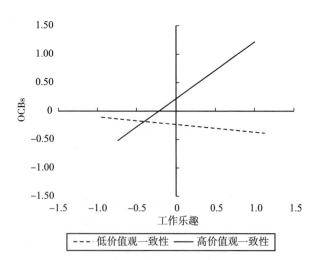

图9-4　个人—组织价值观匹配对工作乐趣与 OCBs 关系的调节作用

最后，研究者分别比较模型6与模型5、模型8与模型7中交互项系数的变化。结果显示，在回归模型加入员工乐趣体验后，模型6相比模型5中的交互项系数减小，同时没有通过显著性检验（β=0.30，n. s.），而模型8相比模型7的交互项系数同样减小，而可靠性程度也有所下降（β=0.38，p<0.05）。可以认为工作乐趣体验对个人—组织价值观匹配所具有的调节效应起到了中介作用。因此被中介的调节模型的第四个条件得到满足。假设9-3和假设9-4都得到验证。其中，乐趣体验对价值观匹配与工作乐趣的交互作用对任务绩效的影响起到了完全中介的作用，而对价值观匹配与工作乐趣的交互作用对OCBs的影响起到了部分中介作用。也就是说，工作乐趣、乐趣体验、个人—组织价值观匹配与员工绩效（工作绩效和OCBs）构成了一个被中介的调节关系（见表9-3）。

表9-3 有中介的调节作用模型检验结果

变量	模型5 任务绩效		模型6 任务绩效		模型7 OCBs		模型8 OCBs	
	β	t	β	t	β	t	β	t
控制变量								
年龄	0.09	2.04 *	0.07	1.56	0.12	2.97 **	0.09	2.44 *
教育	-0.06	-1.23	-0.05	-1.06	-0.08	-1.71	-0.07	-1.54
性别	0.12	1.33	0.13	1.52	-0.06	-0.08	0.01	0.10
资历	0.12	2.32 *	0.09	1.92	0.09	1.95	0.06	1.38
自变量								
工作乐趣	0.35	3.73 ***	0.24	2.55 *	0.43	5.00 ***	0.31	3.63 ***
调节变量								
价值观匹配	0.10	1.12	0.10	1.12 *	0.23	2.81 **	0.22	2.87 **
交互项								
工作乐趣×价值观匹配	0.40	2.33 *	0.30	1.79	0.49	3.15 **	0.38	2.54 *
中介变量								
乐趣体验			0.30	4.02 ***			0.34	5.05 ***
ΔR²	0.17 ***		0.06 ***		0.24 ***		0.08 ***	
F	6.23 ***		7.88 ***		9.84 ***		12.77 ***	

注：N=223；* p<0.05，** p<0.01，*** p<0.001。

9.5 关于中国情境下工作乐趣效用机制的探讨

基于拓展—构建理论和情感事件理论，本章的实证研究探讨了工作乐趣与员工个人工作绩效的关系，包括两者之间的直接作用、乐趣体验的中介作用，以及员工所感知到的个人—组织价值观匹配的调节作用。

9.5.1 研究的理论意义

从拓展—构建理论出发，本章的实证研究再次证明了工作乐趣对员工工作绩效的正面作用，响应了以往学者在不同文化中检验工作乐趣作用的号召（Chan，2010）。一方面，相比第 8 章不同类型工作乐趣与工作绩效的关系不一致，本章的研究结论证实了以往一些基于幽默效果的研究所探讨的原理——工作环境中的一些玩乐事件能够带来正面情感（Cooper，2005）和帮助创造好的氛围（Romero and Cruthirds，2006）从而提高工作绩效，包括任务绩效、组织公民行为等更为广泛概念层面的绩效，这与以往国外实证研究的结果是一致的（例如 Choi et al.，2013；Lamm and Meeks，2009）。

更进一步，关于员工乐趣体验作用的检验，是对现有工作乐趣研究文献的重要拓展。中介作用的假设验证表明工作乐趣对员工工作绩效的影响很大程度上是通过员工能够感知到的乐趣而起作用的。这证实了拓展—构建理论所描述的乐趣活动实现最终效果的过程机理——乐趣活动给员工带来快乐、享受、愉悦等正面的情感认知，而正面的情感能够拓展员工个人的能力并建立持续性的个人资源，从而帮助个体有更好的绩效表现。

另一方面，在两个维度的工作绩效表现中，组织公民行为与工作乐趣的关系非常显著，并且它们之间的关系被乐趣体验所中介的程度较低。这说明工作乐趣不但能够通过给员工带来乐趣感和提高他们的绩效表现，还在客观上直接加强了他们与同事之间的联系以及与组织间的情感，从而更愿意表现出组织公民行为（Johnson and Chang，2006）。

在以往的研究中，兰姆和米克斯（Lamm and Meeks，2009）以及特夫斯（Tews et al.，2015）都提出应该考虑组织背景因素和员工态度对于工作乐趣效果的影响，因此该部分的实证研究从个人—环境匹配的理论视角，同时将组织和个人的态度问题考虑到工作乐趣的效用机制中。结果显示，个人—组织价值观匹配对于工作乐趣的效果具有调节作用，但这种调节是被乐趣体验所中介的，也就是说，当员工与组织的价值观较为匹配，便更能够在工作乐趣活动中真正体验到乐趣，那么这些乐趣活动才能发挥预期的效果。

综上来看，工作乐趣与工作绩效关系的研究再次明确回答了一直以来工作乐趣相关研究最重视的问题——工作乐趣是否真的有价值？毫无疑问，研究的结果表明这个问题的答案是非常肯定的。员工参与越多的工作乐趣活动，能够给他们带来更多开心、快乐的情感，从而提高任务绩效，并会表现出更多的组织公民行为。

9.5.2　研究的实践意义与管理启示

本章实证研究的结果为管理者如何有目的、系统性地开展或鼓励工作乐趣活动提供了建议。管理者应寻求更多种类型的工作乐趣活动来帮助员工在工作和活动中体验到更多的乐趣。首先，福利型乐趣活动虽然被大多数企业所采用，但这些活动经常占用工作外的时间并且缺乏选择，很容易造成员工的反感（Karl et al.，2005）。管理者应在考虑员工的需求的前提下开展这类活动（例如事前和事后的调查）。当乐趣活动符合组织或大多数员工的价值认同和行为方式时，员工才能更好的从活动中体会到乐趣（Everett，2011）。因此管理者应该认真考虑那些流行、时髦和高成本的工作乐趣形式是否可以拿来就用，而考虑的核心就是这些活动及其开展方式是否与组织的文化和核心价值相吻合。而且管理者应该理解乐趣的来源有多种不同的方式，因此要鼓励员工自发地将乐趣活动与工作结合。例如，可以根据员工和岗位类型的不同，选择采用更多的工作间隙活动，自主设计工作环境或更为自由地安排工作，就更能体会到工作的自主性和选择性，也就更可能从工作中体会到乐趣。最后，管理者还应该通过切实手段（例如提供额外的资源或工作环境条件）鼓励员工现实或虚拟的社交往来，这不但能够加强员工之间的情感联系还能强化组织文化，也有利于提升其他乐趣活动的效果。

更进一步说，管理者应该考虑个人—组织价值观匹配在开展工作乐趣活动过程中的作用。在一个弱文化或者个人—组织价值观匹配较低的组织中，员工对于开展乐趣活动的态度会有较大的差异，故"一刀切"的活动不太可能激发大部分人的正面情感，甚至会降低大部分人的工作满意度，因为他们并不想花工作之外的时间来应对与工作无关且他们并不能体验到乐趣的活动（Karl et al.，2005；Redman and Mathews，2002）。在一些小型的组织，管理者应该优先组织那些能够塑造强文化和提升个人—组织价值观匹配度的乐趣活动。在大型组织中，由于多种亚文化的存在，组织发起的活动很难受到大多数人的欢迎，在这种情况下，管理者应该更多鼓励以团队为单位的乐趣活动。

9.5.3 研究的不足与展望

尽管本章的研究得出了一些有意义的结论，但在研究过程中由于人力、物力以及本身设计的限制，存在一些局限和不足，有待将来的研究加以完善。

第一，样本的采集程序和设计方面。与第8章同样的考虑，研究对象仍然局限于知识型员工，未来的研究在数据采集方面可以在更大范围的行业和组织中采集样本来进一步修订工作乐趣量表，以指导工作乐趣实践活动为目的的研究可以在具体某一个行业内收集更多样本的数据来检验研究假设。

第二，在问卷测量的方式上。本研究虽然采用了配对样本的测量，但仅仅针对管理者对下属绩效水平的评价。而在测量员工的价值观匹配时采用的是自陈式问卷测量，这可能会导致价值观匹配和乐趣体验的关系受到一定程度同源偏差的影响（Edwards and Parry，1993；Podsakoff and Organ，1986）。虽然许多学者已经提出，采用单一来源的报告方式会夸大匹配的影响作用（Podsakoff et al.，2003），应该采用跨层面的评价方式（cross-level approach）来获得个体员工—组织匹配的分值（Klein et al.，1994；Roberts，Hulin and Rousseau，1978），但很多个员工—组织匹配的相关研究还是采用多个变量单一来源的自陈式报告，因为他们认为只有当个人感受到那些环境与自身的匹配，匹配效应才会发挥作用。所以虽然单一调查来源会由于同源偏差增强匹配与结果变量间的关系，但是这种调查反映的是真实的而不是人为的偏差（Caplan，1987；Endler and Magnussen，1976；French et al.，1982），因为不管个人与组织是否具有相似的特征或者是否互相满足了对方的需要，只要个人主观感知到匹配，那匹配就是真实存在的，就能够对员工个人的行为产生甚至大于实际匹配的影响（Cable and Judge，1997）。

第三，研究假设并没有考虑年龄和性别的影响，而数据分析的结果表明，年龄和性别对员工感知乐趣和绩效都有一定程度的影响。而且这种年龄的影响可能具有代际差异（Lamn and Meeks，2009）。未来的研究可以在更大样本量的条件下，通过对这两方面因素的控制，分别将性别与工作—生活平衡、年龄与员工代际差异的影响结合起来讨论更适合不同类型知识型员工的工作乐趣。

第四，本章的研究虽然在前一项研究基础上，根据现有文献的建议进一步考虑了乐趣体验以及价值观的影响（Karl et al.，2007），但并未区分不同类型乐趣活动对乐趣体验的影响差异。有研究表明，不同的乐趣活动虽然可能同样对组织公民行为和绩效产生积极影响，但作用机制存在差异，员工的态度和乐趣体验仅仅在部分类型的乐趣活动中起作用（杨洁，2019）。因此未来的研究可以同时考虑乐趣活动类型、员工—组织价值观匹配对员工乐趣体验的影响。

第五，该部分的实证研究并没有将一些工作激励的影响因素和工作动机纳入模型加以考虑，主要的原因是为了避免模型和问卷过于复杂而降低了研究的效度。但这导致该部分的研究没有能够同时考虑组织中的其他环境因素对动机和绩效的影响。后续的研究可以进一步将员工动机和其他激励手段纳入模型进行比较研究，从而考察工作乐趣激励效果的相对影响大小。

第10章 工作乐趣对员工创新的
影响机制研究

伴随着乐趣文化的流行和工作乐趣研究的热度提升，近几年来无论是企业还是研究者都逐步将视角聚焦于"工作乐趣对员工创新的影响"这个问题上。因为这个问题不仅是管理学研究的热点，也是互联网企业掀起工作乐趣流行风潮的初衷，更是科技变革时代对激励新手段的核心诉求。但在这个问题的答案上，无论是实务界还是理论界都还存在争议，工作乐趣究竟是否能够促进创新？影响的机制如何？这就是本章实证研究所要探讨和检验的问题。

10.1 问题的提出

10.1.1 创新成为企业开展乐趣活动的动因之一

在科技持续发展、变革频率加快的市场环境中，企业之间的竞争日趋激烈。企业要想在激烈竞争中立于不败之地，必须依靠创新，从而不断创造出符合市场发展趋势、满足消费者需求的产品和服务。而企业的创新也反过来成为知识经济时代发展的主要推动力。在企业组织中，企业家、管理者和一般员工都可以成为创新主体。员工作为企业创新的主体之一，其创新的效果势必直接影响企业创新的效果，因此，如何增加员工的创新行为，进而提升员工的创新绩效已经成为组织行为学和人力资源管理领域的热点话题。在此背景下，国内外学者开始尝试将工作乐趣作为一种工作压力调节和创新激励的手段加以运用（Becker and Tews，2016；Fluegge - Woof，2014）。

工作乐趣之所以最初流行于互联网公司也是因为这些企业最早意识到工作乐趣对于释放员工压力和激发创新热情方面的独特作用。也正是如此，这些互联网企业开展了千奇百怪的乐趣活动，比如 Yelp 曼哈顿办公区的员工可以在工作时间享受"玉米坑"游戏，还可以享受一轮桌上曲棍球；在 Facebook 曼哈顿办公区，员工可以随时休息，玩遍布在办公室的棋盘游戏；在 Kickstarter 布鲁克林办公室，员工可以在办公室里玩游戏机，甚至在户外放松身心；PayPal 和 Venmo 纽约办公区的员工在休息时间，可以尽情摇滚；LinkedIn 不仅有台球桌、桌上足球和卡拉 OK 机，员工还可以在办公区的影院看电影……

可见，要培育员工的创新意识和刺激创新行为的实施，需要利用额外的企业资源和必要的外部条件。然而伴随人民生活水平的不断提升，传统采用的物质激励手段已经很难对员工起到良好的激励效果。经典的心理学实验研究结果表明，以金钱为主要方式的外部激励针对目标明确、内容简单的工作有较好的效果，但是对于目标模糊、知识含量高、创新型的工作则可能会产生负面的效果（Deci and Ryan, 1985）。自我决定理论将这种现象解释为当个体将工作视为外部激励所追求的目标时，他们就失去了工作的自主性，或者说是对工作的控制感，而一旦个体感知到这种失控，工作的动力就会下降。此时，管理者需要诉诸内在的激励，即激发员工自身对工作的兴趣、爱好、成就感以及使命感等。从这个角度说，心理学的实验研究和理论分析结果与互联网企业大规模开展工作乐趣活动的实践不谋而合。

10.1.2　工作乐趣对创新的影响存在多种可能

鉴于工作乐趣的流行和给相关企业带来的成功，不仅使越来越多的企业对工作乐趣产生了不断增长的兴趣，而且以工作乐趣为主题的研究也越来越受到学者的重视。虽然本书的前面章节已经多次提到了工作乐趣的多方面作用，但具体到工作乐趣对员工创新的影响，现有研究还大部分停留在理论探讨阶段，少量的调查结果也存在争议。弗里德曼等（Friedman et al., 2007）在实验室环境中首次验证了有趣的工作能够通过激发员工的积极情绪而促进个体创新，但弗列格—沃夫（Fluegge - Woof, 2014）的实证研究却不支持工作乐趣所激发的积极情绪能够促进员工创新，而支持工作乐趣通过提升员工敬业度促进创新。维杰和瓦齐拉尼（Vijay and Vazirani, 2011）在媒体行业的调查显示，81% 的中层管理者同意工作乐趣能够促进创新，但只有 18% 的人把工作乐趣视为能够促进创新的管理策略。

在企业实际应用中，一些管理者却认为，"每花一分钟时间笑，就少一分钟时间用来完成业绩指标""假如我允许员工上班时间娱乐，他们猴年马月才能完成工作"。在这种思想的指引下，管理者习惯于向员工分配超负荷工作，甚至占用其业余时间和休息时间来开展工作，更谈不上组织工作场所的乐趣活动了。也有一些企业认为工作乐趣取得的效果十分有限，谷歌曾允许工程师用"20%的时间"开发他们自己感兴趣的项目，但是因为担心绩效，2013年谷歌的部门经理们已经剥夺了这"20%的时间"。[①]

纵观国内外的管理实践与管理理论，工作乐趣被企业广泛运用，但影响创新的效果到底如何，能否促进员工创新行为和创新绩效，还无法给出明确的答案。而创新绩效又恰恰是普遍开展乐趣活动的高科技企业所最关心的问题。这种研究现状中存在的不一致性和不成熟，说明工作乐趣对员工创新行为与创新绩效的影响有待进一步厘清。

10.1.3 本章实证研究的切入点

本章将根据理论篇中的研究模型，通过两项实证研究揭示不同理论视角下，工作乐趣对员工创新的影响效果及作用机制。以往研究主要采用资源保存理论和情感事件理论分析工作乐趣和员工创新之间的关系（杨洁等，2019），理论视角相对单一。而且，工作乐趣是一个多维结构（Lee et al.，2022），但以往文献针对其开展的分类研究还较少，基于分类模型的实证研究更是有限（刘文彬等，2017），不同维度的工作乐趣对于创新行为的影响是正是负还未有一致认可的证据。因此，研究1基于情感事件理论，分别探讨辅助型和社交型两种工作乐趣对员工创新行为的影响机制；研究2基于自我决定理论，分别探讨四种类型的工作乐趣对员工创新绩效的影响机制。本章的研究一方面能够丰富工作乐趣与员工创新关系的理论研究，同样的乐趣活动由于执行的方式差异，可能导致完全不同的效果。另一方面可为倡导创新的企业开展工作乐趣活动提供更为明确的理论指导——到底工作乐趣能否激发员工创新？哪种类型的乐趣活动在创新激励方面的效果更好？帮助管理者理解工作乐趣起作用的关键何在？

（1）研究1的切入点。

研究1首先聚焦于辅助型和社交型两种类型的工作乐趣对员工创新行为的直接影响。盖博和哈蒙·琼斯（Gable and Harmon – Jones，2010）提出的具有突破性的情绪动机维度模型认为，情绪对行为的影响取决于动机

---

① 为激励员工创新　这些科技公司也是拼了［EB/OL］. 厦门大学嘉庚学院大学生创业服务网，http://cyy.xujc.com/2016/0105/c166a53469/page.htm，2016 – 01 – 05.

方向（趋向/回避）和强度（强/弱）两个维度的水平高低。以这一模型为基础，研究假设两类工作乐趣活动所激发的积极情绪由于强度的不同，可能对创新的趋向动机存在差异。例如，高强度/工作无关的工作乐趣（比如社交型）对于创新行为的趋向水平较高，从而能够促进情感驱动型创新行为。基于情绪的动机维度模型区分不同类型工作乐趣的效果差异，能够为进一步探讨工作乐趣影响员工创新的作用机制奠定基础，同时有助于检验前沿心理学基础理论在工作环境中的适用性。

情感事件理论（affective events theory）（Weiss and Cropanzano，1996）常被用于解释工作乐趣研究以及员工创新行为研究。该理论提出的"事件—情感—态度行为"双路径模型能够清晰地揭示工作情境下由事件驱动员工情感的作用机制。以往有研究尝试过使用情感事件理论分析工作乐趣与员工创新行为两者间的关系（比如杨洁等，2019），但尚未有研究同时考虑两条路径的不同作用机制，无法充分揭示工作乐趣对创新行为的完整影响机制。此外，不同的工作乐趣所引起的情感反应存在差异（Michel et al.，2019），唐等（2017）也呼吁更多地针对工作乐趣的不同维度进行分类效果研究。

综上所述，研究1基于情感事件理论，选取"社交型"和"辅助型"两种工作乐趣，构建"乐趣—高动机强度的积极情绪—情感驱动型创新行为"的中介路径与"乐趣—低动机强度的积极情绪—工作满意度—判断驱动型创新行为"的链式中介路径，进一步检验不同维度的工作乐趣是否以及如何引起员工创新行为。研究1的贡献主要体现在三个方面。第一，开展工作乐趣的分类研究，检验不同维度的工作乐趣的差异性。第二，将情感事件理论全面运用于工作乐趣研究。第三，进一步补充员工创新行为的前因。

（2）研究2的切入点。

研究2首先聚焦于四种类型的工作乐趣对于员工创新绩效的直接影响。研究假设四类工作乐趣活动对于创新绩效的影响可能会存在差异。随后，在探讨工作乐趣与创新绩效的直接关系基础上，该部分的实证研究还将进一步深入讨论这种影响的机理，即工作乐趣"怎么样"影响员工创新绩效。虽然工作乐趣影响员工创新的机制研究还很少，但研究者大都认同工作乐趣能够带来正面情感反应是其中的关键（Tang et al.，2017）。心理学和管理学中关于情感事件影响员工创新的研究已有很多，但对影响机制有多种解释。情感事件理论（AET）提出了两种基本的影响机制：工作环境中的事件会激发员工的情感反应，不同的情感反应要么直接引发员工的情感驱动型行为（如建言、创意），要么通过影响员工的工作态度间接引发员工的判断驱动型行为（如离职、内创业）（Weiss and Cropanzano，1996）。阿姆贝尔（Amabile，1988）提出的创造力成分理论（Componential Theory of Creativity，CTC）认为，工作环境会通过激发员工的内在动机来促进创新。当人们在工作中感觉到快乐或觉得工作有趣时，他们会因内在动机驱动而投入工作，从而促进创新。根据工作要求—资源模型，如果工作本身或工作环境中的一些活动具有员工—组织交互属性，则能够增强员工的工作相关资源（比如同事友谊和领导支持），有利于激发创新（Fluegge - Woof，2014）。除此之外，拓展—建构理论、社会互动理论也能够为工作乐趣与创新之间的关系提供与上述理论有异同的解释机制，而且这些理论在不同的情绪与行为研究中也得到了可靠的验证。需要梳理和整合这些情感事件影响员工创新的不同机制，才能合理解释不同类型工作乐趣的效果差异和"双刃剑"效应。

根据自我决定理论及其子理论，并结合"拓展—构建"理论，研究者将构建工作乐趣对员工创新绩效的影响机理模型。工作乐趣作为一种外部调节因素，能给员工带来放松、快乐等积极情绪，从而促使员工积极地思考诸多行动的可能性，拓展员工的注意、认知、行动范围，促使个体直接激发内在动机或者由外在动机内化为内在动机，进一步激发员工的创新想法、行为和绩效。因此，内在动机作为工作乐趣对员工创新绩效的影响中不可跨越的一环，对于厘清两者关系非常重要。

基本心理需要理论是自我决定理论的核心内容，而自主又是基本心理需要理论的重要组成部分，德西和里安（Deci and Ryan，2000）认为员工在一个自主支持的环境中会变得更具创造性，即自主支持环境越高，员工的创造性越来越突出。但是，自主支持环境对工作绩效、创新、创造力的积极作用是有条件的。张剑等（2010）认为工作的复杂性不同、对个人的重要性不同会影响自主性动机对创造性绩效的影响。因此，自主支持环境作为一种环境因素和情感因素，构成了影响员工情绪的"情感事件"，能对工作乐趣及四种类型的工作乐趣与员工创新绩效的关系施加影响。

综上所述，研究2基于近年来在心理、教育、工作等领域被广泛应用验证的动机理论——自我决定理论，构建以内在动机为中介变量，自主支持环境为调节变量的模型，探究"社交型""放松型""辅助型"和"福利型"四种类型的工作乐趣对员工创新绩效的影响机制。研究2的贡献主要体现在三个方面：一是工作乐趣的分类作用探讨，即不同类型工作乐趣对创新绩效的影响；二是工作乐趣激发员工创新的机理探索；三是尝试对自我决定理论在组织环境下的解释机理进行验证。

10.2　研究 1 的研究假设与理论基础

本部分提出如图 10 - 1 所示的研究假设模型。这一模型通过整合情绪的动机维度模型（Gable and Harmon - Jones，2010a）和情感事件理论（Weiss and Cropanzano，1996），探讨工作乐趣对员工创新行为的影响机制。模型遵循情感事件理论提出的情感事件通过两种情感反应，直接或间接影响员工行为的研究思路，对两种类型的工作乐趣影响员工创新行为的作用机制做整合性研究。下文将根据这一完整模型，分别论述直接作用、中介作用和链式中介作用的理论基础和具体关系假设。

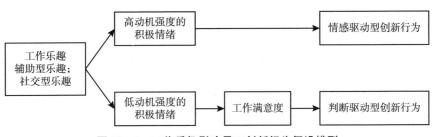

图 10 - 1　工作乐趣影响员工创新行为假设模型

10.2.1　员工创新行为及其影响因素

员工创新行为是指员工在工作中产生创新想法并付诸实践的过程（Montani et al.，2017；Scott and Bruce，1994）。以往研究中，员工创新行为被划分成多种类型。主流观点认为员工创新行为是个体自愿、主动、非组织要求的行为（Katz and Kahn，1966；George and Brief，1992；Parker and Collins，2010），基于这种假设前提，不少学者从过程视角进行区分，比如斯科特和布鲁斯（Scott and Bruce，1994）将员工创新行为划分为创新构想、寻求支持、创新实现。容和哈托格（Jong and Hartog，2010）在探索员工创新行为的测量维度时，提出并验证了四阶段过程构念，包括创意探索、创意产生、创意倡导和创意应用。然而，在中国情境下，外部的政府政策经常成为促使员工创新的手段，此时的员工创新行为是被动、非自愿与主动、自愿并存。于是，中国学者赵斌等（2014；2015）基于自我决定理论的动机视角（Deci and Ryan，2000；Gagné and Deci，2005），提出了员工主动创新行为和被动创新行为的概念。卢小君和张国梁（2007）基于中国情境，对创新行为的五阶段过程构念进行了实证探索，归结为产生创新想法和执行创新想法。在后续的相关研究中，创新行为的两阶段划分得到一些国内学者研究的支持和采用。在本章的研究中，根据情感事件理论（Weiss and Cropanzano，1996），研究者将创新行为进一步划分为情感驱动型创新行为和判断驱动型创新行为，两者具有不同的触发机制。前者是指员工的创新行为直接由情感反应引发，如在工作中因情绪高昂闪现出新奇的创意；后者是指创新行为间接由情绪反应引发，即情感反应先影响了员工的态度和对事件的评价，再进一步表现出创新性的行为。

瞿艳平和李坚飞（2019）通过梳理国内外文献总结出三大类因素会影响员工创新行为，分别来自员工个体、组织环境和员工自身与组织环境的交互作用。

在员工个体方面，研究多集中于分析人格特质对创新行为的影响。早期学者如柯顿（Kirton，1976）根据创新者与适应者的异质性比较，以表明员工个体特质差异将影响其创新行为；随后阿马比尔（Amabile，1983）从员工内外在动机差异的角度来探究其对员工创新行为的作用效果；随着国内外情绪研究的不断增多，弗雷德里克森（Fredrickson，2005）探讨了积极的情绪对创新行为的影响；王国猛等（2016）的研究基于情绪社会建构理论，发现了情绪创造力（感受他人情绪并真诚反馈自身情绪）对员工创新行为具有显著的正向影响。

在组织环境方面，主要关注的是情境因素、工作事件等的影响。张惠琴和侯艳君（2017）的研究总结出组织环境内部的组织特征、领导和工作特征会影响员工创新行为。顾远东等（2016）在研究创新氛围对创新行为的作用机制时，证实了复杂、集权的组织结构不利于促进员工创新行为。霍伟伟（2011）探索了领导者行为对员工创新行为的跨层次的作用机理。除了组织特征和领导因素外，工作本身特质，如工作压力、工作的复杂性、工作的高要求等也是员工创新行为的影响因素。邦斯与韦斯特（Bunce and West，2010）指出员工会因高工作要求而改变已有工作方式进而产生创新行为。宋锟泰等（2019）从调节焦点理论的角度得出研究时间压力促进了利用式创新行为，但也会抑制探索式创新行为。

福特（Ford，1996）提出创新行为不仅仅取决于员工自身或组织环境，还会受到员工与环境交互作用的影响。比如张敏等（2012）在情境实验中探索在时间有限条件下，实验对象的感知时间压力和情绪对员工创新行为的影响。其研究发现，当时间被控制后，试验对象感知的时间压力加剧并伴随消极情绪，阻碍了创新行为；同时，拥有积极情绪的试验对象在此情况下，做出规避风险较大的创新行为的决策。

10.2.2　工作乐趣对员工创新行为的直接作用

本章研究选取了社交型乐趣和辅助型乐趣两种既有典型区别又在工场所中频繁出现的乐趣活动，探究两者对情感驱动型创新行为和判断驱动型创新行为的影响。社交型乐趣是由员工自发的、与工作相关程度较低（或无关）的乐趣活动，如玩笑、幽默、社交网络互动等。相反，辅助型乐趣是指组织发起的、与员工的工作相关程度较高的乐趣活动，如取得良好业绩后的小型聚会。

工作乐趣属于组织环境因素。本研究认为其作为一种有趣、友好的情境因素，能够促进员工的创新行为。首先，无论是组织发起的还是员工自发的工作乐趣，都能增强员工之间、员工与组织之间的情感联系，使他们感受到来自他人的理解与支持（杨洁等，2019）。研究表明，当员工面对组织支持时倾向于表现出更强的创新性（Amabile，1997；Amabile et al.，2004）。因此，作为获得组织支持的回应，员工可能会在工作中增加创新行为。其次，工作乐趣为员工提供了一个鼓励自由表达的工作环境。通过同事之间的频繁交流，能够促进组织内部知识与信息的共享与整合，这有助于员工开展创新活动（张振刚等，2016）。并且员工间的自由表达会在不知不觉中进行头脑风暴，使他们从固化的思维模式中解放出来，打开新思路。这种思维的碰撞是创意产生的摇篮（石冠峰和姚波兰，2019）。最后，工作乐趣令员工获得了来自组织的认可以及产生了额外的快乐，促使员工投入更多的时间和精力去完成工作任务（Plester and Hutchison，2016），从而激发了他们的创造性工作参与（Liu and Ge，2020）。因此，研究提出：

假设10-1（a）：社交型乐趣对员工情感驱动型创新行为有正向的影响。

假设10-1（b）：社交型乐趣对员工判断驱动型创新行为有正向的影响。

假设10-1（c）：辅助型乐趣对员工情感驱动型创新行为有正向的影响。

假设10-1（d）：辅助型乐趣对员工判断驱动型创新行为有正向的影响。

10.2.3　高动机强度的积极情绪的中介作用

积极情绪是一种愉悦感，当个体认为当前的环境因素对自己有利并展现出良好的前景（good prospects）或好运（good fortune）时就会产生积极情绪（Fredrickson，2013）。研究发现，积极情绪不仅能够促进个体的心理健康（Harker and Keltner，2001）和生理健康（Ostir et al.，2000），还能够提升组织效能（Staw et al.，1994）。盖博和哈蒙·琼斯（2010a）在一系列实验研究的基础上提出了情绪的动机维度模型（the motivational dimensional model of affect）。该模型指出，除了效价和唤醒两种维度外，情绪还具有动机维度，而动机又有方向和强度之分。因此，就动机的强度而言，积极情绪又可分为高动机强度的积极情绪和低动机强度的积极情绪。高动机强度的积极情绪（如兴奋的）会缩短个体的认知过程，使其更执着地追求目标；低动机强度的积极情绪（如宁静的）会扩展个体的认知范围，使其全面审视环境线索，从而促进探索行为（Gable and Harmon - Jones，2010a）。值得注意的是，虽然动机的强度和唤醒在概念上密切相关，但动机更具动作意义（Gable and Harmon - Jones，2010b）。换句话说，动机更易使个体产生行为。

结合情感事件理论，本章研究认为高动机强度的积极情绪在工作乐趣与员工情感驱动型创新行为之间起中介作用。基于情感事件理论的逻辑，情感驱动的行为来自员工情感反应的直接驱动。根据情绪的动机维度模型，员工由事件激发的情感反应应是动机强度较高的情绪，因为它直接使个体产生了行为（Gable and Harmon - Jones，2010a）。因此，情感事件理论中的一条情绪激发行为的路径可以更完整地表述为：工作中的某些事件会引起员工的高动机强度的情绪，进而产生情感驱动行为。

更具体地说，作为在工作中会引起个体情绪反应的事件，工作乐趣提升了员工的积极情绪（Fluegge，2008；Michel et al.，2019）。首先，工作乐趣的目的就是让员工在忙碌的工作中适当放松，通过一系列玩乐活动使他们感到愉悦。当员工在工作场所真正体验到乐趣时，他们更可能对此类事件产生积极情绪（Michel et al.，2019）。其次，克拉克和沃森（Clark and Watson，1988）的研究表明，参加有趣的活动，尤其是社交性质的活动更能让人的心情变好。而工作乐趣是一种积极的活动，在此期间同事们或多或少会进行有意思的互动。因此，有理由相信工作乐趣会增强员工的积极情绪。最后，工作乐趣营造了一个轻松愉悦的工作氛围，员工在这种氛围下更能体会到满足、快乐、幸福等积极情绪（石冠峰和姚波兰，2019）。总之，当面对工作乐趣时，员工会引起自身的情感反应，即增强积极情绪。并且工作乐趣的形式越有趣，越能引起他们高动机强度的积极情绪。

更进一步，工作乐趣通过高动机强度的积极情绪促进员工的情感驱动型创新行为。首先，研究表明，与消极情绪相比，积极情绪的参与者在创造性任务中有更好的表现（Friedman et al., 2007），这提供了假设的基本前提。其次，当员工体验到积极情绪时，有助于拓展思路并促进团队学习，从而提升创新能力（Kolb and Kolb，2010）。最后，从相关的一系列实验中可以看出，经历积极情绪的个体会表现出不同寻常的思维模式，更具灵活性和创造性（Isen et al., 1987；Isen and Labroo，2003）。也就是说，具有积极情绪的个体的思维更活跃，更具创新意愿。而有着高动机强度的积极情绪的个体有可能会直接产生创新行为，这种创新行为正是本章研究所阐述的情感驱动型创新行为。

综上所述，本研究认为工作乐趣增强了员工高动机强度的积极情绪，进而产生了情感驱动型创新行为。但是不同类型的工作乐趣可能会产生不同动机强度的积极情绪。因此，研究提出：

假设10-2（a）：高动机强度的积极情绪在社交型乐趣和员工情感驱动型创新行为之间起中介作用。

假设10-2（b）：高动机强度的积极情绪在辅助型乐趣和员工情感驱动型创新行为之间起中介作用。

10.2.4 低动机强度的积极情绪和工作满意度的链式中介作用

再看情感事件理论所论述的另一条情感驱动行为的路径。情感事件理论认为，工作事件会引起组织成员的情感反应，某些情感反应会改变员工的工作态度，进而驱动员工行为，称之为判断驱动行为。结合情绪的动机维度模型，此时的情绪反应应是动机强度较低的情绪，因为它并不直接驱动行为，而是扩展了员工的认知范围，通过改变工作态度间接驱动产生行为（Gable and Harmon-Jones，2010a）。因此，工作中的某些情感事件会引起员工的低动机强度的情绪，随后影响工作相关的态度（比如工作满意度），进而产生判断驱动行为。

正如上文所论述的一样，工作乐趣会提升员工的积极情绪，并且某些形式的乐趣活动可能引起员工低动机强度的积极情绪。此外，由工作乐趣导致的低动机强度的积极情绪可能会进一步增强员工的工作满意度。一方面，积极情绪提高了个体的心理弹性水平，增进其主观幸福感，有利于建立持久的个人与社会资源（personal and social resources）（Fredrickson，2001），因此具有积极情绪的员工更可能对工作感到满意（Kafetsios and Zampetakis，2008）。另一方面，斯托等（Staw et al., 1994）的纵向研究发现，具有积极情绪的员工会获得更有利的上级评价、更高的薪酬以及更多的组织支持。此外，他们更有可能记住在工作中发生的积极事件。因此，具有积极情绪的员工会通过感知客观工作环境中的有利因素，提升其工作满意度。如此，具有低动机强度的积极情绪的员工更会从主观与客观两个视角对整体工作情况进行评价（Gable and Harmon - Jones，2010a），从而提高他们的工作满意度。

由低动机强度的积极情绪提升的工作满意度还可能会进一步促进员工的判断驱动型创新行为。首先，创新的过程充满风险和挑战。工作满意度越高的员工越容易应对环境的变化与人际冲突，从而减少他们的情绪衰竭与工作压力，这有利于激发和维持创新行为（Wei et al.，2020）。其次，当员工具有较高的工作满意度时会进一步增强他们的内在动机，使他们更有可能拥有积极的期望与信念去从事创新行为（Miao et al.，2020）。最后，当员工对工作感到满意时，他们会致力于从事积极的行为以提高工作绩效。在这个过程中，他们容易接受新的想法，并且开展更多的创新行为（Niu，2014）。

综上所述，本章研究认为工作乐趣增强了员工低动机强度的积极情绪，进而提升了其工作满意度，最后产生了判断驱动型创新行为。但是不同类型的工作乐趣可能会产生不同动机强度的积极情绪。因此，研究提出：

假设10 - 3（a）：低动机强度的积极情绪和工作满意度在社交型乐趣与员工情感驱动型创新行为之间起链式中介作用。

假设10 - 3（b）：低动机强度的积极情绪和工作满意度在辅助型乐趣与员工情感驱动型创新行为之间起链式中介作用。

10.3 研究 1 的实证研究设计

10.3.1 样本采集与样本特征

我们的研究是在中国一家大型国有企业进行的问卷调查。为了将共同方法方差（CMV）的影响降至最低，我们向员工及其直接主管发放了配对的问卷（Podsakoff et al.，2012）。员工问卷中包含了有关工作乐趣、情感状态、工作满意度和情感驱动型创新行为的问题，而直接主管则负责评估其下属的判断驱动型创新行为。为了提高调查人群的覆盖率和响应率（Fricker，2016），我们采用了混合调查法，这种方法充分利用了多种调查方法的优势（De Leeuw et al.，2012）。具体来说，我们通过人力资源部门向当地员工发放了 48 份纸质问卷，回收了 30 份有效问卷。然后，根据人力资源部门提供的电子邮件列表，向 102 位在外地工作的员工发放了在线调查问卷（www. wjx. cn）。这一额外步骤为研究提供了 86 份有效的在线调查样本。最后，对这 116 份员工问卷进行编码，由他们的 17 名直接主管进行评价。综上所述，本章研究一共向员工发放了 150 份问卷，回收有效问卷 116 份（77.3%）。向他们的 17 名主管发放并回收配对问卷 116 份。

在所有受访者中，69.8% 为男性，30.2% 为女性。年龄方面，20.7% 的员工处于 22~25 岁，79.3% 的员工在 26 岁以上。学历方面，62.1% 的员工获得了学士学位，37.9% 的员工至少获得了硕士学位。工作年限中，2.6% 的员工在 1 年以下，27.6% 在 1~3 年，35.3% 在 4~5 年，34.5% 在 6 年及以上。

10.3.2　变量测量

该部分问卷调查总共包括工作乐趣、积极情绪、工作满意度、员工创新行为等变量的测量量表和人口统计变量调查。

（1）积极情绪。基于情绪的动机维度模型（Gable and Harmon‑Jones，2010a）中提及的词汇，结合沃森等（Watson，1988）开发的 PANAS 量表，筛选和提炼出高/低动机强度的积极情绪各 3 条语句。员工以 7 点李克特量表从 1（非常不符合）到 7（非常符合）评估在工作中的感受。低动机强度的积极情绪包括"有趣的""满足的""幸福的"，克隆巴赫 α 系数为 0.94；高动机强度的积极情绪包括"活跃的""快乐的""兴高采烈的"，克隆巴赫 α 系数为 0.92。

（2）工作满意度。使用卡曼（Cammann，1983）开发的 3 个题目衡量员工对工作的满意程度。每题都采用 7 点李克特量表评分，范围从 1（非常不同意）到 7（非常同意）。例如"大体上说，我喜欢在这里工作"，克隆巴赫 α 系数为 0.77。

（3）员工创新行为。情感驱动型创新行为通过测量员工的创新想法来表征，而判断驱动型创新行为则测量员工的创新执行。具体而言，本章研究使用顾远东和彭纪生（2010）改编自凯尔森和斯特里特（Kleysen and Street，2001）的个人创新量表。情感驱动型创新行为使用 7 个题目测量，例如"我曾在工作中产生解决问题的想法或解决方案"，员工以 7 点李克特量表从 1（非常不符合）到 7（非常符合）评分，克隆巴赫 α 系数为 0.92。判断驱动型创新行为使用 6 个题目测量，例如"他或她曾实施可能产生好处的改变"，主管以 7 点李克特量表从 1（非常不符合）到 7（非常符合）对员工的行为评分，克隆巴赫 α 系数为 0.72。

（4）社交型/辅助型乐趣。使用工具篇中修订的工作乐趣量表，员工以 7 点李克特量表从 1（从不）到 7（一直）评估每项活动发生的频率。社交型乐趣使用 4 个题目测量，例如"同事之间以各种形式分享笑话和小幽默"，克隆巴赫 α 系数为 0.77。辅助型乐趣使用 6 个题目测量，例如"取得好成绩后的小型庆祝会"，克隆巴赫 α 系数为 0.79。

（5）人口统计变量的测量。根据以往工作乐趣与员工创新的研究（杨洁，2019），以及调查样本特征，调查问卷包含了 5 项人口统计变量，分别为学历：分为 4 个等级，从 1 到 4 依次为"高中及高中以下""大专""本科"和"硕士及以上"。工作年限：分为 4 个等级，从 1 到 4 依次为"1 年以下""1～3 年""3～5 年"和"5 年以上"。职位等级：分为 3 种，1 到 3 依次为"基层岗位""中层岗位""高层岗位"。性别：1 代表男性，0 代表女性；年龄：分为 3 个等级，从 1 到 3 依次为"21 岁及以下""22～25 岁"和"26 岁以上"。

由于研究数据通过两种渠道收集，研究通过独立样本 T 检验对不同渠道收集的数据进行差异检验，结果表明两组数据之间未有显著差异（$p > 0.05$），可作为整体样本使用。

10.4　研究 1 的实证数据分析

10.4.1　验证性因子分析

研究通过验证性因子分析检验假设的七因子模型的区分效度。由于研究采集的样本量较少（N = 116），但测量创新行为的语句较多（13 个题目），借鉴以往学者的处理方式，研究使用了项目打包技术（Little et al.，2013）。其中，判断驱动型创新行为的 6 个题目被随机分为两个指标，而情感驱动型创新行为的 7 个题目被随机分成三个指标。验证性因子分析结果见表 10 - 1，七因子模型（社交型乐趣、辅助型乐趣、高动机强度的积极情绪、低动机强度的积极情绪、工作满意度、情感驱动型创新行为和判断驱动型创新行为）提供了更好的拟合指数：$\chi^2(188) = 309.69$，CFI = 0.93，TLI = 0.92，RMSEA = 0.08，SRMR = 0.07，表明 7 个潜变量间具有良好的区分效度。

表 10 – 1　　　　　　　　　　　　区分效度检验

模型	χ^2	df	$\Delta\chi^2$（Δdf）	CFI	TLI	RMSEA	SRMR
七因子模型	309.69	188		0.93	0.92	0.08	0.07
六因子模型（C + D）	359.67	194	6（49.98）	0.91	0.89	0.09	0.07
五因子模型（C + D；F + I）	466.54	199	11（156.85）	0.85	0.83	0.11	0.10
四因子模型（C + D；F + I；A + B）	560.66	203	15（250.97）	0.80	0.77	0.12	0.11
单因子模型（所有变量加总）	921.67	209	21（611.98）	0.60	0.56	0.17	0.13

注：N = 116，A = 社交型乐趣；B = 辅助型乐趣；C = 高动机强度的积极情绪；D = 低动机强度的积极情绪；E = 工作满意度；F = 情感驱动型创新行为；G = 判断驱动型创新行为。

10.4.2　共同方法偏差检验

由于研究所收集的数据大多来源于员工的自我报告，虽然通过"领导—员工"配对采集，但研究结果仍可能受共同方法偏差影响。为降低这一方面的影响，首先，问卷的开头处已声明"本研究的所有调查，都会对受访者个人隐私进行很好的保护，研究结果仅用于学术研究"。其次，本研究采用 Harman 单因子检验方法，通过无旋转的主成分分析的结果表明没有一个独立的公共因子被析出，最大因子的方差解释率为 34.09%（低于 40%）。最后，研究在假设的七因子模型基础上添加了一个潜在的共同方法因子，构建新模型。这个新模型比假设的七因子模型稍微更好地拟合了数据［χ^2(167) = 233.21，CFI = 0.96，TLI = 0.95，RMSEA = 0.06，SRMR = 0.05］，但这些变化值尚未达到温忠麟等（2018）建议的 CFI 和 TLI 增幅不超过 0.1、RMSEA 和 SRMR 降幅不超过 0.05 的标准。综上所述，本研究不存在严重的共同方法偏差问题。

10.4.3　描述性统计与相关分析

各变量的均值、标准差和相关系数如表 10 – 2 所示。除社交型乐趣和情感驱动型创新行为的相关性不显著外，其余变量间的相关性均与研究假设大致相同。

表 10 - 2　　　　　　　　各变量均值、标准差和相关系数

变量	M	SD	1	2	3	4	5	6	7	8	9
1. 性别	0.30	0.46									
2. 年龄	2.79	0.41	0.06								
3. 学历	1.38	0.49	0.11	0.36 **							
4. 社交型乐趣	5.49	1.15	0.01	-0.12	-0.11						
5. 辅助型乐趣	4.13	1.36	0.01	-0.04	0.07	0.17					
6. HMPA	3.81	1.61	-0.08	-0.14	0.10	0.26 **	0.46 **				
7. LMPA	3.95	1.66	-0.15	-0.17	0.12	0.23 *	0.50 **	0.85 **			
8. 工作满意度	4.11	0.84	-0.04	-0.14	0.01	0.16	0.28 **	0.43 **	0.56 **		
9. ADIB	4.65	1.23	-0.21 *	0.02	0.09	0.18	0.49 **	0.44 **	0.44 **	0.44 **	
10. JDIB	4.72	1.04	0.05	-0.08	-0.01	0.56 **	0.23 *	0.30 **	0.30 **	0.27 **	0.34 **

注: $N = 116$, ** $p < 0.01$, * $p < 0.05$。HPMA/LPMA = 高/低动机强度的积极情绪，ADIB/JDIB = 情感/判断驱动型创新行为。

10.4.4　实证研究的假设检验

本研究使用 Mplus 8.3 进行结构方程建模（SEM）以检验研究假设。为了避免两种工作乐趣间相互影响，研究将两种乐趣活动分别纳入结构方程模型中进行检验。此外，与上文的验证性因子分析一样，判断驱动型创新行为的 6 个题目被随机分为两个指标，而情感驱动型创新行为的 7 个题目被随机分成三个指标。

首先，进行直接作用检验。一方面，结果表明社交型乐趣对情感驱动型创新行为（$\beta = 0.23$，$p < 0.05$）和判断驱动型创新行为（$\beta = 0.93$，$p < 0.001$）均有显著的正向影响，且该模型拟合非常良好 [$\chi^2(35) = 56.92$，CFI $= 0.96$，TLI $= 0.94$，RMSEA $= 0.07$，SRMR $= 0.07$]。因此，假设 10 - 1（a）和假设 10 - 1（b）得到支持。另一方面，研究结果表明，辅助型乐趣对情感驱动型创新行为（$\beta = 0.58$，$p < 0.001$）和判断驱动型创新行为（$\beta = 0.19$，$p < 0.05$）均有显著的正向影响，且模型拟合良好 [$\chi^2(56) = 80.42$，CFI $= 0.95$，TLI $= 0.93$，RMSEA $= 0.06$，SRMR $= 0.06$]。因此，假设 10 - 1（c）和假设 10 - 1（d）得到支持。

其次，研究使用 Bootstrap 法（也称拔靴法）进行多种中介作用检验。中介作用检验通常使用两种方法：一种是索贝尔（Sobel，1982）提出的 Sobel 检验法，通过检验路径系数的乘积项是否异于 0 来判断中介作用存在与否，但该方法要求乘积项服从正态分布，然而即使每个路径系数均服从正态分布，其乘积通常也并非正态，所以具有明显的局限性；另一种则

是采用结构方程模型或 SPSS 的 process 插件，通过 Bootstrap 检验法比较间接效应的 Bootstrap 区间是否包含 0 来判断其中介作用是否存在。根据普瑞切以及海耶斯（Preacher and Hayes，2004）的建议，使用 Bootstrap 法进行中介作用检验可有效减少犯第一类统计错误（弃真错误）的概率，对中介效应置信区间的估计也更为精确和稳健，从而具有更高的统计效力（MacKinnon et al.，2004）。Bootstrap 法是指从样本中进行有放回的重复抽样，以实现多种抽样方案。例如，bootstrap 重复抽样 2000 次，可以得到 2000 个系数乘积的估计值，将其按数值从小到大排序，并以 95% 为置信区间进行检验：如果间接效应的区间不包含 0，则间接效应存在，也即中介作用存在，同时直接效应的 Bootstrap 区间若包含 0，为完全中介作用，若不包含 0，为部分中介作用；如果间接效应的区间包含 0，则间接效应不存在，也即中介作用不存在。以上两种方法的原理在本质上是相似的，并无绝对的优劣之分，但 Bootstrap 检验法是一种从样本中重复抽样的方法，有助于在无先验信息的情况下检验其中介效果，并且很多研究证实了该方法检验力高于 Sobel 检验，因此本书后续的研究多采用 Bootstrap 检验法检验中介作用。

为了确认两种类型的工作乐趣的不同中介作用路径，研究对 8 种模型进行了直接和间接作用的测试。Model 1 和 Model 5 代表完全中介模型，即没有从自变量到因变量的直接作用路径。Model 2 和 Model 6 在完全中介模型的基础上各增加了一条从工作乐趣到情感驱动型创新行为的路径。Model 3 和 Model 7 各增加了一条从工作乐趣到判断驱动型创新行为的路径。Model 4 和 Model 8 各增加了两条路径：一条是从工作乐趣到情感驱动型创新行为的路径，另一条是从工作乐趣到判断驱动型创新行为的路径。8个模型的拟合指数如表 10 - 3 所示，Model 3 $[\chi^2(156) = 220.95$，$\chi^2/df = 1.42$，CFI $= 0.96$，TLI $= 0.95$，RMSEA $= 0.06$，SRMR $= 0.08$）] 和 Model6 $[\chi^2(195) = 281.75$，$\chi^2/df = 1.44$，CFI $= 0.94$，TLI $= 0.94$，RMSEA $= 0.06$，SRMR $= 0.07$）] 比其他的模型都更好地拟合了数据，因此本章研究使用了这两个模型来进行中介作用和链式中介作用检验。Model 3 和 Model 6 的路径系数如图 10 - 2 和图 10 - 3 所示。

表 10 - 3　　　　　　　　　各测量模型的拟合指数

测量模型	χ^2	df	χ^2/df	CFI	TLI	RMSEA	SRMR
Model 1	319.75	157	2.04	0.89	0.87	0.10	0.10
Model 2	319.18	156	2.05	0.89	0.87	0.10	0.10

测量模型	χ^2	df	χ^2/df	CFI	TLI	RMSEA	SRMR
Model 3	220.95	156	1.42	0.96	0.95	0.06	0.08
Model 4	220.49	155	1.42	0.96	0.95	0.06	0.08
Model 5	297.79	196	1.56	0.94	0.92	0.07	0.09
Model 6	281.75	195	1.44	0.94	0.94	0.06	0.07
Model 7	297.78	195	1.53	0.93	0.92	0.07	0.09
Model 8	281.24	194	1.45	0.94	0.93	0.06	0.07

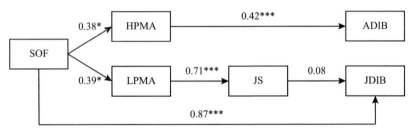

图 10 – 2　Model 3 的路径系数

注：SOF = 社交型乐趣，HPMA/LPMA = 高/低动机强度的积极情绪，JS = 工作满意度，ADIB/JDIB = 情感/判断驱动型创新行为。* $p < 0.05$，** $p < 0.01$，*** $p < 0.001$。

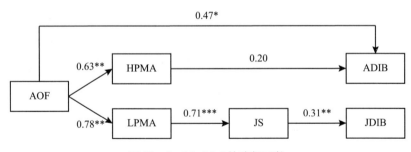

图 10 – 3　Model 6 的路径系数

注：AOF = 辅助型乐趣，HPMA/LPMA = 高/低动机强度的积极情绪，JS = 工作满意度，ADIB/JDIB = 情感/判断驱动型创新行为。* $p < 0.05$，** $p < 0.01$，*** $p < 0.001$。

　　Bootstrap 中介作用检验结果（见表 10 – 4）表明，高动机强度的积极情绪在社交型乐趣与情感驱动型创新行为之间的间接效应值为 0.16，在 95% 置信区间为 [0.06，0.33]，不包含 0。因此，假设 10 – 2（a）得到支持。然而，高动机强度的积极情绪在辅助型乐趣与情感驱动型创新行为之间的间接效应值为 0.13，在 95% 置信区间为 [- 0.01，0.34]，包含 0。

因此，假设 10 - 2（b）不成立。

表 10 - 4　　　　　　　　　　　假设检验结果

路径	估计值	S.E	95% 置信区间	假设	检验结果
SOF→ADIB	0.23 *	0.12		假设 1（a）	支持
SOF→JDIB	0.93 ***	0.11		假设 1（b）	支持
AOF→ADIB	0.58 ***	0.13		假设 1（c）	支持
AOF→JDIB	0.19 *	0.09		假设 1（d）	支持
SOF→HMPA→ADIB	0.16 *	0.07	[0.06, 0.33]	假设 2（a）	支持
SOF→LMPA→JS→JDIB	0.02	0.02	[- 0.02, 0.08]	假设 3（a）	不成立
SOF→JDIB	0.87 ***	0.19	[0.56, 1.29]		
AOF→HMPA→ADIB	0.13	0.08	[- 0.01, 0.34]	假设 2（b）	不成立
AOF→ADIB	0.47 *	0.21	[0.11, 0.97]		
AOF→LMPA→JS→JDIB	0.17 *	0.07	[0.06, 0.33]	假设 3（b）	支持

注：SOF = 社交型乐趣，HPMA/LPMA = 高/低动机强度的积极情绪，JS = 工作满意度，ADIB/JDIB = 情感/判断驱动型创新行为。限于篇幅，控制变量未列入。Bootstrap = 1000， * p < 0.05；*** p < 0.001。

链式中介结果表明，低动机强度的积极情绪与工作满意度在社交型乐趣和判断驱动型创新行为之间的间接效应值为 0.02，在 95% 置信区间为 [- 0.02，0.08]，包含 0。因此，假设 10 - 3（a）不成立。相比之下，低动机强度的积极情绪与工作满意度在辅助型乐趣和判断驱动型创新行为之间的间接效应值为 0.17，在 95% 置信区间为 [0.06，0.33]，不包含 0。因此，假设 10 - 3（b）得到支持。

10.4.5　研究结论

研究 1 基于情感事件理论，结合情绪的动机维度模型，探究不同维度的工作乐趣对员工创新行为的影响及其作用机制。研究结果表明，社交型乐趣对员工情感驱动型创新行为和判断驱动型创新行为均有显著的正向影响；辅助型乐趣对员工情感驱动型创新行为和判断驱动型创新行为均有显著的正向影响。高动机强度的积极情绪在社交型乐趣与员工情感驱动型创新行为间起中介作用；低动机强度的积极情绪和工作满意度在辅助型乐趣和员工判断驱动型创新行为间起链式中介作用。

10.5 研究 2 的研究假设与理论基础

本部分提出如图 10-4 所示的研究假设模型。这一模型通过整合自我决定理论，探讨四种类型的工作乐趣对员工创新行为的影响机制，并纳入自主支持环境，进一步探索两者间的边界条件。该部分实证研究主要想验证三个方面的问题：第一，三个直接效应模型，即工作乐趣对员工创新绩效的正向影响、工作乐趣对内在动机的正向影响及内在动机对员工创新绩效的正向影响。第二，一个中介模型，即内在动机对工作乐趣与员工创新绩效间的关系起中介作用；第三，一个调节模型，即自主支持环境在工作乐趣与员工内在动机间关系中起调节作用。下文将根据这一完整模型，分别论述相应的理论基础和具体关系假设。

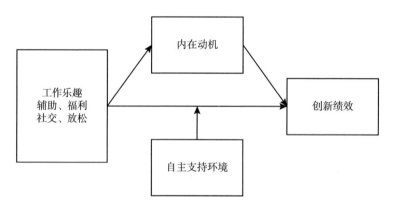

图 10-4 工作乐趣影响员工创新绩效假设模型

10.5.1 员工创新绩效

吉利和梅楚尼奇（Geely and Metronich，2005）认为绩效的定义有一个发展过程，转变路径为：结果导向→结果过程导向→价值导向。结果导向的绩效就是完成任务的有效输出，追求产出和效果。结果过程导向的绩效则追求结果和过程的有机统一。价值导向的绩效追求价值创造，强调学习、创新、共享，体现绩效对未来和发展的关注。

现有研究主要关注的是组织层面的创新绩效，包括产品服务创新、工艺创新带来的企业绩效的提高，对员工个体的创新绩效的研究相对较少。王先辉、段锦云和田晓明等（2010）认为员工创新绩效是集体创新绩效和组织创新绩效的基础，因此，对企业而言，员工层面的个体创新绩效更应受到关注。在此基础上，阿姆贝尔（Amaible，1988）认为创新绩效是指个体层面产生新颖的、切合实际的、可行的想法，包括有价值的产品、过程、方法和思想。詹森（Janssen，2004）认为员工创新绩效指员工在工作角色、群体或者组织内有目的的新思想的创造、引入和实施，这是员工创新绩效较为成熟的定义。衡元元（2012）总结上述学者的定义后认为，员工创新绩效可具体表述为员工的一系列创新活动，及其所产出的、能感知和测量的对组织或团队有价值的成果，这些创新活动需经历各种程序或阶段，进而产生绩效。

员工创新绩效是组织创新的重要来源。梳理文献发现，员工创新绩效的影响因素多种多样，主要包括个体因素、组织情境因素。个体因素主要包括人格特质、内在动机、个体越轨创新、心智模式、工作幸福感、工作价值观等。张学和等（2013）实证发现创新个性、自我效能等对员工个体创新绩效产生影响。张婕、樊耘和张旭（2014）以国有科技型组织中的知识员工为样本，发现员工前摄型人格对其创新绩效具有正向影响。王仙雅、林盛和陈立芸等（2014）通过结构方程模型分析发现员工的隐性知识共享行为显著影响自身的创新绩效。黄玮、项国鹏和杜运周等（2017）发现越轨创新总体上对个体创新绩效具有正向影响。齐义山（2017）在探讨中小科技企业如何激发知识型员工持续有效的创新行为时发现，心智模式通过组织创新气氛正向影响创新行为。

组织情境因素主要包括领导风格、工作活动和社交活动、组织文化、企业奖励、工作特性、组织环境等。杨浩等（2016）验证了真实型领导正向影响员工创新绩效。陈璇（2017）的实证研究发现授权型领导对于知识型员工的创新绩效有正向影响。宋琦（2016）通过对 16 个组织 759 位员工的实证研究发现，员工午间的放松活动、工作活动和社交活动均正向影响创新绩效。李静（2016）发现"领导—成员交换"和"团队—成员交换"对员工创新绩效有显著的正向影响。贾艳玲等（2017）实证发现高绩效工作系统（HPWS）对个体创新绩效有显著的正向影响。吴婷和刘宁（2016）运用元分析统计方法筛选出 25 项实证研究中的 32 个独立样本，发现整体上企业奖励与员工创新绩效之间有显著的正向相关性。

可见，员工创新绩效的影响因素众多，涵盖了管理学、心理学、社会学等诸多学科，目前相关研究成果处于"井喷"阶段。这一方面与国家创新创业的时代背景密切相关，另一方面也说明学术界和实业界对员工价值的再定位，对员工创新作用的关注和认可。

10.5.2 工作乐趣对员工创新绩效的直接作用

基于拓展—构建理论可以推导得出工作乐趣对于员工创新绩效的影响，该原理的基本内容在本书第 8 章与第 9 章的实证研究已有阐述，不再赘述。需要补充的是两者之间的研究证据以及不同类型工作乐趣影响机理的差异。关于工作乐趣与员工创新绩效关系的研究，国内外还不多，其中国内研究者黄晓娜（2017）对 IT 企业员工的调查发现工作乐趣对员工创新动机具有显著正向影响，并最终提升创新绩效和企业绩效。

为给管理者在开展工作乐趣活动时提供更有针对性和有效性的建议，这部分的实证研究将区分不同类型工作乐趣来探讨和验证它们对创新绩效的影响机制和效用。

社交型工作乐趣主要是指员工自发的、与工作相关程度较低（或无关）的乐趣活动，如玩笑、幽默、社交网络互动等。石冠峰等（2017）发现亲和幽默型领导显著正向影响员工创造力。自发行为主要指没有外界刺激时所产生的行为，较高程度的自发行为会鼓励成员采用新技术或新方法创造性地完成工作，进而激发员工的创新绩效。周珂（2008）沿着"团队成员信任→自发行为、帮助行为和争辩行为→团队成员创新绩效"的逻辑思路，实证发现自发行为对团队成员创新绩效的显著影响。裘颖（2011）实证发现研发团队即兴能力通过其子维度创造性正向促进创新绩效。彭晓东和申光龙（2016）发现自发的价值共创对发起的价值共创有显著正向影响，当这种自发的价值得到认可时，更能对员工的创新绩效产生影响。

放松型工作乐趣则是指员工自发的，与员工工作相关程度较高的乐趣活动，多表现为工作过程中能够缓解压力的活动，如听音乐、小游戏、分享会等。施婉妮（2016）认为在工作间隙中开展的乐趣活动能够让员工不用一直把注意力集中在任务上，这种短暂的分心能够帮助员工缓解压力，而压力通常被认为是阻碍创新活动和创新绩效的重要因素。宋琦（2016）通过 16 个组织 759 位员工的实证数据发现，员工的午休自主权正向影响创新绩效。

辅助型工作乐趣是指官方组织的、与员工的工作相关程度较高的乐趣活动，如工作场所中的团建活动，按摩椅、咖啡角等休闲设施等。越来越多的企业意识到平衡工作和生活的重要性，纷纷开展户外拓展的团队建设活动，通过有趣的活动架起成员之间沟通了解的桥梁，增进团队成员友谊，增强团队合作意识，加强自己创新绩效提升和团队成员工作效率。

福利型工作乐趣指组织发起的、与员工工作相关程度较低（或无关）的乐趣活动，如郊游、看电影、抽奖、节假日、纪念日等。这些活动大多具有"仪式感"的特征，而"仪式感"具有强烈的心理暗示作用，能够激发起员工对企业的认同感，提醒员工提升工作效率、团队效率，在不断的交流过程中创新工作方法，进而激发员工创新绩效。

综上所述，研究者认为四种工作乐趣表现形式不同，影响员工创新绩效的机理有些许差异，但在以往的研究中都可以找到一些旁证，因此研究提出：

假设 10-4：工作乐趣正向影响员工创新绩效。

假设 10-4（a）：社交型工作乐趣正向影响员工创新绩效。

假设 10-4（b）：放松型工作乐趣正向影响员工创新绩效。

假设 10-4（c）：辅助型工作乐趣正向影响员工创新绩效。

假设 10-4（d）：福利型工作乐趣正向影响员工创新绩效。

10.5.3　内在动机的中介作用

组织行为领域认为，动机是引发人们行为的一种驱动力，使个体朝着所期望的目标前进。波特和劳勒（Porter and Lawler，1968）认为个体可以被两类典型的因素所激励——内在动机和外在动机。外在动机需要形成一个能够将工作和成果联系起来的手段，比如有形（金钱）或者无形（表彰）的奖励，外在动机下的员工工作动力来自于对这些成果的满意，而不是工作本身。相反，当员工在工作中感觉到快乐或者觉得工作有意思的时候，他们就会受内在动机激励而努力工作。简言之，内在动机是指个体在没有外部刺激的情况下积极参与活动，通过探索、调查和吸收信息，从中获得自发的满足感（Deci and Ryan，1985）。

根据自我决定理论及其有机整合理论，外在动机能转化为内在动机。外在动机通常表现为金钱或其他形式的调节手段，工作乐趣本质上也是一种外在的调节手段，但作为一系列令人愉快、娱乐、开心和享受的活动，工作乐趣能对外在动机的内化起促进作用。梳理文献发现，有关工作乐趣对动机的影响研究很少。黄晓娜（2017）对 IT 企业员工的调查验证了工作乐趣对员工创新动机具有显著正向影响。

根据工作乐趣分类界定，放松型工作乐趣影响内在动机的机理与辅助型工作乐趣相似，强调的是通过满足人的自主需求和能力需求，实现外在调节手段与个体价值的整合，从而内化外在动机。无论是分享笑话和幽默、非工作时间的同事社交，还是自由决定工作安排、工作间隙的娱乐都能够满足员工的自主需求。而且，幽默本身常会给人带来欢乐，有助于消除敌意、缓解摩擦，防止矛盾升级、激励士气，提高生产效率。萨博（Szabo，2003）认为幽默可以改善人们的心境并减少人们的焦虑，从而改善个体的压力。从个体本身和同事支持两方面能够提升个体应对压力的资源。

辅助型工作乐趣影响内在动机的机理与福利型工作乐趣相似，强调的是通过满足个体的归属感实现内在动机的激发，集体性的活动以及组织提供的工作支持能培养员工的团队精神，使员工齐心协力，拧成一股绳，朝着一个目标努力，并吸引个体向优秀的员工看齐，这种激励不是单纯停留在物质的基础上，更是一种团队和个体荣誉，进一步形成自觉行动。

基于上述分析与现有研究，研究者认为四种工作乐趣虽然表现形式不同，但都能够正向影响内在动机，因此研究提出：

假设 10-5：工作乐趣正向影响内在动机。

假设 10-5（a）：社交型工作乐趣正向影响内在动机。

假设 10-5（b）：放松型工作乐趣正向影响内在动机。

假设 10-5（c）：辅助型工作乐趣正向影响内在动机。

假设 10-5（d）：福利型工作乐趣正向影响内在动机。

内在动机对创新行为、创造力、创新绩效的影响已被众多学者证实。卢小君和张国梁（2007）认为内在动机是促进个人创新行为的重要影响因素。张剑等（2010）认为内在动机对创造性绩效具有积极的预测能力。李阳和白新文（2015）认为当内在动机提高时，个体会更加投入，精力更加集中，产生更多的兴趣，进而提高解决问题的能力，从而促进创新绩效。陈斐（2016）以高新技术企业的知识型员工为样本，发现内在动机与员工创造力正相关。

以上结论的具体原理，李阳和白新文（2015）在拓展—建构理论基础上，进一步提出的创造力双路径模型做出了较好的解释。个体实现创新可以从灵活性和坚持性这两条路径来考虑。一方面，内在动机强的个体会产生更多的积极情绪，而积极情绪能够扩展个体注意的范围，在不同内容间建立新的联系，增加对潜在解决方案的开放性，进而提高认知灵活性以提升创造力（Fredrickson，1998）。另一方面，对所从事的工作抱有好奇心和兴趣的个体，无须外界约束，本身就愿意为完成任务投入更多精力，而持续的努力有助于增强创造力。创造力虽然不是创新绩效，但是却是创新绩效的前提和关键一步，阿姆贝尔（Amabile，1988）认为，实现创造力是创新绩效的一个关键环节。因此，创造力双路径模型很好的解释了内在动机对员工创新绩效的积极影响。综上所述，研究提出：

假设 10 - 6：内在动机正向影响员工创新绩效。

根据前文假设 10 - 4（a）~ 10 - 4（d）的推导，工作乐趣及四种类型的工作乐趣正向影响员工创新绩效；根据假设 10 - 5（a）~ 10 - 5（d）的假设推导，工作乐趣及四种类型的工作乐趣正向影响内在动机；根据假设 10 - 6 的假设推导，内在动机正向影响员工创新绩效。结合中介作用的基本作用机制及巴隆和肯尼（Baron and Kenny，1986）的因果逐步分析法，笔者认为工作乐趣作为组织开展的一系列营造有趣工作环境的活动，有助于满足员工自主、能力、联结的基本需要，进而激发员工内在动机，使其享受工作的过程，进一步促使员工创新工作方式方法，提升员工创新绩效，实现个体及团队的高质量发展。

由于工作乐趣的类型学研究还不成熟，目前缺乏针对不同类型乐趣对于内在动机的影响研究，更缺乏内在动机作为中介影响工作乐趣对员工创新绩效关系的研究。根据自我决定理论及工作乐趣的类型界定，对于社交型、放松型等员工自发组织发起的乐趣活动，一方面是通过对员工自发行为的认可（石冠峰、毛舒婷和王坤，2017），另一方面是对员工自我决定的认可，促使员工在心理上产生受到尊重的情感，激发员工采用新技术或新方法创造性地完成工作，进而促进员工的创新绩效。对于辅助型、福利型等组织发起的乐趣活动，更主要的是通过团队和仪式激发员工的凝聚力和向心力，进而激发员工的内在动机，进一步促进员工的创新绩效。

此外，内在动机作为中介变量，在很多研究中得以验证：杨梦园和赵强（2016）发现内在动机在领导行为与员工建言间起中介作用；江静和杨百寅（2014）通过 204 对直接领导与员工的配对问卷调查，证实了内在动机在领导—成员交换与员工创造力两者间起完全中介作用；段锦云和黄彩云（2014）发现变革型领导显著正向影响员工建言，且通过内在动机为中介发生。可见，内在动机是较理想的中介变量。

本章研究认为四种工作乐趣虽然表现形式不同，但都能够在工作乐趣与员工创新绩效的关系中起中介作用，因此提出：

假设 10 - 7：内在动机在工作乐趣与员工创新绩效的关系中起中介作用。

假设 10 - 7（a）：内在动机在社交型工作乐趣与员工创新绩效的关系中起中介作用。

假设 10 - 7（b）：内在动机在放松型工作乐趣与员工创新绩效的关系中起中介作用。

假设 10 - 7（c）：内在动机在辅助型工作乐趣与员工创新绩效的关系中起中介作用。

假设 10 - 7（d）：内在动机在福利型工作乐趣与员工创新绩效的关系中起中介作用。

10.5.4 自主支持环境的调节作用

自主支持环境指企业为员工的自主行为提供支持的环境，德西和里安（Deci and Ryan，2000）认为员工在一个自主支持的环境中会变得更具创造性，环境自主支持程度越高，员工的创造性越突出。作为自我决定理论中的关键因素，近年来关于自主支持环境的研究越来越多。刘桂荣（2010）认为自主支持与创造力显著正相关，并可以显著正向预测创造力。王端旭和洪雁（2011）认为支持性组织氛围与员工创造力显著正相关，为了提升员工创造力，企业应营造支持性氛围。

自主的对立面是控制，在创新研究领域，学者们普遍认为"自主"比"控制"更有利于激发员工创新绩效。阿姆贝尔（Amabile，2005）发现控制性领导风格削弱了员工的创造性，当个体工作方式的自主性减少时，个体的创造性会降低。叶岚（2017）认为自主性情感促进员工创造性绩效，控制性情感阻碍员工创造性绩效。但是，如同一枚硬币拥有正反两面，自主支持环境也会带来工作上的困难，包括员工拒绝完成份内的工作、与管理人员的冲突、过度的时间压力等。实际上，自主支持环境对工作绩效、创新、创造力的积极作用是有条件的。张剑等（2010）发现工作的复杂性不同、对个人的重要性不同都会影响自主性动机对创造性绩效的影响。

情感事件理论（Affective Event Theory，AET）认为员工在工作中的行为和绩效很大程度上并不是由态度和个性决定的，而是受到工作时情绪的影响。韦斯和克罗帕萨诺（Weiss and Cropanzano，1996）认为工作环境中的事件和状况构成"情感事件"，这些事件又引发个体情感反应，即构成"环境—事件—情感—环境"的连环反应。自主支持环境作为一种环境因素和情感因素，构成了影响员工情绪的"情感事件"，能对工作乐趣及与员工创新绩效的关系施加影响。但四种类型的工作乐趣受到自主支持环境的影响可能有差异，前期基于扎根理论研究的调查显示，许多员工虽然也希望参加集体组织的活动，但一些强制性在员工非工作时间开展的活动其实不受他们欢迎，也就谈不上什么激发积极情绪了。

福利型工作乐趣和社交型工作乐趣的主要特征是与工作关联较小，由于这些乐趣活动本身烙上了"个人"的印记，而且多是在工作以外的时间开展，如果组织再明确"控制"，可能会产生适得其反的效果，因此在官方支持的背景下允许员工发挥自主性，可能会起到很好的效果。

但对于辅助型工作乐趣和放松型工作乐趣而言，其主要特征是与工作紧密相关，如果组织对这类乐趣活动不施加干预，完全放纵员工自行其是，可能会带来犬儒主义的风险（Fleming，2005）。因此，对于这两类工作乐趣，自主支持环境程度越高，工作乐趣对员工创新绩效的负向影响作用也越大。综上所述，研究提出：

假设 10 - 8：自主支持环境正向调节工作乐趣与员工创新绩效的关系，即自主支持环境水平越高，工作乐趣对员工创新绩效的正向影响作用也越大。

假设 10 - 8（a）：自主支持环境正向调节社交型工作乐趣与员工创新绩效的关系，即自主支持环境水平越高，社交型工作乐趣对员工创新绩效的正向影响作用也越大。

假设 10 - 8（b）：自主支持环境负向调节放松型工作乐趣与员工创新绩效的关系，即自主支持环境水平越高，放松型工作乐趣对员工创新绩效的正向影响作用也越大。

假设 10 - 8（c）：自主支持环境负向调节辅助型工作乐趣与员工创新绩效的关系，即自主支持环境水平越高，辅助型工作乐趣对员工创新绩效的负向影响作用也越大。

假设 10 - 8（d）：自主支持环境正向调节福利型工作乐趣与员工创新绩效的关系，即自主支持环境水平越高，福利型工作乐趣对员工创新绩效的负向影响作用也越大。

10.6　研究 2 的实证研究设计

10.6.1　样本采集与样本特征

根据该部分研究的目的，选择软件、互联网等科技型企业的员工作为调查对象。这一方面因为该类企业乐趣活动的开展较为普遍、形式较为多样化；另一方面因为这类行业的知识型员工比例较高，受访者能清楚理解员工的创新绩效等知识管理活动。此外，工作乐趣及四种类型工作乐趣也是在科技行业背景下提出的。

基于与前面章节的实证研究同样的理由，样本采集仍然选择在乐趣活动形式较多、发展较成熟的企业进行。另外，调查涉及绩效的评价，而网络调查能够很好地保证问卷的匿名性，并且可以避免被试在填答纸质问卷时产生心理顾虑而给研究结果带来不必要的偏差。为了控制各种调查方式的弊端，问卷调查通过现场填答、网络发放、购买问卷星样本服务三种方式混合开展：

（1）现场填答。通过先电话邀约再上门拜访的方式在福州部分高科技企业现场发放并回收问卷，该渠道采集到问卷60份。

（2）网络发放。将问卷上传至网络调查平台（https：//www. wjx. cn）。通过微信、QQ等即时通信软件定向推送给事先联络的高科技企业的员工，并利用滚雪球抽样的方式，再委托受访者（科技型企业的员工）定向推送给3~5个自己熟悉的目标对象。这一方式的优点是操作方便、快捷，填写时间和地点灵活，使用网络发放的方法收集问卷160份。

（3）购买问卷星样本服务。① 选择在"高科技企业"和"互联网等创新型企业"中招募志愿者发放问卷，使用该方法收集问卷100份。

该部分实证研究最终回收样本320份，剔除填写不完整、信息严重缺失、多题项答案相同或呈现明显规律性等无效问卷25份，最终筛选出有效问卷295份，问卷回收率达到92.19%。样本中男性占比67.8%，男女比例大约是2.1:1，基本符合我国目前科技行业从业性别比例情况。教育程度方面，本科占比最多，占比达64.4%，其次是硕士及以上，占比达17.3%，符合科技行业的学历特点。年龄方面，24岁及以下占比28.1%、25~34岁占比31.9%、35~44岁占比27.5%，三组占比达到87.5%。工作年限方面，3年以下占比55.3%，3~5年占比24.7%，5~10年占比15.3%，仅有14名工作了10年以上的老员工，反映了科技型企业员工的高流动性。岗位性质方面，基层岗位占46.1%、中层岗位占38.0%、高层岗位占15.9%。

综合来看，本次调查的样本符合高科技企业的企业特征，样本具有较好的代表性。通过单因素方差分析对不同渠道收集的数据进行差异检验，结果表明三组数据之间未有显著差异（p>0.05），可作为整体样本使用。

---

① 为了确保回收的答卷数据真实有效，问卷星样本服务提供了严格的质量控制机制，包括样本质量控制、填写者控制、填写过程控制、全程跟踪效果等。截至2018年3月，问卷星样本服务已成功执行16695个项目，回收540多万份答卷，服务的研究机构包括北京大学、清华大学交通研究所、澳门大学、香港中文大学等。

10.6.2 变量测量

该部分问卷调查总共包括工作乐趣、自主支持环境、内在动机、员工创新绩效等变量的测量量表和人口统计变量。其中工作乐趣的测量，采用工具篇开发的 19 条语句、4 维度的测量量表，各维度的克隆巴赫 α 系数在 0.84~0.88 之间。

员工创新绩效的测量。在现有研究中，员工创新绩效的测量方式主要包括实际创新产出指标、实验评价以及问卷量表评价。其中，问卷调查被认为是测量员工创新绩效的主流方法，其又可分为自评与他评两种模式。鉴于在创新的过程中存在某些只有员工本身才了解的微妙内容，周等（Zhou，2008）认为采用自我感知创新绩效比外部评价的测量量表具有更高的一致性与信效度。此外，他评模式在应用中易出现集体思维状况。因此，本研究采用杜尔等（Dul，2011）开发的量表，以员工自评的方式测量其创新绩效。该量表共有 3 个题目，例如"在我的工作领域内，我善于创新，是大家的学习对象"，克隆巴赫 α 系数为 0.89。

内在动机的测量。现有的内在动机量表种类繁多，但本质相同，均围绕内在动机的内涵展开。其中，加涅等（Gagne，2010）开发的工作动机量表（MAWS）被广泛使用，较为权威。因此，本研究采用其测量内在动机的 3 个题目，例如"我非常喜欢我从事的工作"，该量表的克隆巴赫 α 系数为 0.72。

自主支持环境的测量。作为一个心理学领域的变量，自主支持环境在管理领域的实证研究较少，目前的测量主要采用的是德西等（Deci et al.，1989）开发的工作氛围问卷（the Work Climate Questionnaire，WCQ）。WCQ 量表包含 6 条语句，如"我觉得我的主管给我提供了选择权""我觉得我的主管理解我"。张剑等（2016）采用该量表研究了"外在动机是否削弱内在动机"，量表在 T1 和 T2 时间的信度系数分别为 0.933 和 0.934。本研究也采用了同样的测量方式，克隆巴赫 α 系数达到 0.89。

人口统计调查。根据已有同类研究和前序研究，调查问卷包括的人口统计变量共有 5 项，分别为：性别：0 表示女性，1 代表男性；年龄：分为 5 个等级，从 1 到 5 依次为"24 岁及以下""25~34 岁""35~44 岁""45~54 岁"和"55 岁及以上"。学历：分为 5 个等级，从 1 到 5 依次为"高中及以下""大专""本科""硕士"和"博士"。工作年限：分为 5 个等级，从 1 到 5 依次为"1 年以下""1~3 年""3~5 年""5~10 年"和"10 年以上"。岗位性质："1"表示"基层岗位"，"2"表示"中层岗位"，"3" 表示 "高层岗位"。

量表均采用李克特 7 级设计，要求被试根据自己的真实想法作出选择，从 "非常不符合（1 分）" 至 "非常符合（7 分）" 进行勾选，逐项给分，得分越高，表示员工在相应测量题项上的评价越高。

10.7　研究 2 的实证数据分析

10.7.1　效度验证和描述性分析

在前文已经验证工作乐趣量表效度的基础上，该部分研究首先探索了工作乐趣二阶结构的验证。从四因子模型来看（见图 10-5），社交型、放松型、辅助型和福利型四种工作乐趣之间协方差水平较高，四种类型之间相关程度较高，说明能够被同一个潜在变量解释。整个二阶工作乐趣的主要指标结果为：χ^2/df 的值为 1.854，小于 3；GFI、AGFI 的值分别为 0.922、0.897，AGFI 略小于 0.9；RMSEA 的值为 0.054，小于 0.08。整体上看，数据对二阶工作乐趣模型拟合效果较好，说明量表具有较好的测量效度。值得关注的是，对整体工作乐趣的影响依次是社交型、放松型、辅助型、福利型，逐渐递减。

接着，研究者对多个可能的测量模型结构进行了区分效度检验。数据分析总共有 7 个因子，若逐一比较，较为烦琐。根据表面效度和节俭原则，区分效度分析仅比较单因子、五因子、六因子、七因子四种模型。

如表 10-5 所示，单因子模型是指将所有的测量语句放置在一个因子下；五因子模型是将 "自主支持环境" "创新绩效" 与 "内在动机" 合并为一个因子；六因子模型是将 "内在动机" 与 "自主支持环境" 合并为一个因子；对社交型、放松型、辅助型、福利型工作乐趣，自主支持环境、内在动机、员工创新绩效等七因子模型进行分析，整个模型的主要指标结果为：χ^2/df 的值为 2.273，小于 3；GFI、AGFI 的值分别为 0.834、0.797，GFI、AGFI 均略小于 0.9；RMSEA 的值为 0.066，小于 0.08。七因子模型包括 29 个测量语句、115 个参数、79 个自由参数、435 个样本矩。除 GFI、AGFI 小于 0.9 之外，其他拟合度指标较为理想，七因子模型拟合效果较好，说明测量全模型具有较好的区分效度。

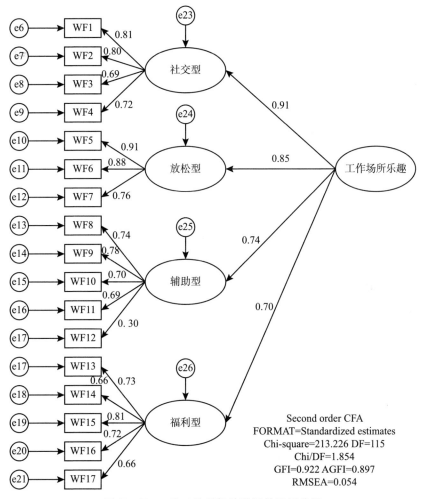

图 10 – 5　二阶工作乐趣的验证性因子分析

表 10 – 5　　　　　　　　区分效度检验结果

模型	χ^2	df	χ^2/df	GFI	AGFI	RMSEA
单因子模型	2429.025	377	6.443	0.569	0.502	0.136
五因子模型	1538.216	367	4.191	0.693	0.637	0.104
六因子模型	999.909	362	2.762	0.784	0.741	0.077
七因子模型	809.069	356	2.273	0.834	0.797	0.066

注：一因子模型：社交型 + 放松型 + 辅助型 + 福利型 + 自主支持环境 + 内在动机 + 员工创新绩效；五因子模型：社交型、福利型、放松型、辅助型、自主支持环境 + 内在动机 + 员工创新绩效；六因子模型：社交型、福利型、放松型、辅助型、自主支持环境 + 内在动机、员工创新绩效；七因子模型：社交型、福利型、放松型、自主支持环境、辅助型、内在动机、员工创新绩效。

对工作乐趣的四个维度、内在动机、自主支持环境、员工创新绩效和控制变量之间的均值、方差和相关系数进行分析，结果如表 10 – 6 所示。

表10-6　各变量的均值、方差和相关系数（N=295）

变量	均值	标准差	1	2	3	4	5	6	7	8	9	10	11	12	13
社交型	5.14	0.84	1												
放松型	5.11	0.93	0.676**	1											
辅助型	5.51	0.78	0.579**	0.540**	1										
福利型	4.80	0.86	0.539**	0.545**	0.446**	1									
整体 WF	5.14	0.70	0.855**	0.857**	0.772**	0.778**	1								
内在动机	4.80	0.97	0.509**	0.510**	0.388**	0.426**	0.564**	1							
自主支持环境	5.09	0.956	0.510**	0.455**	0.338**	0.440**	0.536**	0.458**	1						
员工创新绩效	4.97	1.01	0.430**	0.385**	0.352**	0.429**	0.489**	0.481**	0.588**	1					
性别	0.32	0.47	0.107	0.039	0.066	0.007	0.066	-0.040	-0.052	-0.045	1				
学历	2.96	0.67	-0.115*	-0.111	-0.020	-0.222**	-0.146*	-0.160**	-0.185**	-0.098	0.105	1			
年龄	2.27	1.06	-0.005	-0.036	0.023	0.109	0.027	-0.047	-0.071	-0.070	0.008	0.160**	1		
任职年限	2.46	1.15	0.051	0.032	0.060	0.120*	0.080	0.030	-0.034	-0.088	0.058	0.113	0.670**	1	
职位等级	1.70	0.73	0.061	0.078	0.050	0.055	0.075	0.047	-0.015	-0.039	0.046	0.132*	0.732**	0.701**	1

注：**$p<0.01$，*$p<0.05$。（2）"整体 WF"是四种类型工作乐趣的加总平均。

第一，四种类型工作乐趣之间的相关系数 $r = 0.446 - 0.676$，内在动机、自主支持环境之间的相关系数 $r = 0.458$，各变量之间的相关系数处在中等水平，一方面说明没有多重共线性问题（胡银花，2016），另一方面说明四种类型的工作乐趣之间既密切联系，又有区别，为将工作乐趣作为一个整体研究提供了数据依据。

第二，从前因变量与结果变量的相关关系来看，四种类型工作乐趣与员工创新绩效之间的相关系数 $r = 0.352 \sim 0.430$（$p < 0.01$），达到了中等相关程度，其中，对结果变量影响最明显的是社交型工作乐趣（$r = 0.430$，$p < 0.01$）。社交型工作乐趣主要是指员工自发的、与工作相关程度较低的乐趣活动，如幽默、笑话等，佐证了萨博（Szabo，2003）的结论，即幽默会给人带来欢乐，改善个体的压力，促进个体创新。

第三，从中介变量与其他变量的相关关系来看，内在动机与四种类型工作乐趣之间的相关系数 $r = 0.388 \sim 0.509$（$p < 0.01$），并且与员工创新绩效显著正相关（$r = 0.452$，$p < 0.01$），与其他变量的相关系数大部分在 $0.3 \sim 0.6$，属于中度相关水平，符合中介作用特征。

第四，从调节变量与结果变量的相关关系来看，自主支持环境与员工创新绩效显著正相关（$r = 0.588$，$p < 0.01$）。在影响员工创新绩效的所有因素里，该系数值最高，进一步说明自主支持环境与员工创新绩效的密切关系。

第五，从控制变量看，首先，除任职期限与福利型工作乐趣之间的相关系数达到了显著水平（$p < 0.05$）外，性别、年龄、任职期限、职位等级四个控制变量与自变量、因变量、中介变量、调节变量均不显著。这说明，一方面，员工任职期限越长，可能参与到的官方组织的一些企业节假日、纪念日、年会、庆典活动越多；另一方面，性别、年龄、任职期限、职位总体上与工作乐趣、员工创新绩效关系不显著，这可能与科技行业的竞争性、行业压力、人员流动率高有关。其次，学历与社交型、福利型、整体工作乐趣、内在动机、自主支持环境之间呈现显著负相关（$r < 0$，$p < 0.05$），这说明学历越高，可能对上述因素的要求越高，对现状的满足感越低。最后，除年龄与任职年限之间的相关系数没有达到显著水平外，年龄、任职年限、职位等级三者之间的相关系数两两达到了显著水平（$p < 0.05$），本章的"任职年限"指在现工作企业的任职年限，因此与年龄之间可能不存在显著关系，而任职年限与职位等级之间的显著系数最高（$r = 0.732$，$p < 0.01$），这与现实经验基本一致，也从侧面印证了本研究数据的可靠性。

10.7.2 实证研究的假设检验

在相关分析的基础上,研究者采用 AMOS 23.0 的结构方程模型和 SPSS 23.0 的分层多元回归模型对 295 份有效样本进行分析,以验证假设关系。

10.7.2.1 工作乐趣对员工创新绩效的直接作用

研究首先采用路径分析,分别检验了四类工作乐趣活动及整体工作乐趣与员工创新绩效的关系。图 10 – 6 是列出整体工作乐趣与员工创新绩效的路径分析图,所有模型检验结果列在表 10 – 7 中。数据对各模型的拟合结果都比较理性,路径系数均显著,因此假设 10 – 4、假设 10 – 4（a）、假设 10 – 4（b）、假设 10 – 4（c）、假设 10 – 4（d）均得到验证。

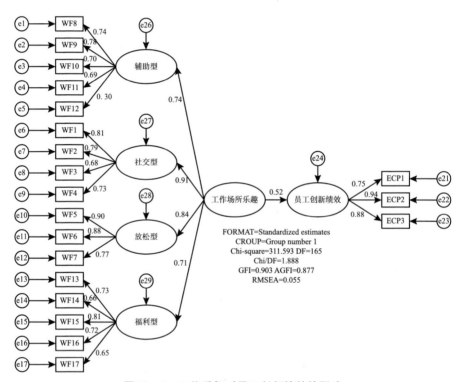

图 10 – 6　工作乐趣对员工创新绩效的影响

表 10 – 7　　　　　　　工作乐趣与员工创新绩效的假设检验结果

假设	研究假设	路径系数	验证结果
假设 10 – 4（a）	社交型工作乐趣正向影响员工创新绩效	0.48 **	支持
假设 10 – 4（b）	放松型工作乐趣正向影响员工创新绩效	0.39 **	支持

假设	研究假设	路径系数	验证结果
假设 10 – 4（c）	辅助型工作乐趣正向影响员工创新绩效	0.37 **	支持
假设 10 – 4（d）	福利型工作乐趣正向影响员工创新绩效	0.47 **	支持
假设 10 – 4	工作乐趣正向影响员工创新绩效	0.52 **	支持

注：** p < 0.01。

同样采用路径分析，研究者进一步检验了各类型工作乐趣与内在动机的关系（见表 10 – 8），以及内在动机与员工创新绩效的关系（见图 10 – 7）。数据对模型的拟合结果也较为理想，路径系数均显著，因此假设 10 – 5、假设 10 – 5（a）、假设 10 – 5（b）、假设 10 – 5（c）、假设 10 – 5（d）和假设 10 – 6 均得到验证。

表 10 – 8　　　　　工作乐趣与内在动机的关系的假设检验结果

假设	研究假设	路径系数	验证结果
假设 10 – 5（a）	社交型工作乐趣正向影响内在动机	0.67 **	支持
假设 10 – 5（b）	放松型工作乐趣正向影响内在动机	0.64 **	支持
假设 10 – 5（c）	辅助型工作乐趣正向影响内在动机	0.50 **	支持
假设 10 – 5（d）	福利型工作乐趣正向影响内在动机	0.57 **	支持
假设 10 – 5	工作乐趣正向影响内在动机。	0.74 **	支持

注：** p < 0.01。

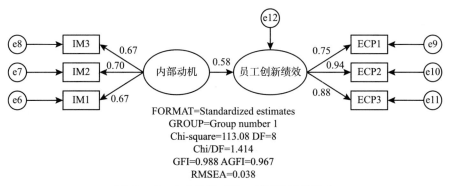

FORMAT=Standardized estimates
GROUP=Group number 1
Chi-square=113.08 DF=8
Chi/DF=1.414
GFI=0.988 AGFI=0.967
RMSEA=0.038

图 10 – 7　内在动机对员工创新绩效的影响

10.7.2.2　内在动机的中介作用

研究者采用 Bootstrap 法对内在动机在工作乐趣与员工创新绩效关系间的中介作用进行检验。首先，运用 AMOS 23.0 结构方程模型的拟合结果如图 10 - 8 所示，拟合度指标基本达到理想标准，说明模型的拟合效果较好。其次，在未加入内在动机的情况下，工作乐趣对员工创新绩效具有正向影响，影响系数为 0.52（p < 0.01）；在加入内在动机作为中介变量后，工作乐趣对员工创新绩效的影响系数减小到 0.24（p < 0.01），说明内在动机在两者关系中可能起到中介作用。此外，内在动机对员工创新绩效的路径系数由 0.58 减少为 0.39（p < 0.01），作用明显减小。

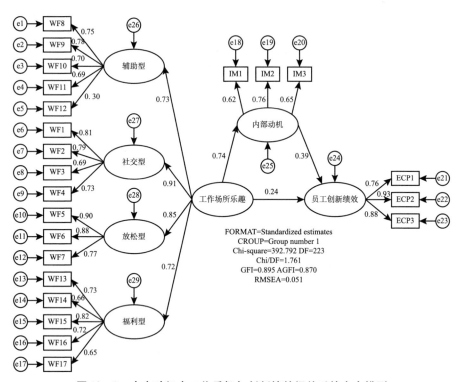

图 10 - 8　内在动机在工作乐趣与创新绩效间关系的中介模型

如表 10 - 9 所示，在 95% 的偏差纠正下，工作乐趣对创新绩效的间接作用区间不包含 0 [0.114, 0.982]，说明工作乐趣的中介作用在 0.01 的水平上显著不等于 0，可以得知中介作用存在。在 95% 的百分位数下，工作乐趣对创新绩效的间接作用的区间不包含 0 [0.079, 0.917]，说明工作乐趣中介作用在 0.01 的水平上显著不等于 0，中介作用存在。根据系数乘积法，点估计下标准误为 0.210，对应的 Z 值为 2.152（大于 1.96）。因此，三种检验都得出了同样的结论，即内在动机在工作乐趣和员工创新绩效中存在中介作用，假设 10 - 7 成立。

表 10 - 9　　　　　　中介变量报告表（员工创新绩效←整体工作乐趣）

变量	点估计值	系数乘积法		Bootstrapping			
				Bias - Corrected 95% 内在动机		Percentile 95% 内在动机	
		SE	Z	下限	上限	下限	上限
ECP ←——WF	0.825	0.169	4.882	总效果			
				0.529	1.178	0.544	1.209
ECP ←——WF	0.452	0.210	2.152	间接效应			
				0.114	0.982	0.079	0.917
ECP ←——WF	0.373	0.272	1.371	直接效应			
				-0.202	0.876	-0.175	0.898

注：（1）bootstrap 重复抽样 2000 次，ECP 指员工创新绩效（Employees' creative performance），WF 指"工作乐趣"。（2）表中的系数均为非标准化系数。

再观察直接效应，以判断中介作用是完全中介还是部分中介。如表 10 - 9 所示，在 95% 的偏差纠正下，在 95% 的百分位数下的直接效果区间包含 0，点估计下的 Z 值为 1.371（小于 1.96）。显示内在动机在工作乐趣与员工创新绩效间的关系中起完全中介作用。

采用同样的方法，研究者逐一对假设 10 - 7（a）、假设 10 - 7（b）、假设 10 - 7（c）和假设 10 - 7（d）进行了检验，过程不再赘述。各模型拟合指数列在表 10 - 10 中，路径分析结果列在表 10 - 11 中。如表 10 - 11 所示，三种检验都得出了同样的结论，假设 10 - 7（a）、假设 10 - 7（b）、假设 10 - 7（c）和假设 10 - 7（d）均得到验证，即内在动机在四类工作乐趣与员工创新绩效的关系中均存在中介作用。

表 10 - 10　　　　　　　　中介模型拟合结果

变量	χ^2	df	χ^2/df	GFI	AGFI	RMSEA
ECP ←——社交型 WF	33.190	13	2.533	0.968	0.932	0.073
ECP ←——放松型 WF	20.971	8	2.621	0.978	0.942	0.074
ECP ←——辅助型 WF	37.419	19	1.969	0.969	0.942	0.057
ECP ←——福利型 WF	48.355	19	2.545	0.959	0.922	0.072

表 10 –11 中介模型 Boostrapp 结果（员工创新绩效←四类工作乐趣）

变量	点估计值	系数乘积法		Bootstrapping			
				Bias – Corrected 95% 内在动机		Percentile 95% 内在动机	
		SE	Z	下限	上限	下限	上限
ECP ←——社交型 WF	0.614	0.144	4.264	总效果			
				0.644	0.907	0.375	0.375
ECP ←——社交型 WF	0.368	0.126	2.524	间接效应			
				0.159	0.661	0.136	0.634
ECP ←——社交型 WF	0.246	0.191	1.288	直接效应			
				– 0.120	0.624	– 0.120	0.644
ECP ←——放松型 WF	0.413	0.086	4.802	总效果			
				0.243	0.243	0.243	
ECP ←——放松型 WF	0.347	0.110	3.155	间接效应			
				0.189	0.189	0.189	
ECP ←——放松型 WF	0.065	0.134	0.485	直接效应			
				– 0.246	– 0.246	– 0.246	
ECP ←——辅助型 WF	0.430	0.089	4.831	总效果			
				0.623	0.623	0.623	
ECP ←——辅助型 WF	0.305	0.077	3.961	间接效应			
				0.501	0.501	0.501	
ECP ←——辅助型 WF	0.125	0.102	1.225	直接效应			
				0.313	0.313	0.313	
ECP ←——福利型 WF	0.440	0.073	6.027	总效果			
				0.303	0.303	0.303	0.303
ECP ←——福利型 WF	0.242	0.064	3.781	间接效应			
				0.147	0.147	0.147	0.147
ECP ←——福利型 WF	0.198	0.087	2.276	直接效应			
				0.024	0.024	0.024	0.024

注：（1）bootstrap 重复抽样 2000 次，ECP 指员工创新绩效（Employees' creative performance），WF 指"工作乐趣"。（2）表中的系数均为非标准化系数。

继续观察直接效应，社交型工作乐趣、放松型工作乐趣和辅助型工作乐趣对员工创新绩效的直接作用在加入内在动机后不再显著，即内在动机起到了完全中介作用。福利型工作乐趣对员工创新绩效的直接效果区间不包含 0 [0.024，0.370]；在 95% 的百分位数下的直接效果区间也不包含 0

[0.039，0.384]；点估计下标准误为 0.198，对应的 Z 值为 2.276（大于 1.96）。结果显示内在动机在福利型工作乐趣与员工创新绩效间的关系中起部分中介作用。

进一步可以发现，福利型工作乐趣与员工创新绩效的总效应为 0.614，直接效应为 0.246，间接效应为 0.368，间接效应占总效应的比例为 59.93%（0.368÷0.614＝59.93%），即在整体模型中中介效应占总效应的 59.93%，直接效应占总效应的 40.07%，说明中介作用略大于直接作用。

10.7.2.3　自主支持环境的调节作用检验

研究者按照分层回归的方法分三步检验自主支持环境的调节作用。首先以控制变量为自变量，员工创新绩效为因变量构建模型 1；然后分别加入包括调节变量"自主支持环境"和单一类型工作乐趣或整体工作乐趣作为自变量构建模型 2；最后加入中心化后的自变量与调节变量的乘积项构建模型 3。观察模型 3 相对于模型 2，对因变量解释力的变化以及交互项回归系数的显著性来判断调节作用是否存在。

分层回归分析结果如表 10－12 和表 10－13 所示。① 需要特别说明的是，控制变量中的任职年限对因变量工作乐趣的影响系数显著，影响系数为－0.99（p＜0.05），这说明，任职时间越长，员工的创新绩效越低，也就是说，随着员工在一个岗位或企业里任职时间越长，越会"消磨"创新的积极性。其他的 4 个控制变量对员工创新绩效的影响均不显著。该结论反驳了"学历越高，创新能力越强""越年轻，创新能力越强"等简单的表面逻辑。员工创新绩效在很大程度上取决于一些潜在的因素，并不是通过学历、年龄等因素简单地筛选就能决定的。

表 10－12　　　　　　　自主支持环境的调节作用检验结果 A

变量	因变量：员工创新绩效		
	模型 1	模型 2	模型 3
常量	5.518 **	0.613	0.573
控制变量			
性别	－0.071	－0.079	－0.073

---

① 这部分的分析总共构建了模型 1、模型 2、模型 3 各 5 个，总共 15 个回归模型，其中表 12－11 是其中 3 个模型完整的回归分析结果，而剩余 12 个模型的分析结果简要报告在表 12－12 中。鉴于常量、控制变量和调节变量在不同自变量的模型中的回归结果相似，在表 12－12 中省略。

变量	因变量：员工创新绩效		
	模型 1	模型 2	模型 3
学历	-0.133	0.055	0.062
年龄	-0.042	0.018	0.018
任职年限	-0.090	-0.105	-0.100
职位	0.106	0.018	0.010
自变量			
整体工作乐趣		0.385 **	0.383 **
调节变量			
自主支持环境		0.476 **	0.477 **
乘积项			
整体乐趣 × 自主支持环境			0.079
ΔR²	0.019	0.381	0.003
F	1.11	27.28 **	24.13 **

注：** $p < 0.01$。

表 10 – 13 自主支持环境的调节作用检验结果

变量	因变量：员工创新绩效							
	模型 2	模型 3	模型 2	模型 3	模型 2	模型 3	模型 2	模型 3
自变量								
社交型	0.232 **	0.240 **						
放松型			0.171 **	0.164 **				
辅助型					0.237 **	0.235 **		
福利型							0.288 **	0.288 **
乘积项								
社交 × 支持		0.066						
放松 × 支持				0.089 ***				
辅助 × 支持						0.117 ***		
福利 × 支持								-0.008
ΔR²	0.359	0.003	0.352	0.007	0.352	0.008	0.377	0.000
F	24.87 **	21.96 **	24.13 **	21.67 **	25.15 **	22.67 **	26.87 **	23.44 **

注：** $p < 0.01$；*** $p < 0.1$。

再看表 10 - 12 和表 10 - 13 中各个模型 3 的回归结果。其中，放松型工作乐趣与自主支持环境交互项的回归系数为 0.089（$p < 0.1$），说明自主支持环境对放松型乐趣与创新绩效间关系起正向调节作用，因此假设 10 - 8（b）成立，具体说就是组织环境中自主支持的水平越高，放松型乐趣对员工创新绩效的正向影响越强。

辅助型乐趣与自主支持环境交互项的回归系数为 0.117（$p < 0.1$），说明自主支持环境对辅助型工作乐趣与创新绩效间的关系起正向调节作用。具体说就是环境的自主支持水平越高，辅助型乐趣对员工创新绩效的正向影响越强，这与原假设相反。因此虽然自主支持环境能够调节辅助型与员工创新绩效间的关系，这种调节是正向的，即自主支持环境水平越高，辅助型乐趣对员工创新绩效的影响越大，但原假设认为这种调节可能是负向的，即自主支持水平越高，辅助型乐趣对员工创新绩效的正向影响越小。所以假设 10 - 8（c）没有得到支持。

此外，工作乐趣与自主支持环境、社交型乐趣与自主支持环境、福利型乐趣与自主支持环境交互项的系数均未通过显著性检验，即自主支持环境对工作乐趣、社交型工作乐趣及福利型乐趣影响员工创新绩效关系的调节作用不显著，因此假设 10 - 8、假设 10 - 8（a）、假设 10 - 8（d）没有得到数据支持。

10.7.3 研究小结

研究 2 探讨了自我决定理论视角下工作乐趣对员工创新绩效的影响，以内在动机作为中介变量、自主性支持作为调节变量，研究结果表明：社交型、放松型、辅助型、福利型四种工作乐趣及整体工作乐趣均对员工创新绩效有显著的正向影响；内在动机在四种工作乐趣与员工创新绩效之间起中介作用；自主支持环境在放松型、辅助型工作乐趣与员工创新绩效间的关系中起正向调节作用。

10.8　关于工作乐趣对员工创新影响机制的探讨

10.8.1　研究的理论意义

首先，本章的两项实证研究验证了不同类型的工作乐趣均对员工创新有着积极的影响，丰富了工作乐趣影响员工创新的理论成果。以往大多数工作乐趣对员工创新的效果研究要么聚焦于工作乐趣的某一具体活动（Becker and Tews，2016），要么将工作乐趣视为整体的概念（Tang et al.，2017）。而本章的研究选取了中国本土的多种类型工作乐趣，分别探讨了它们与员工创新行为和创新绩效的关系。这再次验证了工作乐趣作为一种严肃的管理策略的积极意义，并为中国情境下工作乐趣的真实效果提供了证据。此外，研究 1 根据情感事件理论将创新行为划分为情感驱动型和判断驱动型，进一步探讨了两种类型的工作乐趣对两种类型的创新行为有显著但不同方式的积极影响，既丰富了工作乐趣的效果研究，也丰富了员工创新行为的前因研究。研究 2 还在四种乐趣的基础上，利用结构方程模型构建了二阶整体工作乐趣因子，并证实其也对员工创新绩效存在显著的正向影响，这再次印证了四种工作乐趣结构的可靠性。

其次，研究 1 扩展了情绪的动机维度模型的作用领域，验证了高动机强度的积极情绪在社交型工作乐趣和情感驱动型创新行为之间起中介作用。一方面，情绪的动机维度模型自提出至今，广泛应用于心理学领域，但更多地是在实验室条件下进行，而研究 1 将该模型应用于组织情境，扩大了适用范围，为后续在更多领域的应用提供借鉴。另一方面，研究发现高动机强度的积极情绪在辅助型工作乐趣和情感驱动型创新行为之间的中介效应不显著，研究结论为唐等（Tang，2017）提出的不同维度的工作乐趣可能导致不同结果的观点提供了有力的证据支持，一定程度上说明了相比于辅助型乐趣，员工自发的、与工作无关的乐趣活动更能引起员工高动机强度的积极情绪，进而在高动机的情绪中产生情感驱动型创新行为。另外，研究 1 将情感事件理论全面运用于工作乐趣影响员工创新行为的研究，并结合情绪的动机维度模型，证实了低动机强度的积极情绪和工作满意度在辅助型工作乐趣和员工判断驱动型创新行为间起链式中介作用。已有的相关研究基于情感事件理论，仅分析了工作乐趣通过情感反应直接驱动创新行为的路径（杨洁等，2019）。研究 1 在此基础上进一步分析了工作乐趣通过引起员工的情感反应进而影响其工作态度，最后驱动创新行为的间接路径，并证实了只有辅助型工作乐趣能够引发这一系列过程，一定程度上说明了由企业发起的、与工作相关的乐趣活动虽然不能通过引起员工高昂的情绪反应直接产生情感驱动型创新行为，但可以通过引起员工的低动机强度的积极情绪，提升其工作满意度，进而形成判断驱动型创新行为。

再次，研究 2 首次检验了工作乐趣对员工内在动机的正向影响，并进一步证实内在动机在工作乐趣对员工创新绩效的影响中起到中介作用。这是对以往大量工作乐趣直接效果研究的深化，也是对工作乐趣作用机制的证实。虽然以往国内外的不少实证研究都对工作乐趣的正面效果提供了证据，但其中很少探讨它的作用机理，该部分的实证研究是对工作乐趣研究的重要补充。但研究结果也表明，内在动机在不同类型工作乐趣的作用过程中的中介作用不完全相同。具体来说，内在动机在社交型工作乐趣、放松型工作乐趣、辅助型工作乐趣与员工创新绩效之间的关系中起中介作用，这说明工作乐趣一定是通过激发员工内在动机起作用的。因此，根据自我决定理论，管理者要发挥工作乐趣的作用，必须在乐趣活动过程中满足员工自主性、成就感或归属感的需求，才能够激发内部工作，这是实现员工创新绩效提升的关键。然后，内在动机在福利型工作乐趣与员工创新绩效之间存在部分中介作用。与前面的完全中介作用不同，内在动机在福利型工作乐趣与员工创新绩效间的关系中起部分中介作用。也就是说，福利型工作乐趣既可以通过激发员工内在动机起到提升员工创新绩效的作用，也可能直接影响员工创新绩效，又可能是通过其他机制影响员工创新绩效。这一方面可能是福利型工作乐趣更多地表现为"组织发起的、与员工工作相关程度较低"，通常表现为举行集体户外活动、纪念日庆典等"仪式活动"，这些活动能够激发起员工对企业的认同感，提升工作效率、团队效率，在不断的交流过程中创新工作方法，进一步激发员工创新绩效；另一方面，与员工工作相关程度较低的环境更能促进形成乐趣、互动、开放的企业文化，通常这些文化是创新所必需的。

最后，研究 2 基于自我决定理论检验了自主支持环境对于不同类型工作乐趣效果的调节作用，这是对工作乐趣理论研究与实践都具有重要价值的研究结论。研究结果表明，自主支持环境在放松型、辅助型工作乐趣与员工创新绩效之间起正向调节作用。自主支持历来就如同一个硬币的两面，一方面会增强个体的自主性，另一方面会给个体带来"随波逐流""缺少监督"的危害。研究的结果为具有"双刃剑"效应的自主支持环境和工作乐趣活动提供了新的理论解释视角。不同的工作乐趣与自主支持之间存在相互加成的作用。该部分的研究结论表明，在放松型工作乐趣的环境里，即在员工自发的、与工作相关程度较高的企业环境里，自主是激发员工创新绩效的"一剂良药"，企业要努力为员工打造自主支持的环境。该结论也深化了德西和里安（Deci and Ryan, 2000）、刘桂荣（2010）的结论，在一个自主支持的环境里，员工的创造性会越来越突出。

需要特别说明的是自主支持环境对辅助型工作乐趣与员工创新绩效间关系的调节作用与预期的方向不同。原假设认为，与工作相关的乐趣活动如果缺少监督可能会造成"玩世不恭"而影响正常的工作氛围。数据分析结果表明，即便是与工作相关的乐趣活动，如果期望能够提升员工的创新绩效，仍然应该给予员工更多的环境支持而不是加以控制。但也需要注意的是，该部分的实证研究仅仅检验了工作乐趣对员工创新绩效的影响，而没有全面考虑各方面的绩效传统，所以原假设所代表的受访管理者的看法也不能被完全推翻。

10.8.2　研究的实践意义与管理启示

探讨工作乐趣作用机理的出发点除了理论研究的需要外，也是由企业管理乐趣实践的实际效果不佳所推动的。数据对于内在动机中介作用的支持说明乐趣活动对于创新的激励效果，关键是要强化内在动机。根据自我决定理论，内在动机的激发，第一是满足员工参与的自主性。有些企业开展的乐趣活动过分强调目的性，采取一味自上而下的形式，其结果只会导致事倍功半，陷入参与程度低和员工不满的窘境。企业应当挖掘员工的真正需求，弄清楚、搞明白员工到底需要什么，要让员工自愿地参与到乐趣活动中来，才能发挥工作乐趣激发内在动机的作用。

第二，在乐趣活动的过程中，让员工获得成就感是利用乐趣活动激发员工内在动机的另一重要手段。管理者可以有很多途径来满足员工的成就感，常见的方式如，让员工在竞赛活动中体会到自己对工作的付出和工作技能得到别人的认可，在竞赛活动中发挥员工在工作技能之外的特长，在福利方案中体现管理者对员工的重视和尊重。再比如，通过聘请专业人员，帮助员工在工作闲暇的放松活动中能够在心理放松或身体锻炼方面取得成效，从而缓解在工作中的疲倦感和挫折感。

第三，在乐趣活动中，增强员工的归属感也是激发内在动机，让他们更好地体验到乐趣的关键。在工作环境和庆祝活动中展示集体取得的成绩，让员工感受到能成为优秀集体一分子的喜悦。举行包括员工家庭成员在内的集体活动，鼓励与支持员工之间社交网络的互动等，都能够增强员工之间、员工与组织之间的联系和信任。

第四，除了在乐趣活动的开展过程中满足员工的内在需求之外，营造员工支持的工作环境对于内在动机的激发也具有长期效应。一些社交型、放松型的乐趣活动，比如员工之间私下的聚会、工作间隙自发的休闲互动不涉及组织的直接管理，但如果组织缺乏员工自主支持的制度和氛围，那即便是员工主动开展了这些工作乐趣活动，可能也难以实现预期的效果。比如在等级森严的组织氛围下，员工私下的聚会也会受到正式工作等级的影响而使员工难以真正放松，在工作间隙的乐趣活动也不太可能真正起到释放压力的作用。在重视员工创新的组织或部门，管理者就很有必要努力营造支持员工的环境与氛围。具体来说，管理者主动倾听员工的想法、鼓励员工提出建议、表达对员工的信任、理解员工的困难等，都有利于让开展的乐趣活动事半功倍。

第五，员工的积极情绪在工作乐趣与创新行为之间起着重要的作用。一方面，管理者除了支持乐趣活动以提高员工的积极情绪之外，还可通过有效的工作协调、开展情绪管理能力培训等方式提升或保持员工的积极情绪。另一方面，管理者还应避免工作压力、上下级矛盾等多种因素消耗员工的积极情绪。此外，工作满意度作为一种重要的工作态度也会影响员工的判断驱动型创新行为。根据双因素理论（Herzberg，1964），管理者可通过激励因素提升员工的满意度，通过保健因素降低不满意的程度，例如减少组织中的辱虐管理并增加道德领导行为。值得注意的是，两种工作乐趣会通过不同的路径影响员工创新行为，社交型工作乐趣的影响更直接并且更快，而辅助型工作乐趣的影响周期较长。因此，管理者需要根据实际情况合理把握两种乐趣激励作用，因时因地制宜。

10.8.3 研究的不足及展望

虽然在研究假设和实证检验过程中力求规范、科学，也证实了一些有价值的结论，对理解工作乐趣影响员工创新起到了一定作用，但是研究还是存在一些不足。

第一，数据采集方面。两项研究的样本主要来源均较为单一。因此，未来的研究可以覆盖多种行业的员工进行调查分析，比如将广告业、设计业等更多有创新需求的行业员工也纳入研究范畴。在具体收集时可以在配对收集的基础上再结合多阶段的大样本调查。

第二，变量测量方面。其一是创新绩效的测量问题，由于员工的创新表现并不一定非常直观，有些创新的想法和工作方式并没有明显地展示出来，或有直接的创新成果（张学和等，2013），所以该部分实证研究中创新绩效采用被调查者自我报告的方式来衡量，而没有采用前几部分上下级配对样本测量的方法。未来的研究可以采用其他创新绩效的测量手段和他评的方式加以再次验证。其二是动机的测量，限于调查问卷的长度，该部分的研究并没有设计包括多种工作动机的研究模型，也就无法考察工作乐趣对不同工作动机的影响以及不同动机之间的转化问题。未来的研究可以进一步深入探讨工作乐趣与多种工作动机之间的关系（本书的后续章节开展了相关研究与探讨）。其三是情绪的测量，高动机强度的情绪测量应尽可能在乐趣活动发生的短时间内进行，但在线调查的部分难以实现这一点，可能导致乐趣对积极情绪的效果分析出现误差。未来的研究可以采用每日调查的方式来更准确地区分高动机强度情绪和低动机强度情绪。

第三，模型设计与数据分析。研究 1 分别对两种乐趣活动进行检验后得到了差异化的研究结果，即两者的作用机制并不相同。然而，研究没有考虑不同乐趣活动的相互影响是否会导致不一样的结果。并且也只研究了四种工作乐趣中的两种。因此，未来的研究可以将四种乐趣活动均纳入研究范畴。随后，先分别检验四种乐趣活动的作用机制，再同时放入结构方程模型中分析整体的综合效应。此外，本章的研究也暂未将一些组织情境因素纳入模型（比如组织支持、组织氛围等），未来的研究可以进一步探讨组织情境因素对双中介路径的调节作用。研究 2 的结果表明自主支持环境的调节影响有差异，这说明不同类型工作乐趣影响员工创新绩效的机制可能也有差异。实际上，不同类型的工作乐趣激发员工乐趣体验和情绪反应的类型和程度可能不同，因此对员工创新可能有不同的驱动力（Fredrickson，2001）。未来研究可以基于不同工作乐趣类型，从不同的理论视角（比如社会互动理论、创造力成分理论等）出发建构有多种差异的创新激励过程模型来检验不同类型工作乐趣的作用机制差异。

第四，本章的研究着眼于工作乐趣与员工创新之间的关系，虽然考虑了以往研究所重点关注的情绪、动机、自主支持环境等对创新起关键激发作用的内外部因素，但工作乐趣对员工创新的影响仍然可能存在其他的机制，比如工作投入（Cheng et al.，2019）、工作繁荣（杨洁，2019）、组织承诺（Jing et al.，2021）等，未来的研究需要考虑控制这些因素的影响，从而确认工作乐趣影响员工创新的关键路径。

第五，两项实证研究仅仅从个体层面来考虑创新激励的问题，但跨层次的研究设计能够更准确地解释创新行为的影响因素（Woodman et al.，1993），未来的研究可以以团队为单位收集数据，将个体层面的工作乐趣活动和自主支持环境聚合到群体层面进行检验，提升研究的效度。

第11章 挑战性压力源对员工创新 行为的影响机制研究

近年来，由于国际局势变化和数字技术的发展，各行各业面临的风险与挑战剧增，创新已成为企业生存与发展中至关重要的环节。员工作为企业创新的主力军，如何激励员工创新从而提升组织整体的创新能力已成为多数企业关注的焦点（李根强等，2022）。然而，在当前的组织环境中，"新冠疫情""996""内卷"等给员工带来了多种不同来源的工作压力。这种情况下，员工不可避免地需要在压力情境下实现创新。换句话说，压力是组织环境的常态，而对员工创新的要求又在不断提升，压力对员工创新的影响就成为一个关键的问题。压力是促进或是抑制创新？这个问题在理论研究中已有相当程度的探讨。工作压力源可按性质划分为挑战性压力源和阻碍性压力源（Cavanaugh et al.，2000）。其中，阻碍性压力源对员工创新的消极影响已基本达成共识（LePine et al.，2005），而挑战性压力源与创新之间的关系还存在争议（Sacramento et al.，2013）。挑战性压力源实质上是来自工作任务本身的压力，比如工作责任、时间要求、工作量与任务复杂性等（Cavanaugh et al.，2000），是组织中普遍存在的工作压力类型。因此，进一步厘清挑战性压力源与员工创新行为之间的关系兼具理论与现实意义，这是本章所要探讨和检验的焦点内容。

11.1 问题的提出

11.1.1 工作压力与员工创新的两阶段研究

目前为止，工作压力对员工创新的影响机制研究主要经历了两个阶段。第一个阶段关注的是工作压力的"大小"，即压力对员工创新的影响取决于压力的程度，影响结果包括积极影响、消极影响、非线性影响三种

（张桂平和朱宇澂，2021）。积极影响建立在压力的功能论之上，其秉持"压力产生动力"的观点，认为工作压力能够作为一种激励手段，能够促进员工创新。消极影响的观点则建立在资源论的基础上，认为压力会导致员工的精神涣散，损耗员工的个人资源，进而对创新产生不利影响。非线性影响则是以平衡论为基础，其认为工作压力与员工创新呈倒"U"型关系，只有处于恰当的压力程度才能够更有效地激发员工创新。三种结论中，非线性影响的结果似乎更为合理，但压力的拐点难以确定，这就削弱了研究的现实意义，也使学术界发现仅仅注重压力的"大小"似乎无法充分揭示两者间的机制。卡瓦诺等（Cavanaugh，2000）在前人研究的基础之上，按照工作压力的性质区分出了挑战性压力源与阻碍性压力源，并验证了两种压力源的不同作用效果。于是，学术界推测工作压力对员工创新的影响差异源于压力源的性质差异，并呼吁更多的理论进一步探索两者间的关系。自此，压力与创新的关系开启了第二个阶段的研究，越来越多的学者从多重理论视角探讨挑战—阻碍性压力源影响员工创新的影响机制。然而，目前学者们仅对阻碍性压力源负向影响员工创新的结论达成一致，至于挑战性压力源与创新的关系又出现了如第一阶段考虑压力"大小"一般多种不一致结果。

11.1.2　挑战性压力源对创新的影响存在多种可能

挑战性压力源对员工创新的影响机制也存在争议（张永军等，2016），主要包括正向影响、被中介的正向影响、被调节的正向影响、被中介的负向影响、被调节的负向影响以及非线性关系等。虽然大多数的直接关系研究表明挑战性压力源对创新行为有正向影响（Ren and Zhang，2015），但张等（Zhang et al.，2019）基于工作需求—资源模型（JD－R）的研究发现，一方面，当挑战性压力源被视为消耗资源的工作要求时，便会导致员工的工作倦怠，进而削弱其创造力；另一方面，当员工认为挑战性压力源是有价值的工作需求时，便会增加工作投入，进而提升其创造力。孙健敏等（2018）的研究表明，挑战性压力源、领导—成员交换与辱虐管理对员工创新行为具有三重交互作用，只有在高领导—成员交换水平且低辱虐管理水平情况下，挑战性压力源才能促进员工创新行为，其他情况下两者呈负相关或无关。王甜等（2019）从压力—情绪理论与激活理论的视角出发，验证了挑战性压力源中的时间压力与员工创新行为之间呈倒"U"型关系，即时间压力先促进了员工创新行为，到达峰值后再增加时间压力便会对创新产生消极影响。

11.1.3 本章实证研究的切入点

近年来，有关挑战性压力源对员工创新行为的影响机制，国内的学者从工作要求—资源模型（孙健敏等，2018）、社会认知理论（张勇等，2018）、自我决定理论（陈春花等，2021）、激活理论（王甜等，2019）、社会嵌入理论（曹勇等，2021）等多个理论视角开展了研究。但在不同理论视角下，得到的两者间的作用关系有方向性的差异。因此，有必要通过审视在现有研究中被忽视的压力应对的具体过程，来进一步探究不同影响方向的缘由。

压力与应对的交易理论是解释工作压力应对过程最重要的理论基础之一。根据该理论，个体对压力源进行两阶段认知评价后会采取相应的压力应对策略，最后产生相应的应对结果（Lazarus and Folkman，1984）。但压力与应对的交易理论没有充分考虑情绪的因素，后者近年来被认为在压力应对的过程中扮演相当重要的角色，并且同样存在可能的多种方向的影响（Fugate et al.，2008）。因此，沿用与前述章节类似的思路，本章的实证研究利用情绪的动机维度模型和情感事件理论来深化对压力应对过程的理解。情绪的动机维度模型认为情绪还具有动机属性，不同动机强度的情绪会影响个体的认知加工（Gable and Harmon–Jones，2010）。该模型能更好地解释在工作压力的情境下，员工受不同情绪动机的影响，采取不同的压力应对策略。情感事件理论则认为不同类型的创新行为有不同的激发机制（Weiss and Cropanzano，1996）。据此，笔者认为不同动机维度的情绪与不同类型的创新行为激发机制存在对应关系，而工作压力作为一种情感事件，可以成为激发不同类型的情绪和相应的创新行为的源头。因此，在压力与应对的交易模型基础上，结合情绪的动机模型和情感事件理论所阐述的激发机制，能够进一步解释挑战性压力源对创新行为的影响机制。

综上，本章构建"挑战性压力源—高/低动机强度的积极情绪—应对策略—情感/判断驱动创新行为"的链式中介模型，探究挑战性压力源对员工创新行为的作用机制，以期为企业进行员工压力管理提供理论依据与实践启示。该部分实证研究的贡献主要体现在三个方面。第一，进一步探究挑战性压力源对不同类型员工创新行为的影响机制。第二，将情绪的动机维度模型应用于具体工作情境，检验其适用性。第三，运用情绪的动机维度模型和情感事件理论，扩展及加深对压力和应对的认知交易过程的理解。

11.2 研究假设与理论基础

　　基于前文的文献研究，本部分提出如图 11 - 1 所示的研究概念模型。这一模型通过整合情绪的动机维度模型（Gable and Harmon - Jones，2010a）、情感事件理论（Weiss and Cropanzano，1996）和压力与应对的交易模型（Lazarus and Folkman，1984），探讨"挑战性压力源—高/低动机强度的积极情绪—应对策略—情感/判断驱动创新行为"的链式中介关系。模型遵循"压力源→情绪→应对策略→应对结果"的研究思路，对挑战性压力源影响员工创新行为的作用机制做整合性研究。下文将根据这一完整模型，分别论述直接作用、中介作用和链式中介作用的理论基础和具体关系假设。需要说明的是，以往的许多研究已经检验过挑战性压力源和创新行为之间的直接关系，但得出的结论各异，因此本章的研究不再进行直接关系的假设与检验，而是基于压力与应对的交易模型，注重两者间作用机理的分析。

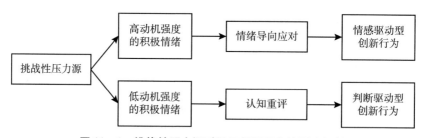

图 11 - 1　挑战性压力源对员工创新行为的影响机制

11.2.1　挑战性压力源

　　传统的工作压力研究大都局限于消极视角，将压力概念化为一个一维结构，通过所有压力源的合并以测量员工的工作压力并展开研究。但卡瓦诺等（Cavanaugh，2000）认为，为了理解"压力—反应"的关系，从概念上和经验上区分"挑战"和"阻碍"作为两种类型的压力源是非常重要的。挑战性压力源从性质上看被认为具有"好"的属性。虽然这些压力源要求个体付出努力去实现目标，但它们也可以被视为学习和成就的机会，因此可以实现更高的绩效和有利的工作成果（Eatough et al.，2011）。这类压力源包括工作超负荷、时间压力、工作复杂性和工作责任等。当这些需求被评估为具有挑战性时，它们就成为一个更高层次因素的指标，该因素代表了工作压力能够导致掌握、个人发展和成长的程度（LePine et al.，2005）。这种压力源作为激励源，投入努力、时间和精力来满足挑战性需求，从而实现有益的工作成果（LePine et al.，2007）。相反，阻碍性压力源是阻碍任务完成、目标实现、自我发展和成长的需求（Cavanaugh et al.，2000）；这种压力源包括角色冲突和模糊、人际冲突、职场政治、资源不足和工作不安全感。这些要求通常被视为对任务完成和目标实现的威胁（Searle and Auton，2015）。遗憾的是，克服这些工作要求只会导致一般的工作表现，并不会令员工产生成就感（Webster et al.，2010）。总体而言，阻碍性压力源与传统观点的工作压力源较为接近，都是导致消极结果的前因，而挑战性压力源是较为"年轻"的概念，并且被证实具有积极的作用。因此，基于压力源的二分框架，现有的研究更多是通过比较两类压力源的效果构建理论模型，或是单独研究挑战性压力源的作用，至于阻碍性压力源则很少被单独分析。然而，挑战性压力源的本质仍是一种工作压力，其对员工各方面表现产生积极或消极影响的机制还不明确（Tong et al.，2021），所以本章将单独探析这类工作压力源的作用以及具体机制。

通过梳理文献可知，挑战性压力源与一些有利的工作结果呈正相关，如工作绩效、组织公民行为、工作满意度（李宗波和李锐，2013），但也会对健康产生不利影响，如导致倦怠、情绪耗竭（Crawford et al.，2010；LePine et al.，2005）。这说明"好压力"也会"办坏事"。近年来的研究正在以更加全面的视角审视挑战性压力源的影响，比如阳刚等（2021）关注的便是挑战性压力源的负面影响，他们通过对国内243名员工的两阶段调查数据进行实证分析后发现，挑战性压力源会正向促进员工的知识隐藏。实际上，挑战性压力源是"好压力"的标签主要是站在管理者的角度上确立的，因为卡瓦诺等（Cavanaugh et al.，2000）是基于对基层管理者的访谈提出压力源的挑战—阻碍二分框架的。而之后的实证研究中，学界大都直接将这两种压力源套用在普通员工身上，虽然许多研究都证明了挑战性压力源的有利之处与阻碍性压力源的不利之处，但这从源头上就存在了不合理的地方。毕竟管理者的权力、视野、资源等与员工有实质性差异，对工作压力的认知和评价也并非一致。张桂平和朱宇澂（2021）认为，只有员工在主观上将工作超负荷、时间压力这些压力源评价为具有挑战性的，它们才会具有"好"的属性，才能够引发积极的工作效果。因此，本章的研究先客观地将这些挑战性压力源视为一般的压力源，探索这些"好"压力是否会对员工创新行为造成不利影响，以及将员工的情绪作为关键中介因素时两者间的具体作用机制。

11.2.2 挑战性压力源与情绪

早期的大多数研究认为情绪仅由效价（valence）和唤醒（arousal）两个维度组成，效价是指处于愉悦（积极）或非愉悦（消极）的状态，唤醒是指处于平静或兴奋的状态（Lang et al.，2005），但这种二分法忽视了情绪的动机维度。而动机又有方向和强度之分，方向指的是对目标的趋近或回避，强度是指动机的力度，由低到高。部分研究认为情绪的效价与动机方向紧密相关，即积极情绪仅与趋近动机有关，消极情绪仅与回避动机有关（Bradley and Lang，2007）。但克拉芙尔和哈蒙·琼斯（Carver and Harmon - Jones，2009）的研究发现，情绪效价与动机方向应是相互独立的。而唤醒与动机强度高度相关，比如高动机强度的刺激往往会引起高水平的唤醒（Bradley and Lang，2007）。盖博和哈蒙·琼斯（Gable and Harmon - Jones，2010）在一系列实验研究的基础上提出了情绪的动机维度模型，从效价和动机强度两个维度可把情绪分为四类，并认为高动机强度的情绪（积极情绪如兴奋，消极情绪如焦虑）会使个体的认知加工窄化，低动机强度的情绪（积极情绪如宁静、消极情绪如抑郁）会使个体的认知加工泛化。由于过去的研究证实了积极情绪会促进员工创新行为（周文莉等，2020），本研究将根据情绪的动机维度模型，选取高动机强度的积极情绪和低动机强度的积极情绪两个维度分析它们对创新行为的影响。

本研究认为一般情况下挑战性压力源会降低员工的积极情绪。一方面，根据压力与应对的交易理论，当压力源出现时，个体会对压力造成影响的程度进行评价，即初级评价（Lazarus and Folkman，1984）。评价的结果包括压力源是无关的、正面或是负面的。其中负面的评价包含威胁和挑战，两者有许多共同之处，涉及的都是尚未发生的预期影响。区别在于挑战性的评价关注收益和成长，往往伴随积极情绪，而威胁性的评价更关注潜在伤害，往往伴随消极情绪。因此，即便是对压力源的负面评价也能令个体产生积极的情绪反应，但挑战性压力源对积极情绪的影响方式取决于个体对自己是否有能力应对不良状况的判断（Fugate et al.，2008）。也就是说，如果时间压力、工作负荷等压力源处在员工个人资源的承受范围内，就会被认为是挑战性的，从而促进积极情绪；如果超出承受范围，则会被认为是有威胁的，从而降低积极情绪。另一方面，挑战性压力源属于工作要求，根据资源保存理论，员工的资源与精力将会在满足工作要求的过程中被逐渐消耗，被消耗的资源在得到补偿前或得不到补偿时，员工会认为自身不再具备完成任务所需的时间和精力，但挑战性的工作要求迫使他们继续工作，这种矛盾的状况会进一步损耗大量的情绪和心理资源（Hobfoll，1989）。因此，员工的积极情绪可能会在满足挑战性工作要求的过程中逐渐降低。阳刚等（2021）的实证研究为这种关系提供了有力的证据。综上，研究提出以下假设：

假设 11-1（a）：挑战性压力源对员工高动机强度的积极情绪有负向影响。

假设 11-1（b）：挑战性压力源对员工低动机强度的积极情绪有负向影响。

11.2.3 情绪在压力应对中的中介作用

根据压力与应对的交易理论，个体完成对压力源的初级评价之后，将会评估采取何种应对策略以降低乃至消除压力源的负面影响，此过程称为次级评价（Lazarus and Folkman，1984）。以往的研究表明，情绪会影响应对策略的选择。比如李·巴格利等（Lee - Baggley et al.，2005）发现具有积极情绪的个体在面对压力事件时，倾向于积极地解读，从而有更大的概率采取积极的应对策略。福克曼（Folkman，2008）指出积极情绪与问题导向应对、认知重评有关。富盖特（Fugate，2008）的纵向研究证实了积极情绪与控制应对正相关，消极情绪与逃避应对正相关。结合情感事件理论，本研究认为情绪可以通过两条路径影响应对策略的选择（Weiss and Cropanzano，1996）。其一是员工受压力事件影响后引发情绪反应，进而采取情绪导向应对。情绪导向应对正是一种情感驱动行为，它旨在分析和处理个体对压力源的情绪反应，例如花时间处理或思考自己的感受以及表达或发泄情绪（Stanton et al.，2000）。其二是压力事件导致的情绪反应会影响员工的态度，而认知重评便是一种能引起态度变化的应对策略，它是指个体对压力事件进行重新评估，通过重新评价压力事件的含义，使其与自己先前的目标、信念、价值观等保持一致，或者通过修改相关的信念和目标以适应压力事件，又或是两者兼之，从而改变对压力事件的认知（Park and Folkman，1997）。

在本研究中，由于挑战性压力源降低了员工高、低动机强度的积极情绪，他们会进一步采取合适的应对策略以缓解压力。根据情绪的动机维度模型，高动机强度的情绪会使个体的认知加工窄化，低动机强度的情绪会使个体的认知加工泛化（Gable and Harmon - Jones，2010）。一方面，当员工具有高动机强度的积极情绪时，认知焦点的窄化使他们更有可能采取针对具体情况的情绪导向应对。另一方面，当员工具有低动机强度的积极情绪时，认知广度的增加促使员工从挑战性压力源的整体方面进行思考，从而采取了认知重评的应对方式。但两种不同强度的积极情绪均处于下降的状态，可能会对应对策略的效果造成不同程度的影响，由于缺乏足够的理论和证据支持，难以准确判断会造成何种影响。

综上，结合多重理论视角，本研究认为员工的情绪在挑战性压力源与应对策略之间存在中介作用，即挑战性压力源降低了员工高、低动机强度的积极情绪，促使他们分别采取了情绪导向应对和认知重评的应对方式进行压力缓解。由此，研究提出：

假设 11 - 2（a）：高动机强度的积极情绪在挑战性压力源和情绪导向应对的关系间起中介作用。

假设 11 - 2（b）：低动机强度的积极情绪在挑战性压力源和认知重评的关系间起中介作用。

11.2.4 情绪与应对策略的链式中介作用

在压力应对过程中，员工经过两阶段认知评价后采取相应的应对策略，会对不同类型创新行为产生不同影响。一方面，员工采取情绪导向应对后会直接通过情绪反应对情感驱动型创新行为产生影响，又由于情绪导向应对往往被认为是不适应的、无效的（Baker and Berenbaum，2007），因此情绪导向应对可能会对情感驱动型创新行为产生消极影响。另一方面，个体采取认知重评的应对方式会对压力源可能造成的损失、挑战和威胁进行重新评价，从而降低压力事件造成的负面影响，有时甚至可以增加积极影响（Park and Folkman，1997）。因此，员工采取认知重评的应对方式可能会促进判断驱动型创新行为。

综上，结合情感事件理论，本研究认为员工的情绪和应对策略在挑战性压力源和创新行为之间存在链式中介作用。一种可能的情况是员工在挑战性压力源较高的环境下（情感事件）降低了其高动机强度的积极情绪（情感反应），随后采取了情绪导向应对，由此影响了员工的情感驱动型创新行为。另一种可能的情况是员工在挑战性压力源较高的环境下（情感事件）降低了其低动机强度的积极情绪（情感反应），随后采取认知重评的应对方式，由此影响了员工的判断驱动型创新行为。因此，研究提出：

假设 11 - 3（a）：高动机强度的积极情绪和情绪导向应对在挑战性压力源和情感驱动型创新行为的关系间起链式中介作用。

假设 11 – 3（b）：低动机强度的积极情绪和认知重评在挑战性压力源和判断驱动型创新行为的关系间起链式中介作用。

11.3 实证研究设计

11.3.1 样本采集与样本特征

样本数据通过 Credamo 问卷平台进行在线付费收集，该平台拥有百万众包被试库，能够向符合条件的调查对象精准推送，还具有多期追踪调查功能，因此从该平台收集到的数据具有一定的代表性。本研究选定企业基层员工、企业管理者（基层、中层、高层）和专业人员（如律师、记者等）作为调查对象，样本采集的时间在 2020 年 10～11 月，采取纵向追踪的方式进行调研，获取被调查对象两个时间点的样本数据，间隔时间为两周。两阶段数据收集的好处主要包括：第一，如果研究采集的数据均来自员工的自我报告，易导致共同方法偏差，从而弱化数据的效力，而多阶段获取的研究数据能够有效降低共同方法偏差的影响（Podsakoff et al.，2003）。第二，不同时间点收集而来的数据不受前后语句的干扰，更能有效地分析变量间的因果关系。第三，鉴于个体情绪易受瞬时情境影响的特性，多时点测量可以通过比较不同时点的数据差异，从而选择适合的数据，如此能有效提高研究结论的科学性。本研究的时点一收集员工的挑战性压力源、积极情绪及人口统计学信息。时点二收集员工的积极情绪、应对策略及创新行为。经过比较后表明积极情绪的两阶段数据无明显差异，说明员工的情绪在这期间没有产生较大的波动，因此最终的数据分析以时点一为主。

研究在时点一共获得 257 份问卷，问卷设计了甄别题项，如果回答错误便会自动退出，共拒绝了 19 份问卷。在剩下的 238 份问卷中，筛除答题时间在 100 秒以下或选项呈现规律分布的 38 份问卷，确定了 200 份有效问卷，有效回收率 84%。时点一调研结束后，根据平台账号对 200 份有效问卷进行编码。两周后，依托该平台的追踪调查功能对这 200 名被试进行第二次调研。时点二发放调查问卷 200 份，共收回 169 份有效问卷，有效率 85%。调研结束后，对两次填写的问卷数据进行匹配，最终确定了169 份有效数据。

有效样本中男女比例均衡，各占近 50%。学历上，本科生占比达77.5%，其次是大专生，占比 13.6%。年龄上，25～34 岁占 54.4%、35～

44 岁占 34.9%。工作年限上，1～3 年占 23.7%、3～5 年占 32.0%、5～10 年占 34.3%。企业性质上，国有企业占 36.1%、民营企业占 40.8%。工作岗位上，基层管理者占 37.9%、中层管理者占 27.2%、普通员工占 25.4%。

11.3.2　变量测量

该部分问卷调查总共包括挑战性压力源、高动机强度的积极情绪、低动机强度的积极情绪、情绪导向应对、认知重评、情感驱动型创新行为、判断驱动型创新行为的测量量表和人口统计调查。

挑战性压力源的测量。国内外学者大多借鉴了卡瓦诺等（Cavanaugh et al.，2000）开发的量表，用 6 条语句测量挑战性压力源，包括“必须在限定时间内完成工作任务”“工作量较大”“工作时间较长”“所承担的责任较多”“职位所包含的职责范围较广”“工作标准较高”，以及职位负担、职责范围、时间紧迫性及工作复杂性四个方面。本研究直接采用了卡瓦诺等（Cavanaugh et al.，2000）开发的量表，结合 likert－5 级量表评分，用“1”表示“非常不符合”，“5”表示“非常符合”。该量表的克隆巴赫 α 系数达到 0.66。

积极情绪。基于盖博和哈蒙·琼斯（Gable and Harmon－Jones，2010）在情绪的动机维度模型中提及的词汇，结合沃森等（Watson，1988）开发的 PANAS 量表，并根据邹吉林等（2011）有关情绪动机维度模型的综述研究中对于不同维度的情绪所使用的中文形容词，最后筛选和提炼出高、低动机强度的积极情绪各 4 条语句。采用 likert－5 级量表评分，用“1”表示“非常不同意”，“5”表示“非常同意”。两个因子的克隆巴赫 α 系数均达到 0.80 以上。

应对策略。选取隆（Long，1990）针对工作压力开发的应对量表中的部分语句，构建两个维度的应对策略因子，分别为情绪导向应对和认知重评。情绪导向应对包括 4 条语句，例如“因为工作压力而迁怒他人”，量表的克隆巴赫 α 系数达到 0.75；认知重评包括 7 条语句，例如“看到工作压力给我带来的好的改变”，量表的克隆巴赫 α 系数达到 0.83。采用 likert－5 级量表评分，用“1”表示“非常不符合”，“5”表示“非常符合”。

员工创新行为。本研究根据情感事件理论，将员工创新行为划分为情感驱动型创新行为和判断驱动型创新行为两个维度，但目前的研究中还未有这两种创新行为的通用测量量表。因此，本研究结合斯科特和布鲁斯（1994）以及凯布尔和爱德华兹（Cable and Edwards，2004）开发的个人创新行为量表，构建全新的情感—判断驱动创新行为二因子量表。情感驱动型创新行为包含 2 条语句，判断驱动型创新行为包含 4 条语句，采用 likert - 5 级量表评分，用"1"表示"非常不符合"，"5"表示"非常符合"。后续，本研究对该量表进行了探索性因子分析与验证性因子分析，两种创新行为的验证性因子分析拟合指数为：$\chi^2(8) = 11.44$，$CFI = 0.99$，$TLI = 0.98$，$RMSEA = 0.05$，$SRMR = 0.03$，拟合良好。两个因子的克隆巴赫 α 系数均达到 0.72 以上。

人口统计变量的测量。本研究调查问卷所包含的人口统计变量共有 6 项，分别为：学历：分为 5 个等级，从 1 到 5 依次为"高中及高中以下""大专""本科""硕士"和"博士"。工作年限：分为 5 个等级，从 1 到 5 依次为"1 年以下""1 ~ 3 年""3 ~ 5 年""5 ~ 10 年"和"10 年以上"。岗位性质：分为 5 种，1 到 5 依次为"员工""基层管理者""中层管理者""高层管理者""专业人才"。所在组织的性质：分为 5 类，从 1 到 5 分别代表"国有企业""集体企业""民营企业""外商独资企业""中外合资企业"。性别：1 代表男性，0 代表女性。年龄：分为 5 个等级，从 1 到 5 依次为"25 岁及以下""26 ~ 30 岁""31 ~ 40 岁""41 ~ 50 岁""50 岁以上"。

11.4 实证数据分析

11.4.1 共同方法偏差检验

本研究所收集的数据均来源于员工的自我报告，虽然分两阶段采集，但研究结果仍可能受共同方法偏差影响。为降低这方面的影响，问卷的开头处已声明"本研究的所有调查，都会对受访者个人隐私进行很好的保护，研究结果仅用于学术研究，不涉及任何商业用途"。之后，本研究采用 Harman 单因子检验方法，通过无旋转的主成分分析的结果表明没有一个独立的公共因子被析出，最大因子的方差解释率为 31.6%（低于 40%）。由于研究数据已分两阶段采集，单因子检验也已通过，便不再进行双因子模型检验。综上，本研究不存在严重的共同方法偏差问题。

11.4.2 区分效度检验

本章使用 Mplus 8.3 软件进行验证性因子分析，以此检验挑战性压力源、低动机强度的积极情绪、高动机强度的消极情绪、认知重评、情绪导向、情感驱动型创新行为、判断驱动型创新行为七个潜变量的区分效度。通过模型间的比较可知（见表 11-1），七因子模型的拟合指标最优，χ^2 (384) = 648.68，CFI = 0.88，TLI = 0.86，RMSEA = 0.06，SRMR = 0.07，表明 7 个潜变量间具有良好的区分效度。

表 11-1　　　　　　　　　区分效度检验

模型	χ^2	df	CFI	TLI	RMSEA	SRMR
七因子模型：CS；HPA；LPA；EC；CR；AIB；JIB	648.68	384	0.88	0.86	0.06	0.07
六因子模型：CS；HPA；LPA；EC；CR；AIB + JIB	686.47	390	0.86	0.85	0.07	0.07
五因子模型：CS；HPA；LPA；EC + CR；AIB + JIB	768.54	395	0.83	0.81	0.08	0.08
四因子模型：CS；HPA + LPA；EC + CR；AIB + JIB	773.98	399	0.83	0.81	0.08	0.08
单因子模型：CS + HPA + LPA + EC + CR + AIB + JIB	1139.80	405	0.66	0.64	0.10	0.10

注：N = 169，CS = 挑战性压力源；HPA/LPA = 高/低动机强度的积极情绪；EC = 情绪导向应对；CR = 认知重评；AIB = 情感驱动型创新行为；JIB = 判断驱动型创新行为。

11.4.3　描述性统计与相关分析

各变量的均值、标准差和相关系数如表 11-2 所示。除挑战性压力源和高动机强度的积极情绪的相关性不显著外，其余变量间的相关性均与研究假设大致相同。

表 11-2　　　　　　　各变量均值、标准差和相关系数

变量	M	SD	1	2	3	4	5	6
1. 挑战性压力源	4.05	0.49						
2. 高动机强度的积极情绪	3.71	0.87	− 0.14					
3. 低动机强度的积极情绪	3.71	0.75	− 0.16 *	0.78 **				

变量	M	SD	1	2	3	4	5	6
4. 情绪导向应对	2.18	0.84	0.10	−0.38**	−0.34**			
5. 认知重评	4.11	0.53	0.08	0.59**	0.50**	−0.48**		
6. 情感驱动型创新行为	3.92	0.74	−0.18*	0.51**	0.46**	−0.41**	0.55**	
7. 判断驱动型创新行为	4.22	0.53	0.07	0.56**	0.46**	−0.38**	0.76**	0.58**

注：N=169，**p<0.01，*p<0.05，限于篇幅，控制变量未列入。

11.4.4 实证研究的假设检验

本章使用 SPSS 24 软件进行分层回归分析，以检验变量间的直接作用。

11.4.4.1 直接作用检验

回归结果见表 11−3，在控制了基本人口信息后，M2 表明挑战性压力源对低动机强度的积极情绪存在显著的负向影响（$\beta = -0.31$，$p < 0.05$），假设 11−1（a）得到支持；M4 表明挑战性压力源对高动机强度的积极情绪存在显著的负向影响（$\beta = -0.30$，$p < 0.05$），假设 11−1（b）得到支持。

表 11−3　　　　　　　　　　层级回归结果

变量	LPA		HPA		情绪导向应对		认知重评	
	M1	M2	M3	M4	M5	M6	M7	M8
控制变量								
性别	0.17	0.19	0.03	0.05	−0.17	−0.15	0.06	−0.02
年龄	0.04	0.05	0.03	0.04	−0.38***	−0.36***	0.07	0.05
学历	0.05	0.04	0.15	0.14	0.03	0.08	0.06	0.05
岗位	0.11*	0.13*	0.13*	0.15*	0.03	0.08	0.03	−0.02
自变量								
挑战性压力源		−0.31*		−0.30*	0.19	0.08	0.07	0.19*
中介变量								
HPA						−0.36***		
LPA								0.38***
F	1.97	3.01*	1.72	2.35*	3.82**	8.49***	0.88	10.93***
ΔR^2	0.05	0.04*	0.04	0.03*	0.11**	0.13***	0.03	0.26***

注：N=169，HPA/LPA = 高/低动机强度的积极情绪，***p<0.01，**p<0.01，*p<0.05。

11.4.4.2 中介作用检验

M5 表明挑战性压力源对情绪导向应对的正向影响不显著（β = 0.19，ns），M4 表明挑战性压力源对高动机强度的积极情绪有显著的负向影响，M6 表明当挑战性压力源和高动机强度的积极情绪同时进入回归方程时，高动机强度的积极情绪对情绪导向应对有显著的负向影响（β = -0.36，p < 0.001），且挑战性压力源的影响依然不显著，说明高动机强度的积极情绪在挑战性压力源和情绪导向应对中起完全中介作用。因此假设 11 - 2（a）得到支持。

M7 表明挑战性压力源对认知重评的正向影响不显著（β = 0.07，ns），M2 表明挑战性压力源对低动机强度的积极情绪有显著的负向影响，M8 表明当挑战性压力源和低动机强度的积极情绪同时进入回归方程时，低动机强度的积极情绪对认知重评有显著的正向影响（β = 0.38，p < 0.001），且挑战性压力源对认知重评的正向影响从不显著变成显著（β = 0.19，p < 0.05），说明低动机强度的积极情绪在挑战性压力源和认知重评间起部分中介作用。因此假设 11 - 2（b）得到支持。

为了进一步检验情绪的中介作用显著性，本研究使用 Process 3.5 宏程序的 Model 4 进行 Bootstrap（5000 次）检验，结果如表 11 - 4 所示。高动机强度的积极情绪在挑战性压力源和情绪导向应对之间的间接效应值为 0.11，在 95% CI 为 [0.01，0.22]，不包含 0，而在直接效应的 95% CI 为 [-0.16，0.32]，包含 0，说明高动机强度的积极情绪在两者间起积极的完全中介作用，假设 11 - 2（a）得到进一步支持。低动机强度的积极情绪在挑战性压力源和认知重评之间的间接效应值为 -0.12，在 95% CI 为 [-0.21，-0.03]，不包含 0，在直接效应的 95% CI 为 [0.04，0.34]，不包含 0，说明低动机强度的积极情绪在两者间起消极的部分中介作用，假设 11 - 2（b）得到进一步支持。

表 11 - 4　　　　　　　　　中介作用检验结果

效应	具体路径	效应值	标准误	95% 置信区间（CI）	
				LLCI	ULCI
直接效应	挑战性压力源→情绪导向应对	0.08（ns）	0.12	-0.16	0.32
	挑战性压力源→认知重评	0.17	0.08	0.04	0.34
间接效应	挑战性压力源→HPA→情绪导向应对	0.11	0.06	0.01	0.22
	挑战性压力源→LPA→认知重评	-0.12	0.05	-0.21	-0.03

11.4.4.3 链式中介作用检验

本研究使用 Process 3.5 宏程序的 Model 6 进行检验，结果如表 11 - 5 所示。高动机强度的积极情绪和情绪导向应对在挑战性压力源和情感驱动型创新行为应对之间的链式中介（Ind3）效应值为 - 0.02，在 95% CI 为 [- 0.06，- 0.01]，不包含 0，说明链式中介作用存在，并且为消极作用，假设 11 - 3（a）得到支持。低动机强度的积极情绪和认知重评在挑战性压力源和判断驱动型创新行为之间的链式中介（Ind6）效应值为 - 0.08，在 95% CI 为 [- 0.15，- 0.02]，不包含 0，说明链式中介作用存在，并且为消极作用，假设 11 - 3（b）得到支持。

表 11 - 5　　　　　　　　　　链式中介作用检验结果

| X | M1 | M2 | Y | 间接效应 | | | |
				效应值	标准误	95% 置信区间	路径
挑战性压力源	HPA	情绪导向应对	AIB	- 0.10	0.04	[- 0.19，- 0.02]	Ind1
				- 0.02	0.04	[- 0.10，0.06]	Ind2
				- 0.02	0.02	[- 0.06，- 0.01]	Ind3
挑战性压力源	LPA	认知重评	JIB	- 0.02	0.02	[- 0.06，0.01]	Ind4
				0.13	0.05	[0.03，0.24]	Ind5
				- 0.08	0.03	[- 0.15，- 0.02]	Ind6

注：X = 自变量；M1 和 M2 = 中介变量；Y = 因变量；HPA/LPA = 高/低动机强度的积极情绪；AIB = 情感驱动型创新行为；JIB = 判断驱动型创新行为；Ind1/4 = X→M1→Y；Ind2/5 = X→M2→Y；Ind3/6 = X→M1→M2→Y；Bootstrap = 5000 次。

11.5　关于挑战性压力源对员工创新影响机制的探讨

本章研究基于压力与应对的交易理论，结合情绪的动机维度模型和情感事件理论，探究挑战性压力源对员工创新行为的作用机制。研究结果表明，挑战性压力源会通过压力应对的两条路径对员工创新行为产生消极影响。具体来说，挑战性压力源对高、低动机强度的积极情绪均有显著的负向影响。高动机强度的积极情绪在挑战性压力源与情绪导向应对之间起积极的中介作用；低动机强度在挑战性压力源和认知重评之间起消极的中介作用。高动机强度的积极情绪和情绪导向应对在挑战性压力源和情感驱动型创新行为之间起消极的链式中介作用；低动机强度的积极情绪和认知重评在挑战性压力源和判断驱动型创新行为之间起消极的链式中介作用。

11.5.1 研究的理论意义

首先，以往的研究认为挑战性压力源对员工的积极情绪有正向影响（宋国学，2016），而本研究的结果表明挑战性压力源也会降低员工的积极情绪，说明挑战性压力源和情绪之间存在多种可能的复杂关系。根据压力与应对的交易理论，员工在初级评价时若将工作负荷等压力源视为威胁而不是挑战，或是从挑战性评价转变为具有威胁的，都可能导致积极情绪的下降。因此，员工对压力源的评价是影响情绪的关键因素，未来研究可进一步探讨员工对于挑战性压力源的评价与情绪的非线性关系和边界条件。

其次，研究证实并拓展了情绪在压力和应对过程中的作用，即高动机强度的积极情绪受挑战性压力源的影响而降低，使员工认知窄化，选取情绪导向的应对方式；而低动机强度的积极情绪会使个体认知泛化，当员工从整体上重新评判压力源的意义后，选取了认知重评的应对方式。但由于员工积极情绪的降低，导致认知重评的效果下降。压力和应对的交易模型是压力应对过程的经典模型，但压力评价与应对之间的关系存在争议（Lazarus and Folkman，1984），而本研究纳入情绪的动机维度模型，用情绪动机进一步解释了员工可能的多种压力应对过程及不同结果，一方面检验了情绪的动机维度模型在组织情境的适用性；另一方面加深了对压力应对过程的理解，对后续研究具有参考借鉴意义。

最后，研究发现挑战性压力源对员工创新行为存在两条链式中介的负向影响机制，而积极情绪的下降和应对策略的选择是两者呈负向关系的重要原因。挑战性压力源与员工创新的关系近年来颇受关注，虽然现有研究结果更多是正向关系，但始终没有定论，其中的原因可能是两者间的中介机制或边界条件的差异（Zhang et al.，2019；Byron et al.，2010）。本研究的结果为两者关系提供了新的佐证，说明挑战性压力源对员工创新行为的影响是多种因素相互作用的结果。需要考虑员工的不同情绪反应、压力应对策略和不同类型的创新行为，如果其中某一个条件改变，甚至可能产生截然相反的结果。因此，未来研究可在本研究基础上，进一步探索其他类型情绪反应和压力应对策略对两者关系的影响。

11.5.2 研究的实践意义与管理启示

首先，研究结果表明，虽然理论上认为当员工考虑长期效应，将压力源评价为挑战性时，能够带来积极的情绪，但在实际的工作情境下，由于挑战和威胁的评价往往是并存的，并且随着个人资源的消耗而动态变化（Lazarus and Folkman，1984），因此即便被学者认为是挑战性质的压力源实际上也会对员工的积极情绪产生负面影响，并随之导致对创新行为的负面影响。这再次提醒管理者，对员工施加挑战性压力需更加谨慎，一旦发现员工的积极情绪有明显降低，便应适时调整工作要求。管理者可以通过科学的目标设置、时间管理方法，遵从要事第一和以终为始的原则，鼓励员工将有限的资源集中于更重要的工作上，促使他们降低认知资源的损耗程度，激发创新意愿。另外，管理者还可以给予员工足够的自由度，当员工具有自由选择的空间，往往能让拥有向心力的组织形成强大的团队合力，如通过为员工营造允许建设性争辩的组织氛围，令他们在激烈讨论中碰撞思想的火花。

其次，研究表明员工的挑战性压力源会降低高、低动机的积极情绪，进而采取相应的压力应对策略，最终可能不利于创新行为。因此，管理者应重视员工的情绪动机，可通过有效的工作协调、积极倾听员工的反馈、开展能够激发情绪的活动等方式激发员工的积极情绪。当员工因工作压力而感到悲伤、焦虑时，管理者应及时了解情况并提供相应的资源支持和更多的人文关怀，避免成员因情绪发泄抑制个人对多样性工作的追求。另外，员工应端正自身的工作态度，自觉克服和消除消极情绪的影响，保持积极的心态，最大限度地发挥自身潜力，提升综合素质；合理利用组织资源，将压力转化成动力，在现有条件下探索对工作有利的新方法。

最后，研究还发现不同压力应对策略对于员工创新行为有着不同的影响，即认知重评正向影响判断驱动型创新行为（$\beta = 0.75$，$p < 0.001$），情绪导向应对负向影响情感驱动型创新行为（$\beta = -0.37$，$p < 0.001$）。考虑到情绪导向应对和认知重评应对策略在缓解工作压力时具有多方面的效果，建议管理者根据员工对不同类型创新的需求，积极引导员工采取适宜的压力应对策略。员工也应主动参加健康积极的情绪体验，建立科学的情绪宣泄渠道和调控方法，避免因波及他人带来更恶劣的影响。此外，员工还需以更加长远的视角，从主观认知上重新看待挑战性压力源对自身的积极作用，推动思想上与行动上的创新举措。

11.5.3　研究的不足及展望

本研究也存在一定的不足之处。一是在变量测量方面，高动机强度的情绪测量应尽可能在压力事件发生的短时间内进行，但在线调查的条件难以实现这一点，可能导致挑战性压力源与积极情绪的关系分析出现误差。

未来的研究可以采用每日调查的方式来更准确地区分高、低动机强度的情绪。

二是在问卷收集方面，本研究的两阶段间隔时间较短，仅有两周，并且实质上依旧是相关研究，无法充分验证变量间的因果关系。因此，未来的研究可以进行大样本、长时间的调查，再通过面板设计、交叉滞后设计等更加严谨的方法进行因果检验。

三是挑战性压力源与创新之间的影响机制研究已经积累了一定的文献基础，本章的研究虽然结合情绪动机理论和压力应对与交易理论探讨了新的机制，但还未控制其他研究中涉及的一些关键变量，比如领导方式（孙健敏，2018）、压力认知（Zhang，2019）等，从而进一步明晰挑战性压力对员工创新的影响机理。

第12章 乐趣体验与工作动机对员工应对挑战性压力源的影响研究

本书第 8 ~ 11 章的实证研究主要围绕两个领域展开，一是工作乐趣在较高工作压力环境下对员工动机与绩效的影响及实现机理。二是中国情境下员工压力应对的过程。前一部分主要探讨了工作乐趣通过影响乐趣体验、情绪促发和工作动机实现促进员工创新的作用机理。后一部分针对目前压力和应对的认知交易模型中还比较少涉及的长期情境因素以及个体情绪展开了研究，进一步加深了中国情境下员工压力应对的过程理解。到目前为止，工作乐趣通过评价、情绪、动机影响员工行为的机制被验证，而且评价、情绪都已经在以往文献中被证实是员工应对工作压力过程中的重要因素。但正如本书理论篇所阐述的，员工压力应对的过程还缺少关键的一环，即员工的工作动机在其中扮演怎样的角色，或者说如何激发员工积极应对工作压力？

12.1 问题的提出

12.1.1 挑战性压力源如何才能起到积极作用

挑战性压力源对员工行为的影响存在争议，这主要是因为早期的研究太过简单地把挑战性压力源贴上了"好"的标签，而在现实中，所谓的"好"压力不一定就有好结果，因为"好"压力的界定本身并没有考虑到压力承受者的认知评价过程。也就是说，挑战性压力源要想带来好的结果，需要员工积极地应对压力。根据压力与应对的认知交易理论，员工积极应对压力的前提是员工将压力源评价为"挑战性的"并且"可控的"（Lazarus and Folkman, 1984）。如果员工将压力源评价为"有威胁的"或"不可控的"，员工更可能会消极地应对压力，无论压力源是否具有那些被贴上"好"标签的特征。因此，简单地给压力源贴标签的做法没有太多现实意义。本书第11章的实证研究也表明，挑战性压力源会通过负向影响员工积极情绪从而对创新形成负面的结果。在围绕员工针对挑战性压力的评价研究中，近年来国内研究也取得了一些进展。比如张勇等（2018）的研究发现挑战性压力源无法直接促进创造力，只有当员工感知到分配公平时才能通过提升员工自我效能感促进创造力，而员工自我效能感正是一种对环境可控性的评价。张桂平和朱宇澂（2021）的研究发现挑战性压力是通过员工的挑战性评价对员工的创造力起积极作用的，而且在得到更多领导支持的情况下，这种关系更为明显。因此，从理论研究角度看，挑战性压力源如何才能起积极作用，还需要更系统地考虑边界因素。也只有这样，才能在实践中真正有效运用。

12.1.2 工作乐趣与工作动机会如何影响员工应对工作压力

本书理论篇的第3章和第4章详细论述了工作乐趣、工作动机与员工压力应对策略的关系机制，本篇的第10～11章也分别探讨了不同压力源情况下员工压力应对的产生机制，验证了工作乐趣的效用及与工作动机之间的关系。因此，本书实证研究的最后部分，就是要检验工作乐趣、工作动机与员工压力应对的关系。在前文验证了工作乐趣与工作动机关系的基础上，是否能够进一步验证工作乐趣通过影响工作动机的自主性，从而促进员工积极应对工作压力？

12.1.3 本章实证研究的切入点

如本书第11章的详细描述，挑战性压力源从性质上看被认为具有"好"的属性，可以被视为学习和成就的机会，因此可以实现更高的绩效和有利的工作成果（Eatough et al.，2011）。但现有研究也发现了挑战性压力源的负面影响，比如工作倦怠和情绪枯竭（Crawford et al.，2010；LePine et al.，2005）。一些研究者提出只有员工在主观上将工作超负荷、时间压力这些压力源评价为具有挑战性的情况下，它们才会具有"好"的属性，才能够引发积极的工作效果（张桂平和朱宇澂，2021）。根据压力与应对的认知交易理论，挑战性评价是初级评价的结果，只有当个体认为压力源是可控的，个体通过一定的应对策略可以达到可接受的目标时，才会更倾向于采用积极的应对策略，比如直接解决问题或者制定解决问题的计划。因此，有关挑战性压力源的作用机制中，还应该考虑次级评价和应对策略的影响。

布罗克等（Van den Broeck，2010）对挑战性压力源的作用机制进行了小结。他们认为"挑战性压力是可以克服的障碍，可能会激发更多的动力，提高短期绩效，甚至产生积极的影响。但它们也需要能量、应对资源和应对策略，从而也可能导致一系列负面的身体和心理结果"。也就是说，尽管挑战性压力源有短期收益的可能，但由于仍然承受压力，负面结果最终会到来。这可能会抵消短期的收益，并导致在所提供的研究中发现许多不重要的结果。支持这一结论的典型例子就是有关加班的研究表明，工作超负荷所要求的绩效水平不能长期维持（Shepard and Clifton，2000）。

综上，挑战性压力源如果要实现良性的结果，应该是个体所认可的挑战，并且产生一个可接受的预期结果，如此个体就会有动力去应对这种挑战，才会表现出积极的应对策略，最终达成所期望的正面结果。因此，本章的实证研究基于压力与应对的认知交易理论，将次级评价、工作动机和应对策略加入挑战性压力源的作用机制过程中，并借鉴自我决定理论的观点，探讨工作乐趣体验通过影响动机对压力源与应对策略关系所起到的调节作用。

12.2　研究假设与理论基础

本章研究涉及的相关概念与理论在前述章节都有涉及，本章仅简单描述主要的机理及其与本章研究内容的关联性。

12.2.1　挑战性压力源对员工压力应对策略的影响

由于挑战性压力源的界定本身就包括了对压力源的初级评价，因此本章研究针对性考虑的是挑战性压力源对次级评价及后续应对策略的影响。压力和应对的认知交易理论认为个体对压力事件的初级评价和次级评价决定其应对策略，初级评价被用以确认带来压力的个体—环境交易对个体自身的重要性和关联性，次级评价将交易需求与现有应对资源做比较，评估可能的应对方案和预期结果（Lazarus and Folkman，1984）。次级评价包含了两个方面的内容，一是个体对压力事件结果的预期，二是个体对应对行为效果的判断。评估结束后，个体会采取能够达到可接受结果的应对策略。因此，次级评价被认为并且被验证能够直接预测应对策略（Krantz，1983）。也就是说，当个体预期到采用针对压力事件结果的应对策略能够起到可接受的效果，那么他们就会采取积极的应对策略。而如果他们预期压力事件会有糟糕、难以接受的结果，并且个人没有能力去应对，那么他们就会采用消极的应对策略。

本章研究的应对策略采用的是第5章提出并检验的积极/消极的两类工作压力应对策略。根据行为/认知的划分，也可以分为行为导向的直接应对（积极）和脱离应对（消极），认知导向的应对包括计划应对（积极）和空想应对（消极）。

目前有关挑战性压力源的研究文献主要针对的是其与个人心理或工作相关结果的关系，比如创新行为、心理健康、工作绩效等，极少探讨挑战性压力源与应对策略间的关系。从理论上说，挑战性压力源应该与积极应对正相关，因为员工将压力源视为需要战胜的挑战，从而会积极去应对。但前提是个人相信他们应对的是个人资源足以控制的压力，也就说个体预期他们所付出的努力将是有效的，他们才有动力去应对压力，并相信如果成功解决了这些压力，最终可能会获得有价值的结果（LePine et al.，2005；Vroom，1964）。比如，当员工面对一个即将到来的工作时间节点，如果他们认为以自己的能力和信息可以在时间节点之前完成任务，他们可能会通过增加努力和资源来应对这个挑战，这将推动员工去尝试克服挑战并按时完成任务，从而带来好的绩效。相反，如果是阻碍性压力源，通常不会促进相同的应对策略，员工不太可能假设积极应对与克服这种压力源之间存在正相关关系，因为他们认为应对阻碍性压力所需的资源超出了他们的控制范围。因此，员工很可能会采用消极的应对策略，比如脱离压力源或发泄情绪，因为他们不相信付出的努力都可以让他们成功克服压力源。如果员工确实为这种压力源投入应对资源，它可能会耗尽本可以更好地用于应对其他压力源的资源。综上，研究提出：

假设12－1：挑战性压力源通过次级评价影响应对策略。具体来说，挑战性压力源通过正向影响次级评价促进积极应对策略（a），通过负向影响次级评价促进消极应对策略（b）。

12.2.2 工作动机在压力源与应对策略之间的作用

工作动机是指能够直接激发、引导、维持员工工作相关行为的因素和影响过程（Campbell and Pritchard，1977；Vroom，1964）。目前的工作动机理论都源于试图以各种方式解释激励、需求、动机之间的相互影响，以及如何预测员工在组织中的行为。

本书在第3章系统性地介绍了自我决定理论。其中，有机整合理论（OIT）是自我决定理论的一个子理论，主要解释了"外在动机能否转化为内在动机的问题"，将外在动机按照自我决定程度的不同划分为外部调节、内摄调节、认同调节和整合调节四种类型（Deci and Ryan，1980，1985a）。其中，外部调节描述的是仍然依赖于外部控制的外在动机；内摄调节描述了一种基于内部控制的外在动机，即为外界证明自我价值而获取自尊的动机；认同调节则描述了一种被个人重视和认同的外在动机；整合调节描述的是被自我完全认可的外在动机，并能够与自我的其他认同、价值和需要很好地融合（Ryan and Deci，2000）。在整个外在动机的连续统一体中，越是接近整合的外部调节手段越能够导致自主性的行为。因此，外部调节和内摄调节动机作为外部因素被个体整合程度较低的动机类型，可归属于控制性动机；而认同调节和整合调节是外部因素被个体整合成较高的动机类型，可归属于自主性动机。

有机整合理论认为内化的过程是一种自然的趋势，反映了个体所在组织整合发展的过程。在工作环境下，组织的制度、规定、激励和约束都是外部调节的方式。如果组织的环境是控制性的，能力和联结的需求不能得到很好的满足，组织的外部调节手段，比如激励、目标等就很难带来认同或整合调节动机。但是，当员工的行为是通过更加自主或内化程度更高的动机形式（比如认同调节或整合调节）来驱动时，他们将在工作中表现出更为持久性、更高质量和更有效的行为，尤其是对于更困难或更复杂的任务（Losier et al.，2001）。而且，更高内化程度的外部调节所驱使的行为，能够给员工个体带来更多正面的体验感和幸福感（Ryan and Connell，1989）。

因此，当员工面对挑战性压力源时，如果组织所提供的支持水平较高，一方面增加了个体的应对资源，使个体更倾向于将压力源评价为可控和可通过积极应对达到良好结果的压力事件；另一方面，也满足了个体通过展示个人能力应对挑战的基本心理需求，从而使压力事件所要求的行为内化为个体所应接受的挑战。这种情况下，超负荷工作、工作职责等组织提出的挑战性压力源会更好地被个体价值观所整合，个体积极应对的行为也就更可能在自主性动机驱动下实现。相反的情况下，若组织在提出了超负荷工作、更高的职责要求和更紧迫的时间压力后，却没有提供相应的支持，个体将缺少足够的资源来应对压力，也就很难预期能够通过积极应对达到理性的结果，如此一来，个体一方面会避免积极应对压力以节约个人资源（Lazarus et al.，1986），另一方面难以胜任工作的无力感也会限制心理需求的满足（Deci et al.，2000）。由于这些外部的工作要求无法被个体很好地整合，即便是迫于时间压力或上级命令所开展的工作，也是在控制性动机驱动下进行的，所以更多时候个体会采取消极的应对策略，尽可能逃避这些超出个人资源的压力事件。因此，不同外部调节的内化过程所带来的不同整合程度的外在动机会令个体倾向于采用不同类型的应对策略（Assor，2016）。面对挑战性压力源，整合程度较低而形成控制性动机的个体会倾向于使用"外化"的应对策略。相比之下，整合程度较高的自主性动机将与积极的应对策略相关，即采取积极的认知或行动确保自己能够获取额外的资源以应对压力。综上，研究提出：

假设 12 - 2：工作动机在次级评价与应对策略之间起中介作用。具体来说，次级评价通过自主性动机（a）/控制性动机（b）分别正向/负向影响积极应对策略，通过自主性动机（c）/控制性动机（d）分别负向/正向影响消极应对策略。

12.2.3 乐趣体验的调节作用

乐趣体验是指员工在具体活动中能够感受到的轻松、愉悦、快乐的程度（Karl and Peluchette，2006）。在本书第 9 章的实证研究中，来自 14 家高科技企业的 256 份数据分析表明，企业的工作乐趣活动对员工组织公民行为和工作绩效的影响完全是通过员工感知到的乐趣体验而起作用的。也就是说，工作乐趣真正能够发挥多少预期的效果，完全取决于员工在工作乐趣活动中能够感受到多少乐趣。因此，本章的实证研究以乐趣体验作为关键因素，考量工作乐趣在员工应对挑战性压力源过程中所起的作用。

工作乐趣或者说员工乐趣体验在员工应对压力过程中所起的作用，还缺少相关的理论和经验研究支持，存在多种可能的机制。首先，某些形式的乐趣活动，比如能提供工作辅助、工作放松的乐趣活动，让员工在工作环境中更容易体验到轻松、愉悦的感觉；再比如，提供同事之间社交和集体福利的乐趣活动，让员工更容易获得在应对压力过程中所损失的资源。因此，乐趣的体验会通过提升个体的应对资源而在压力应对过程中对认知评价产生影响。体验到更多乐趣的员工，就会认为自身有更丰富或更容易恢复的应对资源，从而更倾向于将压力事件评价为可控和可预期的。

乐趣体验对员工压力应对过程的另一种可能影响是通过对员工工作动机的影响起作用的。根据自我决定理论中的认知评价理论（CET），当个体在工作情境中能够体验到乐趣，就会自发地投入到工作中，而如果是在外部的奖励下投入工作，就会削弱工作的自主性（Ryan and Deci，2000）。比如，管理者制定了一个年度的奖励计划，要求员工完成超出原来50%的工作量，如果员工感觉到他是为了获得奖励而付出了超出自己承受范围的努力，那这个奖励计划会明确员工对外部目标与奖励之间的因果关系认识，感受到工作行为和努力受到目标和奖励的控制，奖励计划就会削弱内在动机。但如果这个奖励计划不是事先制定好的，而是因员工完成了超额的工作量或达到了组织的预期目标，事后给予的认可和奖励，那奖励计划就不会造成外部目标与奖励之间的因果关系（Hewett and Conway，2016），员工不会觉得是受到了外部激励的控制而努力工作，就不会削弱工作的内在动机。

在个体应对挑战性压力源的工作情境中，如果个体能够体验到工作环境中的乐趣，战胜挑战的动机就可能来自本身对工作意义、与同事共同接受挑战或对组织目标的认可，从而自发地投入到应对挑战的过程中。个体的自主性需求能够得到更好的满足，从而应对压力的行为更多来源于自主性的动机，也就会更多驱动积极的应对策略而非消极的应对策略。

一些有关工作乐趣的访谈调查发现，当人们在工作中获得乐趣时，他们会更有活力和动力，与他人相处得更好，经历更少的压力，并且不太可能缺席或离开组织（Karl et al.，2007）。一些相关主题的经验研究也可以提供一些关系佐证。比如马丁（1996）发现幽默可以调节压力对健康和幸福的负面影响。由于相关经验研究很少，而理论上的关系存在多种可能的解释，因此，本章对于乐趣体验的调节作用根据不同理论支持提出以下两种假设：

假设 12 - 3：乐趣体验在挑战性压力源与次级评价间的关系间起调节作用，即员工体验到的工作乐趣越强，他们对挑战性压力源有更高的可控性评价。

假设 12 - 4：乐趣体验在挑战性压力源与自主性动机（a）和控制性动机（b）的关系间起正向调节作用，即员工体验到的工作乐趣越强，挑战性压力源对动机的影响也越强。

12.3 实证研究设计

12.3.1 样本采集与样本特征

样本数据通过 Credamo 问卷平台进行在线付费收集，调查对象的行业选定"信息传输、软件和信息技术服务业"及"科学研究和技术服务业"，职业选定"企业管理者"和"普通职员"。与前文相似，行业的选择同时考虑了挑战性压力源在研究对象中的普遍性以及工作乐趣活动开展的普遍性。为降低共同方法偏差的影响，分两个时点收集数据，间隔时间为 2 天。时点一采集挑战性压力源、工作动机、次级评价和人口统计学信息，时点二采集乐趣体验和应对策略。

研究者采用了多种方法确保数据质量：（1）设定被试在平台的历史采纳率为 90% 以上。（2）在问卷开头说明了研究的意义以及多次答题的需要和回报。（3）问卷中设计了甄别题项，在填答的过程中如果回答错误便会自动拒绝。（4）将答题时间少于 150 秒的问卷自动筛除。（5）浏览已回收的问卷，剔除有明显规律性（如 Z 字型或多题答案一致）的问卷。通过上述方法，研究者从回收到的 326 份问卷中剔除了 110 份无效问卷，最终得到了 216 份有效问卷，有效率为 66.3%。两天后，对这 216 位被试发放第二阶段问卷，剔除答题时间少于 100 秒或有明显规律性的问卷，共回收了 196 份有效问卷，有效回收率 90.7%。调研结束后，对两次填写的问卷数据进行匹配，最终确定了 196 份有效数据。

在有效样本中（见表 13 - 1），男性占 38.8%，女性占 61.2%；年龄上，25 ~ 34 岁占 83.7%；学历上，具有本科以上学历占 97.5%；工作年限上，1 ~ 3 年的占 40.8%，3 ~ 5 年的占 35.7%；岗位性质上，65.8% 的员工为管理者、34.2% 为普通员工；企业规模上，500 人以上企业占 28.6%、101 ~ 300 人占 28.1%、301 ~ 500 人占 23.5%、50 ~ 100 人占 15.8%。

12.3.2　变量测量

该部分问卷调查总共包括挑战性压力源、次级评价、自主性动机、控制性动机、积极应对、消极应对等变量的测量和人口统计调查。其中挑战性压力源、乐趣体验和应对策略，均采用前述章节已经使用的测量量表。除挑战性压力源和人口统计学变量外，均采用 Likert - 5 级量表评分，"1"表示"非常不符合"，"5"表示"非常符合"。

挑战性压力源。与第 11 章研究相同，采用卡瓦诺等（2000）开发的量表，选取其中的 5 条语句，例如"我需要完成的项目或任务的数量"。使用 Likert - 5 级量表让员工对过去一段时间内（比如两周）所感受的 5 种压力源进行评价，"1"表示"毫无压力"，"5"表示"压力很大"。该量表的克隆巴赫 α 系数达到 0.91。

乐趣体验。与第 10 章研究相同，采用卡尔等（2007）开发的量表，共 5 条语句，例如"我在一个很有意思的地方工作"，该量表的克隆巴赫 α 系数达到 0.80。

应对策略。采用本书第 5 章修订的应对策略量表，并针对挑战性压力源的内容小幅修订了个别语句。积极应对共包含 8 条语句，例如"努力让自己更快、更高效地工作"，克隆巴赫 α 系数为 0.67。消极应对共包含 5 条语句，例如"将部分工作委托给同事"，克隆巴赫 α 系数为 0.68。

次级评价。改编自福克曼等（1986）和杜威（1991）的量表，共 5 条语句。例如"在工作中，我不得不阻止自己做想做的事""我必须接受或只能习惯这种压力"。该量表的克隆巴赫 α 系数达到 0.76。由于量表语句测量的是不可控评价，为便于理解和讨论，通过计算差异分数得到可控性评价的因子。

工作动机。采用加涅等（2010）开发的工作动机量表（Motivation at Work Scale），其中自主性动机共包含 5 条语句，例如"因为我工作的过程很有乐趣"，克隆巴赫 α 系数为 0.71；控制性动机共包含 5 条语句，例如"因为这份工作能让我赚到很多钱"，克隆巴赫 α 系数达到 0.77。

人口统计变量的测量。本研究调查问卷所包含的人口统计变量共有 6 项，分别为：性别：0 表示女性，1 代表男性；年龄：分为 5 个等级，从 1 到 5 依次为 24 岁及以下、25～34 岁、35～44 岁、45～54 岁和 55 岁及以上。学历：分为 5 个等级，从 1 到 5 依次为初中及以下、高中、大专、本科和硕士及以上。工作年限：分为 5 个等级，从 1 到 5 依次为 1 年以下、1～3 年、3～5 年、5～10 年和 10 年以上。工作性质：1 表示管理者，0 表示非管理者。企业规模：分为 5 个等级，从 1 到 5 依次为小于 50 人、50～100 人、101～300 人、301～500 人和 500 人以上。

12.4　实证数据分析

12.4.1　共同方法偏差检验

本章采集的数据均来源于员工的自我报告，虽然分两阶段采集，但研究结果仍可能受共同方法偏差影响。本研究采用 Harman 单因子法进行检验，通过无旋转的主成分分析的结果表明没有一个独立的公共因子被析出，最大因子的方差解释率为 21.8%（低于 40%）。因此，本章的数据中不存在严重的共同方法偏差问题。

12.4.2　区分效度检验

本章使用 Mplus 8.3 进行验证性因子分析，以此检验挑战性压力源、乐趣体验、自主性动机、控制性动机、次级评价、积极应对、消极应对 7 个潜变量的区分效度。通过模型间的比较可知（见表 12 - 1），七因子模型的拟合指标最优（$\chi^2 = 995.22$，$df = 639$，CFI = 0.87，TLI = 0.85，RMSEA = 0.05，SRMR = 0.07），表明 7 个变量间有良好的区分效度。

表 12 - 1　　　　　　　　　　区分效度检验

模型	χ^2	df	CFI	TLI	RMSEA	SRMR
七因子模型	995.22	639	0.87	0.85	0.05	0.07
六因子模型	1181.94	645	0.80	0.78	0.07	0.08
五因子模型	1283.24	650	0.76	0.74	0.07	0.09
四因子模型	1445.22	654	0.70	0.68	0.08	0.12
单因子模型	1910.90	660	0.53	0.50	0.10	0.11

注：N = 196，七因子模型：挑战性压力源、乐趣体验、自主性动机、控制性动机、次级评价、积极应对、消极应对；六因子模型中将自主性动机与控制性动机整合；五因子模型中将自主性动机与控制性动机整合、积极应对与消极应对整合；四因子模型中将自主性动机与控制性动机整合、积极应对与消极应对整合、挑战性压力源与次级评价整合；单因子模型中将 7 个变量整合。

12.4.3　描述性统计与相关分析

各变量的均值、标准差和相关系数如表 12 - 2 所示，主要变量之间的相关性显著，可以进行后续的分析。

表 12 - 2　　　　　　各变量均值、标准差和相关系数

变量	M	SD	1	2	3	4	5	6
1. 挑战性压力源	3.18	1.05						
2. 次级评价	3.59	0.75	- 0.55 **					
3. 自主性动机	4.27	0.51	- 0.28 **	0.55 **				
4. 控制性动机	3.64	0.76	0.04	- 0.10	0.22 **			
5. 乐趣体验	3.87	0.66	- 0.38 **	0.41 **	0.54 **	0.15 *		
6. 积极应对	4.29	0.32	- 0.23 **	0.33 **	0.64 **	0.31 **	0.56 **	
7. 消极应对	2.11	0.63	0.26 **	- 0.33 **	- 0.26 **	- 0.06	- 0.26 **	- 0.45 **

注：N = 196，** p < 0.01，* p < 0.05，限于篇幅，控制变量未列入。

12.4.4 实证研究的假设检验

12.4.4.1 次级评价的中介作用检验

本研究使用 SPSS 24 进行层级回归分析，回归结果见表 12 - 3。在控制了基本人口信息后，M3 表明挑战性压力源对积极应对有显著的负向影响（β = -0.05，p < 0.05），M2 表明挑战性压力源对次级评价有显著负向影响（β = -0.39，p < 0.001），M4 表明当挑战性压力源和次级评价同时进入回归方程时，次级评价对积极应对有显著的正向影响（β = 0.12，p < 0.01），且挑战性压力源对积极应对的影响从显著变成不显著，说明次级评价在挑战性压力源和积极应对之间起完全中介作用，但符号相反，假设 12 - 1（a）得到部分支持。

表 12 - 3 层级回归结果

变量	次级评价		积极应对		消极应对	
	M1	M2	M3	M4	M5	M6
控制变量						
性别	0.12	-0.08	-0.07	-0.06	-0.06	-0.07
学历	-0.07	0.03	-0.08	-0.08	0.15	0.15
年龄	0.02	-0.02	0.04	0.05	-0.09	-0.10
工作性质	-0.33**	-0.14	-0.16**	-0.15*	0.18	0.15
自变量						
挑战性压力源		-0.39***	-0.05*	-0.01	0.11*	0.03
中介变量						
次级评价				0.12**		-0.22**
F	3.03*	17.51***	5.14***	6.38***	4.14**	5.40***
ΔR²	0.06*	0.26***	0.03*	0.05**	0.03*	0.05**

注：N = 196，*** p < 0.01，** p < 0.01，* p < 0.05。

M5 表明挑战性压力源对消极应对有显著的负向影响（β = 0.11，p < 0.05），M2 表明挑战性压力源对次级评价有显著负向影响（β = -0.39，p < 0.001），M6 表明当挑战性压力源和次级评价同时进入回归方程时，次级评价对消极应对有显著的负向影响（β = -0.22，p < 0.01），且挑战性压力源对消极应对的影响从显著变成不显著，说明次级评价在挑战性压力

源和消极应对之间起完全中介作用，但符号相反，假设 12 - 1 （b） 得到部分支持。

为了进一步检验次级评价的中介作用显著性，本研究使用 Process 3.1 宏程序的 Model 4 进行 Bootstrap （5000 次） 检验，结果如表 12 - 4 所示。次级评价在挑战性压力源与积极应对之间的间接效应值为 - 0.05，在 95% CI 为 ［- 0.07， - 0.02］，不包含 0，说明次级评价在两者间起负向中介作用，由于符号相反，假设 12 - 1 （a） 依然部分成立。次级评价在挑战性压力源与消极应对之间的间接效应值为 0.09，在 95% CI 为 ［0.04，0.14］，不包含 0，说明次级评价在两者间起正向中介作用，同样符号相反，假设 12 - 1 （b） 依然部分成立。

表 12 - 4　　　　　　　　　　次级评价中介作用检验结果

效应	具体路径	效应值	标准误	95% 置信区间 （CI）	
				LLCI	ULCI
直接效应	挑战性压力源→积极应对	- 0.01 （ns）	0.03	- 0.06	0.04
	挑战性压力源→消极应对	0.03 （ns）	0.05	- 0.07	0.13
间接效应	挑战性压力源→次级评价→积极应对	- 0.05	0.01	- 0.07	- 0.02
	挑战性压力源→次级评价→消极应对	0.09	0.03	0.04	0.14

12.4.4.2　工作动机的中介作用检验

由于此部分需要检验的路径较多，本研究直接使用 Bootstrap 法 （5000 次） 进行中介作用检验，结果如表 12 - 5 所示。自主性动机在次级评价与积极应对之间的间接效应值为 0.14，在 95% CI 为 ［0.09，0.19］，不包含 0，说明自主性动机在两者间起正向中介作用，假设 12 - 2 （a） 得到支持。控制性动机在次级评价与积极应对之间的间接效应值为 - 0.02，在 95% CI 为 ［- 0.04，0，01］，包含 0，说明控制性动机在两者间不存在中介作用，假设 12 - 2 （b） 不成立。

表 12 - 5　　　　　　　　　　工作动机中介作用检验结果

效应	具体路径	效应值	标准误	95% 置信区间 （CI）	
				LLCI	ULCI
直接效应	次级评价→积极应对 （自主性动机）	- 0.02 （ns）	0.03	- 0.08	0.04
	次级评价→积极应对 （控制性动机）	0.14	0.03	0.08	0.19

效应	具体路径	效应值	标准误	95% 置信区间（CI）	
				LLCI	ULCI
直接效应	次级评价→消极应对（自主性动机）	−0.21	0.07	−0.34	−0.07
	次级评价→消极应对（控制性动机）	−0.25	0.06	−0.37	−0.14
间接效应	次级评价→自主性动机→积极应对	0.14	0.03	0.09	0.19
	次级评价→控制性动机→积极应对	−0.02（n. s.）	0.01	−0.04	0.01
	次级评价→自主性动机→消极应对	−0.04（n. s.）	0.04	−0.11	0.06
	次级评价→控制性动机→消极应对	0.01（n. s.）	0.01	−0.01	0.03

自主性动机在次级评价与消极应对之间的间接效应值为 −0.04，在 95% CI 为 [−0.11，0，06]，包含 0，说明自主性动机在两者间不存在中介作用，假设 12 −2（c）不成立。控制性动机在次级评价与消极应对之间的间接效应值为 0.01，在 95% CI 为 [−0.01，0，03]，包含 0，说明控制性动机在两者间不存在中介作用，假设 12 −2（d）不成立。

12.4.4.3 乐趣体验的调节作用检验

鉴于 SPSS 宏程序 Process 3.1 能自动对变量进行中心化处理并构建交互项，本研究使用该程序的 Model 1 进行调节作用检验。结果如表 12 −6 所示，挑战性压力源与乐趣体验的交互项对次级评价的影响不显著（$\beta = −0.06$，n. s.），假设 12 −3 不成立。挑战性压力源与乐趣体验的交互项对自主性动机有显著的负向影响（$\beta = −0.14$，$p < 0.01$），假设 12 −4（a）得到支持。挑战性压力源与乐趣体验的交互项对控制性动机的影响不显著（$\beta = 0.08$，n. s.），假设 12 −4（b）不成立。

表 12 −6　　　　　　　　　调节作用检验结果

因变量	自变量与调节变量的交互项	效应值	标准误	T 值	95% 置信区间（CI）	
					LLCI	ULCI
次级评价	挑战性压力源 × 乐趣体验	−0.06	0.08	−0.78	−0.23	0.10
自主性动机	挑战性压力源 × 乐趣体验	−0.14 **	0.06	−2.48	−0.25	−0.03
控制性动机	挑战性压力源 × 乐趣体验	0.08	0.10	0.74	−0.12	0.27

注：N = 196；Bootstrap = 5000；** $p < 0.01$。

为了更直观地体现乐趣体验在挑战性压力源与自主性动机之间的调节作用，以乐趣体验的均值加减一个标准差绘制了简单斜率图（见图12-1）。当乐趣体验的水平较高时，挑战性压力源对自主性动机的影响为负（β = -0.08，p = 0.07），反之当乐趣体验水平较低时，挑战性压力源对自主性动机有正向影响（β = 0.11，p = 0.07）。

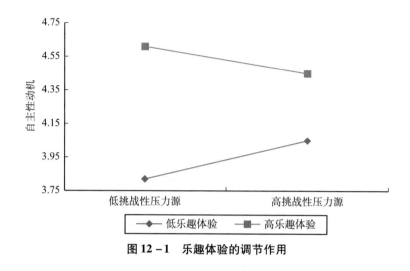

图 12 - 1　乐趣体验的调节作用

12.5　关于乐趣体验与工作动机对员工压力应对策略影响的探讨

本章在前述章节研究基础上，结合压力与应对的交易理论与自我决定理论，进一步探究乐趣体验、工作动机对员工应对挑战性压力源策略的影响。如图12-2所示，数据分析证实：（1）次级评价在挑战性压力源与积极应对和消极应对之间起到了中介作用；（2）自主性动机在次级评价与积极应对之间起中介作用；（3）乐趣体验在挑战性压力源与自主性动机之间起调节作用。但同时，数据分析也发现了一些与预期不符合的结论：（1）挑战性压力源与积极应对和消极应对的关系与预期相反，这一结果与第11章的研究结果相同；（2）控制性动机在次级评价与消极应对策略之间中介作用关系没有得到支持；（3）乐趣体验没有调节挑战性压力源与次级评价间的关系。

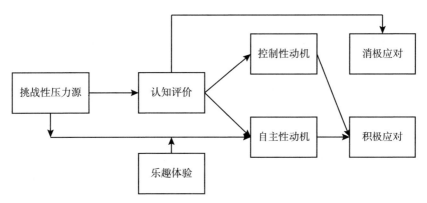

图 12 - 2　挑战性压力源影响压力应对策略假设检验结果

12.5.1　研究的理论意义

本章的实证研究在前文理论研究和实证检验基础上，将以往管理学研究的核心概念——工作动机考虑到员工工作压力应对过程中，将以往大量压力应对与工作激励的研究文献建立起了联系，从而一方面拓展了工作压力应对研究的理论视角，另一方面能够将以往工作激励有关的结论考虑到组织调节员工工作压力和应对策略的研究中，这是本章研究最大的理论意义。

首先，本章的数据分析再次证实了挑战性压力源的负面作用（详见11.5部分的讨论）。这说明对于被调查的受众而言，这些挑战性的压力源实际上更多的是威胁而不是挑战。因此他们会更多地将压力源评价为难以应对的，从而导致更多的消极应对和更少的积极应对。本章实证研究的调查对象是信息技术与科技服务业从业人员，在近年来数字技术不断变革和数字经济高速发展的背景下，该群体的工作压力也水涨船高。一些行业调查报告显示，相关行业普遍存在非自愿加班、远程加班、长时间工作的状况（义联中心课题组，2021；拉勾招聘，2021）。根据以往工作压力与员工工作表现的相关研究，工作压力与员工工作表现存在倒"U"型关系（张桂平和朱宇澈，2021），当挑战性压力源的水平较低时，其与工作表现成正向促进关系，当压力水平超过员工承受的"拐点"时，原本属于挑战性压力源的工作特征，包括工作超负荷、长时间工作、高工作复杂性等，就会导致负面的结果（Zhang et al.，2019；王甜等，2019）。因此，本章的实证结果也为工作压力与员工表现的倒"U"型关系提供了一定佐证。

其次，研究在验证次级评价在挑战性压力源与应对策略间起中介关系基础上，进一步验证了挑战性压力源—次级评价—自主性动机—应对策略的链式中介关系。次级评价作为压力与评价的认知交易理论中的关键因素，在以往研究中被多次验证其在压力源与应对策略间的作用（Jenkins et al.，2014）。本章的实证分析结果再次确认了其在挑战性压力源与应对策略间非常明确的中介关系。更重要的是，数据分析证实了自主性动机在员工压力应对过程中所起的作用，这是对压力应对过程研究有意义的补充。当个体将工作压力视为挑战性的，并且有能力应对这种挑战时，传统的压力应对理论认为个体会倾向于采取积极、前瞻性的应对策略。这种认知评价与应对策略之间的关系包含了对动机的判断，即个体是否有能力应对压力带来的挑战。但现有压力应对过程的研究文献尚未明确检验动机在其中的作用。考虑到动机的研究在组织管理领域具有较长的历史和丰富的文献支持，明确动机在压力应对过程中的作用，对于未来进一步探讨如何从组织角度激发员工的积极应对，具有显著的意义。控制性动机与消极应对的假设关系没有得到支持，其中的原因可能是消极应对所采取的策略（行为脱离和空想应对）更接近无动机的结果。

最后，数据检验发现乐趣体验对挑战性压力源与自主性动机之间的关系起调节作用，但没有调节挑战性压力源与次级评价之间的关系，这为自主性动机在压力应对过程中发挥作用的机理提供了证据。自我决定理论认为，如果个体是因为感到有趣而投入某一项活动，他们会自发地投入其中，即便结果不如预期，他们也不会感到懊悔（Deci and Ryan，1980，1985）。本章的数据分析结果证实了这一点，越是能够在工作中体验到乐趣的员工，他们更多是基于自主性的动机投入挑战性的工作中，那么在同样评价压力应对策略的预期结果情况下（次级评价），他们越能够较少考虑失败或资源的损失，而自主地投入到应对挑战性压力的工作中，并采用积极的应对策略。这与以往完全基于资源论的压力应对观点不同（例如：De Cuyper et al.，2012），也就是说当员工个体在压力环境下能够体验到工作乐趣，即便在传统的应对资源评价和交易中，无法预期到理想结果的情况下，他们也可能会积极应对压力。这实际上是对压力与应对传统研究文献的重要补充。还可以进一步讨论的问题是，乐趣体验没有调节压力源与次级评价之间的关系，但却可以调节压力源与自主性动机之间的关系，那么这种调节关系实现的机理究竟如何？自我决定理论认为个体有自主、能力和联结三类基本心理需求（Deci and Ryan，2000）。这三种基本心理需求满足的程度越高，个体就越有可能将外部的调节和激励整合内化，也就越有可能产生自主性程度更高的动机类型（Deci and Ryan，1985）。本研究基于压力与应对的认知交易理论所构建的过程模型中的次级评价与基本心理需求中的能力需求满足的评价相近，但并没有考虑其他两类基本心理需求。这可能就是乐趣体验能够调节压力源与自主性动机之间的关系，而未能调节压力源与次级评价之间关系的原因——乐趣体验通过影响其他两方面基本心理需求的满足，而对压力源与自主性之间的关系产生了影响。这需要未来的研究同时考虑三种基本心理需求满足情况来加以证实。

12.5.2　研究的实践意义与管理启示

相较于一般的个体压力应对研究，工作压力应对研究的关键在于理论研究结论的实践意义不仅关注员工个体的压力状况调节，还应该给予组织管理有针对性的建议。根据本书理论篇第3章的综述，以往工作压力应对过程中有关组织调节的内容相当有限，而且其中领导风格、员工个性、组织文化等因素也并未有很强针对性或能够短期内达到成效的。本章在理论篇模型构建的基础上，证实了工作动机在压力应对过程中的作用。这打开了一扇大门，将有利于后续将大量有关工作激励的研究和实践手段纳入组织压力调节管理中。

本章针对信息技术和科技服务从业人员的调查，发现从业人员的挑战性压力源对次级评价、自主性工作动机都产生了负面影响。根据以往的理论研究，这种情况可能是由于行业的工作压力/挑战性压力的水平超过了一定的"拐点"，导致员工将原本挑战性的工作压力评价为威胁或伤害（初级评价）。可见在当前的两个行业中，组织的管理者首先应该考虑的是适度降低挑战性的压力，从而降低其对员工自主性工作动机和积极应对压力的负向影响，发挥挑战性压力源对创新、绩效等工作产出的正向作用（Zhang et al.，2019）。

研究发现自主性动机在次级评价与积极应对之间起中介作用，这对于组织管理的实践者而言具有重要意义。因为这暗示着以往有关组织激励的手段，都可能用于激发员工积极应对压力。虽然这些激励手段在工作压力环境下的有效性还需要进一步检验，但在教育、健康等领域的压力情境下，一些有利于个体形成自主性动机的激励手段（比如自主性支持），也已经开始被部分验证能够带来更多的积极应对（Julien et al.，2009；Mašková et al.，2022）。因此，组织的管理者可以针对性考虑满足自主需求、能力需求和联结需求的管理手段以提升员工在挑战性压力环境下积极应对的可能性，比如提供更多自主决定工作时间和工作计划的权力，针对性开展能力培训，建立更加紧密的上下级、同事关系等。

最后，围绕本书的主题，本章的实证结果针对性检验了在信息技术和科技服务业中具有一定实践基础的工作乐趣对于员工工作压力应对过程中的自主性动机的影响。在前述章节证实工作乐趣通过乐趣体验影响工作动机和员工表现（详见本书第 9～11 章）基础上，本章的研究为压力环境下组织采用工作乐趣作为一种员工压力调节手段提供了证据，能够解释在相似的工作环境下，为什么一些组织的员工能够积极应对压力而另一些组织的员工却很容易放弃。结合前述章节的理论和实证研究结果，组织的管理者可以通过不同类型工作乐趣活动的开展，为员工带来工作场所中的乐趣体验。这些乐趣活动和乐趣体验通过满足员工在自主、能力和联结方面的需求，使员工应对挑战性压力源的动机更多是自愿的，而不是因为生存或利益的原因。虽然不同类型工作乐趣活动对满足不同基本需求，以及在压力环境下推动员工应对动机内化的程度还有待进一步的检验，但基于显而易见的逻辑和笔者实地走访获得的一手案例资料（详见本书第四篇实践篇的案例），为员工提供自主决定的工作空间和时间安排、组织有良好体验的外出培训、开展以家庭为单位的同事联谊活动、为集体取得的成果举行庆祝会等乐趣活动将有利于员工在压力环境下更为自主地投入挑战性工作中，并且能够因为积极地应对压力而在工作和个人心理健康层面都带来正面的结果。

12.5.3 研究的不足及展望

本研究也存在一定的不足之处。第一，研究样本的采集集中于信息技术行业。行业的竞争状况和员工工作状态可能影响个体对挑战性压力源的评价。以往研究表明，超过一定的水平或在某些情境下，挑战性压力可能造成负面的评价和影响（Zhang et al.，2019；王甜等，2019）。未来的研究可以根据资源恢复理论，将工作时长作为控制变量加入研究模型，考虑在控制工作时间情况下，乐趣体验对员工压力应对过程的影响。第二，根据个体动机的研究文献，传统压力应对理论对应对动机的判断还太过简单。根据自我决定理论，个体的行为动机需要考虑自主需求、能力需求和联结需求的满足程度，而不仅仅是判断是否有能力应对（Ryan and Deci，2017）。本章的研究仅仅将工作乐趣作为一个整体来考虑其对工作动机的影响，并未具体考虑它们是如何实现对动机的影响的。而现实中，不同类型的工作乐趣可能通过满足不同的心理需求而导致不同程度的压力应对动机。这些在动机研究文献中所识别的心理需求，大多数是在实验环境下被检验的，它们在压力环境下是否同样有效？这会直接影响组织压力环境下的激励措施。第三，本章的理论模型仅仅考虑了挑战性压力源的应对过程，而在现实中，员工通常会同时面对挑战性和阻碍性压力源，而且很难严格将它们区分开来应对。因此，未来的研究有必要同时考虑两种压力源对认知评价、工作动机和应对策略的影响。第四，本章的研究虽然尝试考虑个体应对挑战性压力的完整过程，但主要是从压力与应对交易理论和自我决定理论的视角进行探讨，相关因素也局限于个体层面，还未将一些已经明确会影响个体压力应对过程的组织外部因素纳入模型。但现有个体压力应对的过程还有许多不同的研究视角，未来的研究可以基于工作需求资源理论，控制领导方式、组织支持、组织—个人价值观匹配等影响个体压力应对资源的组织外部因素，从而进一步明确应对动机所扮演的角色，也才能更好了解工作乐趣在工作压力应对过程中的实际效用。

实　践　篇

虽然实证篇中的大样本实证研究验证了工作乐趣多方面的效果，但其中仍有需要进一步探讨的环节。一方面，社交、福利、辅助的工作乐趣都在某些方面没有达到预期的效果；另一方面，笔者带领研究团队实地走访企业的过程中，发现工作乐趣实际产生的激励效果在不同企业间差异很大，也有不少预料之外的收获。其中，互联网企业由于其长时间、高压力、高创新需求的特点，不论在国内还是国外，都是最热衷于开展工作乐趣活动的一类组织。但从实地调研情况来看，除了那些知名的互联网企业，依仗充足的员工活动经费提供了"超豪华"的工作乐趣硬件条件之外，其他大部分的互联网企业虽然在利用工作乐趣的意识方面更为超前，但在执行过程中的实际效果并不理想，甚至因为某些实施活动的细节，对管理和绩效起到了反作用。比如"定时的工作间隙早操，打乱工作节奏，也没有特定场所"。而一些传统行业的组织却有不少围绕行业和员工的特点，利用工作乐趣，获得了创新激励、员工承诺和顾客满意的效果。本篇中，笔者就其中三个有一定代表性的管理实践案例进行剖析，在定量研究结论的基础上展示真实且直观的企业工作乐趣实践。

三个案例中，两个是传统行业，一个是互联网行业。第一个案例的主角是一家中型的酒店。面向一线劳动密集型的员工，管理层围绕中国特色的家文化塑造开展了具有系统性的工作乐趣实践。案例中的企业并不像风口浪尖的互联网企业那样吹捧工作乐趣，而是从贯彻创始人的价值理念开始，围绕文化塑造，将一件件普通的员工社会化活动融入了乐趣的基因。我们也将按照组织文化塑造的始末和思路来一一介绍。这个案例所阐述的内容是那些被工作乐趣鼓吹者忽视的对象，却恰恰能够让研究者和实践者思考打造充满乐趣的工作环境应该围绕的核心究竟是什么？

第二个案例是很少见诸新闻报道的"非典型"工作乐趣。案例的主角是一家从第一眼看起来就很不普通的医院。面对很需要工作乐趣的高压力、长时间工作的医护人员，在很不适合开展乐趣的医院环境中，管理者却意识到了工作乐趣对于医护人员缓解压力的重要性，深刻认识到工作乐趣的根本来源，从而开展了个性化的工作乐趣活动。我们将根据第6章构建的四类型工作乐趣来逐一介绍这些工作乐趣活动及其在调节工作压力方面的成效。这个"非典型"的案例能够给旁观者带来典型而深刻的思考——乐趣的真正来源是什么？

第三个案例是时髦的具体工作乐趣形式——游戏化管理。在第一阶段的田野调查过程中，许多企业的人力资源管理者认为对"90后"员工的激励方式多元化是他们未来一段时间需要深入思考的问题。案例公司的游戏化管理实践为这个问题提供了一个可行的方案，也能够引发管理者就开展系统性、目标明确的工作乐趣活动成本与风险的思考。

需要说明的是，由于工作乐趣的研究历史还较短，走访本篇企业时的研究设计目的是通过扎根理论研究开发量表和进行大规模问卷调查。而且由于走访企业各自的原因，较难获取多元化的数据（比如案例1中的酒店缺少长期的员工调查数据，案例2中的医院创办历史还很短，案例3中的企业缺少高层管理者的访谈数据），导致了难以通过案例对象的多元数据进行规范的理论检验或理论发展。因此，本篇的案例分析，立足于展示中国不同类型企业特色的工作乐趣实践，并利用前述研究获得理论成果进行对照分析。在本篇最后一章将根据笔者在企业实地调研获得的一手资料、第二篇扎根调查和第三篇实证研究的结果，总结归纳出当前在中国情境下开展工作乐趣活动的策略建议。所以本篇更多的是一种理论研究与管理实践的互动，而不是纯粹的理论研究。

第 13 章　陆岛酒店："家关爱"
打赢员工保卫战

本案例描述了作为典型的小型酒店在乐趣文化塑造方面的成功实践，提供了中小企业打造适合自身特点的组织文化的优秀范本。高人员流动率是几乎每家小型酒店都会面临的问题，一些酒店普通员工每年的流动率很容易就会超过 50%（Tews et al.，2013），而高员工流动率会导致服务满意度的下降和服务失误（Huang et al.，2019），因此员工的离职率和离职倾向是每个酒店都十分关注的问题。案例中的陆岛酒店利用小企业更容易贴近和关爱员工的优势，塑造了服务性质所要求的"家"文化，提供了员工所期许的"家"关爱，从而赢得了员工的信任和回报。案例从中国传统"家"文化的核心价值观入手，分析如何抽丝剥茧，将传统文化精髓融入组织的工作乐趣活动中，成功实现"家"文化的转型和塑造。在此过程中，务实、快乐、平等、员工导向等文化塑造因素成为打赢这场"员工保卫战"的关键。实践佐证了工作乐趣通过满足自主需求和关系需求负向影响离职的机制，同时也对组织如何具体运用工作乐趣活动激发员工积极应对工作压力具有启示。

13.1　陆岛酒店的组织与文化背景

陆岛酒店隶属于陆岛旅游投资有限公司，总部位于我国东南沿海经济特区、著名风景旅游城市——厦门。陆岛旅游投资有限公司旗下有三家酒店，分别位于厦门、晋江和金门岛，厦门陆岛酒店是其中规模最大的，是一家拥有 148 间客房的商务酒店。包括总部管理人员在内，厦门陆岛酒店有 110 名员工。近年来由于国内酒店行业的快速发展，酒店业一线服务人员的年离职率超过 30%，而这一数据中小酒店还要更高，而陆岛酒店的员工年离职率一直低于 10%，这正是其酒店文化和特色乐趣的最直接效应。

"做好每一件简单的事情就不简单，做好每一件平凡的事情就不平凡"，是酒店创始人即董事长挂在嘴边的处世哲学，并与他的经营理念相辅相成——"经营家一样经营企业，像对待家人一样对待员工"。酒店的文化秉承了其处世哲学与经营理念，因此"家"氛围细致入微地融入了酒店的各个区域和管理环节：装饰装潢、顾客服务、员工管理等，酒店的工作乐趣也是围绕这个文化核心展开的。

13.2　乐趣的"家"文化基础

身处崇尚集体主义的东方文化下，"家"对中国人有着特殊的意义，从个体家庭到家族、国家再到家天下，中国人以家为纽带，安身立命、治理天下、世代传承。中华文化五千年源远流长，家庭作为社会的基本细胞，其承载的文化是中华文明的浓缩，是中华民族的灵魂，它所起到的影响广泛深远：培养亲情、稳定社会、处理矛盾、教育后代等。有关中国传统"家"文化的核心价值可以表现为以下四个方面：

（1）大家庭观念，这是中国人从古至今的理想家庭模式，希望一家人和和美美地居住在同一屋檐下。家庭处于家族之中，一个家族内的所有成员间互相帮助、互相依赖，家族之内相互支持是一种义务，违反义务者就会受到惩罚。

（2）家庭利益，指个人以家庭为出发点，家庭重于个人，为了家庭利益，个人可以忽略、屈辱甚至牺牲。而一个成员做错了事情，整个家庭都会蒙羞，颜面殆尽，所谓一荣俱荣，一损俱损。所以在传统的中国人看来，振家风、兴家业是很高的荣誉。

（3）家庭信任，即所谓同姓则同德，同德则同心，同心则同志，中国人历来重视家庭信任，对家族之外的人的信任度较低，如非我族类，其心必异。当然传统中国人在家庭之外也会出现可以信赖的师长、朋友，但是这种信任有别于家庭成员间的信任。

（4）长辈尊奉，即推崇对老人的尊奉或者祖先崇拜，这种对先祖与老人的尊奉在实际上构成了人们精神信仰的最重要的内容。对家庭中的老人极其遵从，对家中的老人尽孝，更是家庭成员在家庭内部行动的准则。现代社会中，企业和家庭一样是构成社会的细胞，企业在文化、管理、技术等各个方面的积累和传承也就非常重要。有社会责任感和历史责任感、追求基业长青的企业，就非常注重这种积累、传承，希望企业理念和成就能像家学一样代代相续、传承发展；企业成员之间也能够建立像家庭或家族成员那样的相互信任、相互帮助、相互依赖；企业的员工能够像生活在家庭中一样放松、快乐，并且对企业忠诚和为企业的整体利益而努力。尽管中国传统"家"文化的核心价值体现了上述有利于企业发展的内容，但倘若全盘照搬，其所涵盖的"家本位"理念也可能为企业带来负面影响，如家庭封闭性带来的故步自封、以长辈为尊所带来的人治与现代企业法治间存在的冲突等。

中国传统的"家"文化利弊均沾。企业要塑造"家"文化，营造家一样的工作氛围，就必须取其精华、弃其糟粕。换言之，企业需要实现"家"文化在现代企业的价值提纯。但这种提纯的过程正是体现企业文化塑造功底的时候，这是陆岛酒店的成功之处，体现在从细节做起的工作乐趣中，让员工快乐工作，工作中感受"家关爱"。

13.3 工作乐趣活动与效果

"经营家一样经营企业，像对待家人一样对待员工，员工自然会回报企业，像对家人一样对待员工，自然是要让员工快乐。"在董事长这样的文化塑造理念之下，陆岛酒店的管理层将工作乐趣与文化塑造紧密结合。陆岛酒店就是通过一系列让员工感受到快乐的活动和细节设计，让员工体会到组织的关爱。

13.3.1 由等级转平等：一视同仁造就的和谐氛围

如何在企业中营造出家庭的氛围？这是陆岛酒店管理层一直思考的问题。中国传统"家"文化中有着长幼尊卑的等级森严，但陆岛酒店认为随着社会的发展，这已不再符合现代家庭氛围了。深思熟虑之后，陆岛酒店保留了传统家文化中"尊老爱幼"的理念，但将"等级制"转型为更符合现代家庭的"平等制"。在这个"家"中，每个家庭成员在人格上都应当是平等的，组织中员工的层级高低带来的应该是如家庭中辈分高低一样的被尊敬或被爱护，而不是人格等级上的差别。

基于该文化理念，酒店号召全体管理人员要"视员工如亲人"，并从管理层做起，从最显著的地方做起：管理层的办公环境。陆岛酒店（包括其母公司陆岛旅游投资有限公司）的办公区是一个敞开式、没有隔间的超大办公室。所有人都在这样的环境中一起办公。经理的办公位于角落处，董事长的办公室也只要经过一个过道就能看到。过道的两侧墙上挂着员工活动的纪念照。虽然董事长有独立的办公室，但布置简单：一副办公桌椅、一个小型的圆形茶几和几张简易的折叠椅，没有任何多余的装饰，连沙发都没有。并且他的办公室，门总是开着的。

如此，管理层是否会因为失去"特权"而心怀不满呢？事实恰恰相反，董事长和管理层都为这样的办公室布置而自豪。因为这样所有人沟通起来都很方便，董事长每次来到办公室，都可以很轻松地和行政管理人员打招呼，从而拉近了彼此的距离。工作人员所拥有的"平等"之感让这个环境迅速地有了"家"的氛围和相处之道。墙壁两侧照片上的一张张笑脸也时刻传递着员工们的快乐。无论是新来的员工，还是来洽谈业务的顾客或者合作伙伴都很容易感受到这样的氛围。

如果说办公环境的平等只是外部的表现，那制度上的平等则是企业内部平等精神的凝练。中小企业在创业初期主要依靠初创人员的共同努力，当企业发展到一定的规模后，就必然会引进大量的新成员。陆岛酒店并不会因为"劳苦功高"而厚待甚至直接供养老人，而是以规范化管理和公平的人才选拔机制来平等地对待新成员与老成员。诚如无论新老成员对一个家庭都同样重要一样，新老员工，尽管有着不同的经验和分工，对于企业而言也一样重要。陆岛酒店不仅在薪金制度上坚决贯彻在制度面前人人平等的原则，也让成员间获得同等的晋升机会与发展空间。在同样的制度面前，员工间对不公正的不满和抱怨也渐渐消散。

值得一提的是，陆岛酒店建立平等理念的手段并不是强加式或命令式的。办公环境的开放性能够让员工更加专心地投入工作、更畅通地交流沟通，这无疑有利于员工之间的互动和关系改善；贴近人员的装饰能够时刻帮助员工唤起快乐的回忆；平等的报酬和选拔机制能够给员工带来更放心和低压力的成长环境，这一切都符合快乐工作所倡导的理念。

13.3.2 从尊重到信任：授权打造的团队精神

在"家"文化中，信任是基础而核心的要素。在家庭成员之间，信任是基于无法割断的血缘关系，而企业组织不可能具有这样的先天条件。酒店的管理者认为，要营造相互信任的氛围，首先需要克服"家"文化仅依赖于血缘的狭隘性，将血缘或亲缘纽带组成的情感信任扩大，将家的概念泛化，从而实现将企业视为一个大家庭的合理转型。酒店将"家"文化发展为这样的理念：酒店员工视彼此为家庭中的亲人，在酒店内营造普遍信任的团队精神，既建立了亲情化的团队，也深深地加强了员工对酒店和团队的归属感。这种文化发展的理念符合自我决定理论所阐述的体验乐趣和激发内部工作动机的原理。

打造亲情化团队的理念是不少企业期望的，然而如何能在管理实践中得以体现是更为困难的问题。在多番探索之后，陆岛酒店找出了两个词——"尊重"与"信任"，并进行了大胆的尝试。将许多在其他酒店需要由经理审核的权限授权给了基层的员工，让他们掌握工作和服务的主动权，并在此过程中感觉受尊重。例如，每一位员工可以根据实际需要给顾客提供更换房间或额外配件等服务，给不满意的顾客提供礼品作为赔礼道歉或补偿等（见图 13 – 1）。

图 13 – 1　授权背后的激励逻辑

陆岛酒店给员工的授权达到了良好的效果。第一，员工被授予了实际的权力，可以快速有效地处理工作中的各类事件，这利于给顾客提供更好、更快捷的服务进而提升了酒店的整体服务水平；第二，相较于其他酒店员工，这样的授权让他们真切感受到企业对他们的尊重和信任感，从而对企业产生了更高程度上的依赖感；第三，这种信任给予了员工自主性，也激发了其工作的主动性，认为工作不是上级要求的、强迫的，而是自己能控制的、能主导的。属于自己的工作成果也就能让他们产生工作的成就感和满足感，进而从中获得快乐。试想，如果员工的工作完全是按照条条框框或者仅仅是听从上级管理者的明确要求来执行，简单的意外情况都无法自主决定，那么工作就是机械的重复而非有益的创造，这样的工作又如何能够产生成就感？这一现象正符合自我决定理论所强调的自我控制才能带来快乐的情绪，而一旦个体失去控制，就会产生挫败感，也就失去了积极工作的动力。

陆岛酒店的亲情化团队建设不仅成就了内部的团结，更带来整体绩效的提升。曾经有一位客人对陆岛酒店的一位服务员阿姨说，就是因为她的服务，他才愿意再来。这样的鼓励让员工充分感受到在自己控制之下的工作成就感和乐趣。陆岛酒店也时常专门收集类似的故事，让员工在每个月的分享会上和其他的员工介绍自己的工作心得体会，无论得意还是失意，这样的相互分享还加深了员工之间的情感联系，也进一步促进了相互之间的信任。

13.3.3 转金钱奖励为乐趣活动：人性化关爱实现的员工凝聚力

陆岛酒店有一组让自己骄傲，同时也让外界惊讶的数字：他们拥有比同行业低 2/3 的员工离职率。而更令人诧异的是，这种低离职率是在员工工资仅仅达到同行业平均水平，并且从来不发年终奖的情况下取得的（同业酒店大多数都发放年终奖金）。在一线员工离职率普遍较高的酒店业，他们是如何做到的呢？

"不发年终奖不是因为我们吝啬，如果我们舍不得花钱，我们的员工就不会愿意留下来。事实上，我们每年都会拿出利润的 50% 专门用于员工的各项活动。"人力资源部刘经理解释说，"发年终奖和工资的目的无非是想激励员工、留住员工，但如果只是留住他们的人，而留不住他们的心，那么又有什么用呢？一旦外界给予他们更高的酬劳，离职跳槽仍是在所难免的事。所以我们愿意为员工付出更多，愿意像对待晚辈和孩子那样对待他们。但不能因为这样就简单地给他们发钱，发钱达不到我们所希望的目的——家人之间的感情是靠钱来建立和维系的吗？"陆岛酒店的管理层从上至下都非常认同这一点。毫无疑问，这是对员工关系问题非常睿智的洞察。"家"文化从来不是靠金钱能够塑造的。陆岛酒店用于员工活动的50% 利润实际的内涵远远超过传统的"福利"，而是更符合本书所研究的各式各样的员工工作乐趣活动。陆岛酒店所做的，既有真正的福利型工作乐趣也有许多辅助工作，让员工在工作中感受到家人般的关爱。

2012 年，酒店进行了最大手笔的一次员工活动：在酒店经营的淡季，几乎将全体员工分批去美国塞班岛旅游度假。塞班岛是美属靠近亚洲的太平洋边缘邻岛，也是世界闻名的旅游胜地，除了有怡人的热带风景，富有变化的地形风貌外，还有各类水上运动，被誉为世界第一潜水胜地。正是因为拥有如此丰富的旅游资源，塞班岛成为中国游客最喜爱的太平洋海岛度假乐园。这次集体出游，除了是一次福利性质的休闲娱乐活动外，其实还带有旅游学习的性质，员工到世界知名度假胜地的知名酒店可以学习它们的酒店服务和建设理念。因此，这样的活动其实具备了两方面的作用：第一，通过集体旅行活动，帮助新员工快速融入团队，使员工彼此有了除工作外更多的了解，从而增进感情联系，显著提升凝聚力，这毫无疑问是塑造"家"文化的利器；同时这样的旅行也让员工感受到了同行业所没有的福利待遇，从而增强了员工对企业的向心力。第二，让员工亲身体会到世界级酒店的一流服务，真切感受并且比较自身的产品和服务的不足，从而在以后的工作中得以改进。由于员工在学习过程中融入了自身体验、主动观察和自我反思，这种学习的效果远比纸面或者枯燥的讲授来得直观和有效得多。更重要的是，这样高水准的旅游学习给员工带来的乐趣和回忆是终生难忘的——这也是员工自己的体会——酒店每年的集体出游活动，都是毫不吝惜成本、精挑细选旅游胜地，力求让员工享受到一流的体验和一流的旅游服务（见图 13-2）。

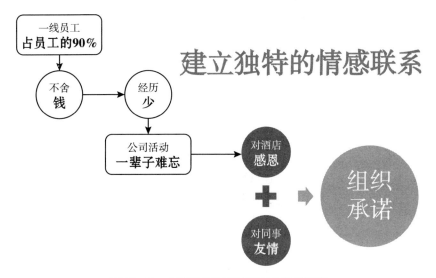

图 13-2 大手笔集体活动背后的激励逻辑

酒店之所以如此花费精力，并不惜价钱地组织活动，就是为了我们前文提到的——能够真正留住员工的心、塑造"家"的氛围。这次行程，酒店为每位员工付出了平均 1.3 万元的费用，如果把这笔钱当作年终奖全部发放给他们，恐怕他们自己绝对不会用作一次旅行的支出，即使是非常爱他们的家人也很难下决心支付如此高额的旅行费用。酒店大部分的一线员工，都只是高中以下学历的中年妇女，对于他们中的绝大多数人而言，这次旅程的体验是前所未有的。在他们心中，陆岛酒店是大费心思，切实将员工视为家人才能给他们一次其他企业可能永远无法给予的人生经历，他们因此感恩并主动表示永远不会离开，并且全心全意做好工作回报酒店。

像这样大手笔的活动，陆岛酒店每年策划一次，同时将所有的过往保存，整合为企业文化的组成部分：酒店办公室的楼道两侧就悬挂着多张员工在塞班岛的集体合照，灿烂的阳光、洁白的沙滩、一望无际的蓝色大海和上面开怀的笑容不但能够经常性地唤起员工的美好回忆，也提醒着员工珍惜目前的工作。

13.3.4 从员工个人到员工家人：延伸"家"内涵得到的员工拥护

2015年的中秋节，客房部小李远在四川的母亲意外地收到一盒精装的月饼，拆开包装，里面有三张照片：一张是小李穿着工作服微笑着站在酒店门口；一张是小李过生日和同事们一起庆祝，正鼓起腮帮子准备吹蜡烛；一张是小李在塞班岛与同事们跳起拍的合照。"这孩子，尽乱花钱！"李母跟邻居抱怨道，却忍不住脸上笑开了花。收起照片，李母才看到下面有张卡片，里面工整地写着："小李一直努力工作，为我们酒店作出了重要贡献。她是酒店的重要员工，中秋节无法回家团聚我代表酒店深感抱歉。感谢您为酒店培养出这么优秀的女儿，祝您身体健康，万事如意。"下面是董事长的签名。

李母看了良久，为女儿深感骄傲，赶紧打了个电话，一阵嘘寒问暖之后叮嘱道："要在酒店好好工作啊，你看你们酒店对你们多好，还给我们寄月饼，找到这样的工作是你的福气，要对得起酒店！"小李连声称是。

在以一线员工为主要构成的陆岛酒店，这样的组织文化建设活动比比皆是。虽然微小，但所发挥的作用却撑起了整个酒店的人力资源。陆岛酒店的人员构成中90%的人员都是一线的服务员，因此大部分的此类活动都是由组织发起。而陆岛酒店之所以能够利用工作乐趣活动成功塑造"家"文化，是因为首先管理层秉持这样的理念：第一，中国以"家"为本，因此要让员工视企业为家就需要照顾到员工"小家"的感受；第二，在实际操作中，陆岛酒店非常务实和注重细节，将这些活动视为一种严肃的管理手段加以对待。

除了年度集体出行这样的大手笔活动外，陆岛酒店在平时工作中的许多活动也体现了员工导向和"家"的关爱。以上述事件为例，每逢节日给员工发福利，这是许多企业都会做的事情，但陆岛酒店做得有一些不一样。中秋佳节发月饼是喜闻乐见的，但经常就会流于形式，不会有什么惊喜也没什么太多感觉。陆岛酒店正是注意到这个问题，从而转化了一种形式，将月饼直接邮寄给员工家属。酒店管理层基于这样的考虑："月饼发给员工表达的是酒店在假日对员工的关爱，但由于员工本身身处酒店工作，除此之外还有许多的接触和体现组织关爱的细节，相比之下这种送月饼所传递的关爱随着时间的推移会越来越淡，最后也就只剩下月饼本身的食品价值。而邮寄给员工的家人则不同，它还多了一份情谊，那就是附加了员工对他们家人的关爱。由于员工常年在外打拼，亲人对其的思念难以得到补偿，而到了中秋佳节，这种思念就更需要有所寄托，酒店邮寄的月饼就正好满足了这样的需求。而且我们酒店在月饼中还附加了员工的日常生活和工作记录，这样，员工家人不仅了解员工的工作状态和成就，还能感受到他们的思念，从而为自己的亲人感到骄傲。当然，员工家人也能感受到我们酒店对员工的责任感和关怀，也会更支持我们酒店。"这样简单的转变就实现了从员工个人到家庭的涵盖，成功拓展了"家"内涵。

此外，酒店一直以来通过收集员工日常的工作评价、心得体会分享、集体活动表现和生活中的点点滴滴并进行整理，制作成精美的图册，在每年的员工生日庆祝会上作为礼物赠送给员工。每一本员工纪念册都记录了员工的成长轨迹和酒店对员工体贴入微的关心，每当员工看到纪念册，回顾自己过去一年的经历，感慨、得意、羞愧、成就等各种情绪一拥而上，总是带来难以抗拒的热泪和对酒店的感恩，感恩酒店对自己进步和成长的关心。在节日时，酒店也将员工纪念册邮寄给员工的家属，亲人们就可以了解到员工在酒店工作、生活、成长、挫折的真实点滴，这也是远在他乡的亲人们最在意却也很少能了解到的。

还值得一提的是陆岛酒店为拓展"家"内涵而实施的招聘员工亲属策略：由于一些不可避免的原因，陆岛酒店仍然会面临小部分员工流失的问题。针对这一情况，陆岛酒店鼓励员工把自己的爱人或者亲戚朋友介绍到酒店来工作。管理层这项策略最早的提出是基于对员工的考虑：大部分员工家在外地，亲人在一起可以更容易适应外地的生活，也更加安心地工作，同时酒店的人工问题也可以有效地得到补充。这一策略的弊端在于：酒店里可能会出现很多"小家"，难免会出现为小家舍大家的情况。事实上，这也正是许多组织不愿意招聘夫妻员工的原因。然而，考虑到员工的感受和需要，陆岛酒店并没有关闭这扇门，而是通过完善管理制度来避免小家带来的种种弊端，例如通过夫妻安排不同工种避免工作时间的分心，严惩徇私的行为等。陆岛酒店对员工的人性化关爱赢得员工拥护，使企业有着很强的凝聚力和向心力，也帮企业渡过困难：在许多民营服务业出现"民工荒"的时候，陆岛酒店因其低员工流失率和稳定的人员结构，从来没有出现过此类问题，还能够保持较为稳定的服务水平。

"经营家一样经营企业，像对待家人一样对待员工，员工自然会回报企业，像对家人一样对待员工，自然是要让员工快乐。""做好每一件简单的事情就不简单，做好每一件平凡的事情就不平凡。"在两个小时的访谈中，吴董事长多次提到这两句话。陆岛酒店的文化塑造也正是贯彻了这两句话中所蕴含的精神。

13.4　探讨与启示

本章借鉴工作乐趣和组织文化研究的理论成果，从四种不同乐趣活动与文化塑造的关系分析了陆岛酒店员工离职管理成功的背后逻辑。一方面案例的实践为工作乐趣的效果提供了不同来源的证据，另一方面也为进一步探索工作乐趣的效果提供了启示与思路。

13.4.1　实践佐证工作乐趣影响离职的机制探讨

以往有不少针对服务业企业的研究证实了工作乐趣活动对离职倾向具有负向影响，也就是更多开展工作乐趣活动的组织，员工的离职倾向越低。卡尔等（Karl et al.，2008）在多个服务机构的调查首次发现工作乐趣活动（图片比赛、主题着装、宾果游戏、食物、音乐等）对于吸引和留住员工都具有显著的价值。特夫斯（Tews，2013）针对连锁餐厅195位职工的调查发现工作乐趣对离职率的负向影响，而且当管理者支持员工开展工作乐趣活动时，这种影响更为明显。但这些研究并未就乐趣活动影响离职倾向的机理以及不同类型乐趣活动的效果差异展开研究。根据压力应对的认知交易理论和自我决定理论，工作乐趣活动对员工离职的影响可能存在两种机制。一是服务业的工作环境通常充满了会造成多个方面资源损失的压力，因此员工对于情感方面的需求更高。服务业普通员工的收入通常较低，从事大量重复性的体力劳动、工作时间经常是不稳定和不规则的，在工作内容方面也很少有自主权，有趣的工作氛围可以很好地满足他们的情感需求，补充他们在其他方面的资源不足。而且从事服务方面工作的员工对于人际交往的趣味性需求和期望会更高，因此也更希望工作环境充满活力和人际交往的乐趣。二是乐趣活动可以改善人际关系，提升组织的凝聚力。有趣的活动和管理者对乐趣活动的支持促进员工之间的非正式交流，进一步推进个体间的相互了解，从而带来高质量的人际关系，会使个体嵌入到人际关系网络中。而且更好的人际关系也会增强员工归属于特定群体的基本心理需求（Deci and Ryan，2000），从而更有自发的动力去积极应对工作压力。因此，从应对资源和动机两个角度来说，工作乐趣活动都能使员工更不容易被那些可能导致他们离开组织的因素所影响。

毫无疑问，陆岛酒店的乐趣实践为上述逻辑关系提供了一种新的证据。首先是他们的薪资低于行业平均水平，依靠各类乐趣活动和家文化换来了远低于同行业的离职率。这印证了乐趣活动及其所创造的乐趣氛围能够为员工提供情感方面的补偿，这种补偿足以让员工应对工作中遇到的各类压力，从而能够留住员工。其次，以"家文化"为中心的各类乐趣活动加深了员工之间的联结，通过利益共享、增强信任、扩大联系，把"小家"的观念扩展到组织这个"大家"，构建出中国文化背景下强大的一种凝聚力——家文化。这些激励手段既充满了温情又具有乐趣，效果也从员工的离职率和服务水平显而易见地反映出来。

13.4.2　不同乐趣活动与员工压力策略的关系启示

陆岛酒店的工作乐趣实践为进一步探索工作乐趣的效用机制和调节员工工作压力方面的理论研究起到了启示作用。首先，不同类型的工作乐趣对于员工离职倾向的影响可能具有不同的作用机制，也因此可能对不同类型的员工具有不同的适用性。陆岛酒店的乐趣活动主要属于福利型和辅助型，它们对于基本心理需求的满足也有所不同（见图13-3）。比如福利型的员工集体出游建立了员工之间独特的情感联系，福利型的家庭与酒店多种形式的联络加深了员工与酒店的联结，辅助型给予员工更多的决策权提升了他们的工作自主性，放松型的日常装饰与活动不断强化员工对酒店的归属感。未来的研究可以根据不同类型、不同岗位员工心理需求的差异，开展工作乐趣的分类效果研究。比如针对知识型员工开展辅助型乐趣，满足他们对能力成长方面的需求。

其次，这些不同形式的乐趣活动共同塑造并增强了组织的"家文化"，而"家文化"的氛围会进一步扩展到组织管理的各个角落，又不断感染和激励每个员工。未来的研究可以通过多阶段的数据探讨乐趣活动与组织文化、团队氛围之间的因果关系，分析围绕特定文化和氛围开展的乐趣活动与一般乐趣活动的效果差异。

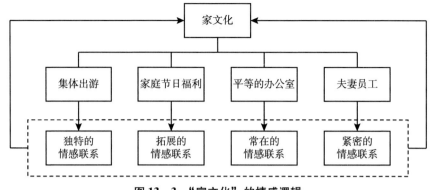

图 13 - 3 "家文化"的情感逻辑

最后，大幅低于行业水平的离职率说明陆岛酒店的员工具备较高的组织承诺的同时能够更加积极地应对工作压力。离职作为一种员工常见的逃避压力的应对策略，在以往的经验研究中已经被证实与员工的组织承诺显著相关，而且受到工作中消极情绪的影响（Vandenberghe et al.，2011）。也就是说，员工在具备较低组织承诺的情况下可能会采用离职的方式来逃避工作压力，而工作中负面情感更多的员工更有可能在组织承诺低的情况下离职。陆岛酒店的案例提供了一个与理论研究命题逆反的启示，即如果要激励员工积极应对工作压力，而不是逃避，那么提升员工的组织承诺，并且努力创造能够带来正面情感的工作氛围是一种有效的手段。从理论上说，无论是良好的人际关系还是乐趣活动所提供的情感满足，都可以增加员工个体的应对资源，促进员工将工作压力源评价为可控的，从而采取积极应对压力的策略。未来的研究可以进一步收集大样本的数据，检验组织承诺、乐趣活动的交互作用对于员工采用积极或消极应对策略的作用。

第 14 章　安保医院：给严肃的
工作加点乐趣

　　本案例描述了在医疗行业中独树一帜的厦门安保医院在工作乐趣方面的特色实践，提供了一份医疗行业在缓解工作压力、激励员工方面的标杆蓝本。医护人员治病救人，虽然神圣，但工作强度大，经常昼夜颠倒，除了要面临病菌感染等威胁外，还需处理复杂的医患关系，所以对于医护人员而言，工作压力常年居高不下（董睿等，2019）。压力过大会干扰人的认知功能，容易丧失理智，如果医护人员的压力未能得到有效舒缓，既不利于自己的职业发展和身心健康，也会对病患造成潜在的伤害。因此，如何缓解医护人员的工作压力并激励他们努力工作逐渐受到各大医院的重视，而工作乐趣或许便是有效的手段之一。

　　相比其他案例的组织，安保医院的工作乐趣活动更具有全面性，涉及了工作乐趣分类模型的所有四种类型活动，因此本章结合他们的实践探讨了不同类型工作乐趣活动在激励员工及调节压力方面的不同机制和效用差别。

14.1　医疗行业的工作压力

　　41 岁的许某是河南某医院神经外科主治医师。年末的一个早晨，为抢救一个病人整夜没合眼的他参加了所在科室召开的晨会。在晨会上，他与负责主持会议的神经外科主任兼副院长孙某就一个病人的病例表达出不同意见。会后，打算与副院长进一步讨论的他走进孙某的办公室，看到桌面上的水果刀，拿起来就捅向了孙某。这起医生捅人案让同事们觉得不可思议，在他们看来，许某脾气很好，与孙某并没有什么矛盾。而在接受警方询问时，许某坦言："作为一名医生，压力很大，身心俱疲。"

　　但这其实这并不是个人特例：据《医药经济报》报道，在一项由2183 名医生参与的"中国医生生存状况调查"中，89% 的医生想过离开医院，83%的医生称同事中有人身患癌症。"在很多人看来，医生是个负责看病、做手术、地位很高而让人羡慕的高薪职业。但他们没看到的另一面却是我们不仅要加班加点地工作，还要承受患者的误解与不信任，还要承担医院给自己的压力。"一位年轻的医生如是说。

这也不是行业的特例。在变革和创新节奏越来越快速的商业社会，工作和私人生活的边界被打破，高工作投入和不断变革的环境给员工带来与日俱增的工作压力。对员工而言，工作压力导致心脏疾病、癌症、心理健康隐患甚至自杀和事故；对企业而言，则带来了整体工作绩效的降低和企业损失。这种现象在 IT 业、金融界、生产行业、服务行业时常可见。

这更不是我国的特例。美国职业压力协会的调查报告显示，工作压力导致美国企业每年在员工药物治疗、离职以及旷工上损失 3000 多亿美元。华信惠悦（Watson Wyatt Worldwide，2007）在加拿大的调查显示，工作压力是员工离职的首要原因，参与调查的公司中有 52%因为工作压力需要费尽心思地留住优秀员工……

综上所述，医护人员的工作压力问题并不少见。如果他们采取积极的压力应对方式，或许能有效缓解压力甚至可能带来更好的工作结果，但如果采取消极的应对方式，既不利于身心健康，也不利于工作表现，还可能造成医疗事故等不良情况。因此，如何通过有效的手段调节医护人员的压力应对策略显得尤为重要。一方面，研究表明社会支持能够从多方面影响个体的压力应对策略，比如调节自身的不良情绪、提供物质援助等（Plessis and Boshoff，2018）。董睿等（2019）针对 450 名临床医生的调查发现，获得社会支持的医生能够向他人寻求帮助、满足情感需求等，进而采取问题导向的积极应对方式，缓解自身压力。而未获得足够社会支持的医生在面对压力时往往会采取逃避、自责等消极的应对策略，不利于自身的职业发展。另一方面，杨秋霞等（2019）针对 327 名医生的研究表明，长期面临工作压力的医生会精神紧张、身心疲惫，进而产生离职意愿以应对压力，而良好的科室氛围能够降低医生的离职意愿。总之，社会支持、工作氛围等因素对医护人员的压力应对策略的选择存在影响，若能在这些方面做出调整或许可以产生良好的效果。下面一起来看看本章的案例。

14.2　安保医院组织与文化背景

厦门安保医院是一家由医学博士与台湾投资人于 2000 年联合创立，

2008 年经卫生部、商务部批准设立的专科医院。相比于我们经常在各类文章中看到的互联网企业的豪华员工福利配置，行业的特殊性使他们无法开展常见的、"爆眼球"的工作乐趣活动。但也正因为如此，他们乐趣塑造的方式更具有启发性。安保医院的整体设计以环境优美、景色宜人和设计典雅著称，环境设计获得 2012 年英国 FX 国际设计奖（公共空间类）、2011 年 APIDA 亚太区公共空间优胜奖和 2011 年 DFA 亚洲最具影响力大奖/环境设计银奖，主建筑及内部设计获得 2013 年德国 IF 室内传达设计奖、2011 年台湾室内设计大奖和 2012 年美国 IDA 国际设计大奖/商业空间银奖。

安保医院的服务宗旨和理念是不仅为病患提供一个充满放松、安全的治疗环境，更重要的是希望病患在接受治疗的过程中，理解每一个环节的原理和作用，在治疗的同时也能了解健康的重要性。这种理念也贯彻到组织的架构中，除了医院必备的专科诊室外，医院还设置了配套心理咨询中心、营养中心和运动中心来帮助病患在一个放松的环境中了解和接受治疗。

这家以建设设计闻名业内的医院，从服务的宗旨和理念出发，围绕核心价值"尊重员工和尊重病人"，自外向内打造了充满乐趣的工作氛围。

14.3 困扰：工作娱乐矛盾，活动屡遭排斥

在探寻缓释医护工作压力、提升工作乐趣的路上，安保医院也遇到过很多难题。[①] "因为是高度知识型的组织，医护人员又有着高紧张感，为了让他们不要产生到达医院就有压力很大的感觉，在创办之初我们就曾经考虑为员工提供宽松的工作环境、自由的工作安排和欢乐的工作氛围"，安保医院的一位管理者说，"但这个方案一提出就有反对的意见。因为生命是宝贵的，治疗场所本身就有着较强的严肃性。一般前来治疗的病人通常都有不安的情绪，他们一直担忧自己的疾病，根本无法实现医护人员间的轻松互动。过于松散和自由的环境会让病人觉得我们很不专业。还有，跟其他医院一样，我们的医护人员都过着快节奏的生活，工作中也有不定

---

① 安保医院的管理层在台湾地区就有长期经营管理医院的经历，因此本章案例中受访者对于一些工作乐趣活动开展的经验和心得积累的表述并不是从厦门安保医院建立才开始的。但是，所有关于当前工作乐趣活动开展情况的描述，都是基于厦门安保医院的实地调研。

时的特殊情况，所以员工在工作时间内也很难有稳定的闲暇让我们可以开展缓释压力的活动"。

在最初的乐趣打造想法被否决后，安保医院管理层开始转向大部分医院所采用的福利性质的活动。"我们曾在一段时间内开展过休息日的集体活动、年度的晚宴、运动会等。希望这样的活动能让我们的员工有一段时间从工作中脱离开来，能舒缓情绪、降低工作压力，并且能感受到集体的凝聚力。"这位管理者接着说，"但根据我们的调查，类似聚餐这种活动一开始还挺受欢迎的，后来大家都没什么热情了。对于一些活动员工还很排斥，有几次我听到他们在议论说工作已经很累了还非要让他们参加什么运动会，还不如发点奖金来得实在。我们几个组织者又困惑又委屈：我们确实一开始都是为他们着想啊。"

这类活动实际效果的不理想有两个表面原因：其一，由于福利性质的活动往往具有形式化和刚性的特征，使得这些活动很难贴近医护人员的真正需求和兴趣，他们除了工作外还被要求做不感兴趣的事情，自然将其视为额外负担。其二，这类活动往往是自上而下发起的，是一种外部调节手段，这并不符合自我决定理论所解释的乐趣的产生机理。因此，即使福利活动的内容开始时是受欢迎的，但久而久之，由于员工对于参与和发起活动缺乏自主性，从中获得的乐趣也就大打折扣。

14.4　曙光：结合行业特性，加深乐趣认识

事实上，安保医院对工作环境对员工影响的关注从硬件上可以看出：从建筑设计开始，就已经综合考虑多方面因素——既要让病患感觉整洁干净现代化，又要削弱医院本身带来的恐惧感和过于严肃的气氛，让员工有归属感，并期望其能起到一定缓释压力的作用。正是如此，看到它的第一眼就让人明显感觉到与其他医院的差异（见图14-1）。

在软件方面，经过工作乐趣活动的开展、否定、反省、再尝试，安保医院结合其行业特性，从不同类型的工作乐趣入手，开展了一些有助于降低压力、激励员工、提升工作乐趣的独具特色的活动，研究者根据本书第6章所建立的工作乐趣类型模型，来分别介绍和剖析这些活动的成功之处。

具有视觉冲击力的主体建筑，带来科技与现代感，能够提升员工归属感与顾客信任感

优雅的内部环境，有利于降低顾客不安情绪和提升员工的积极情绪

图 14-1　安保医院的建筑设计

14.4.1　福利型乐趣

安保医院首先保留了部分福利型工作乐趣。这一类型的乐趣是指由组织发起的、与工作相关程度较低的乐趣活动，多表现为工作之余，以提高福利水平为目的的集体性活动，比如传统的郊游、看电影、抽奖和大型晚会等。这些活动除了具有传统福利的作用外，还能帮助新人融入团队，提升员工归属感和团队凝聚力。安保医院的管理者结合医院员工的特点和文化传统，组织开展了尾牙宴、运动会和月度聚会等福利型乐趣活动，但也意识到这类活动的效果关键在于组织是否务实和注重细节。这与医务工作者普遍认同的价值理念是吻合的。因此，管理者在乐趣活动开展前重视员工的意愿，在医院和员工福利委员会的计划策动下，鼓励员工提议发起各类活动。其次，强调活动贴近员工的真实需求，在事前进行调查。除保证活动符合大部分人的爱好外，还不断挖掘员工的潜在需求，例如征集并变动运动会的项目、尾牙宴的表演节目类型和月度的集体活动主题，使福利活动紧跟潮流，避免流于形式。在事后进行反馈调查，了解员工的满意度，并衡量活动是否达到给员工减压的目的，将反馈作为下一次活动改进的基础。

14.4.2　放松型乐趣

"除了一些集体活动外，我们还是一直在尝试为员工提供轻松的环境和氛围，但这又与我们工作本身的严肃性相矛盾，所以我们在这个困境中挣扎了很久。"安保医院的一位管理者如是说。

他口中所说的轻松环境和氛围在本书研究中被称作"放松型乐趣"，是指由员工自己发起的与他们工作相关程度较高的乐趣活动，多表现为工作过程中能够给员工带来放松的活动或者工作间隙员工所参与的能够给他们带来愉悦心情的活动。诚如这位管理者所言，放松型乐趣在各种工作乐趣中是受到医院环境和文化限制最多的一种，由于工作环境的严格要求和照顾服务对象的情绪，医护人员很难在工作过程中自我放松和相互娱乐。安保医院同样无法避免医护人员工作时的高压和严肃的环境。

"我们思考了很久，慢慢开始认识到不同于高科技行业，我们实在无法提供轻松散漫的氛围。于是我们开始不拘泥于'放松'的字面意思，而是结合我们医院本身的情况思考这个词的意思。"这位管理者继续说，"如何让员工在这样的压力环境中放松呢？我们首先想到，需要让他们感到这里就跟家一样，我能轻松自如来往，并有着较舒适的环境而不是到处弥漫着药物气味或是污渍的想逃脱的地方。这其实与我们当初修建这个建筑的理念一脉相承。另外，医患之间和谐的氛围，病人对医生的尊重和信任，其实是让他们放松的最重要原因"。

这一乐趣的实现首先基于医院用心的内部环境布置。帮助营造家一样的工作氛围，使员工感到轻松自在，既增强了医护人员的归属感，也体现出对医护人员的尊重。安保医院独具特色的幽雅环境也给病患带来很好的第一印象，晕轮效应之下，病患还会对医院的医护条件更具信心，这也为医护人员获得病患的满意和尊重创造了较好的外部条件。在门面功夫之外，医院在员工的办公环境设计上也非常重视（见图14-2），这能够体现医院本身对医护人员及其工作的尊重。安保医院的管理者深刻地明白，如果医院自己都不重视和尊重医护人员，又怎么可能得到病患者的尊重呢？另外，安保医院非常重视管理层对员工的尊重，并把这种尊重及其对工作乐趣的影响传递给自己的员工，帮助医护人员体会病患满意和尊重带来的使命感及最终康复所带来的成就感，在高强度的工作中获得这种不影响工作进程，却是最深层次的乐趣和激励。

图 14 - 2　安保医院的内部设施

14.4.3　辅助型乐趣

在硬件设施、管理制度和年度活动计划之外，安保医院没有放弃将乐趣灌输于日常工作的探索。"我们考虑，既然无法像一些行业一样让可以缓解压力的休闲活动处处皆是，但也要有一些员工所期待的活动，并将其融入工作场所中。曾有人提议像很多行业一样强制早上工作间隙的休闲体操或者强制规定工作休息时间，但那显然不符合我们的实际情况。更重要的是，我认为这纯粹是为了调整我们医护人员的精神状态来提高效率，而不是真正考虑到他们的需求。"

安保医院目前保留的项目强调员工导向，结合医院专科需要和员工兴趣，聘请了专业的瑜伽教练和单车训练教员。同时秉持帮助医护人员理解工作乐趣的理念，安保医院也不忘在工作场所中传播工作的成就感和使命感。在医院的网站和公告栏中分享最多的信息就是医院、病患和医护人员之间成功互动的案例，在分享医疗案例的同时引导员工体会工作进步及与医院共同成长所带来的快乐，充分体现了工作与乐趣相结合的思想。

例如其中一位员工在网站上公开分享的快乐工作心得就反映出了安保医院在帮助员工理解快乐工作方面的成果：

"你们医院很漂亮，都不像是一家医院""你们这边的医生、护士，人都好好噢！""……每次听到病患如此反应，总觉得心里也跟着有点骄傲，以在这家医院工作为荣。""……好的环境带来好的心情，目前来说，我是快乐的，我还很热爱我的工作，医院还在成长着，不断寻求新的发展，希望自己也能跟着医院的成长而成长。"

"受传统观念的影响，还有一部分管理者担心乐趣活动会影响工作，以往这种类型的活动在医院并不被鼓励，以后如何实现乐趣与工作相结合，是未来发展的着力点之一"，受访的医院管理者如是说。

14.4.4　社交型乐趣

社交型乐趣指员工自己发起的与他们工作相关程度较低的乐趣活动，多表现为工作之余、同事之间的私人交往。比如不可缺少的同事之间的玩笑、聚餐以及运动、亲子活动等。实验研究表明，同事之间自发的乐趣活动比组织发起的乐趣活动对于外部员工的吸引力更强（Tews et al.，2012）。安保医院利用员工福利委员会，将原本组织发起的福利活动，转化为支持员工自发的同事之间的社交活动。除此之外，管理者非常强调医护人员工作之余的相互学习和交流。比如，医院每个工作岗位都有自己的一套标准作业流程，这套流程是由医护人员之间通过相互学习、讨论，一起分工合作完成的。通过相互学习的牵引，帮助员工之间建立友情，从而增强医护人员的团队归属感。

14.5　理论探讨与启示

安保医院的工作乐趣在同行业中出类拔萃，可以说树立了行业的运作标杆。其成功的关键是在秉承自身医护理念和核心价值中拓展了对工作乐趣的认识，充分理解其本质内涵并将其与医院的特殊情境相结合。对其乐趣实践案例的归纳分析，既可为不同形式的工作乐趣活动的效果研究提供新的现实证据，还可为后续理论研究的发展开拓新思路。

14.5.1　实践佐证工作乐趣的作用机制

安保医院的例子能够很好地佐证本书实证篇中得到的部分研究结论，这进一步表明工作乐趣具有重要的积极作用。其一，从个人—环境匹配理论上看（Kristof - Brown and Guay，2011），与组织的价值观较为一致的员工，会有类似的目标和行为模式（Hoffman et al.，2011）。具体而言，在参与工作乐趣活动时，这些价值观一致的员工更能理解组织开展乐趣活动的目的，他们比较不会感到被束缚，并能通过参与乐趣活动而真正体会到乐趣。相反，如果员工与组织的价值观差距较大，他们非但无法从乐趣活动中获得欢乐，还可能产生心理抗拒，甚至做出一些反生产行为。本书的实证研究章节已证实了个人—组织价值观匹配能够调节工作乐趣与员工乐趣体验的关系，即价值观匹配程度越高，工作乐趣对员工乐趣体验的影响越大。结合本章的案例来看，安保医院秉承"提供放松、安全的治疗环境"的医护理念和"尊重员工和尊重病人"的核心价值观，而医院的员工也较为认同这些价值理念，因此他们能够通过参与医院开展的乐趣活动，获得真正的乐趣体验。虽然在活动开展之初也遇到过困难，但医院管理层及时结合员工的特点和文化传统，开展真正有意义的福利型乐趣活动，很好地化解了问题。其务实与注重细节的理念，也是医务工作者普遍认同的价值理念，因而医院与员工的价值观更加匹配，在乐趣活动中收获了更多笑声，起到了减压作用。

其二，基于自我决定理论，当外部的情境因素满足个体的自主、能力和联结三种基本心理需求后便能促进其内在动机，最终驱动个体的积极行为（Deci and Ryan，2000）。本书的实证研究章节也证实了工作乐趣能够正向影响员工的内在动机，并且四种类型的乐趣活动均能起到此种作用。不同类型的乐趣活动会满足不同的基本心理需求，结合本章的案例而言，首先，安保医院开展的尾牙宴、运动会等福利型乐趣活动与同事间的聚餐、亲子活动等社交型乐趣活动均能提升员工归属感和团队凝聚力，满足了他们的关系需求。并且在社交型乐趣活动开展的过程中，医护人员之间通过相互学习、讨论的方式，共同进步，一定程度上满足了能力需求。其次，放松型乐趣通过营造"家一般"的工作氛围，令员工在这种环境中自由放松，既提升了他们的归属感，又满足了自主需求。最后，如在医院官网或公告栏发布成功医疗案例的辅助型乐趣，让医护人员感受到医疗工作的神圣和自身能力的成长，满足他们的能力需求。伴随着一系列乐趣活动的开展，不同程度地满足了医院员工的基本心理需求，激发了他们的内在动机。此外，医院在各种乐趣活动中充分展现了员工导向的理念，如福利型乐趣活动开展前重视员工的意愿，尽可能满足员工的要求，这种自主支持也进一步激励了员工的内在动机和工作表现。

14.5.2　工作乐趣调节员工压力应对的未来展望

安保医院的工作乐趣实践对进一步探索不同类型工作乐趣的效用机制和调节员工工作压力方面的理论研究具有启示作用。首先，放松型乐趣可能会调节挑战性压力源与压力应对策略之间的关系，还可能通过基本心理需求的满足来调节挑战性压力源与工作动机之间的关系。安保医院的放松型乐趣通过精心的工作环境布置，以及培养医患之间的和谐氛围，让医护人员身处医院却有在家一般的轻松舒适，从而有效缓解他们的压力感。此种情况下，面临挑战性压力事件的员工可能会采取更加积极的应对策略以回报医院与病患的重视和信任。此外，放松型乐趣活动令安保医院的员工更有集体归属感和轻松自主感，还能感受到患者的信任，一定程度上满足了他们的三大基本心理需求，此时的员工在面临挑战性压力事件时更有可能提升自身的内在动机，勤恳工作。因此，未来的研究可以进一步探讨放松型乐趣在挑战性压力源与不同类型的压力应对策略、不同类型的工作动机之间的调节作用。

其次，这些不同形式的乐趣活动共同塑造并增强了安保医院医生与病患之间的相互信任与理解，这种微妙的关系很可能帮助医生更好地开展医疗工作，令患者更快地康复，从而减轻医生的医疗压力，减少医患纠纷。因此，未来的研究可以针对医疗行业的特殊情境开展医生的压力应对研究，比如尝试探究医患互动、医患信任等积极关系是否会影响医生压力应对策略的选择，是否能令医生在压力之下采取积极应对策略，更好地完成本职工作，治病救人。

最后，对于医疗行业而言，医疗护理流程优化、高效人员管理、治疗方式改革等实际需求均离不开医院创新，可以说创新在医疗行业有着相当重要的地位。而医院创新取决于医护人员的创新想法、创新落实，只有医护人员不断创新才能提升医院的整体创新水平。因此，如何提升医护人员的创新能力值得深入研究。本书的实证研究部分已证实了工作乐趣能够促进企业员工的创新，但在医院的工作环境下，工作乐趣对医护人员的创造力、创新行为的影响是一个研究不足的问题。安保医院的例子提供了医疗行业开展乐趣活动的成功经验，说明医院开展工作乐趣活动是切实可行的，并且能够带来许多积极效应。未来的研究可以进一步分析在医院的背景下，不同类型的乐趣活动对于医护人员创新的影响以及具体的作用机制。

第15章　网龙公司：游戏化的人力资源管理系统

与现实世界相比，虚拟世界的人们显得任劳任怨没有任何怨言。根据聚光灯网络公司（Limelight Network Inc.）发布的《在线游戏现状报告》统计，2021年全球玩家每周在线游戏的时间超过9个小时，达到历史新高。同时，我们还需要注意到的是这些玩家是自愿地、无偿地投入到游戏中。可以看得出人们被游戏所引发的自主性是十分强大的，如果这群玩家的自主性体现在工作中，那他们将会是每个雇主心中的完美雇员。

网龙公司正是明白了这个道理，所以从2004年开始实行了游戏化的人力资源管理，在高端人才不足的情况下，网龙公司利用游戏化管理自主培养和留住人才。网龙公司的员工大多数是以"80后"和"90后"为代表的新生代员工，网龙公司意识到这些和游戏一起长大的员工难以通过传统的物质实现激励，他们更为需要的是在精神上的探索性和工作上的趣味性。游戏化的人力资源管理有助于帮助他们融入这家有趣的公司。

游戏化管理在理论研究中已经形成了一定体量的文献，在国外的组织实践中也形成了一些典型的形式，比如游戏化培训、游戏化招聘、游戏化头脑风暴等。这些游戏化管理活动由于高度的组织性和工作相关度，都可以归类于工作乐趣活动中的辅助型乐趣。由于成本和风险较高，游戏化管理在国内的组织中开展相对较少，本章案例的主角在开展游戏化人力资源管理的过程中也经历诸多波折和起起伏伏，从中我们可以窥探这种较为系统化和目标导向工作乐趣活动的成效与不足。

15.1　网龙公司的组织与文化背景

网龙公司是创办于1999年，并于2007年在香港上市的软件公司，总部设在福建福州，现有员工6100多人，主要经营业务是网络游戏、在线教育和移动互联网应用。网龙公司在2007年、2009年两度入选《财富》杂志

"中国最适宜工作公司榜单"，2014 年获评全国文化企业 30 强，同年跻身"福布斯全球企业 2000 强"榜单，2018 年在中国互联网协会、工业和信息化部信息中心联合发布的"中国互联网企业百强榜"中上榜。"激情、学习、创新、争取、追求卓越、公平、客户至上"被网龙企业视为文化的核心价值。

网龙公司的企业使命是探索快乐基因，创造精彩生活，力求打造中国最大的无线用户平台，共创互联娱乐精彩生活，成为最具创新活力的公司。

15.2 游戏化管理

麦戈尼加（McGoniga，2011）提出了关于游戏的四个决定性特征：目标、规则、反馈系统和自愿参与，正是这些决定性特征塑造了游戏参与者的独特体验。所谓游戏化（游戏化思维），即移植借鉴游戏元素及其设计技术到非游戏情境中，管理情境作为典型的非游戏化情境，引入游戏化的目的在于优化管理效率，提升商业价值。游戏化管理即指组织的管理者将游戏的核心要素运用到管理领域，运用游戏的思维和机制引导员工互动和使用的过程（廖渐帆和陈江，2015）。具体而言，游戏化的管理实践有两类不同的模式（Werbach and Hunter，2012）。第一类称为外部游戏化，主要针对客户和组织的利益相关者，常见形式有各类营销活动（积分活动、优惠券、集卡、促销游戏等），通过这些游戏引起客户的关注，进一步扩大客户群，良性的互动有益于维护好客户的忠诚度和满意度；第二种模式称为内部游戏化，主要对象是组织内部的员工，通过将游戏的核心元素、规则系统、反馈体系和激励机制引荐应用于组织的工作设计、员工招聘、员工培训、薪酬管理和员工激励等不同的环节中，以有效激发个人或团队的主观能动性和创造力为落脚点（罗文豪等，2016）。具体管理实践中，除了网龙公司以外，还有很多不同领域的企业，将游戏中的元素应用到组织的管理实践之中，并取得了出色的成效。

15.3 游戏化的系统带来游戏的热情

15.3.1 员工积分系统

游戏化管理最基本的要素就是积分。网络公司设计了一个内部员工的行为积分机制。在这个系统中，公司鼓励员工像玩游戏一样去完成一个又一个公司鼓励的行为或任务，然后可以得到一定的积分奖励。公司设计了多种多样获取积分的任务系统，都有明确的规则和方向——符合公司核心价值。比如奖励坚持锻炼身体体现激情，奖励参加培训体现学习，奖励提出或解决公司存在的各种问题体现创新，奖励各类组织公民行为体现公平等。员工可以自主选择他们感兴趣和愿意参与的各种活动——既可以是工作方面，也可以是工作以外——来获得积分。每一种积分回报机制都有着明确的方法和途径，还有各种难度之分。这种利用游戏系统来引导员工的方式，吸引了年轻人对自我的不断挑战和成就，使他们自愿地投入大量的时间到公司所鼓励的各类行为中。这与那些在游戏中令人们不停地投入时间和资金去强化自身实力完成任务接受挑战的原理一致。这些积分，虽然并不能换取金钱，但可以直接换取一系列特别的内部奖品，比如专属车位就是常年最吸引人的。公司每当重要节假日都会举行用积分竞拍的拍卖会，往往都成为那段日子里同事闲暇寒暄的热门话题。除此之外，积分的最大意义还在于对应下面另外一个重要的游戏化系统。

15.3.2 浮动星级职级体系

游戏化管理的另外两个关键要素是排行榜和徽章。在传统员工晋升的职级体系基础上，网龙公司还增加了浮动星级职级体系。这种星级体系是网龙公司在积分体系基础上创新的职级体系。员工根据积分的总量对应不同的星级，一些符合公司核心价值观方面的行为和创新成果，也可以直接晋升星级，比如组织员工社团活动、担任内部讲师等，而如果出现违反公司核心价值的行为，星级也会被下降。针对公司所特别关注的问题，还推出了各种特别的星级徽章，比如忠诚徽章被授予长时间服务的员工，孔夫子徽章被授予不同级别内部讲师的员工等。当一名员工或客户要判断另一名员工的能力与贡献时，只要查看他们工牌上的星级和徽章便可以知道。这些一系列的徽章和浮动星级每月都会更新一次，并且会显示在员工的工牌上。相比传统职级体系缓慢的晋升过程，这种浮动星级和徽章使年轻一代员工在荣誉和自豪感上得到较大的满足，并且具有持续的激励效果。同时，这种星级体系还与弹性福利制度挂钩，不同的星级和徽章配合不同的福利方案。比如一些活动设施和福利活动优先提供给高星级的员工，使得这些员工在工作和同事社交过程中，经常能够体会到星级带来的成就感和归属感。

15.3.3 养成型培训

养成系统是游戏的重要组成部分。网龙公司的游戏系统中，员工培训就是其养成系统。在传统企业中，培训是员工眼中一个很枯燥的环节，而培训的实际成效也相当低，因为许多员工要么不愿意花业余时间在培训上，要么对强制性的培训不感兴趣。因此在培训过程中总是想着快速完结培训以脱离苦海。但其实在游戏中，养成系统也往往是由重复、枯燥的任务构成，为何会如此受玩家欢迎呢？还有一些投篮游戏、音乐游戏，它们本身就是重复、枯燥的，但为什么却依然能够吸引玩家？答案是因为这些游戏首先是他们自主选择的，其次是他们有一种展示自我成就的方式。当人们不停地突破自己以往保持的游戏得分时，他们就会有一种达成成就或者说是能力成长的喜悦感。而不断重复的过程，其实就变成了突破自我的挑战。这在传统工作和培训中是无法反映的，所以游戏化的出现为培训和各种重复的工作带来了乐趣。网龙公司在 2007 年成立了网龙大学，打造了独特的养成型培训系统。首先是利用类似游戏中自我不断挑战的机制，根据员工不同的培训阶段，设计每日相关的任务，当员工解决或回答相应的问题后就会增加一定的分数，这相当于游戏中的"练级"。员工可以在系统中不断地升级和挑战自我。其次，针对一些特别枯燥的学习内容，公司还给这个养成系统增加了 PK 环节。比如员工自行学习公司的规章制度后，可以与同事进行 PK，获胜者可以获得额外的积分。最后，通过多年来养成系统功能的不断丰富，目前的系统已经逐步实现了场景化，即将游戏中常见的动漫人物、剧情与现实问题、学习问题相结合，使员工在培训过程中有一种津津有味学习和竞争的状态。

15.3.4 自主的管理委员会

许多组织中的乐趣活动是一种两极分化的情况，要么放任自流，要么一手操办，导致的结果就是要么没有乐趣活动，要么缺少自主选择权，变成了一种自上而下传达的命令。在现今，当代青少年们的心态是希望由传统的统治模式变为一种合作模式，他们更愿意接受旁人的辅导非传统的自上而下命令式管理。网龙公司对于非主营业务之外的管理问题，成立了多种非正式的自主管理委员会，由感兴趣的员工参与和管理，并为其他员工提供服务。员工自行组织安排使得参与的员工在很大程度上满足了自我实现需求，让员工有一种成为公司管理层中一员的感觉，促进形成了公司内部的良好环境气氛，就如汉威特咨询有限公司所认为的员工敬业度三个层面，在第一层语言方面，员工会不停地在身边的好友和同事之间为公司作出良好的宣传；在第二层留任方面，他们会有留在当前组织的强大欲望，把现今公司当成一个稳定长久的地方；在第三层全力工作方面，员工全身心投入工作，他们是企业最有力的支持者，把公司的利益放在最前面。

15.4　充满曲折与风险的游戏化管理之路

网龙公司从网络游戏开始创业，再将游戏融入员工管理的整个系统，这不是一般的互联网企业可以做到的，不但需要大量的软硬件支持，还需要大部分的员工本身对游戏充满热爱，对新事物充满好奇。因此，很少有企业可以参照他们的方式来打造游戏化的人力资源管理系统。

即便如此，网龙公司在游戏化的道路上也走过许多弯路。比如将游戏化的积分和排名加入传统的绩效评估系统中时就出现了一些问题。员工将大量的正常工作时间投入到如何"有技巧"地获得积分，以便获得更高的金钱回报，这就导致本来安心工作的员工心理产生了不公平感。直到将员工积分和浮动星级与传统职级和绩效考核系统独立运作之后这种情况才有所好转。员工自主管理委员会所管辖的许多环节也是在多次投标轮替之后才逐步形成了比较良性的竞争机制。还有一些问题，直到目前为止都还困扰着管理者，比如为了维持员工对于星级体系、积分系统的新鲜感和自我挑战，管理者不得不花费大量的时间来思考新花样，然后再由专门的技术人员提供软件支持。可见，游戏化是一种组织更系统性、目标更明确的工作乐趣形式。之所以更为系统性，是因为开展游戏化的管理往往需要更多的组织支持，以及相适应的组织文化。比如网龙公司开展游戏化的人力资源管理，除了公司本身是游戏产业外，更是以"探索快乐基因，创造精彩生活"为企业使命，而且专门开发了游戏化管理所需的软件支持系统。之所以目标更明确，是因为游戏化管理相比一般的工作乐趣活动，往往有除了创造乐趣之外的明确效用目标。本章的案例中，游戏化的人力资源管理方式是为了更好地激励新生代员工，充分体现了动机理论所阐述的对员工内在动机的激发。现有文献还较多涉及一些利用相对简单的游戏工具开展创意激发的活动，比如利用乐高玩具来制定战略（Roos et al.，2004）。这些游戏化管理方式也同样符合工作乐趣的内涵，也可以归为辅助型乐趣，但同时具有系统性和目标明确的特点。但从网络公司的游戏化发展历程中也可以发现，游戏化管理相比一般的工作乐趣活动也意味着更高的成本和风险，对员工和组织文化的适应性要求也比较高。

15.5 理论探讨与启示

本部分借鉴工作乐趣和组织文化研究的理论成果，从"游戏化"管理与组织文化塑造的关系分析了网龙公司所打造的乐趣活动与员工创新绩效的内在关系。一方面案例的实践为工作乐趣对创新绩效的影响提供了不同形式证据的补充，另一方面也为进一步实证探索工作乐趣的多种效用机制提供了启示与思路。

15.5.1 实践佐证工作乐趣对员工创新绩效的机制

本书前面的章节多次提到并验证了工作乐趣的效用，其中包括工作乐趣对于员工创新行为影响机制的探讨。弗里德马内塔尔（Friedman et al.，2007）在实验室环境中首次验证了有趣的工作能够通过激发员工的积极情绪而促进个体创新，但弗鲁格沃夫（Fluegge - Woof，2014）的实证研究却不支持工作乐趣所激发的积极情绪能够促进员工创新，而支持工作乐趣通过提升员工敬业度（engagement）促进创新。关于工作乐趣对员工创新的影响，现有大部分研究还停留在理论探讨阶段，少量的调查结果也存在争议，说明乐趣的创造与员工创新之间可能存在多重影响路径。根据情感事件理论和自我决定理论，工作乐趣活动对员工创新的影响可能存在两种机制。一是在充满乐趣的组织环境中，员工很容易体验到积极的情感，不论是直接来自乐趣活动还是由于乐趣活动所建立的同事之间的良好关系，而积极的情感能够激发员工的创意和创新。二是工作乐趣帮助组织建构了一个满足员工个人基本心理需求的系统化内在奖励机制，特别是在创新活动能够得到组织、上级和同事的支持情况下，更有利于促进员工创新动机由外生激励转向内在动机，从而提高员工的创新能力和创新绩效表现。

在网络的游戏化管理实践中，一方面，游戏化管理引进的前提是组织文化和氛围的调整，组织要有"玩"的氛围，沉浸在这种"玩"文化中，员工的自主参与才会被激发，公司所设计的各种乐趣活动才会有"玩家"，游戏化管理才能发挥实际效用。网龙作为一家游戏公司，其管理者和员工都具有游戏精神，其基于游戏化思维设计的游戏化管理体系（见图 15 - 1）所营造出来的良好的组织氛围能够契合新生代员工的价值观，使游戏化管理的效果十分明显，能够让员工在工作中体验到好玩和有趣，从而激发员工的工作热情，并最终反映在员工的绩效和组织公民行为中。这印证了本书前述所检验的工作乐趣对员工绩效的影响机制。

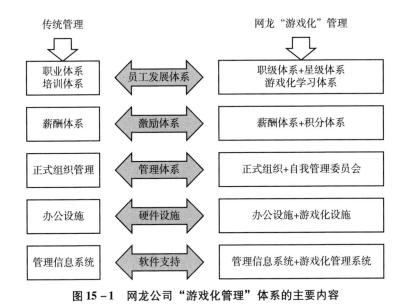

图 15 – 1　网龙公司"游戏化管理"体系的主要内容

另一方面，从自主参与、自主选择体现自主性，到养成系统体现多方面的成长，再到游戏活动提升员工的互动性和归属感，网络的游戏化机制设计满足了员工多方面的心理需求，从而使他们参与游戏化管理的行为更多是在自主性动机驱使下产生的，也就更有利于提升员工对组织的积极态度和情感，这就是组织持续创新的前提。

15.5.2　组织游戏化管理与员工压力策略的关系启示

网龙公司的游戏化管理实践对于扩展工作乐趣的效用机制研究范围和调节员工工作压力及其工作绩效表现方面的理论研究具有启示作用。首先，游戏化管理符合新生代员工的生活体验和价值选择，从而能够有效地推动员工的工作动机转向外生激励与内生需求的整合。传统人力资源管理中对于工作动机的激发主要依靠的是地位、公开表彰、奖励等少数几种策略，一般都具有自上而下、长期不变、缺乏自主选择的标准。这就导致员工的工作动机完全受外部条件的控制和刺激，难以被员工内心所认可。在网龙公司，浮动星级以及忠诚徽章、荣誉徽章、贡献徽章和老夫子徽章这些徽章体系往往具有自主选择、灵活新颖、员工导向的特点，而且同样能够反映员工对于组织和团队的贡献，以及他们在某些方面的特长，并且可以直观地展示出来，给以莫大的荣誉感和成就感。通过转变动力的来源，改变任务的形式，提供自主选择的权利，游戏化的人力资源管理满足了员工的基本心理需求，从而激发他们自主创新的工作动机，更加积极主动地投入创新活动。未来的研究可以进一步收集大样本的数据，检验游戏化设计对于新生代员工心理需求满足、创新动机及其创新绩效表现的影响机制。

其次是契合组织文化和氛围的组织管理转型。"游戏化"管理强化了网龙公司的"玩"文化，长期沉浸于"玩"文化中塑造了组织和员工的行为倾向。伴随着游戏和互联网高速发展成长起来的一代人，很难适应传统人力资源中慢节奏、简单化、枯燥性的晋升、培训和考核体系。游戏化的应用正好给他们带来一种不具威胁的挑战性压力，让他们感觉到兴奋和刺激，更专注于工作上的问题。在现今社会，游戏也不再只是青少年和孩子的玩乐，成年人也开始利用游戏来应对现实中的压力和找到自我的价值，当企业将游戏元素植入管理系统，更容易引发员工的共鸣和内在动机，他们曾经在游戏中所展示的热情、敏锐和团队精神也会更容易转移到现实的任务和团队中，从而更为积极地应对工作上的挑战。因此，未来的研究可进一步探讨我国不同代际员工在游戏化或不同类型乐趣活动中的乐趣体验，及其对员工应对工作压力和组织变革的策略差异。

最后是从网龙公司游戏化管理的发展历程中可以发现，游戏化的机制与传统管理机制可能存在冲突。将以创造轻松愉悦的工作氛围为目的的乐趣活动与典型的外部激励手段挂钩导致了投机性的行为和工作表现水平的降低。从根本上说这是乐趣活动实践缺少理论指引导致的。因为乐趣活动本身具有通过满足基本心理需求从而驱动员工的激励机制，不需要再通过满足其他方面的需求来辅助，画蛇添足的手段反而会导致员工的自主性动机被削弱。这方面的问题在以往的学术研究中很少被提及，因此值得特别关注。未来的研究可以通过实地对照实验的方式来进一步验证真实工作情境下游戏化或其他类型乐趣活动与传统激励方式在创新激励方面的效果差异，以及如何在组织中有效平衡两者的关系。

第16章 中国情境下塑造工作乐趣的策略建议

虽然管理者几乎一致认同工作乐趣能够带来更高的士气、工作满意度、更低的离职率和更有利于心理健康，然而，工作乐趣的多方面作用还没有被充分认识，乐趣体验带来的工作氛围、归属感、自主感，甚至是创造力激发还未被大多数管理者所了解。但必须强调，工作乐趣的负面影响也可能被低估，例如可能造成员工的玩世不恭和工作质量的下降，而且不同类别工作乐趣的适用性有明显差异，因此它可能不是一种普遍适用的"特效药"。组织需要有策略地塑造工作乐趣。本章将从五个方面给出策略建议。这些建议既包括了前文实证研究的启示，也包括了实地走访中管理者的经验提炼。

16.1 提高对工作乐趣来源和形式的认识

工作中的积极情绪除了可以直接来自工作闲暇的休闲、娱乐活动外，还会间接地源自个体对环境控制感的增强，如工作的自由安排、个人的进步、事业的成功或者是服务对象的满意和尊重。比如第14章的案例中所描述的医生的工作乐趣来自医院的尊重和病患的满意。将这个例子做一般性的推广，就是那些具有适度挑战性的工作任务也可以带来积极的乐趣体验，因为个体完成挑战性的工作能够带来能力需求的满足。著名的积极心理学家契克森米哈赖（Csikszentmihalyi，1990）在早期的研究中就发现，人们在工作中体验到心流的比例要远大于休闲中，也就是人们更可能在工作中体验到乐趣。

可惜的是，目前大部分管理者对于乐趣来源的认识还停留在较为初级的阶段，即认为工作乐趣仅仅来自娱乐性的、休闲性的活动。比如调研过程中，许多管理者认为"企业期望员工能够快乐工作，并且尽责提供可能的条件，但是实际效果如何，取决于员工个人"，这种指导思想很大程度上使得工作乐趣停留在福利型和强调硬件建设的辅助型乐趣。因此，不但组织的管理者自身要提高对于乐趣来源的认识，同时也要帮助员工加深对工作乐趣作用和形式的理解，这两方面其实构成了工作乐趣积极作用的基础。尤其对于一些从事高强度工作的员工——既可能是劳动密集型，比如流水线上的工人，也可能是知识密集型，比如医护人员——可能很难真正实现融快乐于工作之中，只有当管理者与员工都能够深化对乐趣来源的认识，才可能帮助他们从工作中获得乐趣。试想，一名长时间在手术台上的外科医生，如果只是依靠传统娱乐性活动来获得乐趣体验，那么他就很难从工作场所中感受到乐趣。

除了提高对工作乐趣来源的认识外，管理者还应该明确什么样的具体形式属于工作乐趣。这个问题无论是在学术研究还是管理实践中都存在模糊之处。本书根据前文研究结果建议管理者应该综合"来源、空间和参与者"这三个视角来判断工作乐趣具体形式的边界。具体而言，应该将员工在从事工作过程中和工作间隙以及工作时间以外发生的，由组织发起和员工自发的所有活动都纳入工作乐趣的管理范畴；并将由组织发起的乐趣活动或制度安排纳入工作乐趣的管理范畴，无论其发生在哪一类空间场所，也无论是否与工作直接相关；至于员工自发的乐趣活动如果不发生在工作场所又与工作并不直接相关，也不是以组织员工为主要参与者，则应该排除在工作乐趣的研究视野之外。

在转变对工作乐趣来源和形式认识的基础上，本书通过扎根理论研究，建立并验证了一个以乐趣策划和乐趣载体两个维度划分的分类模型。根据这个模型，可以将工作乐趣的形式分成四类加以区分：（1）员工发起/工作无关的；（2）员工发起/工作相关的；（3）组织发起/工作相关的；（4）组织发起工作无关的工作乐趣，并依次命名为社交型乐趣、放松型乐趣、辅助型乐趣和福利型乐趣。在这种类型划分的基础上，管理者可以根据不同的目的和 16.2 部分所讨论的工作乐趣的多方面作用，来综合选择重点开展的具体乐趣形式。

16.2 转变对工作乐趣的态度

虽然大多数被调查的管理者都认同工作乐趣活动的开展能够带来更高的士气、是一种新的激励手段，但受中国较为严肃的传统管理方式的影响，国内大部分管理者对于工作乐趣作用的认识还不够全面和深刻，多数还是将其效用等同于福利，而且也存在担心乐趣活动影响员工效率的顾虑。然而这种对工作乐趣的态度已经滞后于时代的需求。随着我国整体经济的转型发展，"90后"逐渐成为企业的主力军，基层员工对于工作乐趣的态度已经率先发生转变。工作乐趣对于基层员工的工作热情、绩效和创新的影响将会逐步显现。因此，管理者要想实现组织创新，就应该重新审视工作乐趣的多元作用，转变对工作乐趣的态度和看法。

笔者从自我决定理论出发，基于中国情境的多项实证研究证实了以往西方学者对于工作乐趣的作用机制在我国的文化环境下依然成立——工作环境中的一些玩乐事件能够带来正面情感（Cooper，2005）和帮助创造好的氛围（Romero and Cruthirds，2006），从而提升员工的工作表现，包括在工作满意度、组织公民行为、创新绩效等方面更为广泛的绩效。通过区分不同类型的工作乐趣活动，研究发现上述四类工作乐趣对于员工绩效表现的不同方面的影响确实存在差异，因此能够提供更为具体的管理建议。

首先是不同类型的工作乐趣活动的确都能够促进员工表现出有利于组织的行为，但四类工作乐趣对于任务绩效的影响则有所不同。对于那些目标聚焦于完成任务的管理者而言，开展辅助型和放松型乐趣活动会对任务绩效有更为明显的积极作用。这同时也说明，传统观念所认为的工作场所中或者工作过程中的乐趣活动会影响员工任务绩效水平的观点并不可靠。相反，与工作无关的放松型乐趣能够通过帮助员工释放工作压力（Beek et al.，2012；Fleming and Sturdy，2009），激发他们的工作灵感和热情，从而有利于他们更好地完成工作。最令人意外的是常见的福利型乐趣活动与任务绩效并没有明显的关系，但这与目前人力资源管理中关于福利制度的研究结论相吻合。对于许多企业而言，福利开支占比越来越高，而激励的效果却越来越弱。目前的一些企业开展福利型乐趣活动，可能是基于操作简单、历史传统或社会责任等原因（Bolton and Houlihan，2009），而不是针对员工和组织的需要所发起，所以没有达到预期的效用也就不难理解了。

其次，如果管理者致力于提升工作满意度，那他们应该积极发起组织策划的各类乐趣活动，因为乐趣活动是否由组织发起，对工作满意度的影响有明显的差异。其中由组织发起的两类工作乐趣（辅助型、福利型）对提高员工工作满意度有积极影响，而员工发起的两类工作乐趣（社交型和放松型）却不存在这种效用。这与调研过程中一些受访者所反映的"部分员工并不愿意参与组织发起的活动"似乎恰恰相反。可能的原因是，虽然部分组织发起的乐趣活动不一定能得到员工的认同，但大部分活动仍然是喜闻乐见的，也有助于提高员工对组织和工作的认同感。许多管理者对员工导向的工作乐趣会影响工作绩效的担忧也是因员工类型而异，实证研究的结果和前沿理论的推理可以为他们鼓励员工导向的乐趣活动提供足够的支持。

最后，通过乐趣活动打造的特色组织文化，除了对内能够提升员工的归属感和绩效外，对外的传播还能够有利于提升雇主品牌的价值，从而提升组织对优秀人才的吸引力。组织一方面积极通过传统媒体、网站和社交网络等各种渠道的营销和宣传活动展示组织特色的工作乐趣（例如近年来常常看到的高科技企业食堂鉴赏），同时注重强调乐趣所反映的核心诉求和员工导向。另一方面，通过切实手段（例如官方频道的带动和刺激）鼓励员工通过社交网络沟通交流，不但能够丰富社交型乐趣的形式，加强员工间的情感联系，还无形中传播了组织的文化。

16.3　围绕独特的文化打造工作乐趣

不少管理者已经意识到要留下员工不但需要金钱，还需要他们在心里愿意留下，前提是他们能够开心地工作。尽管如此，大部分的管理者因缺乏足够的手段和知识来发起合适的乐趣活动，导致付出与效果不成正比。无论是哪一种类型的工作乐趣，它们能够达到预期作用的关键是能否让员工在参与的过程中体验到轻松、愉快、有趣，并激发相应的积极情绪。根据自我决定理论的观点，当个体产生了乐趣体验，才会不自觉地投入到相关的活动中，并乐在其中。前文的实证研究结果也表明，工作乐趣对员工工作绩效的影响在很大程度上是通过员工体验到乐趣的程度而起作用的，如果员工参与了乐趣活动，却无法感到快乐，那这样的乐趣活动对于管理者而言就是失败的。正如走访调研过程中许多管理者所反映的："他们更希望企业把这部分经费直接发放""部分员工对统一的活动类型并不积极，慢慢走向以组织提供经费、员工自发组织为主的形式""一些员工对于组织发起的工作间隙的休闲活动并不领情，参与度也不高""管理者具有一定的激励意识，但缺乏足够的管理手段和知识来发起更多的乐趣活动""企业为此投入了大量的硬件建设，但由于缺乏软件管理，员工对组织发起的乐趣活动付出和努力认可不够"。这些现象正是因为管理者没有清楚地认识到乐趣活动的关键是能够带来乐趣体验，到底什么样的乐趣活动能够真正带给员工快乐的情感？

效果不达预期，是目前部分管理者对于开展乐趣活动犹豫不决或并没有给予足够重视的主要原因，毕竟如果花了时间和金钱，却没有达到预期的效果，甚至是达到了负面的效果，那还不如什么也不做。进一步的问题就是，什么因素会影响员工在乐趣活动中的体验呢？针对这个问题，以往的研究中很少能给出答案。契克森米哈赖（Csikszentmihalyi，1990）和卡尔等（Karl et al.，2005）的研究都提到员工的人格特质会对工作乐趣的效果产生影响。有些人天生就能够自得其乐，更容易在工作中体验到乐趣，但这不是管理者所能够控制的因素。笔者认为应该更进一步，从人与情境互动的角度来考察人、组织环境两方面因素对工作乐趣效用的影响。研究的结果表明，员工—组织价值观匹配对工作乐趣影响员工绩效的作用起到了明显的调节作用。

具体来说，当员工与组织在价值观层面上比较接近时，就能够感受到参与乐趣活动所给他们带来的欢乐和愉悦，也就越能够表现出高水平的绩效，如此就产生了几个很容易得到的策略建议。

首先是乐趣活动的策划，尤其是组织发起的乐趣活动，应该符合组织的文化或者说组织中大多数员工所认可的价值导向，这样的乐趣活动才能起到预期的效果。也就是说，管理者在选择发起什么样的乐趣活动时不能简单地效仿其他企业或者仅仅听从员工的建议。从访谈的结果来看，不少管理者已经开始重视审查乐趣活动的实际效果以及员工回馈，也有管理者直接表达了他们策划的正式的乐趣活动大量来自员工的建议，例如"许多乐趣活动来源于员工回馈，比如新厂区的一些园林设计""通常由员工福利委员会发起，企业来支持"。本书提供的相关研究结果可以告诫管理者们，在加强与员工沟通的同时，是否采纳员工对于乐趣活动发起的建议，很大程度上应该取决于活动所倡导的价值观是否与企业所追求的，或者当前组织中大部分员工所认同的价值观一致。否则即使非常时髦、新颖或者是高成本的乐趣活动，也只能是事倍功半。

如果换一个角度看，在一个具有较强组织文化的企业中，员工因为长期的文化塑造具有相似价值理念，那能够体现组织文化的工作乐趣活动也就更容易使员工体会到乐趣。更简单地说，在一个具有强文化的组织中，管理者策划组织发起的工作乐趣活动更可能会有好的效果，也就更容易达成目的。对于符合组织文化的活动，即便是员工最初的参与意愿不强，也可能起到一定的效果。相反，在一个缺乏统一文化或是弱文化的组织中，员工对于乐趣活动的态度和兴趣就会有较大的差异，"一刀切"的活动不太可能达到好的效果，甚至会降低工作满意度。管理者要更加谨慎地开展组织发起的乐趣活动。事先了解员工的看法与参与意愿就很有必要，又或者更多倾向于支持员工发起的活动。如果一个大型组织中存在多种亚文化，组织发起的集体活动就很难受到大多数人的欢迎。在这种情况下，管理者应该更多鼓励以团队为单位的乐趣活动。

更进一步来说，如果管理者以激发创新或压力调节为目标开展一系列乐趣活动，而不是限于提升福利、增进情感这样的初级目标，那仅仅依靠支持员工发起的乐趣活动就远远不够。以打造组织独特的文化为核心开展乐趣活动才是行之有效的长期策略（见图 16-1）。首先通过不同形式且具有联系性和一贯性的乐趣活动塑造文化，然后再从文化衍生出更多员工自发的乐趣活动，从而实现文化与乐趣活动的相互促进。只有如此，工作乐趣的效用才能够具有持续性。正如本书第 13 章的案例所描述的，酒店通过集体出游、员工日记、管理者慰问、员工主导工作等不同类型的工作乐趣活动创造了一种具有家庭氛围的组织文化，再通过个人—岗位匹配、技能竞赛、成绩分享会、庆功会等把组织的乐趣活动与员工的兴趣和成长结合起来，让员工体会到帮助企业实现梦想的同时能够实现自己的梦想。

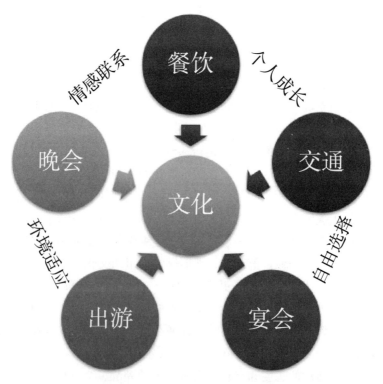

图 16-1 围绕文化打造工作乐趣

16.4　激发员工发起和参与的自主性

工作乐趣发挥预期效果的另一个关键是激发员工的内在动机——四类工作乐趣活动的作用机制都符合自我决定理论所阐述的激发个体内在动机的激励机理。自我决定理论认为，要个体自发地参与到某一项活动中，就要满足个体的自主需求、能力需求和联结需求。也就是说，当员工感觉到工作乐趣的活动是他们能自主决定的，对他们提升能力或胜任工作有所帮助，最好还能够加深作为组织一分子的情感联系，这样他就会积极主动地投入其中，并更容易体验到积极的情绪，同时也更有可能激发个体内化程度更高的工作动机。

从走访企业的情况来看，纯粹的组织导向是乐趣活动效率低的另一个重要原因。虽然工作乐趣的管理要围绕打造独特文化这一核心，但在发起形式上如果因为过分强调目的性而一味自上而下发起，其结果只会事倍功半。不少受访者表示"曾经非常重视这些活动的开展，但是由于企业的快速发展和员工的反应冷淡，常规的乐趣活动开始流于形式，而新发起的活动更多由员工主导"。接近半数的受访者明确提到对于目前"90后"员工的激励非常困扰他们，因为传统的外部激励手段很难达到预期的目的。

具体来说，第一，从自我决定理论出发的乐趣管理策略应当围绕文化塑造、创造条件、切实奖励员工发起符合他们兴趣爱好的乐趣活动。员工导向还同时强调组织发起的乐趣活动要贴近员工的需求，包括事前的调查和事后的反馈，弄清楚、搞明白员工到底需要什么，除了保证活动符合大部分人的爱好外，还要能够挖掘员工的真正需求。

第二，无论是组织发起还是员工自发的工作乐趣，都应该能够让员工在参与的过程中有自主决定的权利，包括决定是否参加、具体内容是什么、何时退出等，只有员工自愿地参与到乐趣活动中来，才能发挥工作乐趣的激励作用。

第三，要帮助员工了解工作乐趣活动对于提升他们工作表现的价值，比如释放压力、激发创意、提升技巧等。还有更直接的方法是通过乐趣活动让员工获得工作成就感。常见的方式有：让员工在竞赛活动中体会到自己对工作的付出和工作技能得到别人的认可、在竞赛活动中发挥员工在工作技能之外的特长、在福利方案中体现管理者对员工的重视和尊重。还可以通过聘请专业人士，帮助员工在工作闲暇的放松活动中能够在心理放松或身体锻炼方面取得成效，从而缓解在工作中的疲倦感和挫折感。

第四，集体性的工作乐趣活动，应该力求通过活动加深员工之间、员工与组织之间的情感联系。比如在工作环境和庆祝活动中展示集体取得的成绩，让员工感受到能成为优秀集体一分子的喜悦；举行包括员工家庭成员在内的集体活动；鼓励与支持员工之间社交网络的互动等，都能够增强员工之间、员工与组织之间的联系和信任。

第五，除了在乐趣活动的开展过程中满足员工的内在需求之外，营造员工支持的工作环境也对乐趣活动的效果具有间接影响。一些社交型、放松型的乐趣活动，比如员工自发的私下的聚会、工作间隙自发的休闲互动，如果缺乏员工自主支持的制度和氛围，可能也难以实现预期的效果。例如，在等级森严的组织中，员工参与私下的聚会也会受到正式工作等级的影响而难以真正放松，在工作间隙的乐趣也不太可能真正起到释放压力的作用。在重视员工创新的组织或部门，管理者就很有必要努力营造支持员工的环境与氛围。具体来说，管理者主动倾听员工的想法、鼓励员工提出建议、表达对员工的信任、理解员工的困难等，都有利于让开展的乐趣活动事半功倍。

16.5　鼓励工作与休闲相结合

受传统休闲与工作分离的影响，当代职场中快乐工作很难被理解，将工作与休闲相对立是普遍的情况。这种观念一方面剥夺了许多员工在工作中获得乐趣的机会，另一方面也间接导致了工作无关的乐趣活动不受欢迎——个体对纯粹休闲的认知应该是为自我控制的。对于管理者而言，要帮助员工在长时间、高压力的工作中持续创新，务实的策略是辅助实现工作与休闲的结合。一个重要的前提是优化工作设计，也是对乐趣来源全新认识在执行层面的延伸，在工作设计时就为打造辅助型乐趣活动创造客观条件，从允许更多的工作间歇到让员工更主动地控制工作，即从基本的组织发起辅助型乐趣到更彻底地授权给员工，让他们觉得受到尊重，能够控制工作，就更能体会到工作的成就感和主动性，也就更有乐趣。这也是从辅助型乐趣到放松型乐趣的过渡，前者更适合对自我控制要求较低的劳动密集型员工，后者更适合对自我控制要求较高的知识型员工。

最直接的做法就是通过将福利型的乐趣活动与工作挂钩来开展辅助型乐趣活动，例如发起与岗位相关的团队建设活动，组织与技能培训相结合的旅行等，如此既改变了员工对福利型乐趣活动的纯休闲认知，提高其实际效用，也丰富了辅助型乐趣活动的形式。一些对这类乐趣活动理解较为深刻的组织还会通过记录员工的工作细节、分享团队经验和组织的成功等方式让员工充分体会成长和成功带来的快乐。社交型乐趣同样可以通过倡导在同事之间开展有利于降低工作压力的活动来实现，例如相互分享创意、经历或者休闲间隙的小游戏。这些工作乐趣不会影响正常的工作，实施成本较低且对于工作的辅助作用直接有效。

参考文献

［1］白长虹，孙旭群．我国企业变革管理的关键影响因素研究［J］．现代管理科学，2016（07）：97－99．

［2］鲍喜燕，管明月，刘伟．团体心理治疗对改善企业员工心理压力及应对方式的效果研究［J］．中国全科医学，2011，14（07）：758－760．

［3］曹经纬，耿文秀．在华跨国企业外籍高管的压力应对与适应［J］．心理科学，2011，34（03）：692－695．

［4］曹勇，周红枝，谷佳．工作压力对员工创新行为的影响研究：心理距离的中介作用与雇佣关系氛围的调节效应［J］．科学学与科学技术管理，2021，42（12）：163－176．

［5］陈春花，廖琳，李语嫣，王甜．有压力才有动力：挑战性压力源对个体创新行为的影响［J］．科技进步与对策，2021，38（11）：135－142．

［6］陈斐．组织创新氛围、工作动机与工作特性对员工创造力的影响机制研究［D］．南京：东南大学，2016．

［7］陈璇．授权型领导对知识型员工创新绩效的影响关系研究［D］．合肥：安徽大学，2017．

［8］董睿，华亮，于丽玲．临床医生社会支持、心理弹性、应对方式与职业紧张关系的路径分析［J］．首都医科大学学报，2019，40（05）：677－682．

［9］段锦云，黄彩云．变革型领导对员工建言的影响机制再探：自我决定的视角［J］．南开管理评论，2014，17（04）：98－109．

［10］冯佳欣．工作场所乐趣对员工敬业度的影响研究［D］．广州：广东财经大学，2014．

［11］冯利伟．国外工作家庭冲突研究态势——基于文献计量的分析［J］．经济管理，2018，40（04）：187－208．

［12］顾远东．工作压力如何影响员工离职？——基于 Maslach 职业

倦怠模型的实证研究 [J]. 经济管理，2010，32（10）：80－85.

[13] 顾远东，周文莉，彭纪生. 组织创新支持感与员工创新行为：多重认同的中介作用 [J]. 科技管理研究，2016，36（16）：129－136.

[14] 衡元元. 创造力对员工创新绩效的影响研究 [D]. 长沙：湖南大学，2012.

[15] 侯艳飞，张小远. 技工型企业员工职业倦怠、应对方式与心理健康的关系 [J]. 现代预防医学，2017，44（03）：406－409＋423.

[16] 胡银花. 虚拟品牌社区消费者参与行为的动机、影响因素及其作用机制研究 [D]. 南昌：江西财经大学，2016.

[17] 黄芳铭. 结构方程模式——理论与应用 [M]. 北京：中国税务出版社，2005.

[18] 黄晓娜. IT 企业工作场所乐趣对员工创新动机的影响研究 [D]. 深圳：深圳大学，2017.

[19] 霍伟伟，罗瑾琏. 领导行为与员工创新研究之横断历史元分析 [J]. 科研管理，2011，32（07）：113－121.

[20] 吉利，梅楚尼奇. 组织学习、绩效与变革——战略人力资源开发导论 [M]. 北京：中国人民大学出版社，2005.

[21] 贾绪计，林崇德. 新升本科院校教师工作压力、应对方式与工作倦怠的关系研究 [J]. 心理与行为研究，2013，11（06）：759－764.

[22] 贾艳玲，薛育红，葛小云，王宁. 高绩效工作系统对个体创新绩效的影响 [J]. 西安工程大学学报，2017，31（03）：429－438.

[23] 江静，杨百寅. 领导—成员交换、内部动机与员工创造力——工作多样性的调节作用 [J]. 科学学与科学技术管理，2014，35（01）：165－172.

[24] 蒋奖，董娇，王荣. 工作场所欺负与员工抑郁和工作满意度：应对方式的调节作用 [J]. 中国心理卫生杂志，2012，26（08）：610－615.

[25] 李根强，于博祥，孟勇. 发展型人力资源管理实践与员工主动创新行为：基于信息加工理论视角 [J]. 科技管理研究，2022，42（07）：163－170.

[26] 李静. 员工—组织关系对员工创新绩效的影响：社会交换理论视角 [D]. 天津：天津财经大学，2016.

[27] 李茂能. 图解 AMOS 在学术研究中的应用 [M]. 重庆：重庆大学出版社，2011.

［28］李乃文，黄鹏．变革型领导行为、安全态度、安全绩效的关系——基于煤炭企业的实证研究［J］．软科学，2012，26（01）：68 - 71.

［29］李旭培，时雨，王桢，时勘．抗逆力对工作投入的影响：积极应对和积极情绪的中介作用［J］．管理评论，2013，25（01）：114 - 119.

［30］李阳，白新文．内部动机和亲社会动机影响员工创造力的双路径模型［J］．浙江大学学报（理学版），2015，42（06）：660 - 667.

［31］李阳，白新文．善心点亮创造力：内部动机和亲社会动机对创造力的影响［J］．心理科学进展，2015，23（02）：175 - 181.

［32］李宗波，李锐．挑战性—阻碍性压力源研究述评［J］．外国经济与管理，2013，35（5）：40 - 49 + 59.

［33］李祚山，王思阳，卢淋淋，章芳．农民工应对方式与心理健康的特点及其关系［J］．现代预防医学，2013，40（4）：690 - 693.

［34］梁于青．服务工作乐趣与员工品牌建设行为的关系研究［D］．广州：广东外语外贸大学，2015.

［35］廖渐帆，陈江．企业管理的新实践——游戏化管理［J］．科技管理研究，2015，35（20）：224 - 228.

［36］刘凤香．工作场所乐趣研究现状评介与未来展望［J］．外国经济与管理，2010（10）：42 - 50.

［37］刘桂荣．自主支持和因果定向对创造力的影响［D］．济南：山东师范大学，2010.

［38］刘诗瑜．工作中乐趣与周边绩效关系研究［D］．南京：南京师范大学，2014.

［39］刘淑桢，叶龙，郭名．工作不安全感如何成为创新行为的助推力——基于压力认知评价理论的研究［J］．经济管理，2019，41（11）：126 - 140.

［40］刘文彬，唐杰，邵云飞．基于广义文献的组织管理中的"工作乐趣"研究［J］．中国软科学，2017（09）：175 - 183.

［41］刘玉新．工作压力与生活：个体应对与组织管理［M］．北京：中国社会科学出版社，2011.

［42］刘玉新，张建卫，张红川，彭凯平．工作压力对职场网络偏差行为的影响：工作意义的调节效应［J］．预测，2013，32（05）：21 - 26.

［43］卢小君，张国梁．工作动机对个人创新行为的影响研究［J］．软科学，2007（06）：124 - 127.

［44］罗胜强，姜嬿．调节变量和中介变量//陈晓萍，徐淑英，樊景

立编.组织与管理研究的实证方法,第二版[M].北京:北京大学出版社,2012:419-441.

[45]罗田,程晓萍,熊燕.深圳市制造企业90后新招产线员工心理弹性、应对方式与心理健康间的关系[J].卫生研究,2015,44(02):252-256.

[46]罗文豪,孙雨晴,冯蛟.游戏化在人力资源管理中的应用:理论分析与实践反思[J].中国人力资源开发,2016(01):6-13+59.

[47]毛芳香,张烜,曹枫林.新型冠状病毒肺炎疫情下医务者压力及应对资源对应激症状的影响[J].中国健康心理学杂志,2021,29(07):1060-1066.

[48]门志芳.工作场所乐趣对工作满意度和工作绩效的关系研究[D].河南:郑州大学,2013.

[49]孟凡杰,张岗英.员工情绪智力、应对方式与心理健康关系研究[J].中国健康心理学杂志,2012,20(11):1667-1670.

[50]彭晓东,申光龙.虚拟社区感对顾客参与价值共创的影响研究——基于虚拟品牌社区的实证研究[J].管理评论,2016,28(11):106-115.

[51]齐义山.知识型员工心智模式、组织创新气氛与创新行为的关系研究——以江苏省中小科技企业为例[J].内蒙古农业大学学报(社会科学版),2017,19(04):41-50.

[52]裘颖.研发团队即兴能力对其创新绩效的影响[D].杭州:浙江大学,2011.

[53]瞿艳平,李坚飞.工作压力能促进知识型员工的创新行为吗?——基于自我认知系统的调节作用[J].江汉论坛,2019,489(03):32-39.

[54]施婉妮.工作场所乐趣对员工创新行为的影响研究[D].福州:福建师范大学,2016.

[55]石冠峰,毛舒婷,王坤.幽默型领导对员工创造力的作用机制研究:基于社会交换理论的视角[J].中国人力资源开发,2017(11):17-31.

[56]石冠峰,姚波兰.充满乐趣的工作场所有利于员工创造力吗?反馈寻求行为与人—组织匹配的作用[J].中国人力资源开发,2019,36(02):63-73.

[57]舒晓兵.工作压力的理论取向及中国情景下的适用性研究[M].

武汉：武汉大学出版社，2016.

[58] 舒晓兵．管理人员工作压力源及其影响——国有企业与私营企业的比较 [J]．管理世界，2005 (08)：105 – 113.

[59] 宋国学．工作压力源对反生产行为的影响机理：职业生涯韧性以情绪为中介的调节效应 [J]．商业经济与管理，2016 (02)：26 – 35.

[60] 宋锟泰，张正堂，赵李晶．时间压力对员工双元创新行为的影响机制 [J]．经济管理，2019，41 (05)：72 – 87.

[61] 宋琦．领导风格、员工午间活动与创新绩效的关系研究 [D]．合肥：中国科学技术大学，2016.

[62] 孙健敏，陈乐妮，尹奎．挑战性压力源与员工创新行为：领导 – 成员交换与辱虐管理的作用 [J]．心理学报，2018，50 (04)：436 – 449.

[63] 唐杰．价值观匹配与组织变革类型对员工应对组织变革的影响 [M]．北京：经济科学出版社，2019.

[64] 唐杰，林志扬，石冠峰．价值观匹配对员工应对组织变革的影响研究：多个模型的比较 [J]．华东经济管理，2012a，26 (08)：147 – 151.

[65] 唐杰，石冠峰．探析员工应对组织变革的维度结构：综述与理论模型构建 [J]．现代管理科学，2012b (06)：107 – 110.

[66] 唐杰，萧永平．基于扎根理论的工作乐趣研究：边界、类型与策略 [J]．人力资源管理，2015 (03)：14 – 15.

[67] 唐杰．组织变革情境下的员工应对策略研究——内涵、维度、前因与结果 [J]．华东经济管理，2010，163 (24)：111 – 114.

[68] 汪亚明，唐杰，刘文彬．基于混合方法的工作乐趣分类模型构建及其效用的实证研究 [J]．运筹与管理，2017，26 (04)：185 – 191.

[69] 王聪颖，杨东涛．员工代际差异对其工作场所乐趣与绩效关系的影响 [J]．管理学报，2012，12 (09)：1772 – 1778.

[70] 王端旭，洪雁．组织氛围影响员工创造力的中介机制研究 [J]．浙江大学学报（人文社会科学版），2011，41 (02)：77 – 83.

[71] 王钢，黄旭，张大均．幼儿教师职业压力和心理资本对职业幸福感的影响：应对方式和文化的作用 [J]．心理与行为研究，2017，15 (01)：83 – 91 + 120.

[72] 王国猛，孙吴信宜，郑全全，等．情绪创造力对员工创新行为的影响：情绪社会建构理论的视角 [J]．心理科学，2016，39 (01)：124 – 130.

［73］王滔，汪夕桢，马利．情绪应对策略在特殊教育教师职业压力与职业倦怠间的作用：中介效应还是调节效应［J］．西南师范大学学报（自然科学版），2018，43（04）：102－108.

［74］王甜，陈春花，宋一晓．挑战性压力源对员工创新行为的"双刃"效应研究［J］．南开管理评论，2019，22（05）：90－100＋141.

［75］王仙雅，林盛，陈立芸，白寅．组织氛围、隐性知识共享行为与员工创新绩效关系的实证研究［J］．软科学，2014，28（05）：43－47.

［76］王先辉，段锦云，田晓明，孔瑜．员工创造性：概念、形成机制及总结展望［J］．心理科学进展，2010，18（05）：760－768.

［77］王叶飞，谢光荣．情绪智力、自我领导与大学生压力应对方式的关系：积极情感与自我效能感的中介作用［J］．中国临床心理学杂志，2016，24（03）：558－560＋565.

［78］王玉峰，金叶欣．变革的积极应对、工作投入对员工绩效的影响——技能的调节作用［J］．科学学与科学技术管理，2016（04）：158－171.

［79］温忠麟，黄彬彬，汤丹丹．问卷数据建模前传［J］．心理科学，2018，41（01）：204－210.

［80］吴国强，郭亚宁，黄杰，鲍旭辉，李越．挑战性－阻碍性压力源对工作投入和工作倦怠的影响：应对策略的中介作用［J］．心理与行为研究，2017，15（06）：853－859.

［81］吴洁倩，张译方，王桢．员工非工作时间连通行为会引发工作家庭冲突？心理脱离与组织分割供给的作用［J］．中国人力资源开发，2018，35（12）：43－54.

［82］吴明隆．结构方程模型：AMOS的操作与应用（第2版）［M］．重庆：重庆大学出版社，2010.

［83］吴婷，刘宁．企业奖励与员工创新绩效关系的元分析研究［J］．华南师范大学学报（社会科学版），2016（01）：143－151＋192.

［84］肖计划，许秀峰．"应付方式问卷"效度与信度研究［J］．中国心理卫生杂志，1996（04）：164－168.

［85］谢俊，严鸣．积极应对还是逃避？主动性人格对职场排斥与组织公民行为的影响机制［J］．心理学报，2016，48（10）：1314－1325.

［86］解亚宁．简易应对方式量表信度和效度的初步研究［J］．中国临床心理学杂志，1998（02）：53－54.

［87］徐明津，黄霞妮，冯志远，杨新国．应对方式在核企业员工工

作压力与心理健康关系中的中介效应［J］．环境与职业医学，2016，33（02）：134-138．

［88］徐世勇，林琦．压力状况与知识员工创新素质关系分析［J］．中国软科学，2010（S1）：178-184．

［89］薛贵，董奇，周龙飞，张华，陈传生．内部动机、外部动机与创造力的关系研究［J］．心理发展与教育，2001（01）：6-11．

［90］薛亦伦，张骁，丁雪，沙开庆．高政治技能的员工如何规避工作场所排斥？——基于中国文化情境的研究［J］．管理世界，2016（07）：98-108+188．

［91］杨浩．工作场所乐趣与组织公民行为的关系研究［D］．华东理工大学，2013．

［92］杨浩，杨百寅，韩翼，毛畅果．建设性责任知觉对真实型领导与员工创新绩效关系的中介作用研究［J］．管理学报，2016，13（04）：533-541．

［93］杨洁，常铭超，张露．工作场所乐趣对员工创新行为的作用机制研究［J］．管理科学，2019，32（03）：28-41．

［94］杨柯．工作不安全感对离职倾向的影响：应对策略的调节作用［J］．世界科技研究与发展，2013，35（02）：295-297．

［95］杨梦园，赵强．包容型领导对员工建言的影响：建言效能感和内部动机的中介作用［J］．领导科学，2016（14）：33-34．

［96］杨秋霞，谭燕，张睿，陈晶．广安市和荆州市公立医院科室氛围及其对医生离职意愿的影响［J］．医学与社会，2019，32（05）：94-97+122．

［97］杨秋苑，陈景辉，张嘉默，王莹．残疾人托养机构工作人员职业压力和心理健康状况调查［J］．中国康复理论与实践，2014，20（01）：88-94．

［98］叶红，曹立人．酒店员工心理压力及影响因素研究［J］．应用心理学，2010，16（03）：272-279．

［99］叶岚．自主支持环境下自主性控制性情感对创造性绩效的影响机制［D］．北京：北京科技大学，2017．

［100］义联中心课题组．高科技企业员工工作时长情况调研报告［R］．http：//www. yilianlabor. cn/yanjiu/2021/1900. html，2021．

［101］张丹丹．工作中乐趣对组织公民行为影响研究［D］．长沙：中南大学，2012．

［102］张桂平，朱宇澈．挑战性压力对员工创造力的影响——基于挑战性评价与服务型领导的作用机制［J］．软科学，2021，35（07）：91－97．

［103］张惠琴，侯艳君．基于知识图谱的国内员工创新行为研究综述［J］．科技进步与对策，2017，34（11）：153－160．

［104］张剑，宋亚辉，刘肖．削弱效应是否存在：工作场所中内外动机的关系［J］．心理学报，2016，48（01）：73－83．

［105］张剑，张微，冯俭．领导者的自主支持与员工创造性绩效的关系［J］．中国软科学，2010（S1）：62－69．

［106］张婕，樊耘，张旭．前摄性行为视角下的员工创新——前摄型人格、反馈寻求与员工创新绩效［J］．南开管理评论，2014，17（05）：13－23．

［107］张兰霞，蔡丽，付竞瑶，李末芝．员工非工作时间工作连通行为对创造力的双路径影响模型［J］．技术经济，2020，39（02）：46－54＋63．

［108］张兰霞，张卓，王乐乐．基于文献计量的我国工作家庭冲突研究的知识结构与动态演化［J］．东北大学学报（社会科学版），2022，24（02）：52－61．

［109］张炼，张进辅．压力应对的性别差异及相关的生物学机制［J］．心理科学进展，2003（02）：202－208．

［110］张敏．任务紧迫性下项目创新行为实验研究——基于情绪的调节作用［J］．科学学研究，2012，30（10）：1593－1600．

［111］张瑞平，杨帅，李庆安．仁慈型领导研究述评［J］．心理科学进展，2013，21（07）：1307－1316．

［112］张学和，宋伟，方世建．成就动机理论视角下的知识型员工个体创新绩效实证研究——基于部分科技型组织的调查数据分析［J］．科学学与科学技术管理，2013，34（01）：164－171．

［113］张永军，于瑞丽，魏炜．挑战性－阻断性压力与创造力：情绪的中介作用［J］．华东经济管理，2016，30（01）：156－161．

［114］张勇，刘海全，王明旋，青平．挑战性压力和阻断性压力对员工创造力的影响：自我效能的中介效应与组织公平的调节效应［J］．心理学报，2018，50（04）：450－461．

［115］张振刚，余传鹏，李云健．主动性人格、知识分享与员工创新行为关系研究［J］．管理评论，2016，28（04）：123－133．

［116］赵斌，刘开会，李新建，毕小青．员工被动创新行为构念界定与量表开发［J］．科学学研究，2015，33（12）：1909－1919.

［117］赵斌，栾虹，李新建，毕小青，魏津瑜．科技人员主动创新行为：概念界定与量表开发［J］．科学学研究，2014，32（01）：148－157＋72.

［118］周珂．团队成员信任对成员创新绩效的影响研究［D］．杭州：浙江大学，2008.

［119］周婷，官锐园，浦浙宁，赵伟，孙立群．新冠肺炎抗疫一线医护人员的急性应激反应及相关因素：有调节的中介模型分析［J］．中国临床心理学杂志，2020，28（04）：751－755.

［120］周文莉，顾远东，唐天真．积极情绪对研发人员创新行为的影响：创造力效能感与工作卷入的中介作用［J］．科研管理，2020，41（08）：268－276.

［121］周晓平，黄继峥，任阿可，罗腾达，韩明锋，马红秋．某市1426名新冠肺炎抗疫一线医务人员心理应对能力调查［J］．中国感染控制杂志，2021，20（04）：320－326.

［122］邹吉林，张小聪，张环，于靓，周仁来．超越效价和唤醒——情绪的动机维度模型述评［J］．心理科学进展，2011，19（09）：1339－1346.

［123］Ackroyd, S., Crowdy P. A. Can culture be managed? Working with "raw" material: The case of the English slaughtermen [J]. *Personnel Review*, 1990, 19 (05): 3－13.

［124］Akin, L. S., West, S. G. *Multiple Regression: Testing and Interpreting Iterations* [M]. Newbury Park: Sage, 1991.

［125］Aldag, R., Sherony, K. A spoonful of sugar: some thoughts on "fun at work" [J]. *Current Issues in Management*, 2001 (01): 62－76.

［126］Aldwin, C. M., Revenson, T. A. Does coping help? A reexamination of the relation between coping and mental health [J]. *Journal of Personality and Social Psychology*, 1987, 53 (02): 337.

［127］Amabile, T. M. A model of creativity and innovation in organizations [J]. *Research in Organizational Behavior*, 1988, 10 (01): 123－167.

［128］Amabile, T. M., Barsade, S. G., Mueller, J. S., et al. Affect and Creativity at Work [J]. *Administrative Science Quarterly*, 2005, 50 (03): 367－403.

[129] Amabile, T. M. , Hadley, C. N. , Kramer, S. J. Creativity under the gun [J]. *Harvard Business Review*, 2002, 80: 52 –63.

[130] Amabile, T. M. Motivating creativity in organizations: On doing what you love and loving what you do [J]. *California Management Review*, 1997, 40 (01): 39 –58.

[131] Amabile, T. M. , Schatzel, E. A. , Moneta, G. B. , et al. Leader behaviors and the work environment for creativity: Perceived leader support [J]. *The Leadership Quarterly*, 2004, 15 (01): 5 –32.

[132] Amabile, T. M. The social psychology of creativity: A componential conceptualization [J]. *Journal of Personality and Social Psychology*, 1983, 45 (02): 357 –376.

[133] American Institute of Stress. *Stress in the workplace* [R]. 2007.

[134] Amiot, C. E. , Terry, D. J. , Jimmieson, N. L. , Callan, V. J. A Longitudinal Investigation of Coping Processes During a Merger: Implications for Job Satisfaction and Organizational Identification [J]. *Journal of Management*, 2006, 32 (04): 552 –574.

[135] Amos, E. A. , Weathington, B. L. An Analysis of the Relation Between Employee—Organization Value Congruence and Employee Attitudes [J]. *Journal of Psychology*, 2008, 142 (06): 615 –632.

[136] Anderson, C. R. Locus of Control, Coping Behaviors, and Performance in a Stress Setting: A Longitudinal Study [J]. *Journal of Applied Psychology*, 1977, 62 (04): 446 –451.

[137] Andreassen, C. S. , Hetland, J. , Pallesen, S. The relationship between 'workaholism', basic needs satisfaction at work and personality [J]. *European Journal of Personality*: Published for the European Association of Personality Psychology, 2010, 24 (01): 3 –17.

[138] Argyle, M. *The Psychology of Happiness* [M]. London: Methuen, 1987.

[139] Armstrong – Stassen, M. Coping with transition: a study of layoff survivors [J]. *Journal of Organizational Behavior*, 1994, 15 (07): 597 –621.

[140] Ashforth, B. E. , Harrison, S. H. , Corley, K. G. Identification in organizations: An examination of four fundamental questions [J]. *Journal of Management*, 2008, 34 (03): 325 –374.

[141] Ashforth, B. Petty tyranny in organizations [J]. *Human Relations.* 1994, 47 (07): 755 –778.

[142] Ashkanasy, N. M. , Ayoko, O. B. , Jehn, K. A. Understanding the physical environment of work and employee behavior: An affective events perspective [J]. *Journal of Organizational Behavior*, 2014, 35 (08): 1169 – 1184.

[143] Aspinwall, L. G. , Taylor, S. E. A stitch in time: Self-regulation and proactive coping [J]. *Psychological Bulletin*, 1997, 121 (03): 417 – 436.

[144] Assor, A. *An Instruction Sequence Promoting Autonomous Motivation for Coping with Challenging Learning Subjects* [M]. Building Autonomous Learners. Springer, Singapore, 2016: 153 – 168.

[145] Atkinson, J. W. An introduction to motivation [J]. *Van Nostrand*, 1964.

[146] Baard, P. P. , Deci, E. L. , Ryan, R. M. Intrinsic need satisfaction: a motivational basis of performance and weil-being in two work settings 1 [J]. *Journal of Applied Social Psychology*, 2004, 34 (10): 2045 –2068.

[147] Bagozzi, R. P. , Yi, Y. On the evaluation of structural equation models [J]. *Journal of Academy of Marketing Science*, 1988, 16 (01): 74 – 94.

[148] Baker, J. P. , Berenbaum, H. Emotional approach and problem-focused coping: A comparison of potentially adaptive strategies [J]. *Cognition and Emotion*, 2007, 21 (01): 95 – 118.

[149] Baltes, B. B. , Zhdanova, L. S. , Clark, M. A. Examining the relationships between personality, coping strategies, and work-family conflict [J]. *Journal of Business and Psychology*, 2011, 26 (04): 517 –530.

[150] Bankins, S. A process perspective on psychological contract change: Making sense of, and repairing, psychological contract breach and violation through employee coping actions [J]. *Journal of Organizational Behavior*, 2015, 36 (08): 1071 – 1095.

[151] Baptiste, N. R. Fun and well-being: insights from senior managers in a local authority [J]. *Employee Relations*, 2009, 31 (06): 600 – 612.

[152] Baron, R. M. , Kenny, D. A. The moderator-mediator variable distinction in social psychological research: Conceptual, strategic, and statisti-

cal considerations [J]. *Journal of Personality and Social Psychology*, 1986, 51 (06): 1173 - 1182.

[153] Baumeister, R. F. , Leary, M. R. The need to belong: Desire for interpersonal attachments as a fundamental human motivation [J]. *Interpersonal Development*, 2017: 57 - 89.

[154] Beal, D. J. , Weiss, H. M. , Barros, E. , et al. An episodic process model of affective influences on performance [J]. *Journal of Applied Psychology*, 2005, 90 (06): 1054 - 1068.

[155] Becker, D. A. A. The effects of choice on auditors' intrinsic motivation and performance [J]. *Behavioral Research in Accounting*, 1997 (09): 1 - 19.

[156] Becker, F. W. , Tews, M. J. Fun activities at work: do they matter to hospitality employees? [J]. *Journal of Human Resources in Hospitality & Tourism*, 2016, 15 (03): 279 - 296.

[157] Berg, D. H. The power of a playful spirit at work [J]. *The Journal for Quality and Participation*, 2001, 24 (02): 57.

[158] Blau, K. A. (1964): Exchange and power in social life. InSchlüsselwerke der Netzwerkforschung [C]. Wiesbaden: Springer VS, 2019: 51 - 54.

[159] Bobocel, D. R. Coping with unfair events constructively or destructively: The effects of overall justice and self-other orientation [J]. *Journal of Applied Psychology*, 2013, 98 (05): 720 - 731.

[160] Boggiano, A. K. , Barrett, M. Performance and motivational deficits of helplessness: The role of motivational orientations [J]. *Journal of Personality and Social Psychology*, 1985, 49 (06): 1753 - 1761.

[161] Bolton, S. C. , Houlihan, M. Are we having fun yet? A consideration of workplace fun and engagement [J]. *Employee Relations*, 2009, 31 (06): 556 - 568.

[162] Boswell. W. R. , Shipp, A. J. , Payne, S. C, et al. Changes in newcomer job satisfaction over time: examining the pattern of honeymoons and hangovers [J]. *Journal of Applied Psychology*, 2009, 94 (04): 844 - 858.

[163] Bradley, M. M. , Lang, P. J. Emotion and motivation. In J. T. Cacioppo, L. G. Tassinary, and G. Berntson (Eds.), *Handbook of Psychophysiology* (3rd ed. , pp. 581 - 607) [M]. New York: Cambridge University

Press, 2007.

[164] Breevaart, K. , Tims, M. Crafting social resources on days when you are emotionally exhausted: The role of job insecurity [J]. *Journal of Occupational and Organizational Psychology*, 2019, 92 (04): 806 – 824.

[165] Brislin, R. W. , Lonner, W. J. , Thomdike, R. M. *Cross-cultural Research Methods* [M]. New York: Wiley, 1973.

[166] Britt, T. W. , Crane, M. , Hodson S. E. , et al. Effective and ineffective coping strategies in a low-autonomy work environment [J]. *J Occup Health Psychol*, 2016, 21 (02): 154 – 168.

[167] Brough, P. , Drummond, S. , Biggs, A. Job support, coping, and control: Assessment of simultaneous impacts within the occupational stress process [J]. *Journal of Occupational Health Psychology*, 2018, 23 (02): 188 – 197.

[168] Brough, P. , O'Driscoll, M. , Kalliath, T. Confirmatory factor analysis of the Cybernetic coping scale [J]. *Journal of Occupational and Organizational Psychology*, 2005, 78 (01): 53 – 61.

[169] Brown, S. P. , Westbrook, R. A. , Challagalla, G. Good cope, bad cope: adaptive and maladaptive coping strategies following a critical negative work event [J]. *Journal of Applied Psychology*, 2005, 90 (04): 792 – 798.

[170] Bryman, A. , Bell, E. Breaking down the quantitative/qualitative divide [J]. *Business Research Methods*, 2003, 2 (01): 465 – 478.

[171] Bunce, D. , West, M. A. Self – Perceptions and Perceptions of Group Climate as Predictors of Individual Innovation at Work [J]. *Applied Psychology*, 2010, 44 (03): 199 – 215.

[172] Burger, J. M. , Arkin R. M. Prediction, control, and learned helplessness [J]. *Journal of Personality and Social Psychology*, 1980, 38 (03): 482 – 491.

[173] Byron, E. Gillette's latest innovation in razors: The 11 – cent blade [J]. *Wall Street Journal*, 2010, 1.

[174] Byron, K. , Peterson, S. J. , Zhang, Z. , et al. Realizing challenges and guarding against threats: Interactive effects of regulatory focus and stress on performance [J]. *Journal of Management*, 2018, 44 (08): 3011 – 3037.

[175] Cable, D. M. , Edwards, J. R. Complementary and Supplementary Fit: A Theoretical and Empirical Integration [J]. *Journal of Applied Psychology*, 2004, 89 (05): 822 –834.

[176] Cable, D. M. , Judge, T. A. Interviews' perceptions of person-organization fit and organizational selection decisions [J]. *Journal of Applied Psychology*, 1997, 82 (04): 546 –561.

[177] Cammann, C. Assessing the attitudes and perceptions of organizational members [J]. *Assessing organizational Change: A Guide to Methods, Measures, and Practices*, 1983: 71 –138.

[178] Cannon, W. B. *The Wisdom of the Body* [M]. New York: Norton, 1932.

[179] Caplan, R. D. Person-environment fit theory: Commensurate dimensions, time perspectives, and mechanisms [J]. *Journal of Vocational Behavior*, 1987, 31 (02): 248 –267.

[180] Carnes, A. M. Bringing work stress home: The impact of role conflict and role overload on spousal marital satisfaction [J]. *Journal of Occupational and Organizational Psychology*, 2017, 90 (02): 153 –176.

[181] Carnevale, P. J. D. , Isen, A. M. The influence of positive affect and visual access on the discovery of integrative solutions in bilateral negotiation [J]. *Organizational Behavior and Human Decision Processes*, 1986, 37 (01): 1 –13.

[182] Carver, C. S. , Harmon – Jones E. Anger is an approach-related affect: evidence and implications [J]. *Psychological Bulletin*, 2009, 135 (02): 183 –204.

[183] Carver, C. S. , Scheier, M. F. , Weintraub, J. K. Assessing coping strategies: A theoretically based approach [J]. *Journal of Personality and Social Psychology*, 1989, 56 (02): 267 –283.

[184] Cavanaugh, M. A. , Boswell, W. R. , Roehling, M. V. , et al. An empirical examination of self-reported work stress among US managers [J]. *Journal of Applied Psychology*, 2000, 85 (01): 65 –74.

[185] Chan, S. C. H. Does workplace fun matter? Developing a useable typology of workplace fun in a qualitative study [J]. *International Journal of Hospitality Management*, 2010, 29 (04): 720 –728.

[186] Chatman, J. A. Matching people and organizations: Selection and

socialization in public accounting firms [J]. *Administrative Science Quarterly*, 1991, 36 (04): 459 – 484.

[187] Chen, B. , Van Assche, J. , Vansteenkiste, M. , Soenens, B. , Beyers, W. Does psychological need satisfaction matter when environmental or financial safety are at risk? [J]. *Journal of Happiness Studies*, 2015, 16 (03): 745 – 766.

[188] Cheng, B. H. , McCarthy, J. M. Managing work, family, and school roles: Disengagement strategies can help and hinder [J]. *Journal of Occupational Health Psychology*, 2013, 18 (03): 241 – 251.

[189] Cheng, C. Cognitive and motivational processes underlying coping flexibility: a dual-process model [J]. *Journal of Personality and Social Psychology*, 2003, 84 (02): 425.

[190] Cheng. D. , Amarnani. R. , Le, T. , et al. Laughter is (powerful) medicine: The effects of humor exposure on the well-being of victims of aggression [J]. *Journal of Business and Psychology*, 2019, 34 (03): 389 – 402.

[191] Cheng, D. , Chan, X. W. , Amarnani, R. K. , et al. Finding humor in work-life conflict: Distinguishing the effects of individual and co-worker humor [J]. *Journal of Vocational Behavior*, 2021, 125: 103538.

[192] Chen, Z. , Powell, G. N. , Greenhaus, J. H. Work-to-family conflict, positive spillover, and boundary management: A person-environment fit approach [J]. *Journal of Vocational Behavior*, 2009, 74 (01): 82 – 93.

[193] Choi, Y. G. , Kwon, J. , Kim, W. Effects of attitudes vs experience of workplace fun on employee behaviors: Focused on Generation Y in the hospitality industry [J]. *International Journal of Contemporary Hospitality Management*, 2013, 25 (03): 410 – 427.

[194] Churchill, G. A. A paradigm for developing better measures of marketing constructs [J]. *Journal of Marketing Research*, 1979, 16 (01): 64 – 73.

[195] Civilotti, C. , Di Fini, G. , Maran, D. A. Trauma and coping strategies in police officers: A quantitative-qualitative pilot study [J]. *International Journal of Environmental Research and Public Health*, 2021, 18 (03): 982.

[196] Clark, A. , Michel, J. S. , Early, R. J. , et al. Strategies for coping with work stressors and family stressors: Scale development and valida-

tion [J]. *Journal of Business and Psychology*, 2014, 29 (04): 617 – 638.

[197] Clark, L. A. , Watson, D. Mood and the mundane: relations between daily life events and self-reported mood [J]. *Journal of Personality and Social Psychology*, 1988, 54 (02): 296 – 308.

[198] Clark, S. C. Work/family border theory: A new theory of work/family balance [J]. *Human Relations*, 2000, 53 (06): 747 – 770.

[199] Cook, K. *Fun at Work: Construct Definition and Perceived Impact in the Workplace* [M]. Griffith University, 2008.

[200] Cooper, C. D. Just joking around? Employee humor expression as an ingratiatory behavior [J]. *Academy of Management Review*, 2005, 30 (04): 765 – 776.

[201] Cooper, C. L. , Cartwright, S. Healthy mind; healthy organization—A proactive approach to occupational stress [J]. *Human Relations*, 1994 (04): 455 – 471.

[202] Cox, C. B. , Johnson, J. , Coyle, T. Coping styles moderate the relationships between exposure to community violence and work-related outcomes [J]. *Journal of Occupational Health Psychology*, 2015, 20 (03): 348 – 358.

[203] Coyne, J. C. , Aldwin, C. , Lazarus, R. S. Depression and coping in stressful episodes [J]. *Journal of Abnormal Psychology*, 1981, 90 (05): 439 – 447.

[204] Crawford, E. R. , LePine, J. A. , Rich, B. L. Linking job demands and resources to employee engagement and burnout: a theoretical extension and meta-analytic test [J]. *Journal of Applied Psychology*, 2010, 95 (05): 834 – 848.

[205] Cronbach, L. J. The two disciplines of scientific psychology [J]. *American Psychologist*, 1957, 12 (11): 671.

[206] Crowe, E. , Higgins, E. T. Regulatory focus and strategic inclinations: Promotion and prevention in decision-making [J]. *Organizational Behavior and Human Decision Processes*, 1997, 69 (02): 117 – 132.

[207] Daniels, K, Harris, C. A daily diary study of coping in the context of the job demands-control-support model [J]. *Journal of Vocational Behavior*, 2005, 66 (02): 219 – 237.

[208] Deci, E. L. , Connell, J. P. , Ryan, R. M. Self-determination in a work organization [J]. *Journal of Applied Psychology*, 1989, 74 (04): 580 –

590.

[209] Deci, E. L. , Hodges, R. , Pierson, L. , Tomassone, J. Autonomy and competence as motivational factors in students with learning disabilities and emotional handicaps [J]. *Journal of Learning Disabilities*, 1992, 25 (07): 457 – 471.

[210] Deci, E. L. , Olafsen, A. H. , Ryan, R. M. Self-determination theory in work organizations: The state of a science [J]. *Annual Review of Organizational Psychology and Organizational Behavior*, 2017 (04): 19 – 43.

[211] Deci, E. L. , Ryan, R. M. Autonomy and need satisfaction in close relationships: Relationships motivation theory [J]. *Human Motivation and Interpersonal Relationships*, 2014: 53 – 73.

[212] Deci, E. L. , Ryan, R. M. *Intrinsic Motivation and Self-determination in Human Behavior* [M]. New York: Plenum, 1985.

[213] Deci, E. L. , Ryan, R. M. Self-determination theory: When mind mediates behavior [J]. *The Journal of Mind and Behavior*, 1980: 33 – 43.

[214] Deci, E. L. , Ryan, R. M. The general causality orientations scale: Self-determination in personality [J]. *Journal of Research in Personality*, 1985, 19 (02): 109 – 134.

[215] Deci, E. L. , Ryan, R. M. The "what" and "why" of goal pursuits: Human needs and the self-determination of behavior [J]. *Psychological Inquiry*, 2000, 11 (04): 227 – 268.

[216] Decker, W. H. Unauthorized fun at work (goofing off): Predictors and implications [J]. *International Journal of Business and Social Science*, 2012, 5 (03): 1 – 7.

[217] De Cooman, R. , Stynen, D. , Van den Broeck, A. , et al. How job characteristics relate to need satisfaction and autonomous motivation: Implications for work effort [J]. *Journal of Applied Social Psychology*, 2013, 43 (06): 1342 – 1352.

[218] De Cuyper, N. , Mäkikangas, A. , Kinnunen, U. , Mauno, S. , Witte, H. D. Cross-lagged associations between perceived external employability, job insecurity, and exhaustion: Testing gain and loss spirals according to the conservation of resources theory [J]. *Journal of Organizational Behavior*, 2012, 33 (06): 770 – 788.

[219] Demerouti, E. , Bakker, A. B. , Nachreiner, F. , et al. The job

demands-resources model of burnout [J]. *Journal of Applied Psychology*, 2001, 86 (03): 499 –512.

[220] De Ridder, D. What is wrong with coping assessment? A review of conceptual and methodological issues [J]. *Psychology Health*, 1997, 12 (03): 417 –431.

[221] Dewe, P. , Alvin, N. H. Exploring the Relationship between Primary Appraisal and Coping a Work Setting [J]. *Journal of Social Behavior Personality*, 1999, 14 (03): 397 –418.

[222] Dewe, P. J. Identifying strategies nurses to cope with work stress [J]. *Journal of Advanced Nursing*, 1987, 12 (04): 489 –497.

[223] Ding, H. , Chu, X. Employee strengths use and thriving at work: The roles of self-efficacy and perceived humble leadership [J]. *Journal of Personnel Psychology*, 2020, 19 (04): 197 –205.

[224] Dixon, J. R. , Nanni, A. J. , Vollmann, T. E. *New Performance Challenge: Measuring Operations for World-class Competition* (irwin/apics series in production management) [M]. Dixon, J. , Robb, N. , Alfred, J. , Vollmann, TE, Eds, 1990.

[225] Dodgson, M. , Gann, D. M. , Phillips, N. Organizational learning and the technology of foolishness: The case of virtual worlds at IBM [J]. *Organization Science*, 2013, 24 (05): 1358 –1376.

[226] Downie, M. , Koestner, R. , Chua, S. N. Political support for self-determination, wealth, and national subjective well-being [J]. *Motivation and Emotion*, 2007, 31 (03): 174 –181.

[227] Dul, J. , Ceylan, C. , and Jaspers, F. Knowledge workers' creativity and the role of the physical work environment [J]. *Human Resource Management*, 2011, 50 (06): 715 –734.

[228] Duriau, V. J. , Reger, R. K. , Pfarrer, M. D. A content analysis of the content analysis literature in organization studies: Research themes, data sources, and methodological refinements [J]. *Organizational Research Methods*, 2007, 10 (01): 5 –34.

[229] Eatough, E. M. , Chang, C. H. Effective coping with supervisor conflict depends on control: Implications for work strains [J]. *Journal of Occupational Health Psychology*, 2018, 23 (04): 537 –552.

[230] Eatough, E. M. , Chang, C. H. , Miloslavic, S. A. , Johnson,

R. E. Relationships of role stressors with organizational citizenship behavior: a meta-analysis [J]. *Journal of Applied Psychology*, 2011, 96 (03): 619.

[231] Eby, L. T. , Casper, W. J. , Lockwood, A. , et al. Work and family research in IO/OB: Content analysis and review of the literature (1980 – 2002) [J]. *Journal of Vocational Behavior*, 2005, 66 (01): 124 – 197.

[232] Edwards, J. R. A cybernetic theory of stress, coping, and well-being in organizations [J]. *Academy of Management Review*, 1992, 17 (02): 238 – 274.

[233] Edwards, J. R. , Parry, M. E. On the use of polynomial regression equations as an alternative to difference scores in organizational research [J]. *Academy of Management Journal*, 1993, 36 (06): 1577 – 1613.

[234] Endler, N. S. , Magnussen, D. *Interactional Psychology and Personality* [M]. Washington, DC: Hemisphere, 1976.

[235] Erdem, H. , Turen, U. , Gokmen, Y. , Tuz, O. Perceived Organizational Support, Stress Coping Behaviors and Mediating Role of Psychological Capital: Special Education and Rehabilitation Centers [J]. *Scientific Annals of Economics and Business*, 2017, 64 (03): 359 – 377.

[236] Eschleman, K. J. , Bowling, N. A. , LaHuis, D. The moderating effects of personality on the relationship between change in work stressors and change in counter productive work behaviours [J]. *Journal of Occupational and Organizational Psychology*, 2015, 88 (04): 656 – 678.

[237] Everett, A. Benefits and Challenges of Fun in the Workplace [J]. *Library Leadership & Management*, 2011, 25 (01): 1 – 10.

[238] Fagerlind, A. C. , Gustavsson, M. , Johansson, G. , et al. Experience of work-related flow: does high decision latitude enhance benefits gained from job resources [J]? *Journal of Vocational Behavior*, 2013, 83 (02): 161 – 170.

[239] Farh, J. , Earley, P. C. , Lin, S. Impetus for Action: A Cultural Analysis of Justice and Organizational Citizenship Behavior in Chinese Society [J]. *Administrative Science Quarterly*, 1997, 42 (03): 421 – 444.

[240] Fernet, C. , Guay, F. , Senécal, C. , et al. Predicting intraindividual changes in teacher burnout: The role of perceived school environment and motivational factors [J] . *Teaching and Teacher Education*, 2012, 28 (04): 514 – 525.

[241] Festinger, L. A theory of social comparison processes [J]. *Human Relations*, 1954, 7 (02): 117 – 140.

[242] Fineman, S. On being positive: Concerns and counterpoints [J]. *Academy of Management Review*, 2006, 31 (02): 270 – 291.

[243] Fisher, C. D. , Ashkanasy, N. M. The emerging role of emotions in work life: An introduction [J]. *Journal of Organizational Behavior: The International Journal of Industrial, Occupational and Organizational Psychology and Behavior*, 2000, 21 (02): 123 – 129.

[244] Fisher J. , Languilaire J. C. , Lawthom R. , et al. Community, work, and family in times of COVID – 19 [J]. *Community, Work & Family*, 2020, 23 (03): 247 – 252.

[245] Fleming, P. , Sturdy, A. "Just be yourself!": Towards neo-normative control in organisations? [J]. *Employee Relations*, 2009, 31 (06): 569 – 583.

[246] Fleming, P. Workers' playtime? Boundaries and cynicism in a "culture of fun" program [J]. *The Journal of Applied Behavioral Science*, 2005, 41 (03): 285 – 303.

[247] Fluegge, E. R. *Who put the fun in functional? Fun at work and its effects on job performance* [D]. University of Florida, Mi. 2008.

[248] Fluegge – Woolf, E. R. Play hard, work hard: Fun at work and job performance [J]. *Management Research Review*, 2014, 37 (08): 682 – 705.

[249] Folkman, S. , Lazarus, R. , Dunkel – Schetter, C. , De Longis, A. , Gruen, R. Dynamics of a stressful encounter: Cognitive appraisal, coping, and encounter outcomes [J]. *Journal of Personality and Social Psychology*, 1986, 48 (02): 150 – 170.

[250] Folkman, S. , Lazarus, R. S. An analysis of coping in a middle aged community sample [J]. *Journal of Health and Social Behavior*, 1980, 21 (02): 219 – 239.

[251] Folkman, S. , Lazarus, R. S, Dunkel – Schetter, C. , et al. Dynamics of a stressful encounter: cognitive appraisal, coping, and encounter outcomes [J]. *Journal of Personality and Social Psychology*, 1986, 50 (05): 992 – 1003.

[252] Folkman, S. Personal control and stress and coping processes: A theoretical analysis [J]. *Journal of Personality and Social Psychology*, 1984,

46 (04): 839 –852.

[253] Folkman, S. The case for positive emotions in the stress process [J]. *Anxiety, Stress, and Coping*, 2008, 21 (01): 3 –14.

[254] Ford, C. M. A Theory of Individual Creative Action in Multiple Social Domains [J]. *The Academy of Management Review*, 1996, 21 (04): 1112 –1142.

[255] Ford, R. C. , McLaughlin, F. S. , Newstrom, J. W. Questions and Answers about Fun at Work [J]. *Human Resource Planning*, 2003, 26 (04): 18.

[256] Fornell, C. , Larcker, D. F. Evaluating structural equation models with unobservable variables and measurement error [J]. *Journal of Marketing Research*, 1981, 18 (01): 39 –50.

[257] Fredrickson, B. L. , Branigan, C. Positive emotions broaden the scope of attention and thought-action repertoires [J]. *Cogn Emot*, 2005, 19 (03): 313 –332.

[258] Fredrickson, B. L. Positive emotions broaden and build [M]. Advances in experimental social psychology [J]. *Academic Press*, 2013, 47: 1 –53.

[259] Fredrickson, B. L. The role of positive emotions in positive psychology: The broaden-and-build theory of positive emotions [J]. *American Psychologist*, 2001, 56 (03): 218 –226.

[260] Fredrickson, B. L. Unpacking positive emotions: Investigating the seeds of human flourishing [J]. 2006, 2 (01): 57 –9.

[261] Fredrickson, B. L. What good are positive emotions? [J]. *Review of General Psychology*, 1998 (02): 300 –319.

[262] French, J. J. , Caplan, R. D. , Harrison, R. V. *The Mechanisms of Job Stress and Strain* [M]. London: Wiley, 1982.

[263] Friedman, B. , Kahn, Jr, P. H. *Human Values, Ethics, and Design* [M]. The human-computer interaction handbook. CRC Press, 2007: 1267 –1292.

[264] Fugate, M. , Kinicki, A. J. , Prussia, G. E. Employee coping with organizational change: an examination of alternative theoretical perspective and models [J]. *Personnel Psychology*, 2008, 61 (01): 1 –36.

[265] Fugate, M. , Kinicki, A. J. , Scheck, C. L. Coping with an or-

ganizational merger over four stages [J] . *Personnel Psychology*, 2002, 55 (04): 905 – 928.

[266] Gable, P. , Harmon – Jones, E. The motivational dimensional model of affect: Implications for breadth of attention, memory, and cognitive categorisation [J]. *Cognition and Emotion*, 2010, 24 (02): 322 – 337.

[267] Gable, S. L. , Reis, H. T. , Impett, E. A. , et al. What Do You Do When Things Go Right? The Intrapersonal and Interpersonal Benefits of Sharing Positive Events [J]. *Journal of Personality and Social Psychology*, 2004, 87 (02): 228 – 245.

[268] Gadeyne, N. , Verbruggen, M. , Delanoeije, J. , et al. All wired, all tired? Work-related ICT – use outside work hours and work-to-home conflict: The role of integration preference, integration norms and work demands [J]. *Journal of Vocational Behavior*, 2018, 107: 86 – 99.

[269] Gagné, M. , Deci, E. L. Self-determination theory and work motivation [J]. *Journal of Organizational Behavior*, 2005, 26 (04): 331 – 362.

[270] Ganster, D. C. , Rosen, C. C. Work stress and employee health: A multidisciplinary review [J] . *Journal of Management*, 2013, 39 (05): 1085 – 1122.

[271] George, J. M. , Brief, A. P. Feeling good-doing good: A conceptual analysis of the mood at work-organizational spontaneity relationship [J]. *Psychological Bulletin*, 1992, 112 (02): 310.

[272] Gouldner, A. W. *Patterns of Industrial Bureaucracy* [M] . Free Press, 1954.

[273] Gowan, M. A. , Riordan, C. M. , Gatewood, R. D. Test of a model of coping with involuntary job loss following a company closing [J]. *Journal of Applied Psychology*, 1999, 84 (01): 75 – 86.

[274] Granic, I. , Lobel, A. , Engels, R. C. M. E. The benefits of playing video games [J]. *American Psychologist*, 2014, 69 (01): 66 – 78.

[275] Greenhaus, J. H. , Beutell, N. J. Sources of conflict between work and family roles [J]. *Academy of Management Review*, 1985, 10 (01): 76 – 88.

[276] Grugulis, I. , Dundon, T. , Wilkinson, A. Cultural control and the "culture manager": employment practices in a consultancy [J] . *Work, Employment and Society*, 2000, 14 (01): 97 – 116.

[277] Gutek, B. A, Searle, S, Klepa, L. Rational versus gender role explanations for work-family conflict [J]. *Journal of Applied Psychology*, 1991, 76 (04): 560.

[278] Halinski, M., Duxbury, L., Stevenson, M. Employed caregivers' response to family-role overload: The role of control-at-home and caregiver type [J]. *Journal of Business and Psychology*, 2020, 35 (01): 99 – 115.

[279] Harker, L. A., Keltner, D. Expressions of positive emotion in women's college yearbook pictures and their relationship to personality and life outcomes across adulthood [J]. *Journal of Personality and Social Psychology*, 2001, 80 (01): 112 – 124.

[280] Harrison, R. Person-environment fit and job stress [J]. *Stress at Work*, 1978: 175 – 205.

[281] Harry, T. R., Charles, M. J. *Handbook of Research Methods in Social and Personality Psychology* [M]. Cambridge: Cambridge University Press, 2000.

[282] Hayamizu, T. Between intrinsic and extrinsic motivation: Examination of reasons for academic study based on the theory of internalization [J]. *Japanese Psychological Research*, 1997, 39 (02): 98 – 108.

[283] Herman, J. L., Tetrick, L. E. Problem-focused versus emotion-focused coping strategies and repatriation adjustment [J]. *Human Resource Management*, 2009, 48 (01): 69 – 88.

[284] Hertel, G., Rauschenbach C., Thielgen M. M., et al. Are older workers more active copers? Longitudinal effects of age-contingent coping on strain at work: Age and Coping Strategies [J]. *Journal of Organizational Behavior*, 2015, 36 (04): 514 – 537.

[285] Herzberg, F. The motivation-hygiene concept and problems of manpower [J]. *Personnel Administration*, 1964.

[286] Hewett, R., Conway, N. The undermining effect revisited: The salience of everyday verbal rewards and self-determined motivation [J]. *Journal of Organizational Behavior*, 2016, 37 (03): 436 – 455.

[287] Hewett, R., Liefooghe, A., Visockaite, G., et al. Bullying at work: Cognitive appraisal of negative acts, coping, wellbeing, and performance [J]. *Journal of Occupational Health Psychology*, 2018, 23 (01): 71 – 84.

[288] Hewlin, P. F. , Kim, S. S. , Song, Y. H. Creating facades of conformity in the face of job insecurity: A study of consequences and conditions [J]. *Journal of Occupational and Organizational Psychology*, 2016, 89 (03): 539 – 567.

[289] Higgins, E. T. Beyond pleasure and pain [J]. *American Psychologist*, 1997, 52 (12): 1280 – 1300.

[290] Hobfoll, S. E. Conservation of resources: a new attempt at conceptualizing stress [J]. *American Psychologist*, 1989, 44 (03): 513 – 524.

[291] Hofer, P. D. , Waadt, M. , Aschwanden, R. , et al. Self-help for stress and burnout without therapist contact: An online randomised controlled trial [J]. *Work & Stress*, 2018, 32 (02): 189 – 208.

[292] Hoffman, B. J. , Bynum, B. H. , Piccolo, R. F. , et al. Person-organization value congruence: How transformational leaders influence work group effectiveness [J]. *Academy of Management Journal*, 2011, 54 (04): 779 – 796.

[293] Hoffman, B. J. , Woehr, D. J. A quantitative review of the relationship between person-organization fit and behavioral outcomes [J]. *Journal of Vocational Behavior*, 2006, 68 (03): 389 – 399.

[294] Hon, A. H. Y. Shaping environments conductive to creativity: The role of intrinsic motivation [J]. *Cornell Hospitality Quarterly*, 2012, 53 (01): 53 – 64.

[295] Huang, J. L. , Shaffer, J. A. , Li, A. , et al. General mental ability, conscientiousness, and the work-family interface: A test of mediating pathways [J]. *Personnel Psychology*, 2019, 72 (02): 291 – 321.

[296] Hudson, K. M. Transforming a conservative company-one laugh at a time [J]. *Harvard Business Review*, 2001, 79 (07): 45 – 8, 51.

[297] Humphrey, S. E. , Nahrgang, J. D. , Morgeson, F. P. Integrating motivational, social, and contextual work design features: a meta-analytic summary and theoretical extension of the work design literature [J]. *Journal of Applied Psychology*, 2007, 92 (05): 1332 – 1356.

[298] Ibarra, H. Provisional selves: Experimenting with image and identity in professional adaptation [J]. *Administrative Science Quarterly*, 1999, 44 (04): 764 – 791.

[299] Isen, A. M. , Daubman, K. A. , Nowicki, G. P. Positive affect

facilitates creative problem solving [J]. *Journal of Personality and Social Psychology*, 1987, 52 (06): 1122 – 1131.

[300] Isen, A. M. , Labroo, A. A. Some ways in which positive affect facilitates decision making and judgment [J]. *Emerging Perspectives on Judgment and Decision Research*, 2003: 365 – 393.

[301] Jahanzeb, S. , Fatima, T. How workplace ostracism influences interpersonal deviance: The mediating role of defensive silence and emotional exhaustion [J]. *Journal of Business and Psychology*, 2018, 33 (06): 779 – 791.

[302] Janssen, O. , Van Yperen, N. W. Employees' Goal Orientations, the Quality of Leader-member Exchange, and the Outcomes of Job Performance and Job Satisfaction [J]. *Academy of Management Journal*, 2004, 47 (03): 368 – 384.

[303] Jenkins, A. S. , Wiklund, J. , Brundin, E. Individual responses to firm failure: Appraisals, grief, and the influence of prior failure experience [J]. *Journal of Business Venturing*, 2014, 29 (01): 17 – 33.

[304] Johnson, R. E. , Chang, C. H. "I" is to continuance as "we" is to affective: The relevance of the self-concept for organizational commitment [J]. *Journal of Organizational Behavior: The International Journal of Industrial, Occupational and Organizational Psychology and Behavior*, 2006, 27 (05): 549 – 570.

[305] Jong, J. D. , Hartog, D. D. Measuring Innovative Work Behavior [J]. *Creativity & Innovation Management*, 2010, 19 (01): 23 – 36.

[306] Joyce, K. E. Lessons for employers from Fortune's 100 best' [J]. *Business Horizons*, 2003, 46 (02): 77 – 77.

[307] Judge, T. A. , Thoresen, C. J. , Pucik, V. , Welbourne, T. M. Managerial Coping with Organizational Change: A Dispositional Perspective [J]. *Journal of Applied Psychology*, 1999, 84 (01): 107 – 122.

[308] Julien, E. , Senécal, C. , Guay, F. Longitudinal relations among perceived autonomy support from health care practitioners, motivation, coping strategies and dietary compliance in a sample of adults with type 2 diabetes [J]. *Journal of Health Psychology*, 2009, 14 (03): 457 – 470.

[309] Kafetsios, K. , Zampetakis, L. A. Emotional intelligence and job satisfaction: Testing the mediatory role of positive and negative affect at work

[J]. *Personality and Individual Differences*, 2008, 44 (03): 712 – 722.

[310] Kahn, R. L. , Byosiere, P. Stress in organizations. Dunette, M. , Hough, L. (Eds). *Handbook of Industrial and Organizational Psychology* [M]. Palo Alto, CA: Consulting Psychologists Press, 1992: 571 – 650.

[311] Kammeyer – Mueller, J. D. , Judge, T. A. , Scott, B. A. The Role of Core Self – Evaluations in the Coping Process [J]. *Journal of Applied Psychology*, 2009, 94 (01): 177 – 195.

[312] Kandasamy, I. , Ancheri, S. Hotel employees' expectations of QWL: A qualitative study [J]. *International Journal of Hospitality Management*, 2009, 28 (03): 328 – 337.

[313] Kanner, A. D. , Coyne, J. C. , Schaefer, C. , et al. Comparison of two modes of stress measurement: Daily hassles and uplifts versus major life events [J]. *Journal of Behavioral Medicine*, 1981, 4 (01): 1 – 39.

[314] Karasek, Jr. R. A. Job demands, job decision latitude, and mental strain: Implications for job redesign [J]. *Administrative Science Quarterly*, 1979: 285 – 308.

[315] Karasek, R. , Theorell, T. *Healthy Work: Stress, Productivity and the Reconstruction of Working Life* [M]. New York: Basic Books, 1990.

[316] Karl, K. A. , Peluchette, J. V. Does workplace fun buffer the impact of emotional exhaustion on job dissatisfaction?: A study of health care workers [J]. *Journal of Behavioral and Applied Management*, 2006, 7 (02): 128 – 142.

[317] Karl, K. A. , Peluchette, J. V, Harland, L. Is Fun for Everyone? Personality Differences in Healthcare Providers' attitudes toward Fun [J]. *Journal of Health and Human Services Administration*, 2007: 409 – 447.

[318] Karl, K. , Peluchette, J. , Hall-Indiana, L. , Harland, L. Attitudes toward workplace fun: a three sector comparison [J]. *Journal of Leadership & Organizational Studies*, 2005, 12 (02): 1 – 17.

[319] Kasser, T. , Ryan, R. M. A dark side of the American dream: correlates of financial success as a central life aspiration [J]. *Journal of Personality and Social Psychology*, 1993, 65 (02): 410.

[320] Kawai, N. , Mohr, A. The contingent effects of role ambiguity and role novelty on expatriates' work-related outcomes [J]. *British Journal of Management*, 2015, 26 (02): 163 – 181.

[321] Kern, M. , Zapf D. Ready for change? A longitudinal examination of challenge stressors in the context of organizational change [J]. *Journal of Occupational Health Psychology*, 2021, 26 (03): 204 –223.

[322] Kinicki, A. J. , Prussia, G. E. , McKee – Ryan, F. M. A Panel Study of Coping with Involuntary Job Loss [J]. *Academy of Management Journal*, 2000, 43 (01): 90 – 100.

[323] Kinnie, N. , Hutchinson, S. , Purcell, J. "Fun and surveillance": the paradox of high commitment management in call centres [J]. *International Journal of Human Resource Management*, 2000, 11 (05): 967 – 985.

[324] Kirton, Michael. Adaptors and Innovators: A Description and Measure [J]. *Journal of Applied Psychology*, 1976, 61 (05): 622 –629.

[325] Klein, K. J. , Dansereau, F. , Hall, R. J. Levels Issues in Theory Development, Data Collection, and Analysis [J]. *Academy of Management Review*, 1994, 19 (02): 195 –229.

[326] Kleysen, R. F. , Street, C. T. Toward a multi-dimensional measure of individual innovative behavior [J]. *Journal of intellectual Capital*, 2001, 2 (03), 284 –296.

[327] Klimoski, R. J. , London M. Role of the rater in performance appraisal [J]. *Journal of Applied Psychology*, 1974, 59 (04): 445 –451.

[328] Koen, J. , Parker, S. K. In the eye of the beholder: How proactive coping alters perceptions of insecurity [J]. *Journal of Occupational Health Psychology*, 2020, 25 (06): 385 –400.

[329] Kolb, A. Y. , Kolb, D. A. Learning to play, playing to learn: A case study of a ludic learning space [J]. *Journal of Organizational Change Management*, 2010, 23 (01): 26 –50.

[330] Kramer, A. , Kramer, K. Z. The potential impact of the Covid – 19 pandemic on occupational status, work from home, and occupational mobility [J]. *Journal of Vocational Behavior*, 2020, 119: 103442.

[331] Krantz S E. Cognitive appraisals and problem-directed coping: A prospective study of stress [J]. *Journal of Personality and Social Psychology*, 1983, 44 (03): 638 –643.

[332] Kristof, A. L. Person-organization fit: An integrative review of its conceptualizations, measurement, and implications [J]. *Personnel Psychology*,

1996, 49 (01): 1 –49.

[333] Kristof – Brown, A. , Guay, R. P. *Person-environment Fit* [M].
APA handbook of industrial and organizational psychology, Vol. 3: Maintaining, expanding, and contracting the organization. American Psychological Association, 2011: 3 –50.

[334] Kruglanski, A. W. A motivated gatekeeper of our minds: Need-for-closure effects on interpersonal and group processes. In R. M. Sorrentino & E. T. Higgins (Eds.), *Handbook of Motivation and Cognition* [C]. The Guilford Press, 1996, 465 –496.

[335] Kruglanski, A. W. The psychology of being "right": The problem of accuracy in social perception and cognition [J]. *Psychological Bulletin*, 1989, 106 (03): 395 –409.

[336] Lamm, E. , Meeks, M. D. Workplace fun: the moderating effects of generational differences [J]. *Employee Relations*, 2009, 31 (06): 613 –631.

[337] Lang, P. J. , Bradley, M. M. , Cuthbert, B. N. International affective picture system (IAPS): Instruction Manual and Affective Ratings. Technical Report A –6. Gainesville, FL [D]. The Center for Research in Psychophysiology, University of Florida. 2005.

[338] Laran, J. , Janiszewski, C. Work or fun? How task construal and completion influence regulatory behavior [J]. *Journal of Consumer Research*, 2011, 37 (06): 967 –983.

[339] Latack, J. C. Career transitions within organizations: An exploratory study of work, nonwork, and coping strategies [J]. *Organizational Behavior and Human Performance*, 1984, 34 (03): 296 –322.

[340] Latack, J. C. Coping with Job Stress: Measures and Future Directions for Scale Development [J]. *Journal of Applied Psychology*, 1986, 71 (03): 377 –385.

[341] Latack, J. C. , Havlovic, S. J. Coping with Job Stress: A Conceptual Evaluation Framework for Coping Measures [J]. *Journal of Organizational Behavior*, 1992, 13 (05): 479 –508.

[342] Latack, J. C. , Kinicki, A. J. , Prussia, G. E. An integrative process model of coping with job loss [J]. *Academy of Management Review*, 1995, 20 (02): 311 –342.

[343] Lawrence, S. A. , Callan, V. J. The role of social support in coping during the anticipatory stage of organizational change: A test of an integrative model [J]. *British Journal of Management*, 2011, 22 (04): 567 –585.

[344] Lazarus, R. , Folkman, S. *Stress, Appraisal, and Coping* [M]. New York: Springer, 1984.

[345] Lazarus, R. S. Cognition and motivation in emotion [J]. *American Psychologist*, 1991, 46 (04): 352 –367.

[346] Lazarus, R. S. Vexing research problems inherent in cognitive-mediational theories of emotion-and some solutions [J] . *Psychological Inquiry*, 1995, 6 (03): 183 –196.

[347] Lee, A. Y. P, Chang, P. C. , Chang, H. Y. How workplace fun promotes informal learning among team members: a cross-level study of the relationship between workplace fun, team climate, workplace friendship, and informal learning [J]. *Employee Relations: The International Journal*, 2022, 44 (04), 870 –889.

[348] Lee – Baggley, D. , Preece, M. , DeLongis, A. Coping with interpersonal stress: Role of Big Five traits [J]. *Journal of Personality*, 2005, 73 (05): 1141 –1180.

[349] Lee, K. , Allen, N. J. Organizational citizenship behavior and workplace deviance: the role of affect and cognitions [J] . *Journal of Applied Psychology*, 2002, 87 (01): 131 –142.

[350] Legate, N. , DeHaan, C. R. , Weinstein, N. , et al. Hurting you hurts me too: The psychological costs of complying with ostracism [J]. *Psychological Science*, 2013, 24 (04): 583 –588.

[351] LePine, J. A. , Podsakoff, N. P. , LePine, M. A. A meta-analytic test of the challenge stressor-hindrance stressor framework: An explanation for inconsistent relationships among stressors and performance [J] . *Academy of Management Journal*, 2005, 48 (05): 764 –775.

[352] Levesque, M. , Blais, M. R. , Hess U. Motivation, discretionary organisational attitudes and well-being in an African environment: when does duty call? [J] . *Canadian Journal of Behavioural Science – Revue Canadienne Des Sciences Du Comportement*, 2004, 36 (04): 321 –332.

[353] Li, F. , Chen, T. , Lai, X. How does a reward for creativity program benefit or frustrate employee creative performance? The perspective of

transactional model of stress and coping [J]. *Group & Organization Management*, 2018, 43 (01): 138 – 175.

[354] Little, T. D. , Rhemtulla, M. , Gibson, K. , et al. Why the items versus parcels controversy needn't be one [J]. *Psychological Methods*, 2013, 18 (03): 285 – 300.

[355] Liu, D. , Zhang, S. , Wang, L. , et al. The effects of autonomy and empowerment on employee turnover: Test of a multilevel model in teams [J]. *Journal of Applied Psychology*, 2011, 96 (06): 1305 – 1316.

[356] Liu, K. , Ge, Y. How psychological safety influences employee creativity in China: Work engagement as a mediator [J]. *Social Behavior and Personality: An International Journal*, 2020, 48 (08): 1 – 7.

[357] Liu, Y. , Perrewé, P. L. Another look at the role of emotion in the organizational change: A process model [J]. *Human Resource Management Review*, 2005, 15 (04): 263 – 280.

[358] Locke, K. D. *Grounded Theory in Management Research* [M]. London: SAGE, 2001.

[359] Long, B. C. Relation between coping strategies, sex-typed traits, and environmental characteristics: A comparison of male and female managers [J]. *Journal of Counseling Psychology*, 1990, 37 (02): 185 – 194.

[360] Losier, G. F. , Perreault, S. , Koestner, R. , et al. Examining individual differences in the internalization of political values: Validation of the self-determination scale of political motivation [J]. *Journal of Research in Personality*, 2001, 35 (01): 41 – 61.

[361] Lowe, R. , Bennett, P. Exploring coping reactions to work-stress: Application of an appraisal theory [J]. *Journal of Occupational and Organizational Psychology*, 2003, 76 (03): 393 – 400.

[362] Luchman, J. N. , González – Morales M G. Demands, control, and support: a meta-analytic review of work characteristics interrelationships [J]. *Journal of Occupational Health Psychology*, 2013, 18 (01): 37 – 52.

[363] Lundin, S. , Christensen, J. , Paul, H. *Fish! Tales: Real-life Stories to Help Transform Your Workplace and Your Life* [M]. New York, NY: Hyperion, 2002.

[364] MacKinnon, D. P. , Lockwood, C. M. , Williams, J. Confidence limits for the indirect effect: Distribution of the product and resampling methods

[J]. *Multivariate Behavioral Research*, 2004, 39 (01): 99 – 128.

[365] Mašková, I. , Mägdefrau, J. , Nohavová, A. Work-related cop-
ing behaviour and experience patterns, career choice motivation, and motiva-
tional regulation of first-year teacher education students – Evidence from Germa-
ny and the Czech Republic [J]. *Teaching and Teacher Education*, 2022, 109:
103560.

[366] Mariotti, J. A company that plays together, stays together [J].
Industry Week/IW, 1999, 248 (06): 63 –63.

[367] Mark, G. , Smith, A. P. Occupational stress, job characteristics,
coping, and the mental health of nurses [J]. *British Journal of Health Psychol-
ogy*, 2012, 17 (03): 505 –521.

[368] Marks, S. R. Understanding diversity of families in the 21st century
and its impact on the work-family area of study [J]. *The Work and Family
Handbook: Multi-disciplinary Perspectives and Approaches*, 2006: 41 –65.

[369] Marlowe, D. , Crowne, D. P. Social desirability and response to
perceived situational demands [J]. *Journal of Consulting Psychology*, 1961,
25 (02): 109 –115.

[370] McDowell, T. *Fun at Work: Scale Development, Confirmatory
Factor Analysis, and Links to Organizational Outcomes* [D]. Alliant Internation-
al University, California School of Professional Psychology, San Diego, 2004.

[371] McGraw, K. O. , McCullers, J. C. Evidence of a detrimental
effect of extrinsic incentives on breaking a mental set [J]. *Journal of Experimen-
tal Social Psychology*, 1979, 15 (03): 285 –294.

[372] Mehmetoglu, M. , Altinay, L. Examination of grounded theory
analysis with an application to hospitality research [J]. *International Journal of
Hospitality Management*, 2006, 25 (01): 12 –33.

[373] Mellner, C. After-hours availability expectations, work-related sm-
artphone use during leisure, and psychological detachment: The moderating
role of boundary control [J]. *International Journal of Workplace Health Manage-
ment*, 2016, 9 (02): 146 –164.

[374] Methot, J. R. , Lepine, J. A. , Podsakoff, N. P. , Christian,
J. S. Are workplace friendships a mixed blessing? Exploring tradeoffs of multi-
plex relationships and their associations with job performance [J]. *Personnel
Psychology*, 2016, 69 (02): 311 –355.

[375] Miao, S. , Komil ugli Fayzullaev, A. , Dedahanov, A. T. Management characteristics as determinants of employee creativity: The mediating role of employee job satisfaction [J]. *Sustainability*, 2020, 12 (05): 1948.

[376] Michel, J. W. , Tews, M. J. , Allen, D. G. Fun in the workplace: A review and expanded theoretical perspective [J]. *Human Resource Management Review*, 2019, 29 (01): 98 – 110.

[377] Mitchell, J. T. When disaster strikes: The critical incident stress debriefing process [J]. *Journal of Emergency Medical Services*, 1983: 36 – 39.

[378] Montani, F. , Courcy, F. , Vandenberghe, C. Innovating under stress: The role of commitment and leader-member exchange [J]. *Journal of Business Research*, 2017, 77: 1 – 13.

[379] Muhonen, T. , Torkelson, E. Collective and individualistic coping with stress at work [J]. *Psychological Reports*, 2008, 102 (02): 450 – 458.

[380] Muller, D. , Judd, C. M. , Yzerbyt, V. Y. When moderation is mediated and mediation is moderated [J]. *Journal of Personality and Social Psychology*, 2005, 89 (06): 852 – 863.

[381] Myers, D. G. , Diener, E. Who is happy? [J]. *Psychological Science*, 1995, 6 (01): 10 – 19.

[382] Newstrom, J. W. Makihng work fun: An important role for managers [J]. *SAM Advanced Management Journal*, 2002, 67 (01): 4 – 8.

[383] Ng, T. W. H. , Hsu, D. Y. , Yim, F. H. K. , et al. Wish-making during the COVID – 19 pandemic enhances positive appraisals and job satisfaction [J]. *Journal of Vocational Behavior*, 2021, 130: 103619.

[384] Niessen, C. , Müller, T. , Hommelhoff S. , et al. The impact of preventive coping on business travelers' work and private life [J]. *Journal of Organizational Behavior*, 2018, 39 (01): 113 – 127.

[385] Nie, Y. , Chua, B. L. , Yeung, A. S. , et al. The importance of autonomy support and the mediating role of work motivation for well-being: Testing self-determination theory in a Chinese work organisation [J]. *International Journal of Psychology*, 2015, 50 (04): 245 – 255.

[386] Niu, H. J. Is innovation behavior congenital? Enhancing job satisfaction as a moderator [J]. *Personnel Review*, 2014 (43): 288 – 302.

[387] Noblet, A. , Rodwell, J. , McWilliams, J. Organizational change in the public sector: Augmenting the demand control model to predict employee

outcomes under New Public Management [J]. *Work & Stress*, 2006, 20 (04): 335 –352.

[388] Nunnally, J. C. *Psychometric Theory* [M]. New York: McGraw – Hill, 1978.

[389] Offermann, L. R. , Hellmann, P. S. Leadership behavior and subordinate stress: A 360″view [J]. *Journal of Occupational Health Psychology*, 1996, 4 (01): 382 –390.

[390] Ostir, G. V. , Markides, K. S. , Black, S. A. , et al. Emotional well-being predicts subsequent functional independence and survival [J]. *Journal of the American Geriatrics Society*, 2000, 48 (05): 473 –478.

[391] Ostroff, C. , Yuhyung, S. , Kinicki, A. J. Multiple perspectives of congruence: relationships between value congruence and employee attitudes [J]. *Journal of Organizational Behavior*, 2005, 26 (06): 591 –623.

[392] Owler, K. , Morrison, R. , Plester, B. Does fun work? The complexity of promoting fun at work [J]. *Journal of Management & Organization*, 2010, 16 (03): 338 –352.

[393] Park, C. L. , Finkelstein – Fox, L. , Russell, B. S. , Fendrich, M. , Hutchison, M. , Becker, J. Psychological resilience early in the COVID – 19 pandemic: Stressors, resources, and coping strategies in a national sample of Americans [J]. *American Psychologist*, 2021, 76 (05): 715 –728.

[394] Park, C. L. , Folkman, S. Meaning in the context of stress and coping [J]. *Review of General Psychology*, 1997, 2 (01): 115 –144.

[395] Parker, S. K. , Collins, C. G. Taking Stock: Integrating and Differentiating Multiple Proactive Behaviors [J]. *Journal of Management*, 2010, 36 (03): 633 –662.

[396] Patall, E. A. , Cooper, H. , Robinson, J. C. The effects of choice on intrinsic motivation and related outcomes: a meta-analysis of research findings [J]. *Psychological Bulletin*, 2008, 134 (02): 270 –300.

[397] Patall, E. A. , Zambrano, J. Facilitating student outcomes by supporting autonomy: Implications for practice and policy [J]. *Policy Insights from the Behavioral and Brain Sciences*, 2019, 6 (02): 115 –122.

[398] Paulhus, D. L. Measurement and Control of Response Bias. In Robinson, J. P. Shaver, P. R. (Eds.). *Measures of Personality and Social Psychological Attitude* [M]. New York: Academic Press, 1991.

[399] Paulhus, D. L. Social Desirable Responding: The Evolution of a Construct. In Braun, H. , Wiley, D. E. , Jackson, D. N. (Eds.). *Personality and Intellect*, *Validity and Values: Cross-cutting Themes* [M]. New York: Guilford, 1999.

[400] Pearlin, L. I. , Schooler, C. The Structure of Coping [J]. *Journal of Health and Social Behavior*, 1978, 19 (01): 2 – 21.

[401] Peng, A. C. , Riolli, L. T. , Schaubroeck, J. , et al. A moderated mediation test of personality, coping, and health among deployed soldiers [J]. *Journal of Organizational Behavior*, 2012, 33 (04): 512 – 530.

[402] Plessis, M. , Boshoff, A. B. Authentic leadership, followership, and psychological capital as antecedents of work engagement [J]. *Journal of Psychology in Africa*, 2018, 28 (01): 26 – 32.

[403] Plester, B. , Cooper – Thomas, H. , Winquist, J. The fun paradox [J]. *Employee Relations*, 2015, 37 (03): 380 – 398.

[404] Plester, B. Crossing the line: Boundaries of workplace humour and fun [J]. *Employee Relations*, 2009, 31 (06): 584 – 599.

[405] Plester, B. , Hutchison, A. Fun times: the relationship between fun and workplace engagement [J]. *Employee Relations*, 2016, 38 (03): 332 – 350.

[406] Podsakoff, P. M. , MacKenzie, S. B. , Lee, J. , Podsakoff, P. N. Common Method Biases in Behavioral Research: A Critical Review of the Literature and Recommended Remedies [J]. *Journal of Applied Psychology*, 2003, 88 (05): 879 – 903.

[407] Podsakoff, P. M. , Organ, D. W. Self Reports in Organizational Research: Problems and Prospects [J]. *Journal of Management*, 1986, 12 (04): 531 – 544.

[408] Porter, L. W. , Lawler, E. E. *Management Attitudes and Performance* [M]. Homewood I L. : Richard D. Irwin Company, 1968.

[409] Prakash, V. , John, W. L. A Reliability Problem in the Measurement of Disconfirmation of Expectations. In Richard, P. B. , Alice, M. T. (Eds.). *Advances in Consumer Research* [M]. Ann Arbor, MI: Association for Consumer Research, 1983, 10: 244 – 249.

[410] Preacher, K. J. , Hayes, A. F. SPSS and SAS procedures for estimating indirect effects in simple mediation models [J]. *Behavior Research Meth-*

ods, *Instruments, & Computers*, 2004, 36: 717 - 731.

[411] Pritchard, R. D, Campbell, K. M. , Campbell, D. J. Effects of extrinsic financial rewards on intrinsic motivation [J]. *Journal of Applied Psychology*, 1977, 62 (01): 9 - 15.

[412] Pundt, A. , Herrmann, F. Affiliative and aggressive humour in leadership and their relationship to leader-member exchange [J]. *Journal of Occupational and Organizational Psychology*, 2015, 88 (01): 108 - 125.

[413] Quick, J. C. , Tetrick, L. E. *Handbook of Occupational Health Psychology* [M]. American Psychological Association, 2011.

[414] Redman, T. , Mathews, B. P. Managing Services: Should We Be Having Fun [J]? *Service Industries Journal*, 2002, 22 (03): 51 - 62.

[415] Reichers, A. E. , Schneider, B. Climate and culture: An evolution of constructs [J]. *Organizational Climate and Culture*, 1990 (01): 5 - 39.

[416] Ren, F. , Zhang, J. Job stressors, organizational innovation climate, and employees' innovative behavior [J]. *Creativity Research Journal*, 2015, 27 (01): 16 - 23.

[417] Rettie, H. , Daniels, J. Coping and tolerance of uncertainty: Predictors and mediators of mental health during the COVID - 19 pandemic [J]. *American Psychologist*, 2021, 76 (03): 427 - 437.

[418] Rexrode, K. R. , Petersen, S. , O'Toole, S. The Ways of Coping Scale: A reliability generalization study [J]. *Educational and Psychological Measurement*, 2008, 68 (02): 262 - 280.

[419] Reynolds, P. P. The federal government's use of Title VI and Medicare to racially integrate hospitals in the United States, 1963 through 1967 [J]. *American Journal of Public Health*, 1997, 87 (11): 1850 - 1858.

[420] Roberts, K. H. , Hulin, C. L. , Rousseau, D. M. *Developing An Interdisciplinary Science of Organizations* [M]. San Francisco, CA: Jossey - Bass, 1978.

[421] Rodrigues, S. B. , Collinson, D. L. 'Having fun'?: Humour as resistance in Brazil [J]. *Organization Studies*, 1995, 16 (05): 739 - 768.

[422] Romero, E. J. , Cruthirds, K. W. The use of humor in the workplace [J]. *Academy of Management Perspectives*, 2006, 20 (02): 58 - 69.

[423] Roth, S. , Cohen, L. J. Approach, avoidance, and coping with

stress [J]. *American Psychologist*, 1986, 41 (07): 813 –819.

[424] Ryan, R. M. , Connell, J. P. Perceived locus of causality and internalization: examining reasons for acting in two domains [J]. *Journal of Personality and Social Psychology*, 1989, 57 (05): 749 –761.

[425] Ryan, R. M. , Deci, E. L. Intrinsic and extrinsic motivations: Classic definitions and new directions [J]. *Contemporary Educational Psychology*, 2000, 25 (01): 54 –67.

[426] Ryan, R. M. , Deci, E. L. *Self-determination Theory: Basic Psychological Needs in Motivation, Development, and Wellness* [M]. New York: Guilford Publications, 2017.

[427] Sacramento, C. A. , Fay, D. , West, M. A. Workplace duties or opportunities? Challenge stressors, regulatory focus, and creativity [J]. *Organizational Behavior and Human Decision Processes*, 2013, 121 (02): 141 – 157.

[428] Sadeh, N. , Karniol, R. The sense of self-continuity as a resource in adaptive coping with job loss [J]. *Journal of Vocational Behavior*, 2012, 80 (01): 93 –99.

[429] Schaufeli, W. B. , Bakker, A. B. Job demands, job resources, and their relationship with burnout and engagement: A multi-sample study [J]. *Journal of Organizational Behavior: The International Journal of Industrial, Occupational and Organizational Psychology and Behavior*, 2004, 25 (03): 293 – 315.

[430] Scheck, C. L. , Kinicki, A. J. Identifying the antecedents of coping with an organizational acquisition: A structural assessment [J]. *Journal of Organizational Behavior: The International Journal of Industrial, Occupational and Organizational Psychology and Behavior*, 2000, 21 (06): 627 –648.

[431] Schmidhuber, J. Formal theory of creativity, fun, and intrinsic motivation (1990 –2010) [J]. *IEEE Transactions on Autonomous Mental Development*, 2010, 3 (02): 230 –247.

[432] Scott, S. G. , Bruce, R. A. Determinants of innovative behavior: A path model of individual innovation in the workplace [J]. *Academy of Management Journal*, 1994, 37 (03): 580 –607.

[433] Searle, B. J. , Auton, J. C. The merits of measuring challenge and hindrance appraisals [J]. *Anxiety, Stress, & Coping*, 2015, 28 (02): 121 –

143.

[434] Selye, H. *The Stress of Life* [M]. New York: McGraw – Hill, 1956.

[435] Shaw, E. Marketing in the social enterprise context: is it entrepreneurial? [J]. *Qualitative Market Research: An International Journal*, 2004, 7 (03): 194 – 205.

[436] Shepard, E. , Clifton, T. Are longer hours reducing productivity in manufacturing? [J]. *International Journal of Manpower*, 2000, 21 (07): 540 – 53.

[437] Siegrist, J. Effort-reward imbalance at work and health. In *Historical and Current Perspectives on Stress and Health* [M]. Emerald Group Publishing Limited, 2002.

[438] Siu, O. , Spector, P. E. , Cooper, C. L. A three-phase study to develop and validate a Chinese coping strategies scales in Greater China [J]. *Personality and Individual Differences*, 2006, 41 (03): 537 – 548.

[439] Skinner, E. A. , Edge, K. , Altman, J. , Sherwood H. Searching for the Structure of Coping: A Review and Critique of Category Systems for Classifying Ways of Coping [J]. *Psychological Bulletin*, 2003, 129 (02): 216 – 269.

[440] Sliter, M. , Kale, A. , Yuan, Z. Is humor the best medicine? The buffering effect of coping humor on traumatic stressors in firefighters [J]. *Journal of Organizational Behavior*, 2014, 35 (02): 257 – 272.

[441] Smith, L. G. E. , Amiot, C. E. , Smith, J. R. , Callan, V. J. , Terry, D. J. The social validation and coping model of organizational identity development: A longitudinal test [J]. *Journal of Management*, 2013, 39 (07): 1952 – 1978.

[442] Smollan, R. K. Causes of stress before, during and after organizational change: a qualitative study [J]. *Journal of Organizational Change Management*, 2015, 28 (02): 301 – 314.

[443] Snow, D. L, Swan, S. C. , Raghavan, C. , Connell, C. M. , Klein, I. The relationship of work stressors, coping and social support to psychological symptoms among female secretarial employees [J]. *Work & Stress*, 2003, 17 (03): 241 – 263.

[444] Somech, A. , Drach – Zahavy, A. Coping with work-family con-

flict: The reciprocal and additive contributions of personal coping and organizational family-friendly support [J]. *Work & Stress*, 2012, 26 (01): 68 –90.

[445] Spector, P. E. Interactive effects of perceived control and job stressors on affective reactions and health outcomes for clerical workers [J]. *Work & Stress*, 1987, 2 (01): 155 – 162.

[446] Stahl, G. K. , Caligiuri, P. The Effectiveness of Expatriate Coping Strategies: The Moderating Role of Cultural Distance, Position Level, and Time on the International Assignment [J]. *Journal of Applied Psychology*, 2005, 90 (04): 603.

[447] Staines, G. L. Spillover versus compensation: A review of the literature on the relationship between work and nonwork [J]. *Human Relations*, 1980, 33 (02): 111 – 129.

[448] Stanton, M. L. , Roy, B. A. , Thiede, D. A. Evolution in stressful environments. I. Phenotypic variability, phenotypic selection, and response to selection in five distinct environmental stresses [J]. *Evolution*, 2000, 54 (01): 93 – 111.

[449] Staw, B. M. , Sutton, R. I. , Pelled, L. H. Employee positive emotion and favorable outcomes at the workplace [J]. *Organization Science*, 1994, 5 (01): 51 –71.

[450] Steers, R. M. , Mowday, R. T. , Shapiro, D. L. The future of work motivation theory. Academy of management [J]. *The Academy of Management Review*, 2004, 29: 379 –387.

[451] Stiglbauer, B. , Batinic, B. Proactive coping with job insecurity: Is it always beneficial to well-being? [J]. *Work & Stress*, 2015, 29 (03): 264 –285.

[452] Stone, A. A. , Greenberg, M. A. , Kennedy – Moore, E. , Newman M. G. Self-report, situation-specific coping questionnaires: What are they measuring [J]? *Journal of Personality and Social Psychology*, 1991, 61 (04): 648 –658.

[453] Strauss A, Corbin J, 吴芝仪, 廖梅花. 质性研究入门：扎根理论研究方法 [M]. 嘉义: 涛石文化事业有限公司, 2001.

[454] Strauss, A. L. , Glaser, B. *The Discovery of Grounded Theory* [M]. Library of Congress Catalog Number, 1967: 66 –2831.

[455] Sunoo, B. P. How fun flies at Southwest Airlines [J]. *Personnel*

Journal, 1995, 74 (06): 62 – 73.

[456] Sun, S. , Chen, H. Is political behavior a viable coping strategy to perceived organizational politics? Unveiling the underlying resource dynamics [J]. *Journal of Applied Psychology*, 2017, 102 (10): 1471 – 1482.

[457] Szabo, A. The acute effects of humor and exercise on mood and anxiety [J]. *Journal of Leisure Research*, 2003, 35 (02): 152 – 162.

[458] Tang, J. , Liu, M. S. , Liu, W. B. How workplace fun influences employees' performance: The role of person-organization value congruence [J]. *Social Behavior and Personality: An International Journal*, 2017, 45 (11): 1787 – 1801.

[459] Taris, T. W. , Schreurs, P. J. G. , Van Iersel – Van Silfhout, I. J. Job stress, job strain, and psychological withdrawal among Dutch university staff: Towards a dualprocess model for the effects of occupational stress [J]. *Work & Stress*, 2001, 15 (04): 283 – 296.

[460] Taylor, S. E. Tend and befriend: Biobehavioral bases of affiliation under stress [J]. *Current Directions in Psychological Science*, 2006, 15 (06): 273 – 277.

[461] Tepper, B. J. , Moss, S. E. , Lockhart, D. E. , et al. Abusive supervision, upward maintenance communication, and subordinates' psychological distress [J]. *Academy of management Journal*, 2007, 50 (05): 1169 – 1180.

[462] Terry, D. J. , Jimmieson, N. L. A stress and coping approach to organisational change: evidence from three field studies [J]. *Australian Psychologist*, 2003, 38 (02): 92 – 101.

[463] Tews, M. J. , Michel, J. W. , Allen, D. G. Fun and friends: The impact of workplace fun and constituent attachment on turnover in a hospitality context [J]. *Human Relations*, 2014, 67 (08): 923 – 946.

[464] Tews, M. J. , Michel, J. W. , Stafford, K. Does fun pay? The impact of workplace fun on employee turnover and performance [J]. *Cornell Hospitality Quarterly*, 2013, 54 (04): 370 – 382.

[465] Tews, M. J. , Michel, J. , Xu, S. , Drost, A. J. Workplace fun matters... but what else? [J]. *Employee Relations*, 2015, 37 (02): 248 – 267.

[466] Tews, M. J. , Stafford, K. , Michel, J. W. Life happens and

people matter: Critical events, constituent attachment, and turnover among part-time hospitality employees [J]. *International Journal of Hospitality Management*, 2014, 38: 99 – 105.

[467] Theorell, T. , Karasek, R. A. , Eneroth, P. Job strain variations in relation to plasma testosterone fluctuations in working men-a longitudinal study [J]. *Journal of Internal Medicine*, 1990, 227 (01): 31 – 36.

[468] Tong, J. , Oh, J. K. , Johnson, R. E. Being mindful at work: a moderated mediation model of the effects of challenge stressors on employee dedication and cynicism [J]. *European Journal of Work and Organizational Psychology*, 2021, 30 (06): 887 – 898.

[469] Treadway, D. C. , Hochwarter, W. A. , Kacmar, C. J. , et al. Political will, political skill, and political behavior [J]. *Journal of Organizational Behavior: The International Journal of Industrial, Occupational and Organizational Psychology and Behavior*, 2005, 26 (03): 229 – 245.

[470] Trougakos, J. P. , Chawla, N. , McCarthy, J. M. Working in a pandemic: Exploring the impact of COVID – 19 health anxiety on work, family, and health outcomes [J]. *Journal of Applied Psychology*, 2020, 105 (11): 1234 – 1245.

[471] Tsai, W. C. , Chi, N. W. , Grandey, A. A. , et al. Positive group affective tone and team creativity: Negative group affective tone and team trust as boundary conditions [J]. *Journal of Organizational Behavior*, 2012, 33 (05): 638 – 656.

[472] Van, Beek. I. , Hu, Q. , Schaufeli, W. B. , et al. For fun, love, or money: What drives workaholic, engaged, and burned-out employees at work [J]? *Applied Psychology*, 2012, 61 (01): 30 – 55.

[473] Vandenberghe, C. , Panaccio, A. , Ben Ayed, A. K. Continuance commitment and turnover: Examining the moderating role of negative affectivity and risk aversion [J]. *Journal of Occupational and Organizational Psychology*, 2011, 84 (02): 403 – 424.

[474] Van den Broeck, A. , Schreurs, B. , De Witte, H. , Vansteenkiste, M. , Germeys, F. , Schaufeli, W. Understanding workaholics' motivations: A self-determination perspective [J]. *Applied Psychology*, 2011, 60 (04): 600 – 621.

[475] Van, Scotter. J. R. , Motowidlo, S. J. Interpersonal facilitation and

job dedication as separate facets of contextual performance [J]. *Journal of Applied Psychology*, 1996, 81 (05): 525 – 531.

[476] Vansteenkiste, M. , Lens, W. , Deci, E. L. Intrinsic versus extrinsic goal contents in self-determination theory: Another look at the quality of academic motivation [J]. *Educational Psychologist*, 2006, 41 (01): 19 – 31.

[477] Vaziri, H. , Casper, W. J. , Wayne, J. H. , et al. Changes to the work-family interface during the COVID – 19 pandemic: Examining predictors and implications using latent transition analysis [J]. *Journal of Applied Psychology*, 2020, 105 (10): 1073 – 1087.

[478] Venz, L. , Nesher Shoshan, H. Be smart, play dumb? A transactional perspective on day-specific knowledge hiding, interpersonal conflict, and psychological strain [J]. *Human Relations*, 2022, 75 (01): 113 – 138.

[479] Vijay, M. , Vazirani, N. Emerging Paradigm – Fun in Workplace to Alleviate Stress [J]. *SIES Journal of Management*, 2011, 7 (02), 24 – 30.

[480] Visser, P. S. , Krosnick, J. A. , Lavrakas, P. J. Survey Research. In Harry T. R. , Charles, M. J. (Eds.). *Handbook of Research Methods in Social and Personality Psychology* [M]. Cambridge: Cambridge University Press, 2000.

[481] Von Oech, R. *A whack on the Side of the Head* [M]. Menlo Park. CA: Creative Think, 1982.

[482] Vroom, V. H. *Work and motivation* [M]. Wiley, 1964.

[483] Wallace, C. , Chen, G. A multilevel integration of personality, climate, self-regulation, and performance [J]. *Personnel Psychology*, 2006, 59 (03): 529 – 557.

[484] Wang, D. , Hom, P. W. , Allen, D. G. Coping with newcomer "Hangover": How socialization tactics affect declining job satisfaction during early employment [J]. *Journal of Vocational Behavior*, 2017, 100: 196 – 210.

[485] Watson, D. , Clark, L. A. , Tellegen, A. Development and validation of brief measures of positive and negative affect: the PANAS scales [J]. *Journal of Personality and Social Psychology*, 1988, 54 (06): 1063 – 1070.

[486] Webster, J. R. , Beehr, T. A. , Christiansen, N. D. Toward a better understanding of the effects of hindrance and challenge stressors on work behavior [J]. *Journal of Vocational Behavior*, 2010, 76 (01): 68 – 77.

[487] Wei, J. , Chen, Y. , Zhang, Y. , et al. How does entrepreneurial self-efficacy influence innovation behavior? Exploring the mechanism of job satisfaction and Zhongyong thinking [J]. *Frontiers in Psychology*, 2020, 11: 708.

[488] Weinstein, N. , Hodgins, H. S. The moderating role of autonomy and control on the benefits of written emotion expression [J]. *Personality and Social Psychology Bulletin*, 2009, 35 (03): 351 – 364.

[489] Weiss, H. M. , Cropanzano, R. Affective Events Theory: A Theoretical Discussion of the Structure, Causes and Consequences of Affective Experiences at work [J]. *Research in Organizational Behavior*, 1996, 18: 1 – 74.

[490] Welbourne, J. L. , Eggerth, D. , Hartley, T. A. , Andrew, M. E. , Sanchez, F. Coping strategies in the workplace: Relationships with attributional style and job satisfaction [J] . *Journal of Vocational Behavior*, 2007, 70 (02): 312 – 325.

[491] Werbach, K. , Hunter, D. *For the Win: How Game Thinking Can Revolutionize Your Business* [M]. Wharton Digital Press, 2012.

[492] White, B. The career development of successful women [J]. *Women in Management Review*, 1995, 10 (03): 4 – 15.

[493] Whitman, M. V. , Halbesleben, J. R. B. , Holmes, Ⅳ. O. Abusive supervision and feedback avoidance: The mediating role of emotional exhaustion [J]. *Journal of Organizational Behavior*, 2014, 35 (01): 38 – 53.

[494] Williams G. C. , Grow V. M. , Freedman Z. R. , et al. Motivational predictors of weight loss and weight-loss maintenance [J]. *Journal of Personality and Social Psychology*, 1996, 70 (01): 115 – 126.

[495] Williams, K. D. Ostracism [J]. Annu. Rev. Psychol. , 2007, 58: 425 – 452.

[496] Williams, L. J. , Anderson, S. E. Job satisfaction and organizational commitment as predictors of organizational citizenship and in-role behaviors [J]. *Journal of Management*, 1991, 17 (03): 601 – 617.

[497] Wilson, R. A, Perry, S. J. , Witt, L. A. , Griffeth, R. W. The exhausted short-timer: Leveraging autonomy to engage in production deviance [J]. *Human Relations*, 2015, 68 (11): 1693 – 711.

[498] Woodman, R. W. , Sawyer, J. E. , Griffin, R. W. Toward a theory of organizational creativity [J]. *Academy of Management Review*, 1993, 18

(02): 293 – 321.

[499] Wright, T. A. , Bonett, D. G. Job satisfaction and psychological well-being as nonadditive predictors of workplace turnover [J]. *Journal of Management*, 2007, 33 (02): 141 – 160.

[500] Wrosch, C. , Scheier, M. F. , Miller, G. E. , et al. Adaptive self-regulation of unattainable goals: Goal disengagement, goal reengagement, and subjective well-being [J]. *Personality and Social Psychology Bulletin*, 2003, 29 (12): 1494 – 1508.

[501] Wyatt Watson Worldwide. *Workers' Mental Health and Stress Affecting Business Results in Canada* [R]. 2007.

[502] Yamauchi, H. , Tanaka, K. Relations of autonomy, self-referenced beliefs, and self-regulated learning among Japanese children [J]. *Psychological Reports*, 1998, 82 (03): 803 – 816.

[503] Yang, S. W. , Soltis, S. M. , Ross, J. R. , et al. Dormant tie reactivation as an affiliative coping response to stressors during the COVID – 19 crisis [J]. *Journal of Applied Psychology*, 2021, 106 (04): 489 – 500.

[504] Yang, T. , Giddings, D. P. , Glomb, T. M. , et al. Coping with home demands can be contagious: A faultline perspective on the role of in-groups, out-groups, and family supportive supervision [J]. *Journal of Vocational Behavior*, 2020, 118: 103376.

[505] Zajonc, R. B. On the primacy of affect [J]. *American Psychologist*, 1984, 39 (02): 117 – 123.

[506] Zerbe, W. J. , Paulhus, D. L. Socially Desirable Responding in Organizational Behavior: A Reconception [J]. *Academy of Management Review*, 1987, 12 (02): 250 – 264.

[507] Zhang, K. , Jia, X. , Chen, J. Talent management under a big data induced revolution: The double-edged sword effects of challenge stressors on creativity [J]. *Management Decision*, 2019, 57 (08): 2010 – 2031.

[508] Zhang, Y. , Zhang, Y. , Ng, T. W. H. , Lam, S. S. Promotion- and prevention-focused coping: A meta-analytic examination of regulatory strategies in the work stress process [J]. *Journal of Applied Psychology*, 2019, 104 (10): 1296 – 1323.

[509] Zhou, J. , Shin, S. J. , Cannella Jr. , A. A. Employee self-perceived creativity after mergers and acquisitions: Interactive effects of threat-op-

portunity perception, access to resources, and support for creativity [J]. *Journal of Applied Behavioral Science*, 2008, 44: 397 – 421.

[510] Zhou, J. , Wang, X. M. , Song L J, et al. Is it new? Personal and contextual influences on perceptions of novelty and creativity [J]. *Journal of Applied Psychology*, 2017, 102 (02): 180 – 202.

后　记

完成前述 16 章的写作之后，笔者原打算以"中国情境下的工作压力应对与工作乐趣研究展望"为题写作第 17 章的内容。但思前想后，真正的展望可能已经难以以此为题来涵盖。所以，决定还是以后记这样更为简单的形式来表达全书写作过程中的一些思考和对未来研究的展望。

从博士阶段起，笔者围绕本书的主题已经从事了超过 15 年的研究。在这不短的时间里，研究的历程就如本书的章节编排——从工作压力的应对开始，到机缘巧合地开启工作乐趣研究，再到重新思考工作乐趣在员工应对工作压力时的作用。而真正开启本书写作的契机，是 2020 年获得国家社科基金后期研究资助。3 年来，笔者将大部分的精力投入到了第三个阶段，也就是重新思考工作乐趣在员工应对工作压力过程中的作用。一方面，立项评审时同行专家的建议——"如何能够把工作压力和工作乐趣具有一定对立性的内容放在同一本书中"，让笔者投入更多精力思考两者在现实中的关系。另一方面，2020 年开始的新冠疫情对中国全社会的影响，实际上增添了多方面的工作压力来源，包括快速的数字化转型、工作的不稳定、疫情防控的额外工作等。在这样的大背景下，"苦中作乐"的价值和作用究竟如何，就显得现实感很强。因此，最终的成书实际上在原有计划基础上新增了一项实证研究，来探讨工作乐趣在员工压力应对过程中所扮演的角色作用。这个问题在过去 3 年的书稿撰写过程中一直困扰笔者，因为它兼具理论和现实的意义，但由受限于工作乐趣领域的研究历史，缺少足够的研究支撑。因此，笔者通过重新梳理有关员工工作压力应对过程的文献来探寻蛛丝马迹。

员工工作压力应对过程的研究源于产业和组织心理学（industrial and organizational psychology）① 的交叉领域。正是因为它的研究出身，大量的相关研究关注的是个体的特质如何影响员工压力应对的策略及后果，从而

---

① 属于美国心理学会（APA）认可的 17 个专业之一，但在国内鲜有设立。

为企业组织提供根据人格特质来筛选员工的建议。比如，高压力的工作岗位，选择那些自我意识和风险容忍度高的员工，能更主动地应对工作压力（Judge et al.，1999）。但这种前馈控制，只是组织压力管理的很小一部分。而且，在选择测试还很少作为人力资源管理主要手段的中国，更多的员工压力管理问题需要贯穿于组织管理的全过程。因此，笔者着重对以往员工工作压力应对的研究中有关组织调节员工应对策略的手段进行了整理。在第3章3.2部分中，分社会支持、领导风格、个性与能力、文化与氛围以及压力事件特征五类进行了总结。这些文献为探讨工作乐趣在员工压力应对过程中的作用，提供了理论的思路和间接的证据。通过分析这些证据和理论，笔者认为，已有文献指向但都没有直接涉及一个重要的组织调节因素，那就是压力应对的动机。其实，在工作压力研究之外，其他的压力应对领域已经开始涉及大量有关动机的研究，而动机在管理学研究中长期居于核心位置，是研究员工行为的关键问题。通过简单梳理动机理论的发展，本书提出了"自我决定的工作压力应对过程模型"。基于共同的认知评价过程，个体在压力评估的过程中还会涉及初级、次级评价之外的第三个维度的认知评价——基本心理需求评价，这决定了个体压力应对的动机类型——从而能够更好地理解个体不同应对策略的选择差异。

明确了动机在压力应对过程中的角色，工作乐趣调节员工应对策略的作用就呼之欲出。在本书的第4章，笔者从工作乐趣的机理研究出发，构建了"工作乐趣需求—情绪整合模型"，探讨了乐趣对心理需求满足以及个体压力应对和行为的影响过程。一方面，乐趣活动能够通过激发积极情绪提升个体幸福感；另一方面，乐趣活动通过激发积极情绪能够改变个体对压力事件的威胁性评价和自主性评价，激发个体积极应对压力的动机。到此，本书第一部分的理论篇，从工作压力与应对的研究入手，找到了新的研究切入点——工作乐趣，及其可能发挥作用的理论机制。后续的章节，从工具准备入手，遵循一般新概念研究的逻辑展开。从工作乐趣的效用开始，到逐步探讨效用实现的过程机制、环境因素的影响，并最终落脚于乐趣在压力应对过程中的作用。

本书实际上是基础理论研究导向的。最后的实践篇，目的首先是启发未来的理论研究，其次才是实践的启示——完成书稿主体内容之后更多不是松了一口气，而是憋了一股劲。因为原本预期1年能够完成的书稿，实际上花了整整3年才完成，而且似乎还有许多未知的内容有待未来去探索。3年前，预期已经完成书稿约八成的内容，需要补充的仅仅是工作压力研究的最新动态和工作乐趣对压力应对的影响。其中，后者的理论逻辑基础就是以工作乐趣作为一个情绪调节的手段，探讨其对压力应对过程中情绪因素的影响。而实际研究过程中，新冠疫情的出现除了大大激发了研究者对工作压力的研究热情，也让工作乐趣的概念变得不那么合时宜。这让笔者考虑重新思考工作乐趣的角色，也投入更多的时间来阅读有关工作压力和激励的文献。

在最初书稿的理论模型中，工作动机的角色被忽视了。工作乐趣影响的不仅是情绪，更多的是工作动机，后者才是影响员工应对压力的关键因素。巧合的是，工作动机在以往经典的工作压力应对模型中，实际上也被忽视了，或者更准确地说仅仅被考虑到了某一个方面。发现了这个问题，为后续的研究扩展打开了关键的大门。而这扇大门背后的内容，许多还未能在这本书中体现，也是笔者在最后这部分真正想说的。

首先，工作乐趣对个体工作压力应对的影响，应该有两个时间轴（见图）。工作乐趣通过情绪和工作动机影响个体工作压力应对策略不仅是基于不同理论的机制，而且还需要考虑时间效应。具体来说，在乐趣活动的具体情境下，个体的高驱动情绪被激发，从而带来具有情境特征的应对策略和短期的一些行为和心理结果。比如根据情感事件理论，工作间隙同事间的互动能够驱动活跃的情绪，从而激发合作解决问题（问题导向应对），进而带来创新的主意，降低工作的疲惫感。在具有乐趣文化的组织中，类似的情境化机制会以不同的形式（不同类型的乐趣活动、不同的情绪与应对策略）反复多次出现。这就会影响员工对于工作压力的认知评价，激发

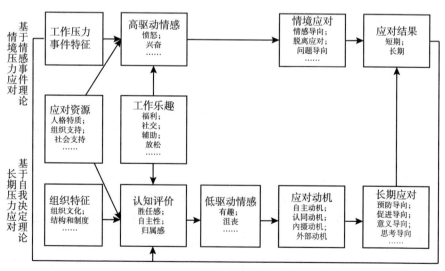

工作压力应对的双时间轴过程模型

的是虽然驱动性较弱，但稳定性较高的情感变化，从而改变员工长期的工作动机和应对策略。再比如根据自我决定理论，有趣的情感体验能够带来推动高自主性的工作动机（自主动机或认同动机），员工也就更有可能在长期采用一些积极的、前瞻性的压力应对策略，也就能够带来更多的创新行为和幸福感。本书的研究，由于时间等因素的限制，未能开展长时间、多阶段的跟踪调查。未来的研究可以在工作乐趣活动开展较好，并且具有较大工作压力的组织中开展跟踪调查，检验两种作用机制的差异和相互影响。

其次，工作乐趣对个体工作压力感和压力应对的影响需要进一步区分不同类型的乐趣活动进行探讨。某些形式的乐趣活动，比如能提供工作放松的乐趣活动，让员工在工作环境中更容易体验到轻松、愉悦的感觉；但另一些活动对员工工作压力的影响可能是复杂的。比如，组织发起的乐趣活动一方面能够为员工提供在应对压力过程中所需的支持资源（同事支持、上级支持等），但也可能会加重工作压力，如参与强制性的集体活动和庆祝活动本身就会加重工作负担，还有可能因为工作嵌入性的增强而带来额外的工作压力（Scharp et al.，2021；Tsaur et al.，2019）。未来的研究需要结合压力应对过程中情感和资源两个视角的观点来进一步验证不同工作乐趣活动在具体情境下对员工工作压力和压力应对的影响效用。

再次，以往解释工作乐趣效用机制和个体压力应对过程机制的相关理论所忽视的工作动机问题，恰恰是整合两者和拓展压力应对过程的关键因素。经典的压力与应对的认知交易理论认为，个体是根据自身应对资源，通过初级评价和次级评价来判断采取怎样的压力应对策略。其中的次级评价实际上是对个体可能采用的应对策略的评估，以及对不同应对策略可能应对结果的预期，从而个体会选择那些结果符合他们预期的应对策略（Lazarus and Folkman，1984）。这一评价内容与自我决定理论中能力需求满足程度的评价近似。自我决定理论中有关基本心理需求的满足，包括自主需求、能力需求和联结需求，其中能力需求是指人们需要在重要的生活情境中感受到自己能够有效掌控（Deci and Ryan，1980）。所以，压力应对的过程也可以解释为，一旦个体根据自身资源评价压力情境是可以有效掌控的（即结果可达到预期的），就会产生内化程度较高的应对动机，从而会采取积极主动的应对策略。相反，如果个体评价自身的资源无法采取合适的应对动机以达到期望的结果，那就意味着个体的能力需求满足程度较低，个体应对工作压力的动机更多会是内化程度较低的控制性动机，从而更可能采取消极的应对策略，并对行为和心理产生负面影响。本书实证篇第 12 章的实证研究，已经一定程度上证明了这种理论关系。自主性动机和控制性动机在压力源—次级评价—应对策略的链式关系中，中介了次级评价与应对策略间的关系。这就证实了应对动机在压力应对过程中的作用，同时也产生了新的问题：如果次级评价视为能力需求的评价从而影响应对动机，那其他两类基本心理需求（自主需求和联结需求）的满足是否也会通过影响应对动机，影响个体应对工作压力的策略和结果？

在以往工作压力应对的研究文献中，有关自主需求和联结需求的满足还未有直接的体现，也没有相关的组织压力管理策略能够直接体现。以往研究中，社会支持和领导风格可能在一定程度上反映以上两类基本心理需求的满足（见本书第 3 章 3.2 部分的相关内容），但相关研究也并未考虑应对动机的作用或基本心理需求的满足，而是将社会支持和领导风格作为应对资源来考虑。因此，未来的研究可以探讨这两类基本心理需求的满足对于应对动机的影响，它们对于个体应对压力的作用可能要比经典压力应对理论中的角色更为重要。这也许能够为组织激励个体积极应对工作压力提供更广阔的思路。更进一步说，工作乐趣从内涵、外延和实践都能够体现对自主需求和联结需求满足的作用，在检验基本心理需求和应对动机在个体应对工作压力过程中作用的基础上，不同工作乐趣类型与基本心理需求的满足也还需要进一步检验，从而能够真正完善工作乐趣作为组织调节员工工作压力战略机制的理论依据。

本书的最后，笔者想再谈谈书稿最初的起点——中国情境，对本书研究结论中具有中国特色的内容做个小结。一是国内外都有一定研究历史的工作压力应对研究方面。国内的研究还比较分散，缺少发表在高水平期刊上的研究论文，而且相比较国外研究关注特定的压力源，国内研究更多关注各个特定职业的压力状况。而且，国内研究主要集中于压力状况的一般性描述和过程检验，缺少更多理论视角的探索。

二是在工作压力应对的量表开发中，中国文化中"含蓄""内敛"的特点非常明显，比如在英文量表中"直接和我的上级探讨变革产生的问题""设法离开变革发生的环境"和"尽最大可能使自己从容地离开变革的环境"等此类非常直接的行为应对方式在中文量表中都没有被采纳。而在工作乐趣的量表开发中，研究团队编写了一些来自访谈的中国特色活动，除了一些能够反映工作乐趣发展趋势的国内外共通点之外，在组织发起的工作无关的乐趣中，集中体现了一些中国特色活动，比如"组织慰问活动、带有歌舞表演的庆典"。

三是基于国有企业的调查发现，我国传统的一些福利型乐趣活动（如集体出游、庆典活动）既不是如发起者所期望的具有喜闻乐见的效果，也不是如部分受访者所反映的"不如经费直接发放"那般不堪。研究结果所反映的是，福利型乐趣虽然由于具有强制性的集体参与，不一定给每个参与者带来活动情境下积极的情感体验，但能够在长期中潜移默化地助推积极的情感体验，从而带来好的结果。这可以说为中国特色乐趣活动提供了一些出乎意料的经验支持。

四是不论是针对一般群体还是"996"重灾群体的调查都发现，员工所承受的"好"压力太大了。这些所谓的"好"压力是在国外研究中被证实能够促进员工表现的挑战性压力，但在我国情境下却得到了相反的结果。可见，在我国工作压力特别显著的行业和群体中，针对压力调节最简单、有效的手段，可能还是适度降低工作的要求，让"好"压力发挥应有的作用。针对这个问题，未来的研究可以将一些具体的控制变量（如工作时长或工作倦怠）纳入考量，来进一步检验，或者借鉴工作—家庭冲突的观点，从工作乐趣与工作要求冲突的角度来考虑高工作压力条件下的工作乐趣调节问题。

必须说明的是，在中国情境特色的研究方面，本书还是留有遗憾的，不论是量表结构还是研究模型都还没有直接体现中国特色。这一方面是因为本书的一些创新研究，在国际上也没有相关研究结论，所以也无法确认是否具有中国情境的特殊性。另一方面是因为无论是工作压力应对还是工作乐趣，在中国情境下的研究都还处于起步阶段，还需要大量基础性的研究工作。本书相当的笔墨也花在了基础文献的梳理和西方已有研究结论在中国情境下的再验证，理论的新探索也还只是针对一般性的规律和特殊群体的研究。虽然也发现并着手开展了一些具有中国情境特色的问题研究（比如新冠疫情下快速推进的数字化转型压力、非工作时间中的工作联通压力、"家文化"为核心的乐趣活动等），但由于书稿篇幅和经费的限制，研究成果也暂时未能在本书中呈现。希望未来有机会在新的研究专著中呈现给读者。

唐 杰

2024 年，福建福州